Hans-Ulrich Pfeifer-Schaupp

Jenseits der Familientherapie

Systemische Konzepte in der Sozialen Arbeit

Hans-Ulrich Pfeifer-Schaupp

Jenseits der Familientherapie

Systemische Konzepte in der Sozialen Arbeit

Lambertus

Die Deutsche Bibliothek – CIP-Einheitsaufnahme

Pfeifer-Schaupp, Hans-Ulrich:
Jenseits der Familientherapie : systemische Konzepte in der sozialen Arbeit / Hans-Ulrich Pfeifer-Schaupp. – Freiburg im Breisgau: Lambertus, 1997
ISBN 3-7841-0750-8

2. Auflage 1997

Alle Rechte vorbehalten
© 1995, Lambertus Verlag, Freiburg im Breisgau
Umschlaggestaltung: Christa Berger, Solingen
Umschlagfoto: Uwe Stratmann, Wuppertal
Satz: Rhema – Tim Doherty, Münster
Druck: Franz X. Stückle, Ettenheim
ISBN 3-7841-0770-8

Inhalt

11	Vorwort
13	Einleitung
	AUSGANSPUNKTE, FRAGESTELLUNGEN, BEGRIFFE
19	1. Zur Klärung einiger Begriffe, von denen in diesem Buch häufig die Rede ist
26	2. Zum Aufbau des Buches
27	Teil 1
	DON QUIJOTE UND DIE SOZIALE ARBEIT – DIE RELEVANZ SYSTEMISCHER KONZEPTE IN DER SOZIALEN ARBEIT
28	1. Die Veränderung von Geschichten
31	2. Warum ausgerechnet systemisch?
35	3. Ein Platz an der Sonne ... – Der erträumte Ausstieg aus der Sozialen Arbeit
37	4 Nützliches und Passendes: Bemerkungen zur wissenschaftstheoretischen Standortbestimmung
41	Teil 2
	THEORIEELEMENTE
42	1. Von der Schwierigkeit der Sozialen Arbeit mit Theorien
42	1.1. Sind SozialarbeiterInnen theoriefeindlich? Oder sind Theorien sozialarbeiterInnenfeindlich?
45	1.2. Sozialarbeit als „lernbehinderte Institution" und die Vorteile der Lernbehinderung – oder: Warum vor der Lektüre dieses Theorieteils gewarnt werden muß
47	2. Anders sehen – anders denken: von der klassischen Familientherapie zur systemisch-konstruktivistischen Perspektive bei der Lösung von Problemen
49	2.1. Die Grundannahmen der „klassischen" Familientherapie

51	2.2. Probleme der „klassischen" Grundannahmen
53	2.3. Systemisch-konstruktivistische Perspektiven
57	2.4. Über die Familientherapie hinaus: Warum eigentlich?
61	3. Der Backstein und die Kathedrale – Paradigmenwechsel in Wissenschaft und Gesellschaft
65	3.1. Abschied vom Determinismus – ein neues Naturverständnis
67	3.2. Wissenschaft und Weisheit – ein Gegensatz?
68	4. Vom geschlossenen Systemen der Kybernektik zur Autopoiesis: Metamorphosen der Systemtheorie
69	4.1. Was ist eigentlich ein System? Definitionsversuche
72	4.2. Grundkonzepte der neueren Systemtheorie
80	4.3. Von der Selbstorganisation zur Autopoiese
83	4.4. Strukturelle Koppelung und die Unmöglichkeit instruktiver Interaktion
84	5. „Willst du sehen, so lerne zu handeln" – radikaler, sozialer und realistischer Konstruktivismus
85	5.1. Die Wirklichkeit und der Beobachter
88	5.2. Abschied von allen archimedischen Punkten der Erkenntnis
95	6. Die systemisch-konstruktivistische Perspektive und die Frage der Gerechtigkeit
99	6.1. Die Ausklammerung ethischer Fragen aus der Sozialarbeit
102	6.2. Die Frage nach „dem Guten" und nach „dem Gerechten" in einer pluralistischen Gesellschaft
109	6.3. Das Konzept der Diskursethik: ein Antwortversuch
116	6.4. Die ideale Sprechsituation als regulatives Prinzip
117	6.5. Der „Erklärungswert" der Diskursethik für die Soziale Arbeit
121	6.6. Die Diskursethik nimmt niemand die praktischen Entscheidungen ab
124	7. Das „AHMAZ-Prinzip" – oder: „die Aufspreizung des Trivialen" – zur Kritik an Konstruktivismus und Systemtheorie

125	7.1. Alles ist konstruiert – nur der Konstruktivismus nicht?
129	7.2. Ist instruktive Interaktion unmöglich? Die Wirklichkeit von Macht und Manipulation
130	7.3. Geschichtenerzählen allein macht es nicht
132	7.4. Politische Implikationen des Autopoiese-Konzepts
134	7.5. Zusammenfassung

137	**Teil 3**
	PRAXISELEMENTE
138	1. Soziale Arbeit: der Kontext
140	1.1. Über den Unterschied zwischen Sozialer Arbeit und Therapie
141	1.2. Von der Defizit- zur Ressourcenorientierung
144	1.3. Freundin oder Expertin? Das Dilemma der Berufsrolle
147	1.4. Im Spannungsverhältnis zwischen Hilfe und Kontrolle
151	2. Alter Wein in neuen Schläuchen? – Systemisch-konstruktivistische Grundkonzepte in der Sozialarbeit
153	2.1. Auf dem Weg zu einer zukünftigen systemischen Sozialarbeitstheorie
156	2.2. Vom Hilfeplan zur gezielten Verstörung
162	2.3. Hypothesen – Metaperspektive – Pausen – Hypothetisieren: das Erfinden nützlicher Geschichten
167	2.4. Verschiedene Problembeschreibungen – Reframing: Ein anderer Rahmen gibt (oft) ein neues Bild
169	2.5. Systemisches Sozialmanagement
172	2.6. Der „systemische Missionar" – oder: „eine Sichtweise unter anderen"
175	3. Zirkuläre Fragen und die Klärung der Auftragslage
177	3.1. Die Aufweichung von Problemen: verschiedene Arten von zirkulären Fragen
181	3.2. Familienbrett – Netzwerkbrett: Hilfsmittel, um Fragen anschaulich zu machen
185	3.3. Zirkuläre Fragen im Rahmen der Sachhilfe

187	3.4. Fragen als Intervention: Verändertes Verständnis vom Hilfeprozeß
188	4. Auftragslage – Problemsystem – Neutralität
189	4.1. „Könnten Sie mir nicht mal die Haare eindrehen?" – Chancen und Schwierigkeiten des Berufsauftrags und der Analyse der Auftragslage in der Sozialen Arbeit
189	4.1.1. Die Unklarheit der Auftragslage
192	4.1.2. Das Aushandeln von Aufträgen
194	4.1.3. Wenn der Klient nicht will – „Therapie" durch die Hintertür?
195	4.2. Vom Klientensystem zum Problemsystem
197	4.2.1. Das „Multi-Problem-Dienstleistungssystem"
199	4.2.2. Wie helfende Institutionen sich gegenseitig blockieren
202	4.3. Neutralität in nicht neutralen Kontexten
203	4.3.1. Über die Schwierigkeit, in Zwangskontexten therapeutisch wirksam zu sein
208	4.3.2. „Neutralität ist weder gut noch schlecht – sie ist unmöglich"
210	4.3.3. Leitlinien zur Neutralität
213	5. Metaperspektive(n) ohne Einwegspiegel
213	5.1. Das reflektierende Team
214	5.1.1. Reflektierende Teams als praktizierter Konstruktionismus
217	5.1.2. Reflektierende Teams in der Sozialarbeit – eine Utopie?
219	5.1.3. Sanft und wenig aufdringlich: ein anderer Weg zur Veränderung
221	5.2. Aktennotizen und Berichte
226	6. Selbst-Beobachtung und Selbst-Bewertung: zirkuläre Selbstevaluation
227	6.1. Controlling und Evaluation
230	6.2. Vom inneren Schulterklopfen zur zirkulären Selbstevaluation
232	6.3. Erläuterungen zum Evaluationsbogen – oder: Wie wecke ich Neugier?

237	6.4. Das „Sisyphus-Gefühl" und seine Veränderung – „Was bringt's – außer Mehrarbeit?"
241	6.5. „Der hat wohl nicht genug zu tun" – Reaktionen von KollegInnen
244	7. Organisationsmuster – reflektierende, blockierende und andere Teams
246	7.1. Die Institutionslandkarte
248	7.2. Das verstrickte System
251	7.3. Starr und hierarchisch, unklar und schwammig: harte und weiche Realitätskonstruktionen in Organisationen
254	7.4. „Deine Wahrnehmungen sind nicht wirklich" – Strategien zur Erzeugung von Verrücktheit in Organisationen
256	7.5. Einer oben, einer unten – Abwertungskämpfe und Konkurrenz: komplementäre und symmetrische Beziehungsmuster
258	7.6. Verleugnete Koalitionen – pervertierte Dreiecke
259	7.7. Spiele hinter den Kulissen – explizite, implizite und geheime Botschaften
261	7.8. Die „Rehabilitation des Bauchs": psychosomatische Familien – psychosomatische Institutionen?
262	7.9. Institutionen sind trotzdem nicht wie Familien
263	8. „Wenn Du nicht weißt, wo Du hinwillst, brauchst Du nicht zu befürchten, daß Du ankommst" – Anleitung zum beruflichen Scheitern für SozialarbeiterInnen
263	8.1. Systemischer Umgang mit sich selber – Anti-Burnout-Strategien
265	8.2. Strategien des Scheiterns
269	8.3. Angenommen, systemische BeraterInnen hätten nicht nur einen Kopf, sondern auch einen Körper ...
277	Schlußbemerkungen WELCHEN ERKENNTNISGEWINN UND WELCHE NEUEN HANDLUNGSMÖGLICHKEITEN BRINGEN SYSTEMISCHE KONZEPTE FÜR DIE SOZIALE ARBEIT
282	Literatur
301	Autor

„In den bodenlosen Bambuskorb
lege ich den weißen Mond hinein,
in die Schale des Nicht-Gedankens
sammle ich den reinen Wind."
(Zen-Koan)

Vorwort

Die folgenden Gedanken verdanken sich nur zum Teil der Beschäftigung mit Theorien. Viel mehr sind sie aus der Begegnung und aus der Auseinandersetzung mit lebenden Menschen entstanden. Vielen dieser UnterstützerInnen, WegbegleiterInnen und LehrerInnen verdanke ich weit mehr als Gedanken, mehr als das, was sich zwischen den zwei Deckeln eines Buches sagen läßt. Einige, die dabei besonders wichtig waren, möchte ich hier nennen.

Danken möchte ich Ludger Terboven, der mir – neben vielem anderen – vermittelt hat, daß Sozialarbeit Spaß machen kann. Gedankt sei Gunthard Weber, Jochen Schweitzer und vielen anderen des Heidelberger familientherapeutischen Teams, die mir das systemtherapeutische Arbeiten nahegebracht haben und von deren Ideen ich in meiner Arbeit und bei diesem Buch ausgegangen bin. Dank auch an die KollegInnen im Team der „Dienste für seelische Gesundheit" in Freiburg, von und mit denen ich viel für die „Übersetzung" der system- und familientherapeutischen Ideen auf die Bedingungen der Sozialen Arbeit gelernt habe. Sie haben mich immer wieder ermuntert und angeregt, auch über den „familientherapeutischen Zaun" hinauszublicken, andere Ansätze und Methoden wertzuschätzen und zu integrieren; sie waren es, die mich immer wieder an meine eigenen „Wurzeln" erinnert haben, die im personenzentrierten Ansatz von Carl Rogers liegen. Ich danke Hanne, meiner Frau, und meinen Kindern, Simon und Julia, für ihre Liebe, ihre Anregungen und ihre Unterstützung – und ganz besonders für ihre Störungen. Sie haben es geduldig – und manchmal auch ungeduldig – ertragen, wenn ich am Computer saß und mit meinen Gedanken bei Theorien und Konzepten war. Vor allem haben sie mich immer wieder daran erinnert, daß es – trotz aller Faszination und Begeisterung – Wichtigeres gibt, als fachliche, theoretische Auseinandersetzungen und Bücher. Dank nicht zuletzt meiner Mutter und all den anderen, die mich zeitweise von meinen „Hausmannspflichten" entlastet und mir Zeit gegeben haben, diese Ideen zu Papier zu bringen.

Mit dem Thema geschlechtsspezifischer und weitgehend männerdominierter Sprache gehe ich widersprüchlich um: Ab und zu verwende ich die männliche, häufiger die weibliche oder seltener auch – gegen die Duden-Regel – die „neudeutsche" Sprachform mit dem großen „I"; mal verwende ich die weibliche, mal die männliche Form der Personalpronomen. Immer beide Formen zu verwenden und von „er/sie" zu sprechen, macht das Lesen von Texten für mich selber eher mühsam. Deshalb habe ich in diesem Buch auf die vollständige Form und ihre durchgängige Anwendung verzichtet.

Freiburg i.Br., Mai 1995　　　　　　　　　Hans-Ulrich Pfeifer-Schaupp

Einleitung
Ausgangspunkte, Fragestellungen, Begriffe

Haben familientherapeutische und systemische Konzepte für Sozialarbeit eine wesentliche Funktion, obwohl dort die Möglichkeiten zur Arbeit mit ganzen Familien eher die Ausnahme als die Regel zu sein scheint? Führen solche Konzepte nicht eher von den eigentlichen Aufgaben weg, blenden sie nicht alle Probleme aus, die sich nicht auf Beziehungsaspekte reduzieren lassen? Haben systemisch-konstruktivistische Ansätze denen wirklich etwas Wichtiges zu sagen, die es eher mit handfesten materiellen Problemlagen wie Armut, Ausbeutung, körperlicher Gewalt oder mit den Folgen der Massenarbeitslosigkeit zu tun haben? Wo kann die Bedeutung systemischer Konzepte für jene liegen, deren Aufgabe es ist, mit Menschen zu arbeiten, denen buchstäblich das Wasser bis zum Halse steht – beispielsweise in Form von Schulden, von Zwangsräumung oder Kündigung des Arbeitsplatzes? Können familientherapeutisch-systemische Theorien wirklich hilfreich sein, sich beispielsweise im alltäglichen Dschungel eines benachteiligten Stadtquartiers oder im Dschungel der eigenen Institution besser zurechtzufinden? Blendet nicht die konstruktivistische Perspektive fast zwangsläufig die Perspektive von Macht und Ohnmacht und von (Un-)Gerechtigkeit aus?
Mit diesen und einigen anderen Fragen beschäftigt sich dieses Buch. Wer darin eine Einführung in die Familientherapie erwartet, wird enttäuscht werden. Solche Einführungen gibt es bereits genügend. Allerdings könnte es vielleicht jenen Anstöße geben, die bereits eine oder gar mehrere solcher Einführungen gelesen und sich immer wieder gefragt haben, was sie damit nun für ihren eigenen Arbeitskontext anfangen können, der (leider) wenig mit der Therapie von motivierten Familien zu tun hat. Trotzdem möchte das Buch auch keine Anleitung dafür sein, wie man Familientherapie in der Sozialarbeit betreiben kann. Es ist kein therapeutisches Buch – zumindest nicht überwiegend.
Das Buch beschäftigt sich erstens mit *Systemen* – aber das müssen nicht unbedingt Familien sein. Was die Arbeit für SozialarbeiterIn-

nen schwer macht, sind ja häufig sowieso nicht die Klienten oder gar deren Familien. Bereits die Probleme mit dem eigenen Träger und dem Kontext, in dem sie selber arbeiten, machen ihnen häufig so viele Schwierigkeiten, daß sie dafür ihre Hauptenergie verwenden. Und die Problemsysteme, mit denen SozialarbeiterInnen es zu tun haben, also die Einheiten, die für die Erzeugung und Erhaltung von Problemen wichtig sind, bestehen allermeistens gar nicht hauptsächlich aus Mitgliedern einer Familie, sondern beispielsweise aus einem Klienten und den ihn betreuenden Sozialarbeitern anderer Institutionen, die alle verschiedene Vorstellungen davon haben, was denn nun getan werden müßte und wer die „Ursache" des Problems ist. Zweitens beschäftigt sich dieses Buch mit Problemen – aber das müssen nicht unbedingt psychische *Probleme* oder Beziehungsprobleme sein. Häufig sind SozialarbeiterInnen zunächst mit ganz anderen Themen konfontiert: Schulden, drohendem Wohnungsverlust, Arbeitslosigkeit oder ganz einfach einer völlig verdreckten und verwahrlosten Wohnung. Die Möglichkeit zur *Arbeit mit ganzen Familien* ist in der Sozialarbeit *eher die Ausnahme* als die Regel. Und *Therapie* ist nur eine und bei weitem *nicht die wichtigste Aufgabe* von Sozialarbeit. Dieses Buch möchte deutlich machen, daß systemisches Arbeiten weit mehr ist als die Durchführung von Familientherapie und daß die springenden Punkte und das wirklich Neue beim systemischen Vorgehen für die Soziale Arbeit woanders liegen. Die Arbeit mit (ganzen) Familien ist nur eine Form, systemische Konzepte in die psychosoziale Praxis umzusetzen; mir erscheinen z. B. *systemisches Arbeiten mit Einzelnen, die Analyse des eigenen Arbeitskontextes* – organisatorisch-institutionell – und die *Vermittlung kreativer Anstöße zu einem weniger problemerzeugenden Umgang mit KollegInnen, Vorgesetzten und Auftraggebern* mindestens genauso bedeutsam. Außerdem soll gezeigt werden, daß die Gefahren, besonders die Verengungen in der Beschreibung und Erklärung von Problemen und die Ausblendungen von bestimmten Problemlagen und ganzen Klientengruppen, also die gewaltigen Nachteile der Therapeutisierung sozialer Probleme, nicht zwangsläufig mit der Anwendung systemischer Konzepte verbunden sind. Die konstruktivistische Perspektive muß nicht die Perspektive der Gerechtigkeit ausblenden (Zugegebenermaßen tut sie es aber trotzdem oft!).
„Konstruktivismus – schreckliches Wort!", sagte ein von mir ge-

schätzter Kollege beim Lesen des Manuskripts. Auf solche „schrecklichen Wörter" wird die LeserIn in diesem Buch noch öfter stoßen. Leider sind mir noch keine besseren Begriffe eingefallen. Meist verbergen sich dahinter aber recht spannende Sachen. Mit *Konstruktivismus* ist die Idee gemeint, daß wir die Welt, die Wirklichkeit, in der wir leben, nicht einfach vorfinden und durch unsere Sinnesorgane abbilden, sondern daß wir sie buchstäblich mit Hilfe unseres Denkens und unserer Sinne selber erst erzeugen oder konstruieren. Und zu dieser Wirklichkeit gehören auch die Probleme – und nicht zuletzt die Lösungen. Entsprechend dieser *konstruktivistischen Perspektive* werden die dargestellten systemischen Konzepte betrachtet als ein möglicher – und wie sich hoffentlich zeigen läßt: hilfreicher und sehr nützlicher – Blickwinkel, aber eben nur als einer von vielen möglichen und auch nötigen Blickwinkeln, nicht als der einzig mögliche und nötige, nicht einmal unbedingt als der beste. Wir entdecken die Wirklichkeit also nicht (nur) – wir konstruieren sie (auch). Aus dem „Uni-versum" ist auch in der Sozialen Arbeit längst ein „Multi-versum" geworden: Das dargestellte Konzept versteht sich deshalb nicht als „Metakonzept" oder Schlüssel zu „der" Theorie der Sozialen Arbeit, sondern als Einladung zu – vielleicht – etwas anderer Theorie und Praxis.

Dabei sei bereits an dieser Stelle daran erinnert, daß die hier dargestellten Ideen aus der Systemtheorie: Betonung von Kontext (früher nannte man das ganz schlicht: „soziales Umfeld") und Ganzheitlichkeit, vernetztes Denken und ökologische Sichtweisen, Abschied von Macht- und Machbarkeitsphantasien, Beachtung des grundlegenden Unterschieds von lebenden Systemen und „trivialen Maschinen", daß alle diese Ideen zu den Wurzeln der Sozialen Arbeit gehören, auf die SozialarbeiterInnen mit Recht stolz sein können. Heute werden diese Konzepte – mit etwas anderer Terminologie – vielfach als „Paradigmenwechsel" gefeiert und aus den Naturwissenschaften, denen man in den Sozialwissenschaften so lange vergeblich nachgeeifert hat, re-importiert. Insofern ist das Buch auch eine Einladung zur *Selbst-Besinnung auf vergessene sozialarbeiterische Theorietraditionen*.

Eingefleischten TheoretikerInnen mag sich der Magen umdrehen bei dem saloppen Versuch, komplexe (sozial-)wissenschaftliche Theorien auf das Format handlicher „Bausteine" zu reduzieren, wie ich es im ersten Teil des Buches versuche. Dieses Buch möchte auch den *Appe-*

tit auf Theorie wecken, zum Weiterlesen und Weiterdenken anregen. Es ist auch entstanden aus der Erfahrung, daß SozialarbeiterInnen häufig schon während des Studiums gründlich die Lust auf Theorie vergangen ist und daß „PraktikerInnen" die ohnedies meist wenig, m. E. häufig zu wenig lesen, nicht viel von Theorie halten, nicht aus genereller Theoriefeindlichkeit, sondern weil Theorie (oft) so präsentiert wird, daß einem die Lust darauf tatsächlich vergehen kann. Demgegenüber gehe ich in diesem Buch von folgenden Annahmen aus: erstens von der Überzeugung und der Erfahrung, daß Theorie Spaß machen kann; zweitens von der Erfahrung, daß es tatsächlich viele Theorien gibt, mit denen eine intensivere Beschäftigung sich durchaus lohnen kann; und drittens von der Vermutung, daß viele Handlungsvollzüge in der sozialarbeiterischen Praxis Ausfluß nicht bewußter und nicht reflektierter Theorieentscheidungen sind, also auch eine allem Anschein nach gegebene Theorielosigkeit grundlegende, aber unbewußt bleibende Theorieentscheidungen birgt. Dabei verstehe ich die hier vorgelegten Gedanken eher als Skizzen und Versuche zur Anwendung *systemischer Theorie* und zur Übersetzung systemtherapeutischer Konzepte auf die Soziale Arbeit und nicht als geschlossenes, geschweige denn fertiges Gebäude.

„Nenne das Buch doch lieber: ‚Gedanken eines widerborstigen oder querdenkenden Sozialarbeiters‘, dann weckst du keine falschen Erwartungen an eine systematische, strenge Abhandlung, und die Leser sind nicht so ungeduldig wie ich." Diesem Rat eines Kollegen bin ich nicht gefolgt. Manchem mögen die „geistigen Ausflüge" unnötig erscheinen, die „fachliche Ungeduld" will schneller eine konkrete Nutzanwendung und fragt: „Wozu das alles?". Andere wieder mögen Bekanntes und oft Gelesenes wiederfinden und deshalb ungeduldig werden. Ich habe versucht, für beide *Zielgruppen* zu schreiben: für diejenigen, die von Familien- und Systemtherapie noch wenig Ahnung haben und fragen werden: „Was könnte das für meine Praxis bringen?", und auch für solche, die theoretisch oder durch Fortbildungen mit Familien- und Systemtherapie bereits vertraut sind und die vielleicht fragen: „Ist das auch für die Sozialarbeit nutzbar und relevant? Oder müßte ich da nicht eher aussteigen, um richtige Therapie zu machen?"

Wenn ich gefragt werde, wie ich zur Familien- und Systemtherapie gekommen bin, fällt mir mehreres ein: Einmal die Faszination beim Lesen systemischer „Klassiker". Paul Watzlawicks „Menschliche Kommunikation" oder Mara Selvini Palazzolis „Paradoxon und Gegenparadoxon" habe ich mit der gleichen atemlosen Begeisterung gelesen, wie beispielsweise die Krimis über den Trollinger trinkenden Hauptkomissar Bienzle aus Stuttgart und seine verschiedenen Mordfälle.[1]

Meine sozialarbeiterische Grundorientierung an Konzepten und Traditionen der Gemeinwesenarbeit hat das Interesse genährt, nach handhabbaren „Werkzeugen" zu suchen, die ganzheitliches Erfassen und Bearbeiten sozialer Probleme erleichtern und die Sozialarbeit nicht auf „Casework" reduzieren. Gleichzeitig suchte ich aber auch nach Möglichkeiten, bei gesellschaftspolitischen Höhenflügen den Umgang mit konkreten „Einzelfällen" und die Nöte einzelner Menschen nicht aus den Augen zu verlieren, was dann praktisch folgenlos bleibt und bestenfalls dazu ermuntert, den Beruf an den Nagel zu hängen. Das „Arbeitsprinzip Gemeinwesenarbeit" von Jacques Boulet, Jürgen Krauss und Dieter Oelschlaegel (1980) beispielsweise hat mich zwar vom Studium in die Praxis hineinbegleitet, dort aber ließ es mich ziemlich ratlos stehen: Wie soll ich denn nun gemeinwesenorientiert nicht nur denken, sondern auch handeln? Die Orientierung für das Handeln habe ich mir recht mühsam zusammengestoppelt und war dann überrascht, daß mir die Systemtherapie in dieser Beziehung wichtige Impulse geben konnte. Ein weiterer ganz praktischer Zugang war die langjährige Erfahrung in der Clubarbeit mit psychisch Kranken.[2] Auffallend war für mich dabei vor allem, daß Veränderungen bei den „Kranken" sich am ehesten dann zeigten, wenn es uns gelang, auch die Angehörigen – Ehepartner, Kinder – in die Gruppenarbeit einzubeziehen. Außerdem wurde mir bald deutlich, daß es mit einfühlendem Verstehen nicht getan war[3] und daß sich

---

[1] Die Werke seines Erfinders Felix Huby sind zwar im Literaturverzeichnis nicht aufgeführt, aber trotzdem dringend zu empfehlen.

[2] Siehe in Pfeifer-Schaupp 1988, 1990 und 1994a; Pfeifer-Schaupp/Schwendemann 1991.

[3] Dieses halte ich nach wie vor für eine der wichtigsten Grundlagen meines beruflichen Handelns, wobei sich Einfühlen und Verstehen in der Sozialarbeit nicht nur im „Verbalisieren emotionaler Erlebnisinhalte" zeigen darf, sondern auch in ganz praktischem Tun, beispielsweise im Vermitteln notwendiger Sachinformation (Schwartz 1984).

die gleichen Geschichten häufig wiederholen. Das hat mir einen fast handgreiflichen Eindruck von dem vermittelt, was SystemikerInnen „Muster" nennen. Im Lauf der Jahre der Berufstätigkeit als Sozialarbeiter in verschiedenen Praxisfeldern habe ich mich zudem wieder an meine „berufliche Herkunft" erinnert, die ursprünglich gar nicht in der Sozialarbeit, sondern in der öffentlichen Verwaltung lag (Ausbildung zum Diplomverwaltungswirt): Es hat mich immer mehr interessiert, wie beispielsweise so „verwaltet" werden kann, daß MitarbeiterInnen nicht auch noch den letzten Rest von Enthusiasmus und Engagement verlieren, der ihnen geblieben ist, oder wie „Projekte" in der Sozialarbeit so gemanagt werden können, daß sie nicht schon im selbstgestrickten Chaos ersticken, bevor ihnen durch den abgedrehten Geldhahn der Garaus gemacht wird. Wundern mag sich mancher über das unpassend erscheinende Motto am Anfang dieses Buches – ein Zen-Koan zu Beginn eines Textes über systemische Sozialarbeit. Es ist ein Rätselspruch, mit dessen Dunkelheit seit Jahrhunderten Zen-Meister in Japan ihren Schülern den Sprung über das Gefängnis des begrifflichen Denkens hinaus zu erleichtern suchen. Den „Sprung" wohin? Das Hinausgehen über Begriffe läßt sich wieder nur mit Begriffen andeuten, die ihrerseits den gleichen Begrenzungen unterworfen sind, über die sie eigentlich hinausweisen wollen. Wie kann das als „Leitmotiv" über einem aus lauter Begriffen zusammengepuzzelten Buch stehen? An dieser Stelle sei dazu nur so viel gesagt: ein Grund, warum das systemisch-konstruktivistische Denken und die entsprechende therapeutisch-beraterische Praxis mich so fesselt und anzieht, ist sicher seine Nähe zu Zen und zum Taoismus.[4] Das Tao Te King, das uralte chinesische Weisheitsbuch, enthält beispielsweise viele Ideen, die in wundervoll poetischer Form das andeuten, was SystemikerInnen mit einer eher „technischen" Sprache auszudrücken versuchen. Es gibt Berge von Büchern beispielsweise über „Führung" und „Management", die von den Sätzen des alten chinesischen Weisen weit übertroffen werden.

---

[4] Gut beschrieben z. B. von Siegfried Essen 1993.

1. ZUR KLÄRUNG EINIGER BEGRIFFE, VON DENEN IN DIESEM BUCH HÄUFIG DIE REDE IST

Im folgenden Abschnitt der Einführung möchte ich einige der Grundbegriffe erläutern, die in diesem Buch häufig vorkommen und die in fachlichen (und weniger fachlichen) Diskussionen häufig benutzt werden, aber ganz unterschiedliche Bedeutung haben: Was ist unter „Sozialer Arbeit" zu verstehen, und was sind ihre Aufgaben? Wodurch ist Sozialarbeit charakterisiert? Was ist der Unterschied zwischen „Beratung" und „Therapie"? Was wird unter „Familientherapie" verstanden, und wo liegt der Unterschied zur „systemischen Therapie"? In welchem Verhältnis steht dazu die „Systemtheorie" oder die verschiedenen Systemtheorien? Was wird in der Systemtheorie unter einem „System" verstanden, und was bedeutet das häufig gebrauchte Adjektiv „systemisch"? Abschließend: Was ist der Unterschied zwischen „Theorien" und „Konzepten", sofern es überhaupt einen gibt?

Ich benutze den *Begriff „Soziale Arbeit"* bzw. „Sozialarbeit" synonym für Handlungsfelder der Sozialarbeit und Sozialpädagogik und möchte damit weniger die Tätigkeit der entsprechenden Berufsgruppen bezeichnen, sondern vielmehr ganz bestimmte *Handlungskontexte*, in denen durchaus auch andere Berufsgruppen mit entsprechendem Auftrag tätig sein können (siehe Staub-Bernasconi 1986), das heißt: im Rahmen der Sozialen Arbeit, z. B. in sozialpsychiatrischen Diensten, können auch PsychologInnen, Krankenschwestern oder Ärzte tätig sein. Für das, was SozialarbeiterInnen überwiegend tun, bevorzuge ich mit Bernd Dewe und Albert Scherr (1991) den Begriff „Beratung"[5]. Während die Therapie eher auf die Veränderung individueller Identität abzielt, dient Beratung vornehmlich der *Begründung lebenspraktischer Entscheidungen*. Beratung ist damit keine „trivialisierte Therapie", keine „kleine Therapie" oder die Ausübung von Therapie durch weniger qualifizierte oder mit weniger Berufsprestige ausgestattete Berufsgruppen, sondern etwas grundsätzlich anderes: Sie richtet sich vornehmlich auf eine „die individuelle Problematik übergreifende sozial typische Problemlage", ist situativ offen und nicht an ein bestimmtes Setting gebunden. Peter Lüssi

---

[5] Ich folge in diesem Absatz Bernd Dewe und Albert Scherr 1991.

(1991) benutzt in seinem Lehrbuch zur systemischen Sozialarbeit[6] den Begriff „Beratung" als Oberbegriff für die Tätigkeit Sozialer Arbeit insgesamt.

„Was im Zentrum des Berufsbereichs der Sozialarbeit geschieht, die Arbeit am einzelnen sozialen Problemfall, wollen wir Sozialberatung nennen" (Lüssi 1991, 52). Er benutzt den Begriff als „pars-pro-toto Begriff", d. h. er steht für mehr als das, was er im engeren Sinne aussagt, und wird eher aus pragmatischen Gründen benutzt, und zwar im Sinne einer bewußten reduktionistischen Vereinfachung, als „typologische Begriffsreduktion zum Zwecke des Erkennens" (ebd. 53). Sozialberatung ist das Zentrum der Sozialarbeit; in ihr „ist prinzipiell das ganze Wesen, die volle Spezifität der Sozialarbeit enthalten" (ebd. 54).

In diesem Sinne möchte ich den Begriff „Beratung" auch hier verstehen: als Oberbegriff für die (sechs) „Handlungsarten" der Sozialarbeit (die Lüssi aufzählt) „Beratung im engeren Sinne", „Verhandlung", „Intervention", „Vertretung", „Beschaffung", „Betreuung". Heiner Keupp (1991) plädiert dafür, im Vorfeld einer spezialisierten psychotherapeutischen Intervention psychosoziale Basisdienste zu nutzen, und sieht darin die genuine Aufgabe von Sozialer Arbeit. Er geht davon aus, daß – wie Experten schätzen – derzeit 300 bis 400 Therapievarianten im „Angebot" sind. Und das bei einer trotz alledem weiterhin schichtspezifisch verengten Nutzung von Therapien, denn trotz gehäuften Belastungssituationen und besonderer Hilfebedürftigkeit unterer sozialer Schichten sind diese in der Therapie und in spezialisierter, therapeutisch ausgerichteter Beratung weiterhin deutlich unterrepräsentiert. *Die MitarbeiterInnen* von Beratungsstellen beziehen sich in ihrer Arbeit immer noch zu wenig auf die Lebenswelt ihrer jeweiligen KlientInnen; ihre Praxis ist zu sehr an der jeweiligen therapeutischen Methodik ausgerichtet. So zumindest kritisiert der Achte Jugendbericht der Bundesregierung (1990) die Arbeit von Erziehungsberatungsstellen (Keupp 1991). Sozialarbeiterische Beratung zielt deshalb vor allem darauf ab, einen

---

[6] Für mich war dieses Buch – leider – über weite Strecken eher ermüdend, teilweise trivial und insgesamt enttäuschend, gemessen an dem, was Titel und Programmatik versprechen.

„Beitrag zu leisten zur Verbesserung der Lebensqualität und der Lebenschancen von Klienten, die in irgendeiner Weise benachteiligt sind. Dabei geht es nicht nur darum, die Fähigkeiten des Hilfesuchenden zur Selbsthilfe zu entwickeln und zu qualifizieren, sondern auch darum, bereitgestellte Ressourcen zu erschließen und für ihn zugänglich zu machen sowie Umweltbedingungen so zu verändern, daß Benachteiligungen vermindert oder kompensiert werden" (Grötzinger 1991, 8).

Mit Sozialer Arbeit ist vom Ansatz und von der Tradition her das untrennbar verbunden, was psychologische Beratung unter dem Fachbegriff „outreach" erst langsam und sehr zögernd entwickelt: Aktivitäten und Veränderungen der Beratungspraxis mit der Absicht, die Effizienz und Verfügbarkeit der eigenen Tätigkeit zu erhöhen, indem sich die BeraterInnen auf die KlientInnen in deren natürlicher Umgebung zubewegen (siehe Heil/Scheller 1984, 400). In dem Maße allerdings, wie Soziale Arbeit „psychologisiert" und „therapeutisiert" wird, gehen diese wertvollen Traditionen zunehmend verloren (um dann wahrscheinlich – selbstredend aus den USA – aus der Psychologie unter anderem Ettikett als neueste Entdeckung wieder in die Sozialarbeit re-importiert zu werden).

Die Begriffe „Familientherapie", „Systemtherapie" und „Systemtheorie" werden in diesem Buch häufig gebraucht. Damit ist folgendes gemeint: Die *Familientherapie* entstand in den 50er Jahren – zunächst „heimlich". Psychiatern „unterlief" ein in ihrem weitgehend psychoanalytisch geprägten Stand heftig verpönten „Kunstfehler": Sie bestellten nicht nur den jeweiligen PatientInnen, sondern auch seine Angehörigen oder gar seine ganze Familie in ihre Sprechstunde ein und machten dabei die erstaunliche Entdeckung, daß das symptomatische Verhalten der PatientInnen im Kontext ihrer Familienbeziehungen eine ganz andere Bedeutung erhielt als bei einer isolierten Betrachtung des Phänomens oder bei einer rein psychodynamischen Sichtweise. Aus diesen Anfängen entwickelte sich eine inzwischen renommierte, manche meinen sogar eine behäbig und selbstgefällig gewordene Therapieeinrichtung, die es sich zum Prinzip gemacht hat, die Entstehung aller Störungen auf ihrem familiären Hintergrund zu sehen und zur Behandlung grundsätzlich alle Familienmitglieder einzuladen.

Die *Systemtherapie* kann als Weiterentwicklung der Familientherapie betrachtet werden, und zwar als der Versuch, die auf Familien angewandten Prinzipien auch auf andere soziale Systeme als (ganze) Familien zu übertragen, also z. B. auch mit Einzelnen, Organisationen, sozialen Netzwerken oder familialen Teilsystemen zu arbeiten. Welche inhaltlichen Veränderungen diese Erweiterung der Perspektive in der systemischen Therapie gebracht hat, möchte ich im zweiten Teil des Buches (S. 153 ff.) darstellen.

Die Systemtheorie hat mit der *systemischen Therapie* trotz der begrifflichen Ähnlichkeit zunächst gar nicht viel zu tun. Sie entstand unabhängig vom psychosozialen Bereich aus der Untersuchung von Regelungs- und Steuerungsprozessen (klassisches Beispiel: der Thermostat zur Temperaturregelung eines Hauses). Insbesondere Ludwig von Bertalanffy versuchte schon Ende der 20er und in den 30er Jahren allgemeine Gesetzmäßigkeiten zu entdecken, die gleichermaßen für alle Systeme gelten, für den Magen einer Kuh genauso wie für eine lebende Zelle, für ein Computersystem wie für eine Familie; deshalb findet sich hier vielfach die Bezeichnung „allgemeine Systemtheorie". Dabei mag manchen die Skepsis beschleichen, ob es denn zwischen menschlichen „Systemen" und dem Magen einer Kuh überhaupt Gemeinsamkeiten gibt, oder ob nicht eher die Unterschiede von Bedeutung sind? Hat es nicht letztlich – so läßt sich weiter fragen – fatale Konsequenzen, Phänomene aus völlig verschiedenen Bereichen, aus der Biologie, der Technik und dem sozialen Bereich, in einen Topf zu werfen und nach Gemeinsamkeiten zu suchen? Diese Fragen werden uns unter anderen im Teil 2 (S. 41 ff.) beschäftigen. Es war Norbert Wiener, der die allgemeine Systemtheorie zur Kybernetik, zur Wissenschaft von Regelungs- und Steuerungsprozessen, weiterentwickelt hat. Talcott Parsons, Soziologe an der Harvard-Universität, unternahm in einem monumentalen Lebenswerk in den dreißiger bis fünfziger Jahren den Versuch einer systemtheoretischen Grundlegung der Soziologie. Diese Arbeit wurde und wird im deutschen Sprachraum insbesondere von Niklas Luhmann, bis zu seiner Emeritierung Soziologe an der Bielefelder Universität, fortgeführt, der das systemtheoretische Gedankengebäude von Parsons rezipiert und entscheidend umformuliert hat. Dabei spielen seit etwa 1975 zunehmend Konzepte aus der Biologie eine Rolle, die inzwischen dabei ist, der Physik die Rolle einer „Leitwissenschaft" streitig zu machen (so sieht es zumindest Luhmann). Es waren zwei Biologen, Humberto

Maturana und Francisco Varela aus Chile, die mit ihrem Konzept der
„Autopoiesis", der Selbstorganisation und Selbst-Erzeugung von lebenden Systemen im letzten Jahrzehnt für ausgiebig wissenschaftlichen Gesprächs- und Diskussionsstoff gesorgt haben. Hiermit schließt sich der Kreis: Mit diesen Konzepten haben Maturana und Varela insbesondere auf die neuere Systemtherapie erheblichen Einfluß genommen, so wie Luhmann, der ihre Gedanken mit der klassischen Systemtheorie verknüpfte und auf soziale Systeme angewendet hat.

Schon an diesen kurzen Streiflichtern zeigt sich, daß es „die" Systemtheorie gar nicht gibt bzw. noch nie gegeben hat. Man sollte also diesen Begriff immer in der Mehrzahl gebrauchen und von „Systemtheorien" sprechen. Wenn ich in dieser Arbeit trotzdem von der „Systemtheorie" spreche, so beziehe ich mich dabei auf die Konzepte von Maturana und Varela bzw. von Luhmann.

Was ist nun in dem Terminus „Systemtheorie" überhaupt unter dem Begriff „System" zu verstehen? Unter einem *System* kann verstanden werden

> „eine Menge von untereinander abhängigen Elementen und Beziehungen. Der Begriff dient zur Bezeichnung beliebiger Gegenstände; es wird von Gedankensystemen, Theoriesystemen, sozialen Systemen, psychischen Systemen usf. gesprochen. Dabei handelt es sich stets um theoretische Konstruktionen. Etwas als ein System aufzufassen, bedeutet nicht mehr, als sich dem jeweiligen Gegenstand mit bestimmten Begriffen und unter einem bestimmten Gesichtspunkt zu nähern (nämlich die Elemente und ihre Beziehunghen, etwa ihre Interaktion mit der Umwelt zu verknüpfen)" (Fuchs u. a. 1988, 764).

Fürs erste soll diese kurze Definition genügen; wir werden in Teil 2 (S. 68 ff.) sehen, welche „Metamorphosen" der Systembegriff seit Parsons durchgemacht hat und vor allem was es mit den „sich selbst organisierenden Systemen" oder „autopoetischen Systemen" auf sich hat.

Im Rahmen dieser Arbeit wird auch der inzwischen zu einem Allerweltsbegriff avancierten Terminus „systemisch" häufig gebraucht. Alles, was neu ist, wird heutzutage möglichst als „systemisch" bezeichnet, auch wenn es vielfach nur ein schmückendes Adjektiv ist, das verheißungsvoll klingt, aber kaum mit Inhalt gefüllt wird, und mit dem vielfach gänzlich Unterschiedliches gemeint ist. Wie wird der Begriff „systemisch" im folgenden verwendet? Gregory Bateson, der amerkikanische Zoologe, Kulturanthropologe und einer der „Gründerväter" der systemischen Epistemologie hat uns gelehrt, bei Definitionen vor allem auf Unterschiede zu achten, die einen Unterschied machen, d. h. vor allem danach zu fragen, was denn einen Begriff oder eine „Sache" von einer anderen unterscheidet, so daß eine Strukturänderung im „informierten" System erfolgt. Steve de Shazer (1989) unterscheidet zwischen der Familiensystemtheorie, der Erforschung der Familie als System, und der Kybernetik, der Erforschung systemischer Muster und Formen allgemein, also von „Mustern" in Teams, in Organisationen, zwischen Institutionen usw. In diesem – weiteren – Sinne wird die systemische Perspektive hier verstanden.

„Systemisches Denken soll ... auf eine Metaperspektive verweisen, die Vernetzung und Rekursivität in Systemen unabhängig von der jeweiligen Art des Bezugssystems betont. Gegenstand der Betrachtung wird damit das gesamte Human-Ökosystem mit seinen vielfältig vernetzten Ebenen und Prozessen, womit die Forderung nach einem interdisziplinären Vorgehen besondere Bedeutung erhält." (Böse/Schiepek 1989, 221)

Im Rahmen dieser Arbeit kann nicht das ganze systemtheoretische Konzept und seine sozialwissenschaftliche Diskussion dargestellt werden. Vielmehr beschränke ich mich hier auf die systemische Therapie als „Bezugsgröße", die vor allem von der Palo-Alto-Gruppe um Paul Watzlawick entwickelt wurde. Neben dem Rückgriff auf allgemeine systemtheoretische Konzepte wurden dort auch verschiedene andere „Erkenntnisquellen" genutzt und fruchtbar gemacht, so z. B. die überraschenden, einfallsreichen und erstaunlich wirksamen hypnotherapeutischen „Tricks" von Milton H. Erickson, die „Kybernetik zweiter Ordnung" von Heinz von Foerster, der radikale Konstruktivismus, wie er besonders von Ernst von Glasersfeld formuliert wurde, die biologische Theorie des Erkennens, wie sie die eben erwähnten Neurobiologen Francisco Varela und Humberto Maturana in ihrer Kognitionstheorie und dem Konzept der Autopoiese d. h. der Selbsterzeugung oder Selbstorganisation entwickelt haben.[7]

---

[7] Zur kritischen Auseinandersetzung mit der klassischen Systemtheorie, wie sie ursprünglich von Talcott Parsons formuliert wurde, verweise ich auf Jürgen Habermas (1981), der den zweiten Band seines Hauptwerks „Theorie kommunikativen

Abschließend will ich noch kurz auf die Frage nach einer Bestimmung der *Begriffe „Theorie"* und *„Konzept"* eingehen. Der Begriff „Theorie" hat eine stark variierende Bedeutung.

> „Allgemein wird mit Theorie ein System von Begriffen, Definitionen und Aussagen bezeichnet, das dazu dienen soll, die Erkenntnisse über einen Bereich von Sachverhalten zu ordnen, Tatbestände zu erklären und vorherzusagen." (Fuchs u. a. 1988, 780)

In dieser sehr allgemeinen Bedeutung möchte ich den Begriff im folgenden verwenden. Der Begriff „Konzept" wird in der Sozialen Arbeit sehr oft gebraucht und bezeichnet dort im allgemeinen ein möglichst sinnvoll geordnetes Gefüge von Handlungszielen und von Methoden zur Erreichung dieser Ziele. Der Begriff hat also eine stärkere Handlungsorientierung als der Theoriebegriff. Von seiner ursprünglichen lateinischen Wortbedeutung bedeutet „Konzept" der erste Entwurf eines Schriftstücks oder die Niederschrift einer Rede, Ansprache oder Vorlesung für den Vortragenden. Dementsprechend heißt „aus dem Konzept bringen" „jemand aus der Fassung bringen".[8] In Anlehnung an diese Bedeutung möchte ich den Konzeptbegriff zum einen dann gebrauchen, wenn damit eine stärkere Handlungsorientierung angezeigt werden soll, also eine Theorie in ihrer praktischen Umsetzung im sozialarbeiterischen Handlungsvollzug gemeint ist, zum anderen benutze ich den Konzeptbegriff dort, wo der Entwurfscharakter einer noch nicht fertig ausgearbeiteten bzw. nicht ausreichend empirisch geprüften Theorie gemeint ist. Diese Begriffsbestimmung macht deutlich, daß zwischen den beiden Termini „Theorie" und „Konzept" ein fließender Übergang besteht und eine scharfe Trennung nicht möglich ist, weil die Begriffe in der (sozial-)wissenschaftlichen wie in der sozialarbeiterischen Diskussion teilweise mit unterschiedlicher Bedeutung gebraucht werden.

Handelns" als einen Versuch der „Kritik funktionalistischer Vernunft" versteht. Er versucht, Parsons Systemtheorie, verschränkt mit dem „Erbe" anderer Klassiker der Soziologe (insbesondere Durckheim, Mead und Weber) kritisch fruchtbar zu machen und sie für eine Re-Formulierung von Grundpositionen der Kritischen Theorie in der Sozialwissenschaft zu nutzen. Zur Kritik der neueren Systemtheorie und ihrer Anwendung in den Sozialwissenschaften siehe z. B. Georg Hörmann (1994) und Hans-Rudi Fischer (1991).

[8] Nach dem Bertelsmann-Lexikon 1953/1964.

2. Zum Aufbau des Buches

Dieses Buch hat drei Teile. Im *ersten Teil* möchte ich die Relevanz systemischer Konzepte für die Soziale Arbeit skizzieren und einige wissenschaftstheoretische Bemerkungen über „nützliche" und „passende" Erkenntnisse und über einen eher pragmatischen Wahrheitsbegriff machen. Der *zweite Teil* stellt einige Theorieelemente vor, die mir wichtig erscheinen und ohne deren Verständnis „systemische Sozialarbeit" in der Handwerkelei (im schlechten Sinne) stekken bleibt. Solche wichtigen Elemente sind z. B. „Selbstorganisation und Autopoesis" (Selbsterzeugung), „strukturelle Koppelung", „radikaler, sozialer und operationaler Konstruktivismus", ethische Fragestellungen, die sich aus dem Konstruktivismus ergeben. Ausgehen werde ich dabei von der fast schon sprichwörtlichen Theoriefeindlichkeit von SozialarbeiterInnen und nach ihren Gründen und ihrem möglichen Sinn fragen. Im *dritten Teil* geht es um Methoden- oder Praxisbausteine, darum, wie systemisch nicht nur gedacht, sondern auch gehandelt werden kann. Es sollen Antworten auf die Frage gegeben werden, welche therapeutischen bzw. beraterischen Techniken oder Haltungen für die spezifischen sozialarbeiterischen Bedingungen überhaupt anwendbar sind; wie es beispielsweise um die „Neutralität" gegenüber Gewalttätigkeit, insbesondere sexuellem Mißbrauch, steht; oder was zirkuläre Fragen sind, und wie sie in der Sozialarbeit „verwendet" werden können. Es ist z. B. zu fragen, ob zirkuläre Fragen immer sinnvoll sind und welche Möglichkeiten es gibt, verbale Interventionen durch Handlungselemente zu unterstreichen und verständlicher zu machen. Außerdem möchte ich in diesem Teil auch einige Tips geben, wie man als SozialarbeiterIn am besten scheitern kann, also was man tun muß, um so erfolglos, gefrustet und überlastet zu sein, daß es auch wirklich zum „Burnout-Syndrom" reicht, das immer mehr zum guten Ton in der Sozialen Arbeit gehört. Abschließend und zusammenfassend versuche ich, die Frage zu beantworten, welchen „Erkenntnis- und Orientierungsgewinn" systemische Konzepte für die Soziale Arbeit haben und ob „wir" das alles nicht sowieso schon längst gewußt haben.

Teil 1
Don Quijote und die Sozialarbeit – die Relevanz systemischer Konzepte in der Sozialen Arbeit

> Fest Gegründetes wird nicht entwurzelt werden;
> Fest Ergriffenes wird nicht entgleiten.
> So wird es verehrt von Generationen.
> Gestalte und pflege das innere Selbst; / Seine Kraft wird wirklich.
> Gestalte und pflege die Familie; / Ihre Kraft wird überreich.
> Gestalte und pflege die Gemeinschaft; / Ihre Kraft wird größer.
> Gestalte und pflege die Organisation;
> Ihre Kraft wird tausendfach fruchtbar.
> Gestalte und pflege die Welt; / Ihre Kraft wird allumfassend.
> Daher: Durch das innere Selbst / Wird das innere Selbst erfaßt.
> Durch die Familie / Wird die Familie erfaßt.
> Durch die Gemeinschaft / Wird die Gemeinschaft erfaßt.
> Durch die Organisation / Wird die Organisation erfaßt.
> Durch die Welt / Wird die Welt erfaßt.
> Woher kenne ich die Welt? / Durch ebendies.
>
> (Lao Tse, Tao Te King [1])

In diesem Teil möchte ich die *Relevanz des systemischen Ansatzes* für die Lösung sozialer Probleme im Rahmen der Sozialen Arbeit skizzieren. Zunächst will ich (Kapitel 1) an einem kleinen Beispiel eine der grundlegenden Ideen verdeutlichen, die das systemisch-konstruktivistische Vorgehen auszeichnet: eingefahrene Geschichten auf andere Weise zu betrachten und zu erzählen, um dadurch von einer defizit-orientierten zu einer ressourcen-orientierten Sichtweise zu

---

[1] In der Übersetzung von Wing (1987); von den vielen Übertragungen des Tao Te King ist die von Wing besorgte für mich die ansprechendste, auch wegen der zu den einzelnen Kapiteln ausgewählten Bilder.

ver-leiten. Dabei beginne ich nicht mit einer Fallgeschichte über KlientInnen, sondern mit der Geschichte, wie SozialarbeiterInnen sich selber sehen und wie man diese Geschichte „transformieren" kann, so daß aus Defiziten Ressourcen werden. Dann möchte ich (Kapitel 2) auf die Frage eingehen, warum ich den systemischen Blickwinkel für die Soziale Arbeit für besonders relevant halte und der Meinung bin, daß das systemische Denken und Handeln nicht nur deshalb Bedeutung hat, weil es gerade zufällig in Mode ist, sondern weil es zum eigentlichen Anliegen und zu den besten, allerdings oft vergessenen Traditionen der Sozialen Arbeit sehr gut paßt. Im dritten Abschnitt (Kapitel 3) möchte ich kurz erläutern, daß m. E. eine Zusatzausbildung in Familien- oder Systemtherapie nicht nur dazu dienen kann, aus der „dreckigen Sozialarbeit" auszusteigen, um in der Therapie einen „Platz an der Sonne" zu ergattern. Abschließend möchte ich diesen Teil (Kapitel 4) mit einigen Bemerkungen zum wissenschaftstheoretischen Standort dieses Buches.

1. Die Veränderung von Geschichten

Zunächst will ich die systemische Vorgehensweise gar nicht auf die Lösung von Problemen beziehen, die KlientInnen mitbringen, sondern ich möchte sie auf den Umgang von SozialarbeiterInnen mit sich selber, ihrem eigenen Berufsbild und ihrer Selbst-Definition anwenden. Dieses Beispiel soll zeigen, welche Konsequenzen die konstruktivistische Perpektive hat und wie die daraus abgeleitete systemische Technik der „Transformation von Erzählungen" (Sluzki) genutzt werden kann.

Systemische BeraterInnen gehen von der Überzeugung aus, daß wir alle uns nicht an der Welt orientieren, wie sie wirklich ist, sondern an unseren *Konstruktionen*, unseren Geschichten. Ganz kurz gefaßt ist dies die Position des sogenannten „Konstruktivismus". Wenn ich von „konstruktivistisch" spreche, meine ich im Grunde diese einfache, aber – wie wir später noch sehen werden – recht folgenreiche und gar nicht so banale Annahme. Diese Geschichten, die Individuen, Organisationen oder Familien konstruieren, dienen der Reduktion von Komplexität und damit der eigenen Orientierung. Die Konstruktionen können sehr unterschiedlich sein und mehr oder weniger viele Möglichkeiten bieten: Sehr rigide Geschichten lassen wenig Handlungsspielräume, und umgekehrt. Chronische Organisationsgeschichten beispielsweise gehen davon aus, daß alles immer schon so war, wie es ist, und deshalb auch weiter so bleiben wird. Veränderung etwa im Rahmen von Therapie, Organisationsberatung oder psychosozialer Beratung bedeutet vor diesem Hintergrund vor allem, diese Geschichten zu transformieren und neue Geschichten mit den jeweiligen KlientInnen zu erfinden – Geschichten, die andere Lösungsmöglichkeiten, eine andere Problem-Sicht oder mehr Handlungsoptionen eröffnen (Sluzki 1992).

Wie kann eine solche *Neu-Erfindung von Geschichten* aussehen? Eine Geschichte, die SozialarbeiterInnen gern von sich selber erzählen und die gut ausdrückt, wie sie sich mit Vorliebe selber sehen, ist die von Don Quijote: Diese alte Geschichte ist eine, die das Selbst-Gefühl, das Selbst-Bild und auch das Fremdbild von Sozialarbeit treffend charakterisiert: ein tragischer Held, der gegen Windmühlenflügel kämpft, der Ritter von jämmerlicher Gestalt, der sich lächerlich macht und nichts erreicht, anachronistisch in seinem Glauben an alte Tugenden und Werte, wie soziale Gerechtigkeit oder Emanzipation.

Versteht man diese Geschichte so, dann handelt sie fast ausschließlich von ergreifenden Niederlagen und tragischem Scheitern. Die Geschichte könnte aber auch ganz anders erzählt und gedeutet werden (so, wie die Lebensgeschichten von KlientInnen oder die Wirklichkeitskonstruktionen von Organisationen häufig veränderbar, „transformierbar" sind). Dadurch ändert sich zwar nicht alles, aber doch manches.

Ernst Bloch (1977)[2] – inzwischen in vieler Augen selber schon ein anachronistischer Held – hat die Geschichte von Don Quijote ganz anders gesehen und ihr eine eher positive, hoffnungsvolle, ja geradezu revolutionäre Wendung gegeben. Seine Deutung scheint mir für SozialarbeiterInnen mehr Möglichkeiten, mehr Selbstbewußtsein und weniger Stoff zum Ausbrennen zu beinhalten als die vom scheiternden Ritter: Da zieht einer – aus ärmlichen Verhältnissen stammend – aus, um die Welt zu erobern. Um die fünfzig ist er schon. Mit unzureichendem Werkzeug kämpft er gegen Windmühlen, die er für

---

[2] Die folgenden Zitate sind den Seiten 1216–1238 von Ernst Blochs (1977) „Prinzip Hoffnung" entnommen.

Riesen hält. Er wird von einem Stallmeister begleitet, der seinerseits die Dinge immer nur als das sieht, was sie sind, während sein Herr, der „Ritter von der traurigen Gestalt", in ihnen immer mehr zu sehen pflegt: nämlich auch ihre Möglichkeiten. Ein widersprüchlicher Held, dieser Don Quijote.

SozialarbeiterInnen in ihrer Widersprüchlichkeit können widersprüchliche Leitbilder brauchen: Sie kämpfen für Gerechtigkeit, obwohl das in einer Zeit, wo das Kochen des eigenen Süppchens und der individuelle Erfolg weit höher im Kurs stehen, weitgehend aus der Mode gekommen ist. Alle anderen, die Bausparkassen- und Versicherungsvertreter, die InformatikerInnen, Betriebswirte und Englischlehrer, halten den „Ritter" denn auch für verrückt oder schlicht für lächerlich. Er kämpft allein, weil er sich für keine der konkurrierenden Gewerkschaften oder Berufsverbände entscheiden kann. Aber eines Tages wird er vielleicht erkennen, daß man gemeinsam (nicht nur für KlientInnen) mehr erreichen kann. Er lernt zwar leider nichts aus Niederlagen, doch er wirkt sympathisch in seinem Wahn, tatsächlich (ein bißchen mehr) Gerechtigkeit schaffen zu können. Sein Handeln wirkt eher abstrakt moralisch: Er eifert Idealen von Solidarität, Menschlichkeit und Mündigkeit, gar von Emanzipation nach, die in dieser strukturell ungerechten Gesellschaft nicht durch moralische Appelle und Sonntagspredigten zu verwirklichen sind. Wer mit diesen Idealen ernst machen will, muß sich mit der gesellschaftlich-ökonomischen Wirklichkeit „vermitteln", wie Bloch das nennt. Er müßte z. B. ausloten, wo in seinem konkreten Arbeitsfeld und unter seinen institutionellen Bedingungen Handlungsspielräume gegeben sind, die ausgenutzt werden können. Er muß sich um Handwerkszeug kümmern, das zeitgemäß ist; Schild, Speer und Rittertugend, sprich: individuelle Barmherzigkeit und der edle Impuls zu helfen, genügen zur Bewältigung der Aufgaben nicht mehr.

So gesehen könnte Don Quijote und die Deutung seiner Geschichte uns durchaus manches lehren: die Dinge nicht (nur) zu nehmen, wie sie sind, sondern auch, wie sie sein könnten – also in bester systemischer Manier: in ihnen immer (auch) die Ressourcen und Möglichkeiten zu sehen. Nicht das chronische und hoffnungslose „Das war schon immer so. Daran läßt sich nichts ändern" dominiert, sondern auch die Perspektive der Hoffnung und der (möglichen) Veränderung kommt zum Vorschein. Ernst Bloch spricht von der „Ontologie des

Noch-Nicht-Seienden" und greift damit über ein Seinsverständnis, das die Dinge und die Welt als fertig nimmt, weit hinaus; er zielt ab auf das Sein, das noch im Werden ist, das gleichermaßen in der Hoffnung steht, zu gelingen, wie es auch in der Gefahr ist, zu scheitern. Don Quijote kann vor diesem Hintergrund auch zum Leitbild für Grenzüberschreitung werden und als Symbolfigur dafür gesehen werden, „ein Jenseits auch im Alltag" zu sehen. Er kann deshalb, so meint Bloch, als „Schutzpatron ehrlich-abstrakter Sozialidealisten" gelten, der im „Heldenstück von Güte sich selbst ein Pathos, anderen eine Komik" wird. „Ehrlich-abstrakte Sozialidealisten" sind SozialarbeiterInnen allemal – zumindest am Anfang des Studiums. Der Zynismus, die Anpassung und die Resignation kommen danach in der Praxis leider häufig schnell in den ersten Berufsjahren.[3] Der Traum des Ritters von der La Mancha, das „Reich der Gerechtigkeit", ist in meinen Augen ein sinnfälliges Bild, eine Grundlage und ein Antrieb für Sozialarbeit; zumindest kann er uns immer wieder daran erinnern, daß es in der Sozialen Arbeit um mehr geht, als um die Eroberung von Marktanteilen im Sozialbereich, um das Kopieren des Jargons und der Ziele der sogenannten „freien" Wirtschaft oder um Sozialklempnerei. Don Quijote „reitet gegen Tatsachen" und kämpft auf verlorenem Posten, wie SozialarbeiterInnen häufig auch, wenn sie denn die „gerechte Praxis" (Brunkhorst/Otto 1989) zu ihrer Sache machen. Der „andere Don Quijote" mahnt „gegen falschen Realismus und Klugheit, keinen Frieden mit der bloß vorhandenen, als fertig paradierenden Welt zu schließen", und wird so zur „Leitfigur der Unruhe". Als solche eignet er sich in meinen Augen hervorragend als Leitbild für SozialarbeiterInnen, die ihre Aufgabe in der „Verstörung" ungerechter Verhältnisse, festgefahrener Lebensgeschichten und einengender Organisationsmythen sehen.

2. Warum ausgerechnet systemisch?

In diesem Kapitel will ich darstellen, warum ich der Meinung bin, daß sich systemische Konzepte in besonderer Weise als Arbeits-

---

[3] Diesen Prozeß beschreibt zutreffend die m. E. immer noch lesenswerte Studie von Baldo Blinkert u. a. (1976).

sinstrumente für die Soziale Arbeit eignen. System- und Ökologie-Ansätze boomen und erfaßen immer mehr Wissenschaftsbereiche. Konstruktivistische Sichtweisen und Erklärungsansätze finden zunehmend Eingang in therapeutische und psychosoziale Praxis (Böse/Schiepek 1989). Der übliche time-lag, mit dem neue (sozialwissenschaftliche) Konzepte und therapeutische Modetrends regelmäßig auch die Soziale Arbeit erreichen, entpuppt sich hier – genau besehen – jedoch als Vorsprung. Schon 100 Jahre vor der „ökologischen Wende" wurde von den Pionieren, in der Hauptsache von den Pionierinnen der Sozialarbeit systemisch gedacht und auch gehandelt (Staub-Bernasconi 1986; 1989b). Leider geriet dies im Verlauf der Theorie- und Methodenentwicklung zunehmend in Vergessenheit, und die Sozialarbeit begann, sich an ganz anderen Vor- und Leitbildern zu orientieren. Vor allem von (individual-)psychologischen Modellen war sie angetan, vornehmlich von Modellen in pschoanalytischem Gewand bzw. – am anderen Ende der Skala – von naturwissenschaftlich-technischen Modellen der Verhaltenstherapie.[4]

Auf Ganzheiten bezogen gedacht und Ganzheiten nicht aus ihren Teilen verstanden haben westliche, aber viel mehr noch östliche Denker schon lange. Es waren vor allem Weise, im Wortsinne: „Philo-sophen" (= Liebhaber der Weisheit), die uns intuitiv, oft in bildreicher oder symbolischer Sprache an die Vernetztheit aller Dinge, an ihre „Systemizität" erinnert und gemahnt haben. Lao-Tse, der chinesische Weise, dessen Gedanken heute, nach fast zweieinhalbtausend Jahren, eine regelrechte Hochkonjunktur erleben, sei als Beispiel angeführt. In aphoristischer Kürze und Klarheit benennt er Sachverhalte, die von der heutigen Chaostheorie, der systemischen Epistemologie und dem neuen ganzheitlichen Denken in der Physik und in der Biologie in ihrer ganz anderen Sprache re-formuliert werden. Deshalb habe ich ein Kapitel aus dem Tao Te King an den Anfang dieses ersten Teils gestellt. Darin wird deutlich, was „ganzheitliches Erkennen" heißt: Lebende Systeme können als Ganzheiten zutreffender und sinnvoller

---

[4] Lutz Rössners inzwischen schon klassische „Theorie der Sozialarbeit" (1973) möge als ein Beispiel für ein solches in meinen Augen „technizistisches" Verständnis Sozialer Arbeit genügen.

beschrieben und „erfaßt" werden, wie Lao Tse das nennt, als durch Analyse, durch Aufspaltung in ihre Einzelteile.
Der Alltag Sozialer Arbeit legt ein systemisches und zirkuläres, d. h. rückbezügliches, Verständnis sozialer Probleme unmittelbar nahe. SozialarbeiterInnen begegnen ihren KlientInnen in besonderer Weise: Sie erfahren sie in den vielfältigsten und -schichtigsten psychischen, sozialen und ökonomischen Verflechtungen. Auch die Interdisziplinarität der Ausbildung, deren Fächerkanon zutreffender als Multidisziplinarität bezeichnet wird, hält SozialarbeiterInnen an, mit einem „ganzheitlichen" oder mehrspektivischen Blickwinkel Personen und ihre Umstände zu betrachten. „Von allem etwas, und nichts richtig", dieses oft beklagte „Manko" der Ausbildung kann aber von einem anderen Standpunkt aus auch als Chance und Ressource gesehen werden. Wozu andere Wissenschaften erst jetzt im Zuge des erwähnten „Paradigmenwechsels" langsam finden, gehört seit mehr als hundert Jahren zum Kernbestand Sozialer Arbeit und zur beruflichen Identität von Sozialarbeitern. Soziologische, psychologische, medizinische, pädagogische, rechtliche und ökonomische Perspektiven werden eingenommen, um die Probleme eines „Falles" oder einer Situation zu sehen. Diese Mehrperspektivität auch bei der Gestaltung des Hilfe- oder Veränderungsprozesses zu berücksichtigen, gehört zu den besten Traditionen der Sozialen Arbeit, an die zu erinnern es sich besonders in Zeiten des Psycho-, Esoterik- und Therapiebooms lohnt. Die „systemische Brille" paßt deshalb m. E. besonders gut zu den ureigensten Anliegen und Traditionen und zum gewachsenen beruflichen Selbstverständnis der Sozialen Arbeit.
Die *Vorteile und Möglichkeiten systemischer Konzepte* sehe ich besonders unter folgenden Aspekten:

(a) Die systemische Perspektive ermöglicht und erleichtert eine Beschreibung von Problemen und Prozessen auf verschiedenen Ebenen. Beschrieben werden können damit Systeme auf der Mikroebene wie etwa psychische Systeme oder Familien. Beschreibbar sind mit systemischen Begriffen aber genauso Phänomene und Prozesse auf der Meso- und Makroebene, also größere soziale Systeme wie etwa Organisationen, Gemeinwesen, kulturelles, ökonomisches und politisches System (siehe Hollstein-Brinkmann 1989, 1993).
(b) Die Systemtheorie schließt die anderen, therapeutischen, pädago-

gischen, juristischen usw. Zugänge nicht aus-, sondern ein und kann deshalb dazu genutzt werden, Erkenntnisse verschiedener Wissenschaften sowie Erklärungs-, Werte- und Handlungswissen miteinander zu verknüpfen. Die verschiedenen Interventionsebenen, auf denen die Soziale Arbeit sich vollzieht (Individuum, Familie, Nachbarschaft und Gemeinwesen, Organisationen usw.) werden damit gleichermaßen beschreibbar. Eine rein psychologisch-therapeutische Sichtweise birgt demgegenüber tendenziell die Gefahr, daß dadurch der Aspekt psychischer Systeme überbetont und andere Ebenen unterbelichtet werden. Silvia Staub-Bernasconi, Sozialarbeiterin und Soziologin aus der Schweiz, hat mit ihrem prozessual-systemischen Ansatz hierzu Hervorragendes geleistet und der gängigen „theoretischen Kolonialisierung" Sozialer Arbeit ein gutes Stück entgegengewirkt. Ihre „Verknüpfungs- und Metatheorie" wurde wohl als einer der ganz wenigen Theorieentwürfe tatsächlich speziell aus und für die Sozialarbeit entwickelt (Staub-Bernasconi 1983, 1986; Geiser 1990).

(c) Systemische Konzepte eignen sich nicht nur zur direkten Arbeit mit KlientInnen, sondern auch dazu, Wege aus dem „Gestrüpp der Institutionen" (Imber-Black) zu finden. Sie können z.B. dazu genutzt werden, Team- und Trägerkonflikte zu reduzieren und die Reibungen, Konkurrenzkämpfe und Verstrickungen zwischen Institutionen zu vermindern. Für diese Art von Konflikten wird in der Sozialarbeit mindestens ebenso viel Energie gebraucht und verbraucht wie für die Lösung der Probleme von KlientInnen.

(d) Einzelne Instrumente und Werkzeuge aus der systemischen Therapie und Beratung, insbesondere zirkuläres Fragen, sind sowohl in der Einzel- als auch in der Familien- und Gruppenarbeit sowie in der (kollegialen) Supervision verwendbar.

(e) Problemlösendes Intervenieren, Informationen zu geben, Sachhilfe und konkrete materielle Unterstützung zu leisten sind als wichtige Elemente Sozialer Arbeit mit dem „systemischen Instrumentarium" gut kombinierbar.

(f) Die „Unterschicht", die Randgruppen und die sozial Unterprivilegierten werden als zentrale Zielgruppe der Sozialen Arbeit nicht ausgeblendet oder ausgegrenzt; insbesondere methodische Ansätze wie z.B. das Familienbrett (Ludewig u.a. 1983), der Wohnungsgrundriß, das Genogramm (Roedel 1990) und die Skulptur (Schweitzer/Weber

1982) können genutzt werden, um das Reden mit Handlungselementen anzureichern.

(g) Auch Aufgaben wie Organisationsberatung, Management, Projektentwicklung und Verwaltung können durch systemische Konzepte effektiver gestaltet werden.

(h) Vielleicht das Wichtigste – für mich jedenfalls – ist, daß systemische Konzepte dazu beitragen können, daß die Arbeit mehr Spaß macht, daß sie gegen die Schwere des „Burnout" wirken und dazu einladen, effektiver und damit vielleicht weniger zu arbeiten.

Als Fazit läßt sich sagen, daß systemische Konzepte dem Gegenstand von Sozialer Arbeit angemessen und in besonderer Weise geeignet sind, das Spezifische dieses Gegenstandsbereichs zur Sprache zu bringen. Systemische Konzepte sind aus meiner Sicht für die Soziale Arbeit notwendig, aber nicht hinreichend, wie sich unten noch zeigen wird. Sie bedürfen der Ergänzung durch andere theoretische und methodische Zugänge.

3. Ein Platz an der Sonne ... – Der erträumte Ausstieg aus der Sozialen Arbeit

Im folgenden Kapitel geht es mir um die Frage, ob eine familientherapeutische Zusatzausbildung zu mehr dienen kann, als – wie zumeist der Fall – das genuin sozialarbeiterische Feld zu verlassen, um in einer Beratungsstelle mit „motivierten" Klienten zu arbeiten. Mit diesem Buch beabsichtige ich – wie in der Einleitung angedeutet –, Nicht-SystemikerInnen zu ermuntern, die systemische Perspektive „auszuprobieren", probeweise eine andere Brille aufzusetzen und das bisherige Spektrum an Erklärungs- und Handlungswissen zu ergänzen. Ich verfolge nicht das Ziel, die sozialarbeiterischen Ansätze durch etwas „Besseres" zu ersetzen. Außerdem möchte ich Anstöße und Orientierungshilfen geben, was die in familien- und systemtherapeutischen Zusatzausbildungen erworbenen (erwerbbaren) Konzepte für die Sozialarbeit Brauchbares leisten können. Insbesondere möchte ich SozialarbeiterInnen, die bereits eine entsprechende systemisch-familientherapeutische Zusatzausbildung absolviert haben, *Anstöße und „Übersetzungshilfen"* geben, wie sie das *Gelernte in ihrer eigenen sozialarbeiterischen* (und eben meist gerade nicht therapeutischen) *Berufspraxis anwenden* können. Bisher gibt es für SozialarbeiterInnen so gut wie keine Ausbildungsgänge, die zugleich gründliche Familientherapiekenntnisse vermitteln und – über die systemische Arbeit mit Familien hinausgehend – auf Handlungskontexte der Sozialen Arbeit zugeschnitten sind. Vielmehr stehen SozialarbeiterInnen nach dem erfolgreichen Abschluß einer Familientherapie-Zusatzausbildung meist vor folgenden Alternativen:

(a) Nicht-Integration: Die Familientherapie wird als nützliche Selbsterfahrung oder als etwas „abgeheftet", das zwar Spaß machen würde, aber in den eigenen Berufsalltag nicht hineinpaßt bzw. dort kaum vorkommt.

(b) Problem-Selektion: Die SozialarbeiterInnen mit familientherapeutischer Zusatzausbildung entscheiden sich, bevorzugt oder nur noch solche Probleme zu bearbeiten, auf die das familientherapeutische Methodenkonzept anwendbar ist, d. h. in Familien-Settings mit TeilnehmerInnen, die darüber hinaus auch noch zur Mitarbeit zu motivieren sind und wo „Beziehungsprobleme" im Vordergrund stehen.

(c) KlientInnen-Auslese: Die Problem-Selektion führt fast zwangsläufig zur KlientInnen-Auslese, d. h. es werden bevorzugt oder ausschließlich Familien aus der Mittelschicht beraten, weil die erwähnten Voraussetzungen meist nur dort gegeben sind (siehe Grötzinger 1991).

(d) Ausstieg: SozialarbeiterInnen suchen sich solche Arbeitsfelder, für die die Problem- und KlientInnenselektion zum Institutionsalltag gehört; bevorzugt wird die Arbeit in einer Beratungsstelle für Ehe-, Familien- und Lebensfragen, in der Erziehungsberatung usw. (siehe Müllensiefen 1988). Doch zum einen gibt es dort für interessierte SozialarbeiterInnen nicht genügend Arbeitsplätze: Die „Plätze an der Sonne" sind rar; zum zweiten – und das erscheint mir weitaus bedeutsamer – gehen mit dieser Abwanderung wichtige methodische Kenntnisse für originär sozialarbeiterische Handlungsfelder verloren und konzentrieren sich dort, wo entsprechende (therapeutisch-methodische) Kenntnisse in ausreichender Weise durch andere Berufsgruppen vertreten sind. Die Konzentration auf therapeutische Beratungsarbeit ist oft verbunden mit einer unproduktiven und überflüssigen Konkurrenz mit anderen Berufsgruppen und einer starken Orientierung am Berufsbild von PsychologInnen, deren Ausbildung, Prestige, Bezahlung und Arbeitsmöglichkeiten damit für SozialarbeiterInnen zur „Meßlatte" werden (siehe Teil 3, S. 137 ff.).

Dem Grundsatz „Schuster, bleib bei deinem Leisten" will ich demgegenüber eine positive Wendung geben, denn die Sozialarbeit hat – trotz angeblicher theoretischer Defizite, praktischer Mißerfolge und professioneller „Unterbelichtung" – konzeptionell wie auch praktisch Erfolge vorzuweisen. Deshalb verfolgt diese Arbeit auch zwei Blickrichtungen: Zum einen will ich denjenigen, die keinen „Platz an der Sonne" finden oder anstreben, aufzeigen, welche reichhaltigen Möglichkeiten zur Anwendung systemischer Konzepte auch in genuin sozialarbeiterischen Feldern bestehen; zum zweiten kann es vielleicht jenen einige nützliche Anstöße geben, die einen „Platz an der Sonne" zwar gefunden haben, aber in der Gefahr stehen, sich dort im Elfenbeinturm einzumauern, d. h. den Kontakt zum Alltag unterprivilegierter Klientengruppen zu verlieren.

Doch das Grunddilemma Sozialer Arbeit, vor dem wir stehen, soll nicht verschwiegen werden: Es bräuchte für SozialarbeiterInnen eine gründliche Ausbildung in Familientherapie und systemischer Beratung als Grundlage und – darauf aufbauend und weiterführend – eine „Übersetzungs-Zusatzausbildung", die das Gelernte auf andere, sozialarbeiterische Kontexte übertragen hilft; denn therapeutische Kenntnisse allein reichen nicht aus. So gesehen ist der Anspruch an SozialarbeiterInnen eher ein noch höherer als der, der an „nur" therapeutisch Arbeitende gerichtet ist: Sie müßten (eigentlich) gute systemische TherapeutInnen sein, um dann (freiwillig) auf die Privilegien und Statusgewinne zu verzichten, die üblicherweise mit der Ausübung von Therapie verbunden sind. Das wiederum könnte an Don Quijote erinnern, dessen Edelmut ja auch groteske Züge annahm und an Masochismus grenzte.

4. NÜTZLICHES UND PASSENDES: BEMERKUNGEN ZUR WISSENSCHAFTSTHEORETISCHEN STANDORTBESTIMMUNG

Fachliche Bücher enthalten in der Einleitung meist ein Bekenntnis des Autors zu seinem wissenschaftstheoretischen Standort. Manche ersparen sich mit der Lektüre von solchen Einleitungen zwar das Lesen des ganzen Buches, etwa wenn das „Bekenntnis" des Autors mit dem eigenen nicht übereinstimmt, und man so unnötigen Beunruhigungen aus dem Wege gehen kann. Ketzerische Philosophen, wie z. B. Richard Rorty, Philosophieprofessor an der University of Virginia, halten solche Bekenntnisse für unnötig, unmöglich und sogar schädlich und behaupten sogar, so etwas wie Erkenntnistheorie verwirre nur den Geist. Ich möchte gewisse Sympathien für diesen Ketzer nicht leugnen, doch ich will wenigstens angeben, welche Art von „Wahrheiten" in diesem Buch zu erwarten sind, und vor allem welche man besser nicht erwartet oder sucht, will man nicht enttäuscht werden.

Ausgehen möchte ich vom Kriterium der Nützlichkeit: Systeme gibt es zwar nicht als reale Dinge, gleichwohl als Beobachtungskategorien, die mehr oder weniger Sinn machen, weil sie zum Erkennen oder zur Lösung von Problemen beitragen können. Ernst von Glasersfeld, Kybernetiker und Sprachanalytiker, der lang an der University of Georgia kognitive Psychologie lehrte und der als einer der „führenden Köpfe" des Konstruktivismus bezeichnet werden kann, grenzt sich in seiner „Einführung in den radikalen Konstruktivismus" (von Glasersfeld 1981) gegen jede Art von „metaphysischem Realismus" ab, der davon ausgeht, daß es eine Wahrheit geben könne, die unabhängig von unserem Beobachten und unseren Fragen ist. Der metaphysische Realismus, so meint er, sucht nach Wahrheit, die stimmt (english = to match), die also die Wirklichkeit abbildet, wie sie ist, sofern sie ihr gleichförmig ist. Dem setzt von Glasersfeld das Passen (= to fit) entgegen: Unsere Wahrheiten haben nicht die Aufgabe, zu stimmen, sondern lediglich zu passen, wie ein Schlüssel ins Schloß:

> „Das Passen beschreibt die Fähigkeit des Schlüssels, nicht aber das Schloß ... Sagen wir ..., daß es ‚paßt', so bedeutet das nicht mehr und nicht weniger, als daß es den Dienst leistet, den wir uns von ihm erhoffen. Ein Schlüssel ‚paßt', wenn er das Schloß aufsperrt. Das Passen beschreibt die Fähigkeit des Schlüssels, nicht aber das Schloß. Von den Berufseinbrechern wissen wir nur zu gut, daß es eine Menge Schlüssel gibt, die anders geformt sind, als unsere, aber unsere Türen nichtsdetoweniger aufsperren."
> (von Glasersfeld 1981, 20)

In seiner Abhandlung über den Wahrheitsbegriff des amerikanischen Pragmatismus macht William James (1981) einige Ausführungen, die mir gut zu diesem in der systemischen Literatur häufig zitierten Begriff des „Passens" zu passen scheinen. Der Pragmatismus fragt – so meint James – grundsätzlich danach, welcher konkrete Unterschied sich im wirklichen Leben ergibt, wenn man davon ausgeht, eine Vorstellung oder ein Urteil sei wahr.

Der Besitz wahrer Gedanken ist somit nichts Statisches, kein Besitz, der einmal erworben ist, sondern der Besitz wahrer Gedanken bedeutet den Besitz wertvoller Mittel zum Handeln. „Mit einer Wirklichkeit übereinstimmen kann im weiteren Sinne nichts anderes heißen, als zu dieser Wirklichkeit oder in ihre Umgebung geradeaus hingeführt zu werden oder mit derselben in eine derartige wirksame Berührung gebracht zu werden, daß wir mit dieser Wirklichkeit oder mit etwas, das mit ihr in Verbindung steht, besser operieren, als wenn wir nicht in ‚Übereinstimmung' wären. ... Oft wird ‚Übereinstimmung' sogar nichts anderes bedeuten als die negative Tatsache, daß auf dem Wege, den unsere Ideen uns führen, uns kein von der betreffenden Wirklichkeit ausgehender Widerspruch, keine Störung begegnet. ... Das Wesentliche liegt immer in dem Vorgang des Geführtwerdens. Jede Idee, die uns dazu verhilft, logisch oder praktisch mit einer bestimmten Wirklichkeit und dem, was zu ihr gehört, zu operieren, jede Idee, die uns beim Weiterschreiten nicht in Täuschungen verstrickt, die unser Leben der ganzen Lage dieser Wirklichkeit anzupassen vermag, jede solche Idee wird mit dieser Wirklichkeit in ausreichendem Maße übereinstimmen." (ebd., 438 ff.)

Mit der Wirklichkeit übereinstimmen – was traditionell als das Kriterium für die Wahrheit einer Aussage angesehen wurde – stellt sich dann im Kern als ein Akt des nützlichen Führens heraus, durch den wir dorthin gelangen, wo die Dinge sind, die für uns von Wichtigkeit sind. Um einen Vergleich zu ziehen: Die sichtbare Welt besteht aus Atomen oder Elektronen, aber wir dürfen diese Sicht nicht buchstäblich nehmen.
Im zweiten Teil des Buches, der sich schwerpunktmäßig mit Systemtheorie und Konstruktivismus beschäftigt, werde ich vorhandene Theorien referieren und auf ihre Relevanz bzw. ihre Konsequenzen für die Soziale Arbeit befragen. In Teil 4 versuche ich, Praxiserfahrungen zu systematisieren, auf die Theorieelemente zu beziehen und daraus Skizzen für eine Konzept(weiter-)entwicklung in der Sozialen Arbeit abzuleiten, die den Charakter von Vorschlägen und Anregungen haben. Dieser Teil beruht zum einen auf langjährigen eigenen

Erfahrungen und zum anderen auf unzähligen Gesprächen mit KollegInnen aus verschiedenen Arbeitsfeldern.

Teil 2
Theorieelemente

„Denken ist spannend, die Mitteilung des Denkens durch Wörter das einzige Hindernis. Denn Sprechen ist nicht Denken, obwohl es das manchmal sein kann. Wie dem auch sei, wir wollen's versuchen." (Moshé Feldenkrais, Die Entdeckung des Selbstverständlichen)

„Nein, Theorie interessiert mich nicht. Aufsätze? Lese ich kaum. damit kann ich nichts anfangen, das ist mir zu abgehoben", winkt die Sozialarbeiterin aus dem Arbeitslosentreff ab. Sie interessiert sich für „Handwerkszeug", Methoden und Techniken, die ihr helfen, mit der offenen Gruppensituation im Treff besser zurechtzukommen. Sie sucht nach dem, was seit Aristoteles eher abschätzig als „techne" bezeichnet wird: Kunstfertigkeit und überlegtes Wissen, das über gestaltendes und hervorbringendes Handeln – im eigentlichen Wortsinne: Hand-Werks-Tätigkeit – umgesetzt wird (Daniel 1984, 12). Für „richtige", zweckfreie Theorie, wie sie vor allem an Universitäten „produziert" wird, hat die Sozialarbeiterin, wie so viele ihrer BerufskollegInnen, nur ein achselzuckendes „Was soll's?".
In diesem zweiten Teil des Buches möchte ich auf die theoretischen Konzepte (und deren Quellen) eingehen, die das konstruktivistisch-systemische Denken und Handeln fundieren, – ohne damit die Frage zu entscheiden, ob systemische Beratung und Therapie eher eine Wissenschaft oder nicht vielmehr eine Kunst sei. Ich selber tendiere zwar eher zur letzteren Auffassung; die ist aber nicht besonders populär – Kunst läßt sich schlechter beschreiben, vermitteln und lehren, über Kunst läßt sich auch schlechter schreiben, als über Wissenschaft –, und außerdem erscheint mir auch für die Ausübung einer Kunst das entsprechende Handwerkszeug – und dazu gehört auch eine gute Theorie – unerläßlich.
Im ersten Teil des Buches habe ich mich mit der Relevanz systemischer Konzepte für die Soziale Arbeit beschäftigt. Im nun folgenden

zweiten Teil möchte ich in sieben Kapiteln auf mir wichtig erscheinende Theorieelemente eingehen. Im ersten Kapitel dieses Theorieteils geht es um die grundsätzliche Bedeutung von Theorien in der Sozialen Arbeit und die angebliche Theoriefeindlichkeit von SozialarbeiterInnen. Im Kapitel 2 stelle ich – ausgehend von der klassischen Familientherapie und ihren Problemen – die Entwicklung systemischer Konzepte dar. Anschließend skizziere ich den grundsätzlichen „Paradigmenwechsel" in der gegenwärtigen (Natur-)Wissenschaft (Kapitel 3). Die Entwicklungen der neueren Systemtheorie werden auf diesem Hintergrund besser verständlich und in einen größeren Zusammenhang gestelllt. Sodann zeichne ich im vierten Kapitel diese neueren *Entwicklungen der Systemtheorie* in groben Zügen nach, erläutere das Konzept der Selbstorganisation, vor allem seine bereits mehrfach erwähnte Weiterentwicklung zur *„Autopoiese"* durch die chilenischen Neurobiologen Humberto Maturana und Francisco Varela. Dieser Schritt führt zum fünften Themenblock des Theorieteils: dem *„radikalen" Konstruktivismus*, der in der wissenschaftlichen Debatte immer größere Bedeutung erlangt (Kapitel 5). Im Kapitel 6 wird die Frage der Gerechtigkeit erörtert, d. h. ich spreche ethische Probleme im Zusammenhang mit der systemisch-konstruktivistischen Perspektive an. Abschließend möchte ich (Kapitel 7) Anfragen und Kritik an Systemtheorie und Konstruktivismus darstellen.

1. Von der Schwierigkeit der Sozialen Arbeit mit Theorien

1.1. Sind Sozialarbeiter theoriefeindlich? Oder sind Theorien sozialarbeiterfeindlich?

Theorie und Theoriearbeit stehen bei SozialarbeiterInnen nicht besonders hoch im Kurs. Das mag an eingefleischter Theoriefeindlichkeit dieser Profession liegen, vielleicht hat es aber auch mit der Theorie selbst zu tun, mit ihren Inhalten und Gegenständen, ihrem mangelnden „Erklärungswert" oder ganz einfach mit der Art und Weise, wie Theorie vermittelt wird.

Die Funktionsbestimmung von Sozialarbeitstheorie als „Dienerin der Praxis" scheint brüchig geworden. Hans-Joachim Jungblut und Werner Schreiber sehen den Grund dafür darin, daß „die Fragwürdigkeit der Intuition von Theorie, als kritisches Korrektiv sozialpädagogischer Praxis wirksam werden zu können, zunehmend deutlich wird durch die Ohnmacht einer Theorie, die auf deprimierende Zustände der Wirklichkeit von Adressaten und Berufsvollzügen institutionalisierter Praxis nicht anders als konstatierend reagieren kann" (Jungblut/Schreiber 1987, 495). Bernd Dewe und Albert Scherr (1990) erwähnen die Enttäuschung des Praktikers angesichts mangelnder Praxisrelevanz von sozialarbeitswissenschaftlicher Theorie und meinen:

> „Hierin ist jedoch zugleich eine Kritik an institutionalisierten Formen der Berufspraxis zu sehen, in denen die Zeiten und Räume für Reflexion der Praxis in einer Weise eingeengt sind, die differenzierende Problemverarbeitung kaum zuläßt, so daß der Berufspraktiker in der Regel unter Bedingungen handeln muß, die eine angemessene Auseinandersetzung mit wissenschaftlich begründeten Deutungsangeboten vielfach blockieren." (Dewe/Scherr 1990, 138)

Theoriefeindlichkeit ist demnach also eine fast notwendige Konsequenz von Arbeitsüberlastung, hohen Fallzahlen, ständigem Zwang zur Rechtfertigung der eigenen Arbeit und einem chronischen Zeitdruck. An dieser These ist viel Richtiges. Ich möchte jedoch ergänzen und die provozierende Behauptung wagen: Es gibt in der Praxis trotzdem diese Zeiten und Räume zur theoretischen Reflexion, es gibt sie in vielen, wenn nicht allen Feldern der Sozialarbeit. An der mangelnden Zeit und der Arbeitsüberlastung liegt es nicht (nur), wenn PraktikerInnen kaum (noch) lesen. Es gibt in fast allen Handlungsfeldern immer wieder Zeiten des Leerlaufs, Tage und manchmal Wochen, in denen „weniger los ist" und die für theoretische Reflexionen genutzt werden könnten. Häufig werden diese Zeiten auch genutzt – zum Kaffetrinken beispielsweise oder für Fortbildungen in verschiedenen Therapieformen, die beim Lernen mehr Lust machen und mehr Spaß (und berufliche Anerkennung) bei der Anwendung versprechen als sozialarbeitsspezifische Methoden und die Lektüre entsprechender Veröffentlichungen. SozialarbeiterInnen nutzen häufig gerade solche Fortbildungsangebote, die nicht nur den Geist, sondern auch den Körper einbeziehen, die Handeln und Fühlen und nicht nur das Denken ansprechen. „Unterbeschäftigung – das kannst Du doch so nicht sagen, in Zeiten von Sozialabbau und Stellenkürzungen", wird mir manche(r) Kollege/in entgegen halten. Es gibt zwar „Unterbeschäftigung", aber man spricht nicht darüber. Das darf nicht sein. „Man" muß in der Sozialarbeit überlastet sein – oder zumindest so tun. Ich stell aber trotzdem diese These auf, selbst auf die Gefahr hin, von einigen falsch verstanden zu werden. Solche zeitweilige „Unterbeschäftigung" finden wir in jedem Berufszweig, selbst bei den „Managern", die ja immer mehr zum Leitbild auch für SozialarbeiterInnen werden. Die phasenweise ungleiche Verteilung von Arbeit – mal extrem viel, mal wieder eher wenig – gehört zur Sozialen Arbeit dazu und macht einen Teil ihrer Belastung aus. Allein in der mangelnden Zeit liegt die Theoriefeindlichkeit nicht begründet, wenn wir für die Theorieaversionen nach Ursachen suchen.

Ich möchte deshalb eine vorsichtige Anfrage an die Art der Theoriebildung in der Sozialarbeit richten und an die Art und Weise, wie diese Theorie vermittelt wird, und dazu die folgenden zwei Behauptungen aufstellen:

(a) Die Soziale Arbeit bräuchte auch eine andere Theorie, eine Theorie, die mehr am beruflichen Alltag von SozialarbeiterInnen orientiert ist und weniger an akademischen Wissensvorräten. Es müßte also auch bei der Theorieproduktion ernst gemacht werden mit der Alltagsorientierung, die von der Sozialarbeit in bezug auf Klientinnen so oft gefordert wird.[1]

(b) Die vorhandene Theorie müßte außerdem anders vermittelt werden, damit sie „genießbarer" wird.

Daß seit den siebziger Jahren nun fast eine Generation von SozialarbeiterInnen an der beruflichen Orientierung auf soziale Gerechtigkeit gescheitert und entweder aus der Sozialarbeit ausgestiegen und Schreiner, Töpfer oder neuerdings Bausparkassen- oder Versicherungsvertreter geworden sind oder ihre Ideale geopfert und sich angepaßt haben[2], ist sicher kein Zufall. Es ist leichter, ein erreichbares und deshalb befriedigenderes Ziel zu verfolgen, z. B. gute Gestalttherapie zu machen, als (etwas mehr) Gerechtigkeit für Arme und

---

[1] Hans Thiersch vertritt diese Orientierung seit fast 20 Jahren (1978, 1986, 1992).
[2] Siehe die bereits oben erwähnte Untersuchung von Baldo Blinkert und Norbert Huppertz u. a. (1976).

Unterprivilegierte herzustellen; und dieser Erfolg bringt mehr Anerkennung und Prestige. Den Vorrang der Gerechtigkeit vor der Therapie zu postulieren, wie es Hauke Brunkhorst und Hans-Uwe Otto (1989) beispielsweise mit guten Argumenten und m. E. zu Recht tun, erfordert auch, „handhabbare Rezepte" zu erfinden, um mit Hilfe methodischer Ansätze (etwas mehr) Gerechtigkeit herstellen zu können. Ich wähle hier ganz bewußt den sonst eher verpönten Begriff „Rezepte", weil (therapeutische) Methoden oft genau diese Funktion haben: Sie sind erlernbar, handhabbar, vermittelbar. Und sie sind gerade deshalb beliebt(er), weil sie (auch) Rezeptcharakter haben.

Als Fazit meiner Eröterungen behaupte ich, daß es nichts nützt und am Kern der Sache vorbei geht, wieder einmal Theoriefeindlichkeit oder -müdigkeit der SozialarbeiterInnen zu beklagen und die gleichen Theorien zu „produzieren". Es hat tatsächlich (auch) etwas mit der Art der sozialarbeitswissenschaftlichen Theorien zu tun, daß sie so wenig „AbnehmerInnen" finden und daß für NLP, Hakomi, Transaktionsanalyse, GT oder Familientherapie die „Nachfrage" viel größer ist.

„Problematisch erscheint die derzeitige Theoriediskussion in der SP/SA auch von ihrer eigenen Praxis her", stellen HansThiersch und Thomas Rauschenbach in ihrem Beitrag zur Theorie und Entwicklung von Sozialarbeit und Sozialpädagogik fest. „Im Namen dieser Praxis wird verfügbare Theorie als unbrauchbar denunziert. Verlangt wird, wenn schon nicht völlig auf ‚Theorie' verzichtet werden kann, eine andere, ‚praxisnahe' Theorie, die handlungsanleitend und sinnstiftend ist. Die Praktiker erfahren sich in ihren Anstrengungen, erfolgreich zu handeln und sich in ihrem Tun zu legitimieren, von der sozialpädagogischen Theorie ebenso alleingelassen wie in ihren Zweifeln, welche Kompetenzen, welches Selbstverständnis und welches Handwerkszeug sie denn benötigen." (Thiersch/ Rauschenbach 1987, 984)

1.2. Sozialarbeit als „lernbehinderte Institution" und die Vorteile der Lernbehinderung – oder: Warum vor der Lektüre dieses Theorieteils gewarnt werden muss

Fritz B. Simon (1992) beschreibt die generelle Funktion von Theorien folgendermaßen: Die Theorien reduzieren Komplexität von Erfahrungen und Wahrnehmungen und geben Kriterien, um sinnvolles von weniger sinnvollem, sinnlosem oder nutzlosem Handeln zu unterscheiden. Komplexität wird dadurch insofern reduziert, als das Handeln dann nicht mehr beliebig ist. „Schlechte" Theorien sind danach solche, die nicht „falsifiziert" werden können. Dadurch schränken sie die Lernfähigkeit ihres Benutzers ein: Er kann aus Fehlschlägen nicht lernen und seine Theorie nicht entsprechend modifizieren. Simon hält z. B. die Sozialpsychiatrie für eine solche „lernbehinderte Institution", weil ihre Theorie abstrakt und allgemein ist und sich daraus nur unspezifische Maßnahmen ableiten lassen. „Alles ist irgendwie Therapie, d. h. aber: Nichts ist eigentlich Therapie" (Simon 1992, 3). Ich möchte diese Behauptung einer gewissen „Lernbehinderung" auch auf die Soziale Arbeit insgesamt übertragen und behaupten, daß der Mangel an Theorie, die Allgemeinheit bzw. das völlig Unspezifische ihrer Theorien auch die Möglichkeit zu lernen nimmt. Also nicht nur derjenige, der über keine Theorie(en) verfügt, z. B. weil er grundsätzlich keine Bücher liest und sich mit dieser Frage nicht beschäftigt, verpaßt die Chancen zur Veränderung, sondern auch derjenige, der „schlechten" Theorien anhängt, der mit Theorien arbeitet, die sich nicht durch die Erfahrung korrigieren lassen. Beide wiederholen zwangsläufig die gleichen Fehler. Genau deshalb möchte ich zum Lesen dieses Theorieteils einladen: nicht, weil ich glaube, daß die darin vorgestellten Theorien die einzigen, die besten oder auch nur die nützlichsten seien, sondern weil ich der Ansicht bin, daß auch ein praktisches Lernen nur dann erfolgen kann, wenn man der eigenen Praxis nützliche oder gute Theorien (im eben beschriebenen Sinne) zugrundelegt bzw. wenn man die Theorien kennt, die beispielsweise systemischen Handlungskonzepten zugrundeliegen und mit deren Hilfe man die Konzepte gegebenenfalls „falsifizieren" kann.

Vor dem Weiterlesen möchte ich – wieder mit Simon – jedoch folgendes zu bedenken geben: „Schlechte" Theorien oder „Theorielosigkeit" haben – wie Symptome in Familien – auch eine positive Funktion: Sie dienen zu irgendetwas oder nützen irgendjemand. Wozu nützt nun eine „schlechte" Theorie in der Sozialarbeit? Warum könnte es trotz allem nützlich sein, auf das Weiterlesen dieses Theorieteils zu verzichten? Wer seine Theorie nicht aufgrund von Fehlschlägen revidieren muß – weil jede Erfahrung „irgendwie" in die Theorie eingearbeitet werden kann – oder wer schlichtweg auf eine theoretische

Fundierung seines Handelns verzichtet, wer also keinerlei Kurskorrekturen vornehmen muß, hat den unbestreitbaren Vorteil größtmöglicher Freiheit und Beliebigkeit: Er wird durch nichts eingeschränkt und kann auf nichts festgelegt oder verpflichtet werden. Sein Tun ist nicht überprüfbar oder kritisierbar, zumindest nicht anhand der eigenen Maßstäbe. (Daß von außen an ein solches Handeln trotzdem Maßstäbe angelegt werden können und auch tatsächlich häufig angelegt werden, ist ein anderes Thema). Legt man sich bei seinem Handeln aber auf eine bestimmte Theorie fest, bzw. legt man der eigenen Praxis eine bestimmte Theorie zugrunde, verzichtet man auch gleichzeitig auf – vielleicht liebgewordene – Freiheiten. Theoriefundierte Handlungen werden differenzierbar in sinnvolles und sinnloses, in nützliches und nutzloses Tun. Fragt man SozialarbeiterInnen danach, was sie an ihrem Beruf „gut" finden und was sie an ihrer Arbeit am meisten schätzen – ich habe diese Frage schon öfter im Rahmen von Fortbildungsveranstaltungen den TeilnehmerInnen gestellt –, dann lautet häufig die Antwort so: „Ich schätze am meisten die Freiheit. Ich kann tun und lassen, was ich will, ich muß es nur gut begründen. Keiner kontrolliert mich inhaltlich." Die Festlegung auf Theorien ist also mit Vorsicht zu geniessen: Sie könnten die Freiheit einschränken!

2. Anders sehen – anders denken: von der klassischen Familientherapie zur systemisch-konstruktivistischen Perspektive bei der Lösung von Problemen

Im Folgenden will ich die Familientherapie und ihre Weiterentwicklung zur systemsich-konstruktivistischen Perspektive sowie ihre Verwendung bei der Lösung sozialer Probleme näher betrachten: Von welchen Grundannahmen ist die Familientherapie ausgegangen, und welche „Lernprozesse" hat sie durchgemacht?

> „Für mich war das Erscheinen des Einwegspiegels, den Kliniker und Forscher seit den fünfziger und sechziger Jahren einsetzten, um Familieninterviews live zu beobachten, vergleichbar mit der Entdeckung des Teleskops. Etwas anders zu sehen, gab uns die Möglichkeit, auch anders zu denken. Und die neuen Denkmuster haben zu einer erkenntnistheoretischen Revo-

lution geführt, die alle Wissenschaftsbereiche berührt und die viele traditionelle Konzepte in Frage stellt, vom Glauben an die lineare Kausalität bis hin zu den Theorien der individuellen Motivation." (Hoffman 1984, 1)

So beginnt Lynn Hoffman, eine der „Gründermütter" der systemischen Sichtweise, ihre Einführung in die „Grundlagen der Familientherapie". Warum hatte der Blick von außen, die mit dem häufig benutzten Begriff „Metaperspektive" umschriebene Sicht von einem Standpunkt außerhalb des unmittelbaren Geschehens, eine solch revolutionierende Wirkung auf die Diagnose und die Therapie von verschiedensten Störungen, ja auf die Beratungsarbeit insgesamt? Ganz entscheidende Impulse kamen zunächst vor allem aus der Beobachtung von Familien mit einem als „psychotisch", insbesondere als „schizophren" diagnostizierten Mitglied.

„Als die ersten Familien mit Schizophrenen untersucht wurden, entdeckte man sehr früh, daß die Schizophrenie, die man für eine Geisteskrankheit des Individuums gehalten hatte, vielleicht gar keine Krankheit im medizinischen Sinne war. Sie war vielleicht nicht einmal eine Störung. Man konnte sie vielleicht eher als normale Äußerung ansehen, die in den Familien – oder in der sozialen Umgebung, in der sie auftrat – eine Bedeutung hatte." (ebd.)

Schauen wir uns eine solche familiale Kommunikation einmal an, wo das „verrückte" Verhalten einen (anderen) Sinn erhält, wenn man das Verhalten Anderer dazunimmt:

„Ein junger Mann, der sich von einem akuten schizophrenen Schub ziemlich gut erholt hatte, erhielt im Hospital Besuch von seiner Mutter. Er freute sich, sie zu sehen, und legte ihr impulsiv seinen Arm um die Schulter, worauf sie erstarrte. Er zog seinen Arm zurück, und sie fragte: ‚Liebst du mich nicht mehr?' Er wurde rot, und sie sagte: ‚Lieber, du mußt nicht so leicht verlegen werden und Angst vor deinen Gefühlen haben.' Der Patient war danach nicht in der Lage, länger als ein paar Minuten mit ihr zu verbringen, und nachdem sie weggegangen war, griff er einen Assistenten an und wurde ins Bad gesteckt." (Bateson u. a. 1956, 29)

Dieses Beispiel stammt aus dem klassischen Aufsatz, in dem die inzwischen fast sprichwörtlich gewordene Double-Bind-Hypothese von Gregory Bateson und seinen Kollegen entwickelt wurde. Das Beispiel illustriert bereits einige der Schwächen der „traditionellen" familienorientierten Sichtweise: Zwar hatte sich bei diesem Ansatz der Fokus der Wahrnehmung von den individuellen Symptomen bzw. bio-chemischen Prozessen in Richtung auf kommunikative Vorgänge und innerfamiliäre Beziehungen verschoben. Das Denken blieb aber linear-kausal. So schlich sich mit den ursprünglichen Ansätzen des Double-Bind – teilweise durch die Hintertür – die damit verknüpfte Idee der Verursachung der „Geisteskrankheit" durch die „schizophrenogenen Mütter" ein, was implizit den Müttern die Schuld oder die Ursache des Problems zuschrieb und eine Fortschreibung der Opferrolle des kranken Familienmitglieds darstellte.

Nach diesen kurzen Hinweisen auf die grundsätzliche Bedeutung einer „Metaperspektive" und der Berücksichtigung kommunikativer Beziehungsabläufe, wie sie durch den Einwegspiegel möglich wurde, möchte ich zunächst die Grundannahmen der „klassischen" Familientherapie zusammenfassend darstellen (Abschnitt 2.1.) und auf einige Probleme hinweisen (Abschnitt 2.2.), die mit diesen Grundannahmen verbunden sind. An einigen wichtigen Punkten nämlich erwies sich das familientherapeutische Konzept als unzulänglich, was letztlich zu seiner Weiterentwicklung zur systemischen Therapie führte. Von welchen (veränderten) Grundannahmen die systemische Therapie mit einer systemisch-konstruktivistischen Perspektive bei der Betrachtung und bei der Lösung von Problemen ausgeht, möchte ich im Abschnitt 2.3. darstellen. Als Zusammenfassung dieses Abschnitts werde ich in fünf Thesen darstellen, welche wesentlichen Punkte es sind, die über die klassische Familientherapie hinausweisen und die „systemische Konzepte" für die Soziale Arbeit besonders interessant machen (Abschnitt 2.4.).

2.1. Die Grundannahmen der „klassischen" Familientherapie

Zusammenfassend kann man die *Grundannahmen der „klassischen" Familientherapie* folgendermaßen charakterisieren:

(a) Die Familie ist das System, auf das es ankommt. Alle Symptome und Lösungen werden bei diesem Konzept auf die Familie bezogen.
(b) Folglich müssen in einem Therapie- oder Beratungsprozeß möglichst alle Familienmitglieder immer anwesend sein. Findet aber ein Gespräch nicht statt, wenn nicht alle Familienmitglieder anwesend

sind, so verleiht dies dem Abwesenden bzw. weniger Interessierten eine enorme Bedeutung und Macht, denn er konnte durch sein Wegbleiben die Therapie oder Beratung – zumindest in dieser Form – scheitern lassen.

(c) Es gibt in diesem Ansatz ein klares Bild davon, wie eine „Normalfamilie", eine „gute oder richtige Familie" auszusehen hat; beispielsweise müssen ausreichend klare Generationsgrenzen vorhanden sein, d. h. Eltern und Kinder sind in Rollen, Funktion und Bedeutung in der Familie klar unterschieden. Sind diese Voraussetzungen der Normalfamilie nicht gegeben – gibt es beispielsweise unklare Generationsgrenzen – wird die Familie dysfunktional, und es entstehen Störungen.

(d) Der Therapeut weiß bei diesem Ansatz also, „wo es langgeht", und vor allem, „wo es hingeht": Der Therapeut führt. Deshalb nennt Jay Haley beispielsweise sein Konzept „direktive Familientherapie". Es besteht bei diesem Konzept keinerlei Zweifel daran, daß es richtige und falsche Sichtweisen gibt, wobei die BeraterInnen selbstverständlich meist die „richtige", die Familien die „falsche Sichtweise der Realität" gepachtet haben.

(e) Bei diesem Ansatz spielen „Macht", „Kontrolle" und „Kampf" eine große Rolle; nicht umsonst werden häufig Begriffe aus dem militärischen Bereich verwendet: „Strategien" und „Taktiken" der Veränderung werden entwickelt; BeraterInnen und Familien versuchen sich gegenseitig zu überlisten. Selvini Palazzolis epochemachendes Buch („Paradoxon und Gegenparadoxon" auf deutsch erschienen im Jahre 1979), das die „systemische" Ära in Europa einläutete, liest sich streckenweise wie ein Handbuch zum Grabenkrieg mit „schizophrenen Familien".

(f) Symptome haben bei diesem Konzept „Funktionen". Weit verbreitet ist die Vorstellung, daß „Symptomträger" mit ihrem symptomatischen Verhalten etwas Bestimmtes in der Familie erreichen wollen; so lautet beispielsweise eine Lieblingsidee von BeraterInnen aus dieser Zeit, daß das Symptom dazu diene, die Familie zusammenzuhalten, die ansonsten auseinanderfallen würde. Naheliegend ist dann auch eine Schuldzuschreibung: Mütter sind schuld, daß ihre Söhne schizophren oder ihre Töchter magersüchtig werden. Väter und ihr Verhalten sind in diesen Ansätzen komischerweise meist weniger folgenschwer für die Nachkommenschaft.

(g) TherapeutInnen und BeraterInnen schauen bei der „klassischen" Familientherapie von außen auf das „Familienspiel" und versuchen, es zu entlarven und Gegenstrategien zu entwickeln. Sie selber stehen als Subjekte völlig außerhalb des Geschehens, während die Familien als Objekte erscheinen, die es „richtig" zu erkennen gilt.

Diese Grundannahmen sind heute nicht etwa alle „erledigt", überholt oder falsch, aber im Laufe der Zeit haben sich doch Akzentverschiebungen ergeben und neue Sichtweisen entwickelt, die der heutigen „systemischen Szene" ein anderes Gesicht geben, ohne schon Allgemeinverbindlichkeit erlangt zu haben.

2.2. PROBLEME DER „KLASSISCHEN" GRUNDANNAHMEN

Im Folgenden sollen einige *Probleme und Schwierigkeiten* benannt werden, die den Grundannahmen der „klassischen" Familientherapie inhärent sind und die *Anstöße für theoretische und konzeptionelle Veränderungen und Weiterentwicklungen* gaben:

(a) Schon beim begrifflichen, analytischen und methodischen Ausgangspunkt des Konzepts, „der Familie", ergaben sich zunehmend Schwierigkeiten: Immer problematischer wurde es nämlich, zu bestimmen und festzulegen, was denn im jeweiligen Fall „die Familie" sei. In industrialisierten Ländern ist ein zunehmender Trend zur „familienlosen Gesellschaft" zu beobachten. Der „Abschied von der Familie" (Koschorke 1991) und die Auflösung traditionaler Familienstrukturen werden beklagt oder begrüßt. Soziologische Erhebungen lassen beispielsweise in Schweden und den USA die Ein-Eltern-Familie schon zum „Standard-Familientyp" avancieren; Alleinerziehende sind vielfach die Regel und nicht mehr die Ausnahme (ebd., 594). Diese Tatbestände lassen die therapeutische Forderung nach der Anwesenheit aller Familienmitglieder bei der Beratung immer mehr zum Anachronismus werden. Martin Koschorke (1991) spricht in seinem Artikel „Abschied von der Familie" von einer „familienlosen Gesellschaft" als Zukunftsbild, auf das wir uns auch in der Beratungs- und therapeutischen Praxis einstellen müssen. Die „normale" Familie, Vater, Mutter und zwei Kinder, wird seltener. Schon seit den sechziger Jahren ist in Deutschland die Ein-Kind-Familie der vorherrschende Familientyp. Auch die Zahl der Ein-Eltern-Familien nimmt zu, ebenso die „zweiten Familien" nach Scheidungen und Wiederheirat und Familien als „Wochenendbeziehung". Es ist interessant, daß gerade in einer Zeit, wo die „Normalfamilie" fast zur Ausnahme wird, die „klassische" Familientherapie groß in Mode gekommen ist. Schon aus diesem Grund ergibt sich die Notwendigkeit, die Familientherapie weiterzuentwickeln – zu einer Systemtherapie, also zu einer Form von Therapie und Beratung, bei der alle Arten von Systemen vorkommen dürfen.

(b) Beratungen und Therapien – insbesondere auch entsprechende Bemühungen in der Sozialarbeit – scheitern also zum einen daran, daß Familien nicht (mehr) vorhanden sind, die therapiert oder beraten werden könnten; zum andern ist – wenn überhaupt vorhanden – nur ein kleiner Teil der Familien bereit, sich in dieser Form beraten zu lassen oder in eine Therapie zu gehen.

(c) Die Forderung nach Anwesenheit aller Familienmitglieder wird von diesen als implizite Schuldzuweisung empfunden – wie wir oben gesehen haben: nicht ganz zu Unrecht –, weshalb die Teilnahme an Therapiesitzungen oder Beratungsgesprächen von nicht wenigen abgelehnt wird.

(d) Der Zuschnitt und das Setting der „klassischen" Familientherapie sind ausschließlich oder doch ganz überwiegend für den therapeutischen Kontext geeignet bzw. für eine Beratungsarbeit mit motivierten und ökonomisch besser gestellten Menschen, die mit Beziehungsproblemen und Veränderungswünschen in die Sprechstunde zum Experten kommen. Probleme anderer Art oder KlientInnen ohne explizite Veränderungswünsche fallen damit bei diesem Ansatz fast zwangsläufig unter den Tisch.

(e) Insgesamt wird der familientherapeutische Ansatz von seinen Vertretern als der wirksamste und beste und für klar denkende BeraterInnen fast als der einzig mögliche betrachtet. Eine gewisse Überheblichkeit geht einher mit der – zumindest impliziten – Abwertung anderer methodischer bzw. therapeutischer Orientierungen. Probleme, für deren Bearbeitung andere Therapieeinrichtungen Jahre brauchen, schafft die Familientherapie in maximal zehn Sitzungen (z. B. die Therapie chronischer Schizophrenie).

2.3. Systemisch-konstruktivistische Perspektiven

Die systemisch-konstruktivistische Perspektive kann als Weiterentwicklung der „klassischen" Familientherapie betrachtet werden und auch – zumindest teilweise – als Antwort und Reaktion auf deren eben dargestellten Probleme. Die zentralen *Kennzeichen* des systemischen Ansatzes sind:

(a) Familien stellen nur noch ein System unter vielen anderen möglichen dar; die familiale Ebene ist nur noch einer unter mehreren Zugängen zu Problemen. Der Ansatz öffnet sich damit auch für die Arbeit mit Einzelnen (Weiß 1989) oder mit Helfer-Problem-Systemen (also mit KlientInnen in ihrer Verflechtung mit verschiedensten anderen Kontroll-, Therapie- und Hilfsystemen, woraus ja wiederum ein neues System entsteht: das Helfer-Problem-System)[3]. Organisationsentwicklung und Management (Selvini Palazzoli/Anoli u. a. 1985; Gester 1990) bzw. Controlling (Vogel 1992), Krankengymnastik (Mehne 1993), Training von LeistungssportlerInnen; es gibt kaum einen Anwendungsbereich, wo heutzutage systemische Konzepte nicht erprobt werden. Damit findet eine Öffnung statt, die eine Anwendung dieses Ansatzes weit über therapeutische Kontexte hinaus als sinnvoll und möglich erscheinen läßt. Dies macht m. E. den systemischen Ansatz insbesondere auch für die Sozialarbeit noch wesentlich interessanter, als es das klassische familientherapeutische Vorgehen bereits schon ist.

(b) BeraterInnen oder Therapeutinnen beobachten bei der systemischen Perspektive nicht mehr von außen als Unbeteiligte ein Spiel, an dem sie selber nicht beteiligt sind; sie erkennen sich als MitspielerInnen und werden auch so betrachtet. Der Fokus verschiebt sich von der Analyse dessen, was ein Klientensystem tut, zur Betrachtung und Reflexion dessen, was sich zwischen Beratersystem und Klientensystem an Mustern und Spielen entwickelt und welche Wirklichkeiten gemeinsam konstruiert werden. In dieser Wende von der Kybernetik erster Ordnung („Was tut das Klientensystem?") zur Kybernetik zweiter Ordnung („Was tut der/die BeobachterIn bzw.

---

[3] Eine gute und vor allem für Sozialarbeit sehr hilfreiche Einführung finde ich das Buch von Evan Imber-Black (1990).

der/die BeraterIn mit dem beobachteten System?") liegt ein ganz entscheidender „qualitativer" Sprung mit enormen theoretischen und praktischen Konsequenzen.

(c) Das Konzept der Selbstorganisation oder Autopoiese (das unten, siehe S. 68 ff., näher dargetellt wird) stellt auch theoretisch in Frage, was praktisch immer schon zweifelhaft war (wenngleich es häufig versucht und erträumt, aber kaum je erreicht wurde): die Möglichkeit gezielter, geplanter und vorherssagbarer Beeinflussung lebender Systeme. In der systemischen Sichtweise gibt es keine „instruktive Interaktion"; lebende Systeme sind „operational geschlossen", d. h. sie übersetzen Einflüsse von außen im Sinne von „Störungen" in ihre eigene Musik. Mit diesen Kernthesen verabschiedet die Forschung über autopoietische Systeme liebgewordene Träume von Macht und Kontrolle und setzt dem therapeutischen Machbarkeitswahn auch theoretisch enge Grenzen. Die Vorstellung von der (strategischen) Kontrolle ist simpel und gefährlich dazu, meint Gianfranco Cecchin (Cecchin u. a. 1992), einer der Begründer des „Mailänder Modells", das in seiner ursprünglichen Form durchaus mit den Elementen „Macht" und „Kontrolle" operiert. Er warnt inzwischen vor der „Illusion von Kontrolle und Macht" und dem „manipulativen Beigeschmack" strategischer Ideen.

(d) Dem eher technizistischen Expertentum der siebziger und achtziger Jahre folgt auch in der systemischen Therapie und Beratung gegenwärtig eine „humanistische Wende": Lang verpönte Begriffe wie „Liebe" werden von führenden Köpfen im „systemischen Feld"[4] wieder benutzt; einst gefeierte und vielfach kopierte paradoxe Techniken werden von ihrer „Erfinderin" Mara Selvini Palazzoli rückblickend kritisiert, aus dem „Kampf" mit „psychotischen Familien" wird wieder ein Tanz (Selvini Palazzoli u. a. 1992). Methodenpluralismus und Respektlosigkeit auch gegenüber „Lieblingsideen" werden großgeschrieben. „Der respektlose Therapeut bekämpft die Versuchung, jemals ein überzeugter Anhänger einer wie auch immer gearteten Idee zu werden" (Cecchin u. a. 1992, 9).[5] Die Idee der „systemi-

---

[4] Karl Tomm hielt z. B. auf dem Heidelberger Kongreß mit dem bezeichnenden Thema „Das Ende der großen Entwürfe und das Blühen systemischer Praxis" 1991 ein Referat darüber, ob Liebe wichtig sei für systemische Forschung.

[5] Wie verhält es sich aber mit der Respektlosigkeit gegenüber der Respektlosigkeit,

schen Respektlosigkeit" erlaubt es auch, widersprüchliche Ideen und Lösungen nebeneinanderzustellen z. B. Medikamente und Veränderung von Menschen durch Veränderung ihrer Erzählungen (ebd.).

(e) Als therapeutisch wirksam und notwendig wird beim systemischen Ansatz vor allem die Veränderung der Wirklichkeitskonstruktion von Menschen angesehen und die (Ver-)Störung von Spielen und Mustern, die mit Symptomen, Problemen und Leiden verbunden sind:

> „Das System, das wir betrachten und mit dem wir arbeiten, ist ein Spiel; seine Elemente sind nicht Menschen, sondern Verhaltensweisen, und das Ziel der Therapie ist die Veränderung von Verhaltensmustern, nicht die von Menschen." (Simon/Weber 1993, 73)
> „Der entscheidende Vorzug solch eines Spieltherapie-Modells ist: Man braucht weder Menschen zu verändern, Psychen zum Wachsen zu bringen, noch Synapsen zu säubern; es reicht vollkommen, zu verhindern, daß ein Spiel, in dessen Verlauf Symptome entstehen, weitergespielt wird." (ebd., 74)

(f) Das theoretische und praktische Interesse verlagert sich beim systemischen Ansatz von Problemen und ihrer Entstehung hin zu Lösungen und ihrer Umsetzung. Lösungen müssen nicht unbedingt etwas mit den Problemen zu tun haben, behauptet beispielsweise Steve de Shazer, einer der „Erfinder" der lösungsorientierten Kurzzeittherapie (de Shazer u. a. 1986; de Shazer 1989; Berg 1993). Der Unterschied zu anderen Therapie-Ansätzen „besteht darin, daß in der Kurztherapie davon ausgegangen wird, daß ganz gleich, wie schlimm und komplex eine Situation sich darstellt, eine kleine Veränderung im Verhalten einer Person zu tiefgreifenden und weitreichenden Veränderungen führen kann" (de Shazer u. a. 1986, 186) und daß die Einzelheiten über die Problemgeschichte zur Konstruktion von Lösungen bzw. Interventionen zwar nützlich sein können, aber durchaus nicht immer notwendig sind (ebd.).

Die praktischen Konsequenzen aus diesen veränderten Perspektiven

---

die irgendwann auch zum „Dogma" werden könnte? Manchmal schiene mir tatsächlich etwas mehr Respekt für SystemikerInnen – nicht vor den eigenen Ideen, aber vor den KlientInnen und ihrem Leiden – durchaus angebracht.

und die entsprechenden *Grundannahmen der systemischen Therapie und Beratung* sind folgende (nach Weber/Stierlin 1989, 75–78):

(a) Betrachtet werden nicht isolierte Phänomene, z. B. Symptome, Defizite, Probleme, sondern Wechselbeziehungen. Dadurch „verflüssigen" sich individuelle Eigenschaften wie z. B. „Karl ist schizophren"; sie werden zu Elementen eines dynamischen und sich wechselseitig beeinflussenden Geschehens.

(b) Diese Blickrichtung hin auf Wechselwirkungen sieht anders und anderes; es eröffnen sich neue Zusammenhänge. Konstruiert werden nicht mehr einseitig gerichtete Ursache-Wirkungs-Zusammenhänge („lineare Kausalität"), sondern Beschreibungen von Verhaltensweisen, die sich gegenseitig bedingen („Zirkularität" oder „Rekursivität"):

> „Ein solches zirkuläres Verständnis von Beziehungsprozessen ergab sich vor allem aus der Anwendung kybernetischen Denkens auf psychosoziale Systeme und verdankt sich insbesondere Gregory Bateson ... Wesentliches Charakteristikum lebender Systeme ist ... ihre Selbstreferenz: Annahmen und Verhaltensweisen wirken auf sich selbst zurück. Diese Sicht wirkt nicht nur einem für lebende Systeme unangemessenen linearen Ursache-Wirkungs-Denken entgegen, sie entzieht auch den damit verbundenen einseitigen Schuldzuweisungen den Boden." (Weber/Stierlin 1989, 76)

(c) Verhaltensweisen „gerinnen" in Systemen zu Mustern, die bestimmten Regeln unterworfen sind. Es zeigen sich Redundanzen, Wiederholungen bestimmter Verhaltenssequenzen. Wird das jeweilige Verhalten aus seinem Zusammenhang herausgerissen, verliert er seinen Sinn und ist nicht mehr verständlich. Erst die Einbeziehung des Kontextes und die Kenntnis der Regeln des Spiels geben den einzelnen Spielzügen ihre Bedeutung.

(d) Die Annahme der Vernetztheit und gegenseitigen Bedingtheit von Verhaltensabläufen führt nicht zur Negierung individueller Freiheit und Verantwortlichkeit; jeder wird zugleich als Opfer und Täter, selbstverantwortlicher Mitgestalter seiner Situation angesehen.

(e) Das jeweilige Verhalten wird nicht nur durch das Verhalten der InteraktionspartnerInnen beeinflußt, sondern auch durch die je eigene Bedeutung, die dem Verhalten zugeschrieben wird: die eigene Wirklichkeitskonstruktion. Je rigider und enger diese Ideen und Konstuktionen sind, desto enger werden die Handlungsspielräume.

(f) Auch diese eigenen Konstruktionen bestätigen, erhalten und verändern sich selber durch rekursive Prozesse, durch Rückkoppelungen, und verstärken sich beispielsweise im Sinne selbsterfüllender Prophezeiungen. So können Lösungsversuche selber zu Problemen werden und dazu beitragen, daß Probleme nicht gelöst, sondern aufrechterhalten werden.

(g) Die Grundfrage, die zunächst beantwortet werden muß, ist zunächst und vor allem, wer zum „Problemsystem" gehört und wer es in Sprache und Handeln mitgestaltet. Dies können neben den unmittelbar Beteiligten durchaus auch HelferInnen oder HelferInnensysteme sein (z. B. der Lehrer des Kindes, die Sozialarbeiterin des Jugendamtes, eine Nachbarsfamilie):

> „Ein System ist das, was ein Beobachter als ‚geordnete Ganzheit' definiert. Ein Problem ist das, was eine Person als Schwierigkeit oder als Quelle eines Unbehagens definiert. ... Wir fragen uns also stets, welches System als behandlungsrelevante Ganzheit zu wählen ist und welche Personen als Problemdefinierer und -mitgestalter in die Therapie einzubeziehen sind."
> (Weber/Stierlin 1989, 77)

2.4. Über die Familientherapie hinaus: Warum eigentlich?

Nach diesen Ausführungen läßt sich der Titel des Buches „Jenseits der Familientherapie" inhaltlich präzisieren. Es lassen sich – zusammenfassend – *fünf Tendenzen* aufzeigen, die über die klassische Familientherapie hinausweisen:

(a) Lösungsorientierung statt Problemorientierung: Statt einer Konzentration auf die Frage: „Was ist die Ursache eines Problems, und wo liegen seine Wurzeln?" geht es eher um die Frage: „Was hat bisher funktioniert? Wann lagen Ausnahmen vor? Gab es Zeiten, in denen das Problem nicht aufgetreten ist?" (de Shazer 1989; De Shazer u. a. 1986; Berg/Miller 1993).

(b) Problemdeterminierte Systeme: Statt die Familie als Behandlungseinheit und als relevante Größe bei der Entstehung und für die Lösung von Problemen anzusehen, wird nunmehr eher gefragt: „Wer definiert das Problem? Welche unterschiedlichen Problemdefinitionen gibt es?". Nicht mehr ein System hat ein Problem, sondern umgekehrt: Ein Problem kreiert ein System. Dieses organisiert sich um das Problem und wird davon zusammengehalten. Verschwindet das Problem, dann verschwindet auch das Problemsystem (Goolishian/ Anderson 1988). Vor allem für die Soziale Arbeit dürfte sich diese Orientierung auf Problemsysteme als nützlich erweisen. Helm Stierlin bemerkt dazu:

> „Gerade die systemische Praxis verleitet dazu, „nicht mehr von der Familie als grundlegender Behandlungseinheit, sondern von dem Problemsystem auszugehen. Dieses setzt sich jedoch – weitgehend nach Maßgabe des Betrachters – nicht notwendigerweise aus den Mitgliedern einer familie, einer ehelichen oder nichtehelichen Partnerschaft zusammen, sondern kann neben dem sogenannten identifizierten Patienten auch dessen Lehrer, Gleichaltrige, Vorgesetzte und was auch immer umfassen." (Stierlin 1991, 160)

(c) Die Entwicklung globaler Konzepte: In ihrem Aufsatz „Über die Familientherapie hinaus – wie ein globales systemisches Konzept entsteht" faßte Mara Selvini Palazzoli im Jahr 1983 ihre Erfahrungen als Supervisorin des Sozialpsychiatrischen Dienstes von Corsico in Norditalien zusammen. Sie versuchte, erste Grundsätze für eine „systemisch-relationale Arbeitsweise" in „Diensten erster Ordnung" zu entwickeln, also in psychosozialen Basisdiensten mit einem bestimmten Versorgungsauftrag in einer definierten Region, die nicht als familientherapeutische Spezialdienste ausgewiesen sind.

> Es stellte sich dabei z. B. heraus, daß bestimmte Vorgehensweisen, die in einer privaten Praxis sinnvoll sein mögen und funktionieren, in einem „Basisdienst" anders gehandhabt werden müssen; so erwies es sich, wie bereits oben erwähnt, nicht als sinnvoll, den betroffenen Familien „Familientherapie" anzubieten, weil sie das als Schuldzuweisung auffaßten und häufig die Behandlung abbrachen. Ein weiterer wichtiger Gesichtspunkt war die Dynamik des therapeutischen Teams: die Rivalität der Berufsgruppen bzw. die Frage, wie eine „systemische Epistemologie" so eingeführt werden kann, daß nicht von vornherein Widerstände und Konflikte vorprogrammiert sind (Selvini Palazzoli 1983).

Notwendig ist es also, nicht nur in der direkt klientbezogenen Arbeit systemisch zu denken und zu handeln, sondern ein „globales Konzept" zu entwickeln, das insbesondere den Kontext des jeweiligen Arbeitsgebiets und des speziellen Trägers analysiert und entsprechend das praktische Vorgehen gestaltet. Dazu gehört z. B. die grundsätzliche Frage nach dem Handlungsauftrag der Sozialen Arbeit im Unterschied zu den Aufträgen anderer Felder (die uns im dritten Teil, S. 137 ff., beschäftigen wird), die Analyse der jeweils eigenen Auftragslage (siehe S. 189 ff.) oder die Analyse des eigenen Organisationskontextes und die Bildung von Hypothesen zu Spielen und Mustern, die in der eigenen Institution eine Rolle spielen (siehe S. 244 ff.).

(d) Die Gefahr des systemischen Reduktionismus (Selvini Palazzoli u. a. 1992): Mit dem Buch „Paradoxon und Gegenparadoxon", das 1979 in der deutschen Übersetzung erschien, hat Mara Selvini Palazzoli mit ihrem damaligen Team – Giuliana Prata, Gianfranco Cecchin und Lugi Boscolo – provozierende, aufrüttelnde und aufsehenerregende Ideen zur Behandlung von Familien mit einem als schizophren diagnostizierten Mitglied vorgelegt. Diese Ideen beeinflussen noch heute ganz wesentlich die Konzepte und Vorgehensweisen von Systemtherapeutinnen. „Welche Praktiker und Theoretiker sind für Ihre systemtherapeutische Arbeit relevant", wurden Systemtherapeutinnen beispielsweise im Rahmen einer Untersuchung gefragt. Neben Maturana wurde Selvini-Palazzoli auf den ersten Platz gereiht (Ahlers/ Gam 1989, 36; zit. bei Steiner u. a. 1991, 309). Bemerkenswerterweise distanziert sich Selvini Palazzoli heute eher von ihren eigenen damaligen Vorgehensweisen, bzw. sie begründet, warum es notwendig ist, darüber hinauszugehen. Sie relativiert die damaligen Erfolge und die paradoxen „Tricks" nach gründlicher Evaluation.

Von Juni 1979 bis Juni 1987 hat sie mit einem neuen Team 283 Familien mit insgesamt 290 Patienten behandelt, die als „psychotisch" diagnostiziert wurden.[6] Bei 149 Familien wurde die sogenannte „unveränderliche Folge von Verschreibungen" angewandt. Die große Aufgabe, der sich das jetzige Team gegenübersieht, nachdem mehr als acht Jahre lang bei der Behandlung psychotischer Familien Erfahrungen mit dieser „unveränderlichen Verschreibung" gemacht wurden, „besteht darin", so beschreibt es Selvini Palazzoli selber, „über das systemische Modell hinauszugehen,

---

[6] Wobei „psychotisch" hier in einem weiten Sinne als Oberbegriff für schwere und schwerste psychische Störungen aufgefaßt wird; tatsächlich diagnostiziert wurde nach dem amerikanischen Diagnoseschlüssel DSM-III-R in verschiedensten Störungskategorien, von schizophrenen Störungen verschiedenster Ausprägungen über schwere Anorexien und Bulimien bis hin zum Autismus.

um uns eine multidimensionale Denkweise aneignen zu können" (Selvini Palazzoli u. a. 1992, 367).

Im Rückblick sieht die Pionierin und einstige „Missionarin" für das systemische Denken in Europa etliche unerwünschte Nebeneffekte des systemischen Denkens und Vorgehens in der Therapie:

(a) Sie stellte eine gewisse emotionale Distanz, ein kälteres therapeutisches Klima fest;
(b) sie war der Ansicht, mit der neuen Sichtweise vom Regen in die Traufe gekommen zu sein: von einem psychoanalytischen Reduktionismus, einer unzulässigen Vereinfachung der Komplexität der Wirklichkeit, hin zu einem holistischen Reduktionismus, der nur noch das Ganze – hier: die Familie –, aber nicht mehr die Teile, nämlich die einzelnen Individuen als handelnde Subjekte sieht; der holistische Reduktionismus „sieht die Familie abgetrennt von ihren individuellen Mitgliedern und trägt damit zu einer gewissen ‚Personifizierung des Systems' bei" (Selvini Palazzoli u. a.1992, 368).

Das hartnäckige und geduldige Forschen und Lernen mit der unveränderlichen Verschreibung zwang sie zu einem tiefgreifenden Wandel des Denkens:

(a) Dem „subjektiven Faktor" muß mehr Raum gegeben werden;
(b) die Zeitdimension und die jeweilige Lebensgeschichte bekommen wieder mehr Bedeutung (Faktoren, die mit der Aufgabe des psychoanalytischen Denkens weitgehend ausgeblendet wurden);
(c) insgesamt konstatiert Selvini ein Abrücken ihres Teams von der ursprünglichen eigenen systemischen Strenge, „weil sie dadurch zu Gefangenen einer erstarrten Ideologie zu werden drohten" (ebd., 370).

Die von Selvini Palazzoli geforderte Entwicklung einer „multidimensionalen Denkweise" scheint mir für die Soziale Arbeit besonders wichtig (wobei ich der Ansicht bin, daß SystemtherapeutInnen gerade in dieser Hinsicht von SozialarbeiterInnen einiges lernen könnten, denn die multidimensionale Betrachtungsweise gehört zur beruflichen „Domäne" von Professionellen in der Sozialen Arbeit). Systemische Konzepte sind bei der Lösung von Problemen nur ein Element; sie sind notwendig, aber nicht hinreichend, um zu Problemlösungen im Rahmen Sozialer Arbeit beizutragen.
(e) Die Familientherapie frißt ihre Kinder: Helm Stierlin faßt seine

Bemerkungen zur Erweiterung der grundlegenden „Behandlungseinheit" von der Familie zum Problemsystem so zusammen: „Fast könnte man sagen: die von den Pionieren der Familientherapie angestoßene Revolution – eine sich auf Sprache gründende, die Sprache beeinflussende und sprachgegebene Wirklichkeiten verändernde und neuschaffende Revolution – zeigt sich im Begriffe, ihre eigenen Kinder zu fressen" (Stierlin 1991, 160). Die ursprünglich für zentral wichtig gehaltene Orientierung auf ganze Familien, das Bestehen auf Sitzungen, an denen möglichst alle Familienmitglieder teilnehmen sollen (häufig wurde die Bereitschaft dazu, wie erwähnt, sogar als Vorbedingung genommen, ohne deren Erfüllung eine Therapie gar nicht begonnen wurde) wird zunehmend aufgeweicht. Systemisches Arbeiten mit Einzelnen (Weiß 1989), mit Teams, mit Organisationen oder eine Orientierung und Ausrichtung auf Problemsysteme treten, wie wir eben gesehen haben, immer mehr in den Vordergrund. Und auch der Begriff „Therapie" wird zunehmend fragwürdig: Seine Koppelung an das Krankheitsmodell und seine überwiegende Defizitorientierung lassen diesen Begriff und die mit seinem Setting verbundenen Vorgehensweisen für systemisches Vorgehen eher ungeeignet erscheinen. Dieses Vorgehen wollte die herkömmlichen Konzepte von Krankheit gerade aufweichen und vom klassischen Defizitdenken wegkommen.

3. Der Backstein und die Kathedrale – Paradigmenwechsel in Wissenschaft und Gesellschaft

Die im letzten Abschnitt dargestellte Weiterentwicklung von Ideen und Konzepten der klassischen Familientherapie zu „systemischen Konzepten" ist nicht (allein) auf dem eigenen Mist von TherapeutInnen oder BeraterInnen gewachsen; prägend waren eine Vielzahl wissenschaftlicher Entdeckungen und Trends, die teils befruchtend wirkten, teils Anstöße gaben, die aber nicht als „Ursachen" oder „Quellen" systemischer Konzepte begriffen werden können, sondern eher im Sinne der oben angedeuteten Rekursivität aufeinander einwirkten. In den folgenden Abschnitten möchte ich *drei* „Entwicklungsstränge" oder *Ideenkreise* beschreiben, die mir für die Erarbeitung systemischer Beratungskonzepte und auch für das Verständnis „systemischer Praxis" besonders bedeutsam erscheinen:

(a) den „Paradigmenwechsel" vor allem in den Naturwissenschaften: von der Analyse von (trivialen) Maschinen zum Versuch des Verständnisses lebender Systeme und „geordneter Ganzheiten" im eben erwähnten Sinne (siehe dieses Kapitel);
(b) die neueren Entwicklungen und Veränderungen der (allgemeinen) Systemtheorie und das Konzept der Selbstorganisation und der Autopoiese; dabei beziehe ich mich vor allem auf die soziologische Systemtheorie, wie sie von Niklas Luhmann formuliert wird (siehe Kapitel 4);
(c) und schließlich – konsequent daran anschließend – das Paradigma des sich selbst als „radikal" verstehenden Konstruktivismus (siehe Kapitel 5).

Schon bei diesem kurzen Vorausblick wird eine Schwierigkeit deutlich, die sich durch den gesamten Text dieses Buches zieht und die überhaupt alle Versuche begleitet, mit sprachlichen – und damit gezwungenermaßen linearen – Mitteln nicht-lineare Phänomene zu beschreiben: Es wird – zum besseren Verständnis und zur Konstruktion einer Ordnung – getrennt, was eigentlich zusammengehört und sich nicht trennen läßt. Zeitgleiche Entwicklungen erscheinen einander nachgeordnet, das eine wird zur Ursache des anderen, wobei eine gegenseitige Bedingung eher die zutreffendere Beschreibung wäre. Diese Schwierigkeit zu umgehen, hieße aber, eine gänzlich andere Sprache zu benutzen, wie sie in „Fachbüchern" bisher nicht üblich ist: etwa die Sprache der Kunst, der Poesie, der großen Mystiker – und auch sie stehen vor der gleichen Schwierigkeiten: das Un-Sagbare zu sagen.[7]

Mit dem in diesem Kapitel zu erläuternden Paradigmenwechsel in den Naturwissenschaften hat sich jene „Disziplin" gewissermaßen eine neue Brille verpaßt. Seit Thomas Kuhns epochemachendem Buch über die Struktur wissenschaftlicher Revolutionen ist der Begriff „Pa-

---

[7] Ein interessanter – wenn auch für meinen Geschmack etwas mühsam zu lesender – Versuch, zu anderen Sprachmustern zu kommen, um rekursive Prozesse im sozialen Bereich besser „einfangen" zu können, ist Ronald D. Laings tatsächlich eher poetisch anmutendes Büchlein „Knoten" (1982).

radigma" in aller Munde, ja, er hat fast schon in die Alltagssprache Eingang gefunden. Und systemisches Denken feiert sich selber gern als „Paradigmenwechsel" oder „kopernikanische Wende". Auf griechisch heißt dieses Zauberwort ganz einfach „Beispiel"; der Wissenschaftshistoriker Thomas Kuhn verwendet es zur

> „Bezeichnung der eine Wissenschaft in einer Periode prägenden Auffassungen. Diese umfassen methodologische Regeln, aber auch eine intuitive Grundeinstellung zu den Phänomenen. ... Das Paradigma regelt, was als eine befriedigende Problemlösung gelten darf und welche Probleme als interessant und untersuchenswert anzusehen sind. Das Paradigma greift über den theoretischen Bereich hinaus und beeinflußt die Beobachtungen selbst. Es regelt die Konstitution der Gegenstände einer Wissenschaft." (Meyers kleines Lexikon Philosophie 1987, 304 f.)

Im „Weltbild" der gesamten Wissenschaft, insbesondere der Naturwissenschaft, ist ein Wandel feststellbar, behauptet Kuhn. Auch führende Physiker stimmen ihm darin zu und konstatieren ebenfalls einen solchen Wandel, so z. B. Hans-Peter Dürr, Professor für Physik und Direktor des Max-Planck-Instituts für Physik und Astrophysik in München:

> Die „klassische Naturwissenschaft postuliert die Existenz einer vom jeweiligen Betrachter – also insbesondere von dem jeweiligen Ich als primär wahrnehmendes Subjekt – unabhängigen, objektivierbaren Welt, die aufgrund dieser postulierten völligen Abtrennbarkeit von allen sie betrachtenden Subjekten auch eindeutig und verbindlich sein soll für alle" (Dürr 1991, 28). So wahrgenommen „offenbart sich uns diese Welt als ein System von Gegenständen, als ein System von Dingen, eben als das, was wir dann Realität nennen, als ein zerlegbares und aus vielen Teilen zusammengesetztes Ganzes" (ebd.).

Insbesondere die moderne Physik zwingt uns jedoch – so Dürr – zu einer grundlegenden Korrektur dieser Vorstellung. Er verdeutlicht dies an der Ichthyologen-Parabel[8]:

> Die gesamte Naturwissenschaft läßt sich vergleichen mit einem Ichthyologen, einem Fischkundigen, der das Meeresleben erforschen will und dazu ein Netz benutzt. Nach Prüfung vieler Fänge formuliert er zwei

---

[8] Diese stammt ursprünglich vom englischen Astrophysiker Sir Arthur Eddington (1939).

Grundgesetzte der Ichthyologie, nämlich erstens, daß alle Fische größer sind als fünf Zentimeter, und zweitens, daß alle Fische Kiemen haben. Beide Aussagen haben sich ausnahmslos bei jedem Fang bestätigt und können deshalb mit Recht „Grundgesetze" genannt werden. Das Netz des Ichtyologen gleicht dem methodisch-experimentellen Rüstzeug des Naturwissenschaftlers, mit dem sich vieles, aber eben nicht alles, fangen läßt. Egal, wie feinmaschig das Netz auch sein mag, seine Maschengröße bildet eine Grenze für das, was der Fisch-Forscher fangen kann. Was sich nicht fangen läßt, ist für den Ichtyologern eben kein Fisch, die „Bedingung der Fangbarkeit" bildet die grundlegende Grenze jeder Erkenntnis, die sich mit Hilfe des Netzes gewinnen läßt.

Dieses einfache Gleichnis wirft ein Licht auf die scheinbar so „objektive" naturwissenschaftliche Erkenntnis:

„Die Naturwissenschaft handelt nicht von der eigentlichen Wirklichkeit, der ursprünglichen Welterfahrung, oder, allgemeiner, dem, was dahintersteht, sondern nur von einer bestimmten Projektion dieser Wirklichkeit, nämlich von dem Aspekt, den man nach Maßgabe detaillierter Anleitungen in Experimentalhandbüchern durch ‚gute' Beobachtung herausfiltern kann. Dieser Aspekt der Wirklichkeit kann dann auch von jedermann, der sich an die gleichen Vorschriften hält, nachgeprüft werden." (ebd., 31)

Naturwissenschaftliche Erkenntnis ist deshalb, so folgert Dürr, im besten Fall einer Zeichnung der Wirklichkeit vergleichbar, darf aber nie mit der Wirklichkeit selber verwechselt werden.

„Viele für uns wichtige Erfahrungen, zum Beispiel auf religiösem oder künstlerischen Gebiet, erfüllen nicht die Auswahlkriterien einer wissenschaftlichen Betrachtung. Sie können deshalb weder mit der Naturwissenschaft konfroniert werden noch zu dieser in Widerspruch geraten – sie beziehen sich, um mit unserer Parabel zu sprechen, auf Fische, die man nicht fangen kann." (ebd., 32)

Das Netz ist Symbol dafür, daß unser Denken und Beobachten die Wirklichkeit „erzeugt" und ihre Qualität verändert. Der radikale Konstruktivismus greift genau diesen Aspekt jeder, nicht nur der wissenschaftlichen, Erkenntnis auf. Trotz aller Raffinesse erzwingt prinzipiell jede Beobachtung eine Einschränkung und Auswahl; so brachte beispielsweise die Quantenmechanik für die klassische Physik beunruhigende Paradoxa mit sich, und die Physiker mußten lernen, daß eine elementare Lichteinheit sich gleichzeitig wie eine Welle oder wie ein Teilchen verhalten kann, je nachdem, was der Experimentator zu messen beschließt (bzw. je nachdem, welches Netz er auswirft) (Briggs/Peat 1990, 37 f.). Doch die Aufmerksamkeit der klassischen Naturwissenschaft richtet sich damit nach wie vor auf zwei Bereiche: im Mittelpunkt steht das Teil, nicht das Ganze; und beobachtet werden Quantitäten, nicht Qualitäten.

3.1. Abschied vom Determinismus – ein neues Naturverständnis

Inzwischen gibt es auch in den Naturwissenschaften eine erstarkende Bewegung, die die Aufmerksamkeitsschwerpunkte auf das Erkennen von Ganzheiten und Zusammenhängen verlagert hat. Die wissenschaftliche Aufmerksamkeit wird verschoben vom traditionellen Thema „Analyse der Teile" hin zu neuen Themen wie „Kooperation" und „Bewegung des Ganzen". Diese veränderte Blickrichtung geht inzwischen so weit, daß sich ein bekannter Naturwissenschaftler, der britische Mathematiker Lighthill, öffentlich für die vereinfachenden und irreführenden Ideen seiner „Zunft" entschuldigt:

> „Ich muß mich im Namen der weltumspannenden Bruderschaft der Naturwissenschaftler kollektiv dafür entschuldigen, daß wir die gebildeten Laien durch Verbreitung all dieser Ideen vom Determinismus der Systeme in die Irre geführt haben. Wir taten das, um das zweite Newtonsche Axiom über das Gesetz der Bewegung zu stützen, das sich nach 1960 als Irrtum erwies." (zit. bei Prigogine 1991, 49)

Ilya Prigogine, theoretischer Physiker und Nobelpreisträger des Jahres 1977, spricht von einer „Wiederentdeckung der Zeit" und einer grundsätzlich begrenzten Vorhersagbarkeit lebender Systeme:

> „Bei stabilen dynamischen Systemen haben wir keine Schwierigkeiten. Dort kann man bis zur Grenze unendlichen Wissens gelangen. Aus diesem Grunde sagen uns die Astronomen, sie könnten die genaue Position der Erde bei ihrem Lauf um die Sonne in etwa fünf Millionen Jahren voraussagen, was eine ziemlich lange Zeit ist. Doch kann niemand hoffen, das Wetter in einer oder mehreren Wochen korrekt vorherzusagen." (ebd. 52)

Instabile Systeme dagegen sind grundätzlich nicht kontrollierbar und nur sehr begrenzt vorhersagbar. Sie tun, was sie wollen, sagt Prigogine und er „will damit hervorheben, daß die Natur eine beträchtliche Spontaneität besitzt" (ebd., 54). Carolyn Merchant, Professorin für Umweltgeschichte, Philosophie und Ethik an der University of California in Berkeley, benennt fünf verschiedene Grundannahmen der mechanistischen Philosophie und Naturwissenschaft, wie sie seit dem 17. Jahrhundert das westlich-wissenschaftliche Denken geprägt haben (Merchant 1991, 137 ff.):

(a) Materie setzt sich aus einzelnen Atomen zusammen;
(b) das Ganze entspricht der Summe seiner Teile, und eine mathematische Beschreibung erlaubt es uns, die Natur vorherzusagen, sie zu kontrollieren und somit zu beherrschen;
(c) äußere Ursachen wirken ihrerseits auf unbelebte Teile ein, die ansonsten im Ruhezustand verharren würden;
(d) Veränderungen sind die Folge einer Neuordnung von Teilen;
(e) Geist und Körper, Materie und Geist, Natur und Kultur sind grundsätzlich getrennt.

Der mechanistischen Weltsicht des 17. Jahrhunderts stellt Carolyn Merchant fünf Annahmen gegenüber, mit denen sich eine ganzheitliche, holistische Weltsicht zusammenfassen läßt (ebd., 140–143):

(a) Alles hängt mit allem anderen in einer dynamischen Einheit zusammen, und eine Veränderung an einem der Teile betrifft das Ganze. Diese Idee der „Verknüpftheit allen Seins" hat Lao Tse bereits vor zweieinhalbtausend Jahren formuliert.
(b) Das Ganze ist mehr als die Summe seiner Teile. Dem entspricht das Konzept der Synenergie, wonach die kombinierte Aktion aller Teile eine weit größere Wirkung erzielen kann, als die summierten Einzelwirkungen.
(c) Anders als bei der mechanistischen Vorstellung, nach der die Einzelteile vom Kontext der Umwelt getrennt sind, geht eine holistische Weltsicht von dem Grundsatz aus, daß jeder einzelne Teil in jedem beliebigen Augenblick seine Bedeutung aus dem Ganzen bezieht.
(d) Es wird ausgegangen vom Primat des Prozesses gegenüber den Teilen – was zu einer atomistischen Weltsicht im Gegensatz steht. Biologisch-ökologische und gesellschaftliche Systeme werden – im Gegensatz zu den geschlossenen Systemen im Mechanismus – als offen verstanden. Es besteht ein ständiger Austausch von Materie und Energie mit der Umwelt.
(e) Alle Teile des Kosmos sind zu einer Einheit verbunden. Auch Körper und Geist bilden ein einheitliches Ganzes.

Deshalb wird es in einer solchen Sichtweise sinnlos, zu fragen, ob die „Ursache" eines Symptoms körperlicher oder seelischer Natur ist. Beides hängt untrennbar zusammen, und es ist zu erwarten, daß

Veränderung in einem Bereich Rückwirkungen auf den anderen hat oder zumindest haben kann. Ordnung und Chaos sind lebendig miteinander verwoben; die Uhrwerk-Welt, die Welt von Regelmäßigkeit und Ordnung, wie die traditionelle Wissenschaft sie definiert und untersucht hat, ist eine seltene Ausnahme. In lebenden Systemen, die fast unsere gesamte „Welt" ausmachen, begegnen uns dagegen eher Turbulenzen, Unregelmäßigkeit und Unvorhersagbarkeit. Biologische Systeme sind unstetig und unregelmäßig, gleichermaßen dem Chaos wie einem regelmäßigen Muster nahe. Das Interesse der Wissenschaft an Kontrolle, Vorhersagbarkeit und Analyse der Teile wird in der heutigen Wissenschaft zunehmend abgelöst durch die Beschäftigung mit dem unvorhersagbaren Ganzen (Briggs/Peat 1990, 14 ff.). Das Ende des „reduktionistischen Programms der Wissenschaft" besteht in der Erkenntnis, daß die Teile nicht isoliert vom Ganzen untersucht werden können (ebd., 17). Greift man beispielsweise eine Stelle aus einer Beethovensymphonie heraus, so lassen sich die einzelnen Noten durchaus analysieren. Letzten Endes ist aber diese einzelne Note, der einzelne Takt ohne die ganze Symphonie bedeutungslos oder unverständlich (Briggs/Peat 1990, 38). Und so hilft uns auch die genaueste Analyse eines einzelnen Steins wenig zum Verständnis einer Kathedrale.

3.2. Wissenschaft und Weisheit – ein Gegensatz?

Diese kurzen Streiflichter aus Bereichen außerhalb der Sozialwissenschaften sollen deutlich machen, daß naturwissenschaftliche Konzepte, an denen sich die Sozialwissenschaften lange Zeit orientiert haben, zunehmend fragwürdig werden, oder doch zumindest ihre begrenzte Aussagefähigkeit offenbaren.

Auch die Art, wie Wissenschaftler selber die Möglichkeiten und die Grenzen der Wissenschaft sehen, hat sich grundsätzlich verändert. Die triumphale Hoffnung, daß Wissenschaft alles erklären und beschreiben kann, daß sie Antwort auf alle Lebensfragen geben kann oder zumindest eines Tages geben wird, ist inzwischen weithin einer bescheideneren Selbst-Einschätzung gewichen. Humberto Maturana faßt dieses neue Selbst-Verständnis dessen, was Wissenschaft sein kann und was nicht, in für mich beeindruckender Weise zusammen, wenn er sagt:

„Womit uns die Wissenschaft und die Ausbildung zum Wissenschaftler nicht ausstattet, ist Weisheit. Moderne Wissenschaft ist in einer Kultur entstanden, die Aneignung und Reichtum hoch schätzt, die Erkenntnis als eine Quelle der Macht behandelt, die Wachstum und Kontrolle würdigt, die Hierarchien und Herrschaft respektiert, die Äußerlichkeiten und Erfolge für wertvoll hält, und die Weisheit aus dem Blick verloren hat und sie nicht zu kultivieren versteht. Wir Wissenschaftler fallen in unserem Bestreben, das zu tun, was wir am liebsten tun, nämlich wissenschaftlich zu forschen, oft den Leidenschaften, Begierden und Zielen unserer Kultur zum Opfer und denken, daß die Ausweitung der Wissenschaft alles rechtfertige; wir werden blind für Weisheit und dafür, wie sie erlernt wird. Weisheit entsteht aus der Achtung der anderen, aus der Erkenntnis, daß Macht auf Unterwerfung und Verlust an Würde beruht, aus der Erkenntnis, daß Liebe die Emotion ist, die soziale Koexistenz, Ehrlichkeit und Vertrauenswürdigkeit begründet, und aus der Erkenntnis, daß die Welt, in der wir leben, immer und unvermeidlich unser Produkt ist. Aber wenn uns die Wissenschaft und wissenschaftliche Erkenntnis auch nicht mit Weisheit ausstatten, so leugnen sie diese zumindest nicht, und die Erkenntnis dessen eröffnet denjenigen, die dem Streben nach Erfolg und dem Wunsch nach Kontrolle und Manipulation entgehen, die Möglichkeit, sie zu erlernen, indem wir darin leben." (Maturana 1991, 205)

4. Vom geschlossenen System der Kybernetik zur Autopoiesis: Metamorphosen der Systemtheorie

Im Folgenden möchte ich zunächst der Frage nachgehen, was eigentlich ein „System" ist und ob es als eine Einheit aufgefaßt werden kann, die unabhängig vom Betrachter existiert (Abschnitt 4.1.). Daran anschließend werde ich einige Grundkonzepte der neueren Systemtheorie darstellen, – Theorieelemente, wie sie etwa von Niklas Luhmann, insbesondere in seinem grundlegenden Werk „Soziale Systeme", formuliert werden, und die in einigen wichtigen Punkten über die ältere Systemtheorie hinausführen, wie sie z. B. von Talcott Parsons, W. Ross Ashby und Ludwig von Bertalanffy entwickelt werden (Abschnitt 4.2.). Daran anschließend (Abschnitt 4.3.) greife ich den Aspekt „Selbstorganisation" und „Autopoiese" heraus, der mir für unseren Zusammenhang besonders bedeutsam erscheint, und will etwas näher darauf eingehen, was sich hinter diesen „Zauberworten" verbirgt. Diese Erörterung hängt eng zusammen mit dem Thema „strukturelle Koppelung" und der „Unmöglichkeit instruktiver Interaktion", das uns im letzten Abschnitt (Abschnitt 4.4.) dieses Kapitels beschäftigen wird.

4.1. Was ist eigentlich ein System? Definitionsversuche

Was ist eigentlich ein System? Auf diese Frage gibt es nicht eine Antwort, sondern mindestens ein Dutzend. Fritz B. Simon und Helm Stierlin vertreten die Auffasung

> ein System sei „eine aus irgendwelchen Eigenschaften (materieller oder geistiger Art) geordnet zusammengesetzte Ganzheit ... Sowohl die allgemeine Systemtheorie als auch die Kybernetik beschäftigen sich mit den Funktionen und strukturellen Gesetzmäßigkeiten, die für alle Systeme ... gelten. Allen systemtheoretischen Überlegungen liegt die Erkenntnis zugrunde, daß ein System in seiner Ganzheit sich qualitativ neu und anders verhält als die Summe seiner isoliert betrachteten Einzelelemente" (Simon/Stierlin 1992, 355).

Als „systemisch" kann dann das verstanden werden, was sich auf „Systeme" bezieht. Die aufmerksame Leserin wird sich die Frage stellen, was denn nun das „System" sei, aus dem – ähnlich wie das Kaninchen aus dem Hut – der Begriff „systemisch" hervorgezaubert wird. Die Definition „eine aus irgendwelchen Elementen oder Eigenschaften zusammengesetzte Ganzheit" bleibt doch noch ziemlich allgemein. „System" ist das, was wir ein System nennen, meint Kurt Ludewig (1987, 182) und vertritt damit zumindest einen konsequent konstruktivistischen Standpunkt. Er sagt aber dazu noch etwas mehr, etwas, was für unseren Zusammenhang noch aufschlußreicher ist (ebd., 180 ff.):

(a) Alles Gesagte wird von einem Beobachter gesagt, d. h. nicht von einem außerhalb oder über der „Welt" stehenden (oder sitzenden?) gottähnlichen Wesen, das die Welt als „Objekt" erkennen könnte, wie sie wirklich ist.
(b) Der Beobachter ist ein „linguierendes" Lebewesen, d. h. ein „Lebewesen, das in Sprache ... lebt" (ebd., 80). Wie der Fisch, der die Königin der Fische fragt, was denn das Meer sei, und der die Ant-

wort erhält, daß alles, was ist, im Meer ist, so ist für den Menschen die Sprache das „Meer". Alles, was ist, wird (nur) über die Sprache zugänglich. Wir werden uns deshalb – unter anderem – später die Frage stellen, welche Wirklichkeit denn durch die spezifische „Sozialarbeitssprache" erzeugt wird.
(c) Alles Gesagte bringt der Beobachter in Kommunikation hervor, d. h. „Kognition (stellt; P.-S.) das Produkt innerer korrelativer Zusammenhänge zwischen Zuständen eines geschlossen operierenden Systems und nicht Abbildung äußerer Reizkonstellationen dar" (ebd., 181). Kognition, also Erkennen, funktioniert also nicht so, daß wir mit unserer Erkenntnis die Außenwelt abbilden, etwa wie ein Spiegel, sondern wir transformieren sie vielmehr in unseren Operationsmodus und konstruieren sie damit erst.
(d) Realität ist folglich gleich der (Realität) gleich einem „errechneten Aggregat von Multiversen ... Daher die Klammern, die erinnern sollen, daß jede Begründung in letzter Konsequenz auf Konsens und nicht auf unabhängiges Sein verweist" (ebd., 181). Realität „gibt" es also nicht als Universum, sondern sie ist das Ergebnis unseres je individuellen Prozesses des Erkennens. Deshalb kann Ludewig auch von „errechneter" Realität sprechen und von „Multi-versen", also von unterschiedlichen Realitäten, die im Prozeß der Kommunikation, durch Konsensbildung, zu „der" Realität werden.
(e) „Ein System ist eine durch einen Beobachter hervorgebrachte Einheit, die er als zusammengesetzt betrachtet" (ebd.). „Ein System ist also eine Konstruktion des Beobachters." (ebd., 182)
(f) „Systemisch" bezeichnet eine Sichtweise, die Systeme zu ihrem Gegenstand macht" (ebd.).

Wer sich hier bei der Lektüre des Eindrucks einer Tautologie nicht erwehren kann, also hartnäckig behauptet, hier werde ein Begriff durch sich selber erklärt, der muß sich nicht unbedingt irren. Wesentlich bei dieser Sichtweise ist, daß sie davon ausgeht, daß nicht nur Theorien Produkte unserer Konstruktionen sind, sondern auch die Gegenstände selber: „Ebenso wie die Theorien, d. h. die Beschreibungen und Erklärungen sozialer Systeme, ist auch der Gegenstand unserer Untersuchungen und Forschungen – die sozialen Systeme selbst – nicht real, sondern abstrakt und existiert nur in unseren Köpfen" (Herwig-Lempp 1987b, 6).

Heißt das nun, daß ein „System" etwas Beliebiges ist? Niklas Luhmann, der Bielefelder Soziologe und konsequente Anwender der Systemtheorie auf die Soziologie, weist darauf hin, daß es sicher nicht sinnvoll wäre, alle Rotweingläser als System zu bezeichnen oder alle Frauen und alle Männer jeweils als ein System zu definieren.[9] Was ein System ist, wird zwar vom Beobachter festgelegt, jedoch durchaus nicht beliebig. Diese Definition muß einen Sinn ergeben, sie muß sich in irgendeiner Weise als nützlich erweisen. Der Wissenschaftler, Forscher oder Sozialarbeiter „braucht keine objektive Beschreibung und Erklärung, sondern Antworten auf seine spezifischen Fragen und Probleme − etwa bei zwischenmenschlichen Konflikten, Gruppenprozessen, psychischen Erkrankungen, Organisations- und Managementproblemen oder aktuellen wissenschaftlichen Fragestellungen" (Herwig-Lempp 1987b, 7). Der oft erhobene Einwand des Relativismus, der Beliebigkeit konstruktivistischer Erkenntnistheorie kann dadurch entkräftet werden, daß es zwar nicht mehr um das Erkennen von „Wahrheit an sich", oder von Wirklichkeit geht, wie sie wirklich ist − das wird als prinzipiell unmöglich betrachtet −, aber es gibt durchaus Kriterien zur Unterscheidung von (besseren und schlechteren) Theorien: das Kriterium, inwiefern sich die Theorien für die Lösung praktischer Probleme als nützlich erweisen.

Niklas Luhmann, ursprünglich Jurist und Verwaltungsbeamter, hat nach seinem Studienaufenthalt bei Talcott Parsons an der Harvard-Universität in den USA Anfang der sechziger Jahre beharrlich und zäh an der Weiterentwicklung der allgemeinen Systemtheorie gearbeitet und sie für die Soziologie fruchtbar gemacht. In der Zeit nach der Studentenbewegung vor allem von Vertretern der kritischen Sozialwissenschaft, insbesondere der Frankfurter Schule, als Sozialtechnologie und Herrschaftsinstrument eher abschätzig belächelt und kritisiert, kommt die soziologische Systemtheorie − nach dem „Niedergang" der Kritischen Theorie − gegenwärtig zu neuen Ehren. Die Kritik an der Systemtheorie wurde insbesondere bekannt über die Debatte von Niklas Luhmann mit Jürgen Habermas als damaligem Exponenten der „Frankfurter Schule". Die Kontroverse zwischen Luhmann und Habermas wurde 1971 in dem inzwischen klassischen

---

[9] Luhmann: Einführung (Cass. 3, Seite B).

Sammelband „Theorie der Gesellschaft oder Sozialtechnologie" veröffentlicht.[10] Seit dieser Zeit wurde die Systemtheorie jedoch weiterentwickelt; worauf Bezug genommen wird, ist nicht mehr die Systemtheorie, wie sie von Ludwig von Bertalanffy und Talcott Parsons entwickelt wurde. Seit etwa 1978 ist für Luhmann eine ganz neue Variante der Systemtheorie relevant geworden, nämlich die „Theorie der autopoietischen Systeme", „die zu den aufregensten Konzeptionen der gegenwärtigen biologischen Grundlagenforschung gehört und sich von dort aus über die heutige Wissenschaftsszene ausbreitet" (Reese-Schäfer 1992, 10f.). Mit der traditionellen Systemtheorie, so Walter Reese-Schäfer, hat diese neue Systemtheorie nicht mehr viel zu tun. Sie verhält sich zu ihr wie ein modernes Textverarbeitungssystem zu einer herkömmlichen Schreibmaschine (ebd., 11). Mit seiner „Theorie sozialer Systeme" verbindet Luhmann eine grundsätzliche Kritik an der gegenwärtigen Soziologie, denn „man nagt (dort; P.-S.) an den eigenen Knochen", interpretiert lediglich die Klassiker des Faches und setzt sie neu zusammen. Die Systemtheorie versucht dagegen, „eine Serie miteinander verbundener und komplexer Instrumente und Komplexe anzubieten, ... die nicht beim Fischen in den Reservoirs der Tradition, sondern aus der Entwicklung einer interdisziplinären Perspektive gewonnen werden" (Luhmann 1987a, 157).

4.2. Grundkonzepte der neueren Systemtheorie

Luhmann faßt die inzwischen erfolgten Veränderungen und Ergänzungen der Systemtheorie selber in seinem Hauptwerk „Soziale Systeme" zusammen. Die systemische Therapie greift stark auf diese Konzepte zurück. Deshalb möchte ich die Hauptthesen, hierin Luhmann selber folgend, kurz in sechs Punkten darstellen.[11]

(1) *Die Differenz von System und Umwelt*: Die ältere Systemtheorie fragte nach einem System als Einheit, also nach seinem „Wesen", während ein Kennzeichen der neueren Systemtheorie darin besteht,

---

[10] Eine gute einführende Zusammenfassung der Positionen in der damaligen Kontroverse findet sich bei Walter Reese-Schäfer (1992, 139–151).
[11] Wo nichts anderes angegeben ist, folge ich Niklas Luhmann (1991a, insbes. 35–70); Seitenzahlen in Klammern beziehen sich hierauf. Außerdem folge ich Gedankengängen aus Luhmann: Einführung (insbes. Cass. 3, 4 und 5).

daß sie differenzialistisch vorgeht und nach dem fragt, was ein System von einem Nicht-System, also seiner Umwelt, unterscheidet. Was ein System ist – so wird Luhmann nicht müde zu betonen –, läßt sich nur dann bestimmen, wenn man es differenziert von seiner Umwelt, also seine Grenzen festlegt. Schon bei der älteren Systemtheorie von Talcott Parsons war der Begriff „boundary maintainance", Grenzerhaltung, aufgetaucht, also die Frage, wie eigentlich ein System seine Grenzen aufrechterhält. Genau betrachtet ist nämlich die Sytem-Umwelt-Differenz zur Bestimmung eines Systems wichtiger, als seine Einheit bzw. sein „Wesen". Strukturen und Elemente machen nicht, wie ursprünglich angenomen, das System aus, sie können sich grundlegend ändern, obwohl das System als solches erhalten bleibt. Man braucht nur einen kurzen Blick auf Gesellschaften und ihre historische Entwicklung zu werfen, um diese These bestätigt zu finden. Es gibt wohl kaum etwas, das in der historischen Entwicklung der Gesellschaft konstant bleibt, zumindest nicht die Strukturen und Elemente – und doch besteht die Gesellschaft als System weiter. Ohne Umwelt können Systeme nicht bestehen, sie sind auf den Austausch mit ihrer Umwelt zur Selbsterhaltung angewiesen.

Lebende Systeme sind nur als offene denkbar, denn ein geschlossenes System würde – dem Entropiegesetz folgend – in einen Zustand zunehmender Unordnung übergehen, während bei lebenden Systemen ganz offensichtlich meist das Gegenteil der Fall ist: Sie differenzieren sich immer weiter aus, werden komplexer und reichhaltiger in ihren Reaktionsmöglichkeiten.

Was bedeutet eine derart abstrakte Theorieannahme beispielsweise für Familien? Wenn sich ein System mit relativ geschlossenen Grenzen in Richtung auf einen Gleichgewichtszustand bewegt und nur als offenes in einer sich verändernden Umwelt überleben kann, müßten sich in Familien mit relativ geschlossenen Grenzen Störungen, „Dysfunktionalitäten" einstellen. Genau dies beschrieb Lymann C. Wynne mit seinen MitarbeiterInnen bereits 1959 für Familien mit einem als schizophren diagnostizierten Mitglied. Er benutzte für die Beschreibung solcher Familien den Begriff „Rubber Fence" – Gummizaun. Dieser grenzt Umwelteinflüsse, etwa veränderte Rollenerwartungen, weitgehend aus, um die „Pseudo-Gemeinschaft" innerhalb der Familie zu erhalten: Die Rollenstruktur der Familie bleibt starr, trotz physischer und situationsbedingter Veränderungen in den Lebensumständen der

Familienmitglieder und trotz der Veränderungen in dem, was außerhalb der Familie vor sich geht. Drohen Veränderungen oder Abweichungen von dieser Rollenstruktur oder gar die Loslösung eines Familienmitglieds, ergeben sich starke Beunruhigungen (Wynne u. a. 1959, insbes. 53 f.)[12].

Die Umwelt selber ist für jedes System eine andere, und sie wird von Luhmann nicht als System angesehen, denn Umwelt ist durch offene Horizonte, aber nicht ihrerseits durch überschreitbare Grenzen umgrenzt. Es ist begrifflich streng zu unterscheiden zwischen der Umwelt eines Systems und Systemen in der Umwelt von Systemen (ebd., 37 f.).

(2) *Die Theorie der Systemdifferenzierung und die Differenz von Element und Relation*: Die früher gebräuchliche Differenzierung von Teil und Ganzem wird inzwischen ersetzt durch die Theorie der Systemdifferenzierung, d. h. innerhalb von Systemen kann es zur weiteren Ausdifferenzierung von System- und Umweltdifferenzen kommen. Das Gesamtsystem gewinnt damit die Funktion einer „internen Umwelt" für die Teilsysteme (ebd., 39). Diese zunächst vielleicht unnötig wirkende und lediglich als überflüssige Sprach-Akrobatik erscheinende Umstellung von der Unterscheidung zwischen Teil und Ganzem auf die Unterscheidung zwischen System und Umwelt hat erhebliche Konsequenzen für das Verständnis von Kausalität. Die „Trennlinie von System und Umwelt kann nicht als Isolierung und Zusammenfassung der ‚wichtigsten' Ursachen im System begriffen werden, sie zerschneidet vielmehr Kausalzusammenhänge..." (ebd., 40). Stets wirken an allen Effekten System und Umwelt zusammen. Der Psychiater und Familientherapeut Fritz B. Simon (1992) illustriert diesen Sachverhalt anhand eines Beispiels: Wie der Sauerstoff eine der Umweltvoraussetzungen für das Funktionieren und Überleben des Körpers ist, ohne sein Verhalten zu determinieren, so begrenzen die Systeme Körper, psychisches System (Bewußtsein) und soziales System gegenseitig ihren Freiraum. Sie begrenzen und stören

---

[12] Wobei Lymann Wynne und seine MitarbeiterInnen nicht behaupten, daß Pseudo-Gemeinschaft an sich schon Schizophrenie erzeugt; sie stellen jedoch die vorsichtige Hypothese auf, daß sie ein Grundmerkmal für die Art von Milieu ist, in dem es zur Entwicklung von Schizophrenie kommt, wenn andere Faktoren ebenfalls gegeben sind.

sich gegenseitig und entwickeln sich dabei ko-evolutionär. Ereignisse innerhalb der Grenzen des einen Systems können niemals durch die geradlinig-kausale Wirkung irgendwelcher Ereignisse innerhalb eines anderen Systems in dessen Umwelt erklärt werden. Beispielsweise sind Halluzinationen bei „Schizophrenie" als intrapsychische Ereignisse nicht kausal als Ergebnis des Verhaltens einer doppelbindenden Mutter erklärbar (Simon 1992, 6).

So wenig, wie es Systeme ohne Umwelten gibt oder Umwelten ohne Systeme, so wenig gibt es Elemente ohne relationale Verknüpfung oder Relationen ohne Elemente. Die Dekomposition eines Systems kann auf zwei verschiedene Weisen betrachtet werden. Die erste zielt ab auf die Bildung von Teil- oder Subsystemen, also die oben erwähnte interne Systemdifferenzierung; die zweite bezieht sich auf Elemente eines Systems und die Relationen, durch die diese Elemente verknüpft sind. Im ersten Falle geht es eher – bildlich gesprochen – um die Zimmer eines Hauses, im zweiten Falle aber um Steine, Balken und Nägel, also die Bestandteile, aus denen das Haus aufgebaut ist. Die erste Art der Dekomposition wird in der oben erwähnten Theorie der Systemdifferenzierung entwickelt, die zweite in der Theorie der Systemkomplexität (Wynne u. a. 1959, 41). Elemente können definiert werden als das, was jeweils für ein System als nicht weiter auflösbare Einheit fungiert, z. B. Atome, Zellen oder Kommunikation, die Luhmann als Element sozialer Systeme definiert (ganz im Unterschied zu dem sonst gängigen Verständnis, wonach als Elemente sozialer Systeme in aller Regel einzelne Menschen verstanden werden). Was jeweils als Element gelten kann, hängt also vom jeweiligen System ab, auf das sich der Beobachter bezieht. Für sich selber betrachtet kann das Element wiederum zerlegbar sein in hochkomplexe Zusammenhänge, z. B. lassen sich Atome auflösen in Neutronen, Protonen, Elektronen usw. Elemente sind Elemente nur für die Systeme, die sie als Einheit verwenden, und sie sind es nur durch diese Systeme (ebd., 43).

(3) *Konditionierung und das Problem der Komplexität*: Systeme sind nicht einfach beliebige Relationen zwischen Elementen. Diese Relationen sind ihrerseits wieder geregelt, und zwar nach der Grundform der Konditionierung: Eine bestimmte Relation zwischen Elementen wird nur realisiert, wenn etwas anderes der Fall ist, es gibt „Bedingungen der Möglichkeit" von Relationen. Relationen können sich

untereinander wechselseitig bedingen, d. h. die eine kommt nur vor, wenn die andere auch vorkommt (ebd., 44). Erfolgreiche Konditionierungen wirken dann als Einschränkung („constraints") (ebd., 45). Bei Zunahme der Zahl der Elemente eines Systems stößt man sehr rasch an eine Schwelle, von der ab es nicht mehr möglich ist, jedes Element zu jedem anderen in Beziehung zu setzen. Daran anknüpfend definiert Luhmann als Komplexität, wenn eine zusammenhängende Menge von Elementen aufgrund immanenter Beschränkungen der Verknüpfungskapazität der Elemente nicht mehr jedes Element jederzeit mit jedem anderen vernüpft sein kann (ebd., 46). Komplexität heißt dann gleichzeitig Selektionszwang, der Zwang, sich für bestimmte Relationen von Elementen zu entscheiden und damit andere – ebenso mögliche – nicht zu realisieren. Daraus ergibt sich die Möglichkeit, daß aus ähnlichen Elementen, z. B. wenigen Arten von Atomen oder sehr ähnlichen menschlichen Organismen sehr verschiedenartige Systeme gebildet werden können. Welche Arten der Beziehung zwischen Elementen jeweils realisiert werden, ergibt sich wiederum aus der Differenz zwischen System und Umwelt und aus den Bedingungen ihrer evolutionären Bewährung (ebd., 47). Es kann dann von einer Ko-Evolution von Systemen und Umwelt gesprochen werden: Durch Umwelteinflüsse verändert sich das System und durch das veränderte System verändert sich die Umwelt. Für das sich entwickelnde Individuum – so Simon und Stierlin (1992, 178) – stellt die Familie gleichsam das ko-evolutive Ökosystem dar. Darin bestimmt jeder einzelne die Bedingungen der Entwicklung aller anderen. Für die Familie als Ganzes bildet das umgebende soziokulturelle System das ko-evolutive Ökosystem.

(4) *Die Funktion von Systemgrenzen*: Lebende Systeme, so haben wir eben gesehen, können nur als offene überleben. Schließen sie sich gegenüber ihrer Umwelt ab und lassen beispielsweise keine neuen Informationen zu, dann ergeben sich Störungen. Genauso wenig aber sind Systeme ohne Grenzen denkbar. Systeme haben Grenzen, das ist eine wesentliche Unterscheidung des Systembegriffs vom Begriff der Struktur. Die Grenzen des Systems haben eine doppelte Funktion: Sie trennen das System von seiner Umwelt, und sie verbinden es mit ihr (ebd., 52). Grenzen in ihrer Funktion des Trennens und des Verbindens sind „evolutionäre Errungenschaften par excellence" (ebd., 53). Erst durch sie wird überhaupt Selbstreferenz, also ein Bezug des

Sytems zu sich selber möglich. In jeder Operation muß das System zwischen Selbstreferenz und Fremdreferenz unterscheiden, es muß sich selber von seiner Umwelt unterscheiden können. Bruno Bettelheim, der berühmte Milieutherapeut schwer gestörter, psychotischer Kinder, hat beispielsweise in eindrucksvollen und genauestens beobachteten Fallstudien geschildert, wie wichtig in der kindlichen Entwicklung diese Unterscheidung von Selbst und Nicht-Selbst ist und zu welchen gravierenden Störungen es kommt, wenn diese Unterscheidung nicht gelingt (Bettelheim 1983).
Neben der Konstitution von systemeigenen Elementen ist die Bestimmung von Systemgrenzen das wichtigste Erfordernis bei der Ausdifferenzierung von Systemen. Die Grenzbildung unterbricht das Kontinuieren von Prozessen, die das System mit seiner Umwelt verbinden (ebd., 54). Die Ökologie hat es mit einer Komplexität zu tun, die selber kein System ist, weil sie nicht durch eine eigene System- oder Umweltdifferenz reguliert ist. Luhmann lehnt deshalb auch den Begriff „Ökosystem" ab und will lieber von „Ökokomplexität" sprechen (ebd., 55). Man sieht hier, daß die inflationäre Verwendung des Begriffes „System" und „systemisch" den Zugang zum Thema eher schwieriger gestaltet, als daß es ihn erleichtert: Allzu schnell entsteht der Eindruck, daß es sich um etwas Bekanntes handelt, und das verhindert genaue Begriffsbildung und -analyse, erschwert also eher den Zugang zur jeweils spezifischen Benutzung dieser Allerweltsbegriffe.
(5) *Das Zentralthema „Selbstreferenz"*: Erst in der neueren Systemforschung gewinnt das Thema „Selbstreferenz" eine rasch zunehmende und zentrale Bedeutung. Ursprünglich wurden die Begriffe „Selbstreferenz", also des Bezuges auf sich selber, „Reflexion" oder „Reflexivität" vor allem für das menschliche Bewußtsein gebraucht, das sich auf sich selber richtet. In seiner systemtheoretischen Verwendung wird der Begriff „Selbstreferenz" ausgedehnt auf Gegenstandsbereiche und auf reale Systeme als Gegenstände wissenschaftlicher Forschung übertragen:

„Ein System kann man als selbstreferentiell bezeichnen, wenn es die Elemente, aus denen es besteht, als Funktionseinheiten selbst konstituiert und in allen Beziehungen zwischen diesen Elementen eine Verweisung auf diese Selbstkonstitution mitlaufen läßt, auf diese Weise die Selbstkonstitution also laufend reproduziert. In diesem Sinne operieren selbstreferentielle Systeme notwendigerweise im Selbstkontakt, und sie haben keine andere Form für Umweltkontakt als Selbstkontakt." (ebd., 59)

Selbstreferentielle Systeme sind also auf der Ebene dieser Referenz geschlossene Systeme, was nicht der oben skizzierten grundsätzlichen Offenheit für Umwelteinflüsse widerspricht, sondern diese These ergänzt. Der Begriff „basale Selbstreferenz" weist über die ältere Diskussion über „Selbstorganisation" hinaus. Luhmann greift dafür den von den bereits mehrfach erwähnten chilenischen Neurobiologen Humberto Maturana und Francisco Varela geprägten Begriff „Autopoiese" auf.[13] Dieses Kunstwort – zusammengesetzt aus den griechischen Begriffen „autos" – selbst – und „poesis" – Schöpfung oder Dichtung – könnte man also mit „Selbstschöpfung" oder „Selbsterzeugung" übersetzen (Reese-Schäfer 1992, 46).

In diesem Kunstwort sind, über begriffliche Umstellungen hinaus, geradezu denkerische Sprengsätze verborgen, die in ihrer ganzen Bedeutung heute noch gar nicht abgeschätzt werden können, so sieht es zumindest Niklas Luhmann:

> „Der Begriff der Autopoiesis sprengt die ontologische Denktradition ...; er gibt, radikal und bis in die Physik hinein durchgeführt, die Annahme eines Weltseins auf, das Sein und Denken verbindet, und er verläßt die logische Tradition, die in bezug auf vorgegebenes Sein nur richtige und falsche Urteile zuließ unter Ausschluß dritter Möglichkeiten." (Luhmann 1987b, 307)

Worin liegt aber dieser radikale Umbruch, der Bruch mit einer jahrtausendealten abendländischen Denktradition? Diese Tradition ging von dem Prinzip aus, und war von dem Prinzip durchtränkt – seine Infragestellung hielt man gar nicht erst für möglich –, daß „wahres" Denken die Wirklichkeit „richtig" abbildet. Demgegenüber führt „die Theorie autopoietischer Systeme ... zwingend zu erkenntnistheoretischen Positionen, die heute unter dem Titel ‚Konstruktivismus' erörtert werden. Damit ist sicher keine Rückkehr zu solipsistischen

---

[13] Wobei durchaus umstritten ist, ob diese Anwendung des Autopoiese-Konzepts auf den Bereich des Sozialen dessen speziellem Charakter angemessen ist. So kritisiert z. B. Francisco Varela selber die Adaption des Autopoiese-Bergriffs auf soziale Systeme durch Niklas Luhmann als „Kategorienfehler": Luhmann verwechsle Autonomie mit Autopoiese (Fischer 1991, 19).

oder idealistischen Erkenntnistheorien gemeint, da stets von einer Differenz von System und Umwelt ausgegangen wird" (ebd., 311). Es ist also keineswegs gemeint, daß außer dem „Geist" oder dem erkennenden Subjekt nichts vorhanden wäre, daß also die ganze Welt nur ein endloses Selbst-Bespiegelungskabinett des Geistes wäre, wie es tatsächlich in der Philosophiegeschichte nicht selten behauptet wurde. Eine weitere wichtige Konsequenz, die sich aus einem selbstreferentiellen Systemaufbau zwangsläufig ergibt, ist der Verzicht auf die Möglichkeit unilateraler Kontrolle: Es kann zwar Einflußdifferenzen, Hierarchien oder Assymetrien geben. Was jedoch nach diesem Verständnis unmöglich ist, ist die Annahme, daß ein Teil des Systems andere Teile kontrollieren kann, ohne seinerseits der Kontrolle zu unterliegen. Deshalb ist es hochwahrscheinlich, daß jede Kontrolle unter Antizipation der Gegenkontrolle ausgeübt wird und daß die Sicherstellung einer assymetrischen Struktur, also etwa systeminterner Machtverhältnisse immer besonderer Vorkehrungen bedarf (ebd., 63).

(6) *Die Ebene der Systemprozesse*: Bei hinreichender Gleichartigkeit der Elemente verhaken sich diese miteinander. Durch Rückbezug der Elemente aufeinander werden Zusammenhänge und Prozesse ermöglicht. Dies ist jedoch nur möglich, wenn die Elemente sich relativ ähnlich sind. Es kann deshalb

„keine Systemeinheit von mechanischen und bewußten, von chemischen und sinnhaft-kommunikativen Operationen geben. Es gibt Maschinen, chemische Systeme, lebende Systeme, bewußte Systeme, sinnhaft-kommunikative (soziale) Systeme; aber es gibt keine all dies zusammenfassende Systemeinheiten. Der Mensch mag für sich selbst oder für Beobachter als Einheit erscheinen, aber er ist kein System. Erst recht kann aus einer Mehrheit von Menschen kein System gebildet werden" (ebd., 68).

Diese These klingt provozierend; sie ist aber konsequent, wenn man sich die eben genannte Voraussetzung vergegenwärtigt: Einen Menschen als System betrachten, hieße, ganz verschiedene Arten von Elementen – die eben nicht gleichartig sind, sondern gänzlich unterschiedlich – zu einem System zusammenzufassen. Es kann deshalb nur jeweils ein psychisches, ein bio-chemisches bzw. körperliches und ein soziales System geben. Eine Zusammenfassung dieser Ebenen unter dem Systembegriff wäre sinnlos.

Zusammenfassend läßt sich sagen: Niklas Luhmann geht aus von der

Emergenz sozialer Systeme, d. h. ihrer relativen Unabhängigkeit von den – je als eigenständig gedachten – Systemen des Psychischen oder Körperlichen, die ihrerseits als Umwelt für das System des Sozialen betrachtet werden. Die gegenseitige Beeinflussung dieser Systeme wird als Interpenetration bezeichnet. Er versucht, Soziales nur aus Sozialem zu erklären und lehnt daher eine externe Erklärung des Sozialen aus dem Psychischen ab. Psyche und (körperlicher) Organismus sind ihrerseits autopoietische, d. h. sich selbst erzeugende und erhaltende Systeme; deshalb ist es sinnvoll, sie als Umwelt des Sozialen zu thematisieren. Allerdings betrachtet Luhmann selbst – zumindest nach meinem Eindruck – seine komplexen Denkgebäude mit wesentlich mehr Zurückhaltung und Vorsicht, als viele seiner Adepten und auch die Benutzer seiner Theorien aus dem systemtherapeutischen Lager: Bei der Theorie sozialer Systeme gehe es „vor allem um ein Ausprobieren: ‚wie es wäre, wenn ...'", so formuliert er selber vorsichtig (Luhmann 1987b, 307) und schränkt ein, daß die Durchdenkung der Konsequenzen dieser Theorie ganz am Beginn steht.

4.3. Von der Selbstorganisation zur Autopoiese

Ein ganz wesentliches Thema bei der Weiterentwicklung der klassischen Systemtheorie ist also, wie ich im vorhergehenden Abschnitt zu zeigen versuchte, die Selbstreferenz, die Selbstorganisation und die Selbst-Erzeugung („Autopoiesis") von lebenden Systemen. Seiner zentralen Bedeutung wegen möchte ich auf die Entwicklung dieses Theorieelements im folgenden Abschnitt noch etwas näher eingehen. Das Konzept „Selbstorganisation" wurde anfänglich benutzt, um Systeme zu beschreiben. Es bezog sich auf die Strukturen dieses Systems, die vom System selber immer wieder reproduziert wurden. Inzwischen ist dieser Bezug auf die Struktur, wie wir eben gesehen haben, ersetzt worden durch den Bezug auf die Einheit des Systems oder seiner Elemente und durch den Bezug auf die Differenz zwischen System und Umwelt (Luhmann 1987a, 158 f.).
Die Weiterentwicklung des Selbstorganisationskonzepts scheint mir einer der wichtigsten Gesichtspunkte in der gegenwärtigen Systemtheorie und ihrer Anwendung auf soziale Systeme. Die Ideen, die zu dieser Weiterentwicklung beigetragen haben, stammen aus ganz un-

terschiedlichen Wissenschaftsbereichen. Wolfgang Krohn und Günter Küpers (1990) unterscheiden sieben voneinander unabhängige Entwicklungsstränge in der Entstehung der Thorie der Selbstorganisation [14]:

(a) Das Prinzip „Order from Noise" nach Heinz von Foerster: 1960 veröffentlichte der aus Wien stammende Physiker und Kybernetiker einen Aufsatz über selbstorganisierende Systeme und ihre Umwelt, der als Ausgangspunkt der modernen Selbstorganisationsforschung betrachtet werden kann. Seine Ausgangsfrage lautete: Wie entsteht Ordnung in einem System, und vor allem: Wodurch nimmt Ordnung zu? Er sah dafür zwei Möglichkeiten: Ordnung kann entstehen und zunehmen durch einen Input von Ordnung aus der Umwelt. Andererseits aber – und das war das grundlegend Neue seiner Annahmen – kann Ordnung auch zunehmen durch Störungen aus der Umwelt. „Ordnung durch Störung meint, daß die Prozeßdynamik gerade die Störungen aus der Umwelt auswählt und einbaut, die zu einem Zuwachs an innerer Ordnung führen" (Krohn/Küpers 1990, 4). Das „Order-from-noise-Prinzip" ist noch ein relativ unscharfer Begriff, der offen läßt, *wie* das System das „undifferenzierte Rauschen" der Umwelt in Ordnung oder in Information transformiert (Luhmann, Einführung, 6 A).

(b) Dissipative Strukturen nach Ilya Prigogine: Fern von Gleichgewichtszuständen in Systemen ist – so fand Prigogine heraus – der Wahrscheinlichkeitsbegriff nicht mehr gültig. In solchen Nicht-Gleichgewichtszuständen gilt die Tendenz zur Nivellierung und zum Vergessen der Anfangsbedingungen nicht mehr als allgemeine Eigenschaft (Prigonine/Stengers 1986, 152). „Die Wechselwirkung eines Systems mit der Außenwelt, seine Einbettung in Nicht-Gleichgewichts-Bedingungen kann so zum Ausgangspunkt für die Bildung von neuen dynamischen Zuständen der Materie, von dissipativen Strukturen werden" (ebd.). Die Brüsseler Arbeitsgruppe um Ilya Prigogine versuchte das Selbstorganisationskonzept auf ganz unterschiedliche Phänomene anzuwenden, etwa zur Erklärung der Bewegungen auf dem Aktienmarkt, von Verkehrsflüssen, urbanen Entwick-

---

[14] In diesem Abschnitt folge ich Wolfgang Krohn und Günter Küpers (1990, 3–11).

lungen, des Sozialverhaltens von Termiten, des Wetters oder der Dynamik von Tumoren (Krohn/Küpers 1990, 10).

(c) Das Konzept der Synergetik nach Hermann Haken: Dieser begann Anfang der sechziger Jahre mit der Entwicklung einer Theorie des Lasers, mit der er zeigte, wie im Zusammenwirken vieler jeweils unabhängiger Teile eine kohärente Ordnung entstehen kann. Die „Synergetik" als „Lehre vom Zusammenwirken" formulierte allgemeine Grundsätze der Selbstorganisation, wie sie auf Laserstrahlen, aber genauso auf viele andere Phänomene, sinnvoll angewendet werden können. Im Falle des Lasers werden laseraktive Atome einer bestimmten Substanz durch permanente Energiezufuhr aktiviert und im thermischen Ungleichgewicht gehalten. Wenn dann die Energiezufuhr einen bestimmten kritischen Wert überschreitet, wird aus normalem Licht Laserlicht, aus Unordnung entsteht Ordnung: im Gegensatz zum normalen Licht werden beim Laser die Elementarwellen nicht unkoordiniert und spontan ausgesendet, sondern koordiniert in einem einzigen Wellenzug. Das Wichtige dabei ist, daß diese Koordination nicht von außen verursacht, sondern vom Laserlicht selber erzeugt wird.

(d) Die autokatalytischen Hyperzyklen nach Manfred Eigen: Ende der sechziger, Anfang der siebziger Jahre erforschte Eigen die Entstehung von biologischem Leben als Resultat von Ausleseprozessen im molekularen Bereich und übertrug damit das Darwinsche Evolutionsprinzip auf die molekulare Ebene. Das Modell der Hyperzyklen zeigt,

> „wie komplexe organische Strukturen mit an ihre Umwelt angepaßten Eigenschaften über einen evolutionären Ausleseprozeß entstehen, bei dem sie ihre Anpassung an die Umwelt selbst optimieren. In einer nächsten Stufe der Entwicklung schließen sich mehrere solcher autokatalytischen Prozesse zu einem Hyperzyklus. Ein solcher Hyperzyklus ist in hohem Maße zur Korrektur von Replikationsfehlern und damit zur Erhaltung und Weitergabe komplexer Informationen befähigt" (Krohn/Küpers 1990, 6).

(e) Autopoiese und Selbstreferentialität nach Humberto Maturana und Francisco Varela: Beide suchten nach der Antwort auf die Frage „Wie entsteht Leben, bzw. wodurch unterscheiden sich lebende Systeme von nicht lebenden (beispielsweise von Maschinen)?" Ebenfalls Anfang der sechziger Jahre begann der chilenische Biologe Humberto

Maturana an der Universität von Santiago de Chile von der gewohnten biologischen Tradition abzuweichen und gänzlich neue Antworten auf diese Fragen zu entwickeln. Er versuchte, lebende Systeme nicht mehr aus ihren Bestandteilen oder aus der Aufzählung ihrer Eigenschaften zu erklären, sonderen aus dem Prozeß, in dem sie sich selber verwirklichen (Maturana/Varela 1991, 9). Maturana entwickelte mit seinem Schüler Francisco Varela die Theorie der Autopoiesis: Sie behaupteten, daß Lebewesen „autopoietische Strukturen" seien, d. h. Systeme, die ihre eigenen Komponenten – oder Elemente – durch das Netzwerk der Operationen herstellen, das durch diese Komponenten definiert wird: Lebende Systeme erzeugen sich selber, und sie beziehen sich im Prozeß der Aufrechterhaltung und Erzeugung ihrer Organisation und der Selbsterhaltung ihrer Komponenten operativ wie informational ausschließlich auf sich selber (Krohn/Küpers 1990, 6). Maturana bzw. Varela sprechen deshalb auch von „operational geschlossenen Systemen", wobei diese operationale Geschlossenheit nicht im Widerspruch steht zur Umweltoffenheit dieser lebenden Systeme, die wir oben schon erwähnt haben. Im Gegenteil: die operationale Schließung ist Bedingung der Offenheit für die Umwelt und umgekehrt. Auf den Begriff „operationale Schließung" und die besondere Form der Umweltoffenheit dieser Systeme, die Maturana und Varela mit dem Terminus „strukturelle Koppelung" bezeichnen, werden wir im folgenden Kapitel eingehen. Diese beiden Begriffe bzw. die darin enthaltene Theorie sind von eminenter Bedeutung für ein Grundverständnis systemischer Sozialarbeit, denn dadurch verändert sich zwangsläufig auch das Verständnis von gezielter Veränderung von (sozialen) Systemen und die grundsätzliche Fragestellung nach den Bedingungen der Möglichkeit von Veränderung erhält neue Impulse (siehe Teil 3, Abschnitt 2.2.).

4.4. STRUKTURELLE KOPPELUNG UND DIE UNMÖGLICHKEIT INSTRUKTIVER INTERAKTION

Humberto Maturana sagt zur Beeinflußbarkeit von Systemen:

„Lebende Systeme sind strukturdeterminierte Systeme. Als solche lassen sie keine instruktive Interaktion zu, und alles, was in ihnen geschieht, geschieht als eine strukturelle Veränderung, die in jedem Augenblick in ihrer Struktur begründet ist, sei es im Rahmen ihrer eigenen inneren Dynamik, sei es ausgelöst, aber nicht spezifiziert, durch die Umstände ihrer Interaktionen. Mit anderen Worten: Nichts, was außerhalb eines lebenden Systems liegt, kann innerhalb dieses Systems bestimmen, was darin geschieht, und da der Beobachter ein lebendes System ist, kann nichts, was außerhalb des Beobachters liegt, in ihm oder ihr bestimmen, was in ihm oder ihr geschieht. Daraus folgt, daß der Beobachter als lebendes System von seiner Anlage her keine Erklärungen oder Behauptungen aufstellen kann, die irgend etwas enthüllen oder konnotieren, das von den Vorgängen unabhängig ist, durch die er oder sie seine/ihre Erklärungen und Behauptungen hervorbringt." (Maturana 1991, 169)

Maturanas Ideen haben auch für die systemische Therapie und Beratung weitreichende Konsequenzen und wurden in Ansätzen auch bereits in ihren Implikationen für die Sozialarbeit diskutiert; denn was bedeutet das Postulat der Unmöglichkeit instruktiver Interaktion für einen Forschungs- und Handlungsbereich, der es – wie die Soziale Arbeit – per Definition mit der Veränderung lebender Systeme zu tun hat? Maturanas Konzept der Unmöglichkeit instruktiver Interaktion, nimmt man es ernst, führt zu einem gewandelten Verständnis von Therapie und Beratung, zu einem Wandel des Selbstverständnisses von BeraterInnen, der sich vor allem mit einem Abschied von Vorstellungen von Macht und Kontrolle ausdrücken läßt (z. B. Steiner u. a. 1991):

„Autopoietische Systeme übersetzen Einwirkungen von außen, z. B. sozialarbeiterische Interventionen, in ihre eigene interne Prozeß- und Kommunikationslogik, die mit dem intervenierenden System nichts zu tun haben muß", meint Dietmar Müllensiefen, deshalb, „... haben mithin nur solche Informationen eine Chance, vom intervenierenden System aufgenommen und verarbeitet zu werden, die zu der Melodie des Systems passen." (Müllensiefen 1991, 5)

5. „Willst du sehen, so lerne zu handeln" – radikaler, sozialer und realistischer Konstruktivismus

Das Paradigma des radikalen Konstruktivismus habe ich in meinen bisherigen Ausführungen schon mehrfach gestreift, etwa bei der Frage, was ein „System" ist und ob es unabhängig vom Beobachter existiert. In diesem Kapitel möchte ich mich nun explizit mit diesem Thema beschäftigen: Zunächst werde ich auf die Frage eingehen, in welchem Verhältnis die „Wirklichkeit" und der Beobachter zueinander stehen, d. h. ich will die erkenntnistheoretischen Grundpositionen des „radikalen" Konstruktivismus kurz erläutern (Abschnitt 5.1.). Die Konsequenzen des Konstruktivismus kann man dahingehend zusammenfassen, daß es keinen „archimedischen Punkt" mehr gibt, von dem aus Erkenntnis objektiv möglich ist (Abschnitt 5.2.). Kriterien für wissenschaftliche Erklärungen oder Beschreibungen sind nach dieser erkenntnistheoretischen Konzeption zu vereinbaren; sie sind nicht einfach gegeben (Abschnitt 5.3.). Wichtig für unseren Zusammenhang – die Anwendung systemischer Konzepte in der Sozialen Arbeit – ist darüber hinaus insbesondere die Grundthese des Konstruktivismus, daß Sprache die Wirklichkeit schafft und sie nicht nur abbildet (Abschnitt 5.4.).

5.1. Die Wirklichkeit und der Beobachter

Das Konzept der Autopoiese führt – konsequent zu Ende gedacht – zwingend zur erkenntnistheoretischen Position des Konstruktivismus, so haben wir oben (S. 78) mit Niklas Luhmann (1987b) behauptet. Denn wenn ein autopoietisches System nicht in einen direkten Kontakt zur Umwelt tritt, sondern Einflüsse aus der Umwelt lediglich als „Störungen" oder – wie Humberto Maturana sagt – „Perturbationen" aufnimmt und in die jeweils eigene „Sprache" übersetzt, dann bildet beispielsweise das Gehirn die Umwelt nicht aufgrund von akustischen und optischen Informationen mehr oder weniger genau ab, sondern es „konstruiert" daraus und damit seine eigene Wirklichkeit. Das Gehirn bzw. das Bewußtsein ist nicht der „Spiegel der Natur" (Richard Rorty), wie es jahrtausendelang selbstverständlich angenommen wurde. Das Gehirn spiegelt im wesentlichen sich selber und nicht die Umwelt. Die Funktion von Auge und Ohr besteht nicht darin, alle Informationen aus der Umwelt „abzubilden" und nur an eine andere Stelle weiterzuleiten, wie ein Telefon oder eine Videoübertragungsanlage. Die Hauptfunktion der Sinnesorgane besteht vielmehr darin, aus der verwirrenden Vielfalt von Informationen auszuwählen, Komplexität zu reduzieren, wie Luhmann sagt. Die Informationen aus der Umwelt bewirken lediglich eine Reizung des Nervensystems, die aber mit der Außenwelt nicht mehr zu tun hat, als eine Landkarte im Shell-Atlas mit der wirklichen Landschaft am Oberrhein, durch die der Urlauber gen Süden braust. Der Trugschluß der klassischen Erkenntnistheorie besteht schon darin, vom Konzept einer „Wirklichkeit" auszugehen, die unabhängig von einem Beobachter existiert. Natürlich existiert „da draußen" etwas, aber ob „das" als sich ständig wandelnde Energiefelder, als Kosmos rasender Atome oder als ein Meer von Düften, als Symphonie von Klängen wahrgenommen wird, hängt immer vom Beobachter ab; denn je nachdem, ob die Landschaft am Oberrhein von einem Atomphysiker, einem Chemiker, einem Schäferhund oder einem Jazzkritiker wahrgenommen (und beschrieben) wird, wird daraus eine andere Wirklichkeit.

Der Physiker und Kybernetiker Heinz von Foerster hat die Feststellung, daß unsere Sinnesorgane die Welt nicht abbilden, sondern eine Welt konstruieren in dem „Prinzip der undifferenzierten Codierung" zusammengefaßt:

> „In den Erregungszuständen einer Nervenzelle ist nicht die physikalische Natur der Erregungsursache codiert. Codiert wird lediglich die Intensität dieser Erregungsursache, also ein ‚wieviel' aber nicht ein ‚was'" (von Foerster 1981, 43), denn „... tatsächlich gibt es ja ‚da draußen' weder Licht noch Farbe, es gibt lediglich elektromagnetische Wellen; es gibt ‚da draußen' weder Schall noch Musik, es gibt nur periodische Schwankungen des Luftdrucks, ‚da draußen' gibt es weder Wärme noch Kälte; es gibt nur Moleküle, die sich mit mehr oder minder großer mittlerer kinetischer Energie bewegen." (ebd., 44)

Unsere Erkenntnis – oder Kognition – ist demnach also kein Ab-Bilden, sondern ein Konstruieren von Realität. „Radikaler Konstruktivismus" ist die zusammenfassende Bezeichnung für die erkenntnistheoretische Position, die von eben dieser Annahme ausgeht, daß Erfahrungswelten grundsätzlich konstruiert, d. h. vom Beobachter erfunden und nicht von ihm entdeckt werden (Keeney 1987, 12). Ob es allerdings sinnvoll ist, dem Konstruktivismus gewissermaßen als Wesensbezeichnung die Eigenschaft „radikal" zuzuschreiben, bzw. diese Selbstzuschreibung einiger seiner Vertreter zu übernehmen, werden wir weiter unten noch diskutieren. Von Foerster faßt die Position des Konstrukivismus elegant in dem Satz: „Willst du sehen, so lerne zu handeln" zusammen und behauptet damit, daß alles, was man erkennt, immer eine Folge dessen ist, wie man handelt. Ob man beispielsweise einen Klienten als „chronisch-hoffnungslosen Fall" oder als „ein Individuum in einer Situation, die sich verändern läßt" ansieht, ist eine Folge dessen, wie der/die BeraterIn oder TherapeutIn handelt (und umgekehrt). So gesehen enthüllen die Beschreibungen von Beobachtungen immer die Handlungen des Beobachters (ebd.). Francisco Varela äußert sich zu dieser erkenntnistheoretischen Position wie folgt:

> „Daß die Welt von so plastischer Beschaffenheit sein soll, weder subjektiv noch objektiv, weder einheitlich noch trennbar, noch zweierlei und untrennbar, ist faszinierend ... (denn) das weist sowohl auf die Natur des Prozesses hin, den wir in seiner ganzen förmlichen und materiellen Beschaffenheit erfassen können, als auch auf die fundamentalen Grenzen dessen, was wir über uns und die Welt begreifen können. Es zeigt, daß die Wirklichkeit nicht einfach nach unserer Laune konstruiert ist, denn das hieße anzunehmen, daß wir von innen heraus einen Ausgangspunkt wählen können. Es beweist ferner, daß die Wirklichkeit nicht als etwas objektiv Gegebenes verstanden werden kann, das wir wahrzunehmen haben, denn das hieße wieder, einen äußeren Ausgangspunkt anzunehmen. Es zeigt in der Tat die eigentliche Grundlosigkeit unserer Erfahrung, in der uns gewisse Regelmäßigkeiten und Interpretationen gegeben sind, die aus unserer gemeinsamen Geschichte als biologische und soziale Wesen entstanden. Innerhalb dieser auf stillschweigende Übereinkunft beruhenden Bereiche gemeinsamer Geschichte leben wir in einer scheinbar endlosen Metamorphose von Interpretationen, die einander ablösen." (Varela 1981, 308)

Worin liegt nun das angeblich Radikale dieser konstruktivistischen Position? Der Kybernetiker Ernst von Glasersfeld behauptet, daß der radikale Unterschied in dem Verhältnis zwischen Wissen und Wirklichkeit liegt und zitiert den amerikanischen Wissenschaftsphilosophen Hilary Putnam: „Von den Vorsokratikern bis Kant gab es keinen Philopsophen, der in seinen elementaren und nicht weiter reduzierbaren Grundsätzen nicht ein metaphysischer Realist gewesen wäre." (von Glasersfeld 1985, 18 f.) Als metaphysischen Realismus bezeichnet von Glasersfeld eine erkenntnistheoretische Position, die vorgibt, die Wirklichkeit abbilden zu können, wie sie „wirklich" ist, oder doch zumindest auf der Suche nach einem solchen wirklichen oder richtigen Abbild ist:

„Der radikale Konstruktivismus ist also vor allem deswegen radikal, weil er mit der Konvention bricht und eine Erkenntnistheorie entwickelt, in der die Erkenntnis nicht mehr eine ‚objektive' ontologische Wirklichkeit betrifft, sondern auschließlich die Ordnung, Organisation von Erfahrungen in der Welt unseres Erlebens." (von Glasersfeld 1981, 23)

Luhmann plädiert dafür, den Begriff des „radikalen Konstruktivismus" fallenzulassen und schlägt statt dessen die Bezeichnung „operationaler" oder „operativer" Konstruktivismus vor:

> „Ich bevorzuge die Formulierung ‚operativer Konstruktivismus' vor ‚radikaler Konstruktivismus'. ... Denn die Differenz zum subjektiven Idealismus liegt kaum im Grade der Radikalität, sondern darin, daß die Referenz auf das Subjekt durch die Referenz auf ein empirisch beobachtbares, operativ geschlossenes, selbstreferentielles System ersetzt wird." (Luhmann 1991b, 73, Anm. 20)

Schon aus philosophie- und geistesgeschichtlichen Gründen[15] halte ich den Begriff des „radikalen" Konstruktivismus eigentlich für unglücklich gewählt und würde eher den bescheideneren Begriff „realistischer Konstruktivismus" bevorzugen, wie es z. B. Hannes Brandau (1992) vorschlägt. Da der Konstruktivismus nun aber unter der Flagge der Radikalität schon längere Zeit gesegelt und bekanntgeworden ist, lasse ich es beim herkömmlichen Sprachgebrauch.

5.2. Abschied von allen archimedischen Punkten der Erkenntnis

Die Vorstellung, für das Erkennen ein „philosophisches Fundament", einen sicheren Grund zu besitzen, der uns das richtige Abbilden der Realität erlaubte, „ist eine Selbsttäuschung ... aufgrund der konkreten Absurdität, das in der gegenwärtigen Wissenschaft verwandte Vokabular, unsere gegenwärtige Moralität etc., habe einen privilegierten Kontakt zur Wirklichkeit und sei infolgedessen mehr als bloß ein Beschreibungssystem unter anderen" (Rorty 1992, 392). Der dies

---

[15] Es ließen sich viele Belege aus der Philosophie- und Geistesgeschichte anführen, die zeigen, daß die Ansätze des Konstruktivismus gar nicht so neu sind, z. B. die skeptische Philosophie der Antike, die „Wissenskritik" von Giambattista Vico (1668–1744) oder eines George Berkeley (1685–1753), dessen berühmten Satz „esse = percipi" – sein = wahrgenommen werden – man als Motto dem Konstruktivismus insgesamt voranstellen könnte (Vorländer 1965; Watzlawick 1991).

sagt, ist kein „radikaler Konstruktivist", sondern der bereits in der Einleitung zitierte Philosoph (oder sollte man besser sagen: Anti-Philosoph?) Richard Rorty, dessen vieldiskutiertes und -kritisiertes Buch „Der Spiegel der Natur" viele Ideen und Behauptungen des radikalen Konstruktivismus bestätigt. Er kritisiert, teilweise sarkastisch und respektlos, die traditionellen Ansprüche der Philosophie, Hüterin der Rationalität oder Begründerin einer Theorie des Erkennens zu sein, die vor jeder Erfahrung liegt, einer Theorie der Erkenntnis a priori, wie wir seit Kant sagen. Rorty verlangt sogar, die Gleichrangigkeit naturwissenschaftlicher Beschreibungen mit denen der Dichter, Romaciers, Tiefenpsychologen, Bildhauer, Anthropologen und Mystiker zu akzeptieren (ebd., 392 f.). Er unterscheidet normale Diskurse von nicht normalen Diskursen: Normale Diskurse gehen davon aus, daß wir zu einer obersten Sprache gelangen können, die einen Vergleich aller Diskurse gestattet (ebd., 387). „Normalität erreichen die etablierten Wissenschaften in den Phasen anerkannter theoretischer Fortschritte", sagt Jürgen Habermas, einer der profiliertesten Kritiker Rortys, „dann kennt man die Verfahren, nach denen Probleme gelöst, Streitfragen geschlichtet werden können" (Habermas 1991a, 21). Normale Diskurse setzen so die Möglichkeit voraus, daß ein objektiver Metastandpunkt, etwas außer der Erkenntnis selbst liegendes, ein archimedischer Punkt des Erkennens gefunden werden kann. Nicht normal sind Diskurse, wenn man sich nicht mehr auf konsenssichernde Maßstäbe verlassen kann, wenn die Grundorientierungen umstritten sind (Habermas 1991a, 21); sie werden dann eher zu „bildenden Gesprächen".

Die Aufgabe einer bildenden Philosophie liegt – im Unterschied zur systematischen (auf wahre Erkenntnis und „normalen Diskurs" abzielenden) Philosophie – nicht darin, Wahrheiten zu entdecken, sondern darin, ein Gespräch fortzusetzen (ebd., 404). Dieser Terminus „continuing a conversation" wird in der systemischen Therapie inzwischen ebenfalls benutzt: Aufgabe der Therapie – oder auch der Beratung – ist es, „im Gespräch zu bleiben", d. h. Kommunikation zu ermöglichen und fortzusetzen, nicht unbedingt, Menschen von falschen auf richtige Gleise zu bringen; denn dies würde voraussetzen, daß der Therapeut diese richtigen Gleise kennt und dann auch noch die Möglichkeit hat, dem Klienten seine Ideen so einzupflanzen, daß dieser sich dann entsprechend verhält, was einer „instruktiven Interaktion" gleichkäme, die ja – wie wir bereits mehrfach angedeutet haben – nach dem Prinzip der operationalen Geschlossenheit nicht möglich ist. Warum es aber trotzdem Manipulation, gezielte Beeinflussung durch kommunikative Tricks und Machtausübung gibt, die tatsächlich andere Menschen zu einem bestimmten Verhalten zwingen kann, werden wir unten noch untersuchen.

Im „Hauptstrom westlicher Philosophie", also im Bereich normaler Diskurse, wurden philosophische Revolutionen von Philosophen hervorgebracht, die von „irgendwelchen kognitiven Großtaten beeindruckt waren" und dann versuchten, die gesamte übrige Kultur und die gesamte Wissenschaft nach diesem Modell zu formen, etwa entsprechend der Darwinschen Evolutionslehre, der mathematischen Logik, der galileischen Mechanik usw. (ebd., 397). Typischerweise wurde dann etwa gesagt:

> „Nun, da diese oder jene Forschungsrichtung einen so phänomenalen Erfolg hat, sollten wir ihr die Gesamtheit von Wissenschaft und Kultur nachbilden, damit Objektivität und Rationalität auch in Bereichen vorherrschen, die bislang durch Vorurteile und Konventionen sowie durch ein mangelndes erkenntnistheoretisches Verständnis der Fähigkeiten des Menschen zur akkuraten Darstellung der Natur verdunkelt wurden." (ebd., 398)

Sollte irgendein/e LeserIn nach diesen Ausführungen auf die Idee kommen, alle diese Gedanken auf das systemische Theoriegebäude – wir sollten besser sagen: auf die sich systemisch nennenden völlig verschiedenen Theoriegebäude – zu beziehen, kann es sich nur um einen Irrtum handeln. Es besteht natürlich keineswegs die Gefahr, daß die Systemik und ihre Derivate wie „Ökologie", „Vernetzung", „Selbstorganisation" oder gar „Autopoiese" zum Maße aller Dinge, zur „Grundlagenwissenschaft" erhoben werden oder daß sie gar zum „normalen Diskurs" entarten könnten. Systemische Ansätze haben unbestritten einen phänomenalen Erfolg, in Verlagsprogrammen boomen die Titel, in denen zumindest das Adjektiv „systemisch" o. ä. vorkommt. Es gibt auch unbestreitbar bereits mehr oder weniger gelungene Versuche, diese Theorie(en) auf nahezu alles, von der lebenden Zelle[16] über das menschliche Gehirn (Roth 1990) bis hin zu den neuen sozialen Bewegungen (Paslack 1990) oder der Sozialar-

---

[16] Klassisch: Humberto Maturana und Francisco Varela (1991).

beit, anzuwenden. Aber die Gefahr, daß diese „Großtat des Denkens" eingebildet, dick und fett wird und sich ausbreitet wie Ackerwinden im Garten, besteht natürlich nicht. Lassen wir uns trotzdem – vorbeugend – von Richard Rorty und den Philosophen, die gegen den jeweiligen „Hauptstrom" schwammen, daran erinnern,

„wie aus den großen Siegen der Vernunft im vergangenen Jahrhundert die ‚Vorurteile' und der ‚Aberglaube' des gegenwärtigen Jahrhunderts wurde und daß ein von den jüngsten wissenschaftlichen Errungenschaften erborgtes Vokabular womöglich keine privilegierten Darstellungen des Wesens der Dinge zum Ausdruck bringt, sondern bloß *eine* Beschreibungsmöglichkeit der Welt aus einer potentiellen Unendlichkeit von Vokabularen ausmacht" (Rorty 1992, 398).

Wer in der Flut von Veröffentlichungen zum „radikalen Konstruktivismus" nach dieser Bescheidenheit sucht, wird sich manchmal des Eindrucks nicht erwehren können, daß zwar angeblich alle Erkenntnis konstruiert ist, aber ausgerechnet der Konstruktivismus selber nicht. Hier ist mir Luhmann sympathisch: Er formuliert seine Theorie – trotz ihres universalistischen Anspruchs – vorsichtig und sagt beispielsweise, daß es bei der Theorie sozialer Systeme vor allem darum geht, auszuprobieren, wie es wäre, wenn, bzw. welche Konsequenzen sich ergeben würden, wenn man mit diesen Theorieannahmen beginnen und auf sie aufbauen würde (Luhmann 1987b, 307). Auch weist er ausdrücklich darauf hin, daß da Durchdenken der Konsequenzen von Konzepten wie „Autopoiesis", „operationale Geschlossenheit" usw. ganz am Anfang steht, Zeit braucht und noch für manche Überraschungen sorgen wird (ebd., 308). Auch weist er selber auf eine ganze Reihe ungelöster Probleme im Zusammenhang mit seiner Theorie hin (ebd., 310 ff.).

Es ist heute – so eine der Zentralthesen Luhmanns – nicht mehr möglich, an irgendeinen „archimedischen Punkt" zur Beschreibung des Ganzen zu denken. Er geht deshalb auf – meist ironische – Distanz zu dem, was er häufig „alteuropäische Tradition" nennt, zu den „großen Sinnerzählungen der Moderne" (Lyotard), die an ein humanistisches Verständnis gebunden sind, also davon ausgehen, daß es einen archimedischen Punkt des Erkennens, z. B. eben den Menschen und das Ideal der Humanität, gibt (Luhmann 1987a, 161, 165). Im nächsten Kapitel möchte ich näher skizzieren, wie es m. E. aber trotzdem möglich ist, verbindliche – wenn auch nicht ewige und überzeitliche – ethische Normen zu begründen, bzw. die Geltung von Normen anhand rationaler Maßstäbe zu überprüfen. Akzeptiert man eine konstruktivistische Position, stellt sich natürlich die Frage, ob und wie dann überhaupt noch Wissenschaft möglich ist, wenn doch jede Erkenntnis „nur" konstruiert ist: Öffnet eine solche Annahme nicht jeglichem Relativismus Tür und Tor, wird damit Erkenntnis nicht beliebig und die Entscheidung zwischen Theorien willkürlich oder lediglich eine Geschmacksfrage? Der eine mag es eben psychoanalytisch, der andere lieber systemisch und der dritte behavioristisch. Eine Ahnung von den Auseinandersetzungen, die solche Thesen im ehrwürdigen Wissenschaftsbetrieb auslösen können, gibt die Kontroverse um die Verleihung der Ehrendoktorwürde an Jacques Derrida, die das Kollegium der Universität Cambridge in zwei gegnerische Lager spaltete: 336 akademische Lehrer votierten für, 204 gegen die Verleihung des Ehrendoktorats.

> „Ihrer Meinung nach ist Jacques Derrida ein Scharlatan, dessen wissenschaftliche Methoden die normalen Maßstäbe des Beweises und einer nach Vernunftgründen geführten Argumentation zerstöre. Prof. Hugh Mellor vom Darwin College zufolge ist Derrida ein intellektueller Nihilist, der jeglichen Wahrheitsbegriff und somit die Grundlagen, auf denen die Universität beruht, in Frage stellt. Prof. Howard Erskine Hill sagte, Derrida zu ehren sei, als ob man einen pyromanisch Süchtigen zum Chef der Feuerwehr mache." (Hill 1992, 37)

Humberto Maturana und Francisco Varela (1991) meinen zu der Frage, was das Kennzeichnende wissenschaftlicher Erklärungen sei:

> „Eine Erklärung ist immer ein Satz, der Beobachtungen eines Phänomens in einem System von Konzepten neu formuliert oder neu schafft, welche für eine Gruppe von Personen, die ein Validitätskriterium teilen, annehmbar sind. Die Magie zum Beispiel hat denselben Erklärungswert für diejenigen, die sie akzeptieren, wie die Wissenschaft für diejenigen, die diese akzeptieren." (Maturana/Varela 1991, 34)

Entscheidend für die Beurteilung der Wissenschaftlichkeit einer Aussage sind dann also immer vereinbarte Validitätskriterien, die auf einer Entscheidung der Gemeinschaft der Wissenschaftler beruhen und nicht einfach gegeben, unveränderlich und allgemeingültig sind. Solche *Validitätskriterien* können z. B. sein: sprachliche Exaktheit, Definition der benutzten Begriffe, intersubjektive Überprüfbarkeit von Aussagen, Falsifizierbarkeit, Widerspruchsfreiheit usw. Mit unseren Worten beschreiben wir die Welt, aber wir spiegeln damit nicht das wider, was „wirklich" oder „wahr" ist. Was heißt das für eine sozialarbeiterische Praxis, die ja zum großen Teil auch sprachliche Praxis ist, in der (soziale) Diagnosen gestellt und Berichte geschrieben werden, Aktennotizen festhalten, was gesprochen oder beobachtet wurde? Begriffe wie „Liebe", „Aggression", „Macht" oder „Schizophrenie" können dann nicht als Widerspiegelung realer Entitäten oder Wesenheiten verstanden werden, aus konstruktivistischer Perspektive muß bei der Verwendung solcher Wörter immer mitreflektiert werden, welche Wirklichkeiten mit ihnen geschaffen werden (Baacker u. a. 1992, 120 f.); beispielsweise transportiert der Begriff „Schizophrenie" die Vorstellung „chronisch", „hoffnungslos", „nicht verantwortlich für die eigene Situation", „Opfer einer Krankheit", „kann nichts dafür" ... Beispiel:

> Ein Sozialarbeiter, angestellt bei einem freien Wohlfahrtsverband, betreut seit längerer Zeit eine 54jährige alleinstehende Frau, die nach dem Tode ihrer Mutter vor zwei Jahren auffällig wurde: Sie verhält sich völlig unselbständig, wie ein kleines Kind, kann nicht einmal einkaufen, geschweige denn kochen. Sie hat mit der Mutter zeitlebens in einer Art symbiotischer Gemeinschaft gelebt, nie eine Ausbildung gemacht oder gearbeitet. Mit Hilfe einer Familienpflegerin, die über Wochen stundenweise vormittags bei der Frau eingesetzt ist, werden systematisch alltagspraktische Fähigkeiten eingeübt: morgens Tee machen, einkaufen, putzen usw. Ärztlich behandelt wurde Frau V. seit langer Zeit nicht. Immer wieder wird vom Sozialamt, dem Chef des Sozialarbeiters, und von Berufskollegen danach gefragt, was Frau V. denn nun „habe". Solange ihre Situation mit Verhaltensbegriffen einfach beschrieben wird und mit konkreten Angaben darüber versehen wird, was Frau V. kann und womit sie Schwierigkeiten hat, sehen alle Beteiligten eher Entwicklungschancen. Irgendwann, nach einer Krise, wird sie einem Nervenarzt vorgestellt, der eine „manisch-depressive Psychose" diagnostiziert. Wenig später wird bei einem Klinikaufenthalt eine „Psychose aus dem schizophrenen Formenkreis" diagnositziert. „Na, wenn sie eine Schizophrenie hat, dann ist natürlich kaum noch was zu machen", meint der Chef. Das Sozialamt beginnt daraufhin die Bemühungen um ambulante Versorgung eher zu beargwöhnen, der Vermögenspfleger plädiert immer entschiedener für eine zwangsweise Unterbringung, die jetzt eher gerechtfertigt erscheint, da man weiß, was

Frau V. „hat". Vorher herrschten noch Skrupel, Zurückhaltung, Vorsicht: „Einsperren wollen wir sie ja auch nicht."

Abgesehen davon, daß verschiedene Diagnosen gestellt wurden, von denen sich dann eine „festsetzt" – wie leider oft, ist dies die hoffnungslosere und gravierendere –, und daß schon deshalb durchaus Zweifel angebracht sind, ob denn nun eindeutig klar ist, was Frau V. „hat" – selbst wenn sie eine Schizophrenie im medizinischen Sinne „hätte" – was wäre damit ausgesagt? Klar ist: der Respekt vor ärztlichem Wissen allein verändert fast schlagartig die Wahrnehmung der „Helfer" von Frau V. Plötzlich wird ihr Versagen erklärlich, Veränderungsbemühungen werden viel schneller in Frage gestellt, die Unsicherheit ist einer eher beruhigenden, wenn auch hoffnungsloseren Sicherheit gewichen. Man weiß jetzt, wo man dran ist. Um nicht mißverstanden zu werden: Wissen um Psychopathologie und Psychodynamik, psychiatrische Krankheitsbilder und Diagnosen kann durchaus sinnvoll sein, wenn man es dann nach Gebrauch wieder wegstellt und nicht meint, man habe mit einer Diagnose einen Menschen erkannt und wisse, wie er wirklich ist. „Diagnosen sind dazu da, um sie über Bord zu werfen", möchte ich behaupten. Dazu muß man allerdings erst einmal welche kennen und haben – und das kann zur Strukturierung der eigenen Wahrnehmung durchaus nützlich sein. Manfred Wiesner und Ulrike Willutzki (1992) konstatieren, daß mit dem Konstruktivismus vermehrt die „Dinosaurier der psychotherapeutischen Begriffswelt" zur Diskussion gestellt werden. Betrachten wir die Sprache der Sozialarbeit unter dem Aspekt, daß Sprache Wirklichkeit nicht abbildet, sondern Wirklichkeit schafft, wäre eine interessante Fragestellung natürlich, welche „Sprachdinosaurier" es in der Sozialarbeit zu verabschieden oder zu hinterfragen gilt. Zentrale Begriffe wie „Hilfeempfänger" oder „hilfebedürftig", „Fürsorge" oder auch „Klient" implizieren ein Gefälle von oben und unten, von Macht und Ohnmacht. Genügt es nun aber, auf der Grundlage des zuvor Ausgeführten diese Begriffe einfach zu verabschieden, um damit die Wirklichkeit zu verändern? Ist es tatsächlich so, daß allein die Sprache Wirklichkeit verändert? Wenn man aus einem „Hilfeempfänger" kurzerhand einen „Bürger" macht, also die Sprache verändert, wie bisweilen schon vorgeschlagen, liegt darin bereits eine Änderung seiner tatsächlichen Situation? Ist nicht vielmehr neben der

Begrifflichkeit auch entscheidend, ob der „Hilfeempfänger" tatsächlich wie ein „Bürger" behandelt wird? Hier sehe ich eine große Gefahr und einen verhängnisvollen Trugschluß konstruktivistischer Ideen, wenn davon ausgegangen wird, daß es die Sprache *allein* ist, die die Wirklichkeit erzeugt. Vielmehr ist von einem dialektischen Verhältnis auszugehen: Ein veränderter Sprachgebrauch kann zwar tatsächlich zurückwirken auf das Handeln, und ein Sachbearbeiter wird den Bürger – vielleicht – nicht ganz so herablassend behandeln, wie den „Hilfeempfänger". Gleichzeitig färbt aber auch das Handeln und die tatsächlichen Machtverhältnisse – wer über die Auszahlung der Hilfe entscheidet, bleibt immer eindeutig – auf die Sprache ab. Das gibt z. B. dem ursprünglich positiv gemeinten Wort „Klient" inzwischen eine negative Färbung, so daß neuerdings von SystemikerInnen vorgeschlagen wird, es durch „Kunde" zu ersetzen. „Welche Begriffe legen statische Selbstbeschreibungen nahe?", fragt Wiesner (1992, 345). Diese Frage ist sinnvoll und wichtig, nur kann sich damit die Veränderung nicht erschöpfen, will sie nicht Illusion bleiben.

„Man kann nicht nicht diagnostizieren" (ebd., 346), d. h. wir treffen immer Unterscheidungen, und es kommt darauf an, daß die benutzten Unterscheidungen möglichst vorläufigen, situativen und kontextgebundenen Charakter haben und daß in ihnen zum Ausdruck kommt, daß es unsere Verantwortung ist, die uns diese und nicht eine andere Unterscheidung treffen läßt.

6. Die systemisch-konstruktivistische Perspektive und die Frage der Gerechtigkeit

Humberto Maturana und Francisco Varela ziehen aus ihrer konstruktivistischen Kognitionstheorie radikale ethische Konsequenzen und behaupten:

> „Die Erkenntnis der Erkenntnis verpflichtet. Sie verpflichtet uns zu einer Haltung ständiger Wachsamkeit gegenüber der Versuchung der Gewißheit. Sie verpflichtet dazu einzusehen, daß unsere Gewißheiten keine Beweise der Wahrheit sind, daß die Welt, die jedermann sieht, nicht *die* Welt ist, sondern *eine* Welt, die wir miteinander hervorbringen." (Maturana/Varela 1991, 264 f.)

Sie gehen sogar noch weiter und sagen: „Ohne Liebe, ohne daß wir andere annehmen und neben uns leben lassen, gibt es keinen sozialen Prozeß, keine Sozialisation und damit keine Menschlichkeit." (ebd.)

Heinz von Foerster bringt die ethische Konsequenz des Konstruktivismus auf die ebenso eingängige wie bedeutsame Formel seines ethischen Imperativs: „Handle stets so, daß weitere Möglichkeiten entstehen" (v. Foerster 1981, 60).
Was bedeutet diese sehr allgemeine Formulierung für die ethische Begründung von Normen, Einstellungen, Entscheidungen und praktischem Handeln? Gibt es – über solche sehr allgemeinen Programmsätze hinaus – ein ethisches Konzept, das sich aus der systemisch-konstruktivistischen Perspektive ergibt, das ihre Anliegen aufnimmt und ernstmacht mit der Einsicht, daß wir die Welt, in der wir leben, ebenso gemeinsam hervorbringen wie die Normen, nach denen wir uns richten und an denen wir unser berufliches Handeln messen? Muß ein solches systemisch-konstruktivistisches Ethikkonzept nicht zwangsläufig einem hoffnungslosen Relativismus, gar einem ethischen Nihilismus verfallen?
Nach Meinung von Hella Exner und Franz Reithmayr (1991) lassen sich aus dem Kognitionskonzept von Maturana, das eine der wichtigsten Grundlagen des Konstruktivismus bildet vier ethisch relevante Gedankengänge extrahieren:

„1. Als Beobachter unserer selbst haben wir die Möglichkeit, (selbst-)regulierend in unser Verhalten einzugreifen (Freiheit).
2. Da unsere Welt *unsere* Welt ist, sind wir für sie verantwortlich (Verantwortung).
3. Da wir nur die Welt haben, die wir zusammen mit anderen hervorbringen, sind wir auf diese anderen angewiesen. Wir können aber nur miteinander leben, wenn wir einander annehmen und akzeptieren (Liebe).
4. Da es keine unabhängig von uns existierende und erkennbare Welt gibt, kann es auch keine besseren und schlechteren Zugänge zu einer solchen Welt geben. Jede Wirklichkeit, die hervorgebracht wird, ist legitim und muß respektiert werden (Toleranz)." (Exner/Reithmayr 1991, 138)

Exner und Reithmayr prüfen in ihrem Aufsatz, inwieweit es Maturana gelingt, aus seiner biologischen Erkenntnistheorie konsequent eine praktikable Ethik abzuleiten. Sie kommen zu dem Ergebnis, daß „Maturanas Zugang zu ethischen Problemen recht naiv" sei (ebd.).

Nach gründlicher Prüfung der eben genannten vier Postulate kommen sie zu dem Schluß: „Maturanas Unternehmen, auf Basis eines (seinerseits neurophysiologisch fundierten) Erkenntniskonzepts eine Ethik zu entwickeln, muß letztlich als gescheitert betrachtet werden" (ebd., 151). Die Argumente hierfür können an dieser Stelle nicht im einzelnen nachgezeichnet werden. Die Autoren behaupen, daß Maturanas Argumentation inkonsistent, die daraus abgeleiteten konkreten Vorschläge zur Gestaltung des gesellschaftlichen Lebens inhomogen und teilweise naiv seien und vor allem, daß die Auseinandersetzung mit den Konsequenzen seiner kategorischen Aufforderung zur Toleranz zu wenig differenziert bleiben.

Diese Kritik erscheint mir berechtigt. Ich habe den Eindruck, daß die ethischen Konsequenzen des Konstruktivismus zwar häufig behauptet und angedeutet, aber selten präzisiert werden. Ohne auf die Berechtigung der Argumentation von Exner und Reithmayr im einzelnen einzugehen, möchte ich deshalb ein ethisches Konzept vorstellen, das mir – auf der Grundlage des zuvor Ausgeführten – plausibel erscheint und das geeignet sein könnte, die ethischen „Programmsätze" von Maturana von der Notwendigkeit gegenseitiger Anerkennung und Liebe und von seinem Prinzip der Toleranz gegenüber unterschiedlichen Lebens- und Wertekonzeptionen sowie auch von Foersters „ethischem Imperativ" präziser zu fassen und zu klären und so weit zu konkretisieren, daß praktische Konsequenzen daraus gezogen werden können. Ich möchte dazu auf einen Ansatz zurückgreifen, der in der Begründung des ethischen Konzepts sehr differenziert ist und der in der gegenwärtigen Diskussion innerhalb der praktischen Philosophie eine große Rolle spielt: den Ansatz der *Diskursethik*, wie er von Karl-Otto Apel, zuletzt als Professor für Philosophie in Frankfurt a.M., begründet und in Zusammenarbeit und Diskussion mit seinem Freund und Weggefährten Jürgen Habermas weiterentwickelt und ausgearbeitet wurde. Ich wähle das Konzept der Diskursethik deshalb aus, weil es mir sehr gut zu den hier vorgestellten systemisch-konstruktivistischen Konzepten zu passen scheint.[17]

---

[17] Sieht man einmal von Karl-Otto Apels Versuch einer Letztbegründung von Normen auf der Basis dieses Konzepts ab, den ich für verfehlt – und unnötig – halte. Ich bin mir durchaus bewußt, daß ich damit den Versuch wage, „Feuer und Wasser" zusammenzubringen und mich auf einem – argumentativen – Neuland be-

Ich habe im ersten Kapitel dieses Theorieteils die Fundierung der Sozialen Arbeit bzw. die Orientierung sozialarbeiterischer Praxis an Theorien kritisch beleuchtet und vorgeschlagen, zur Lösung der diagnostizierten Theoriedefizite auf den systemisch-konstruktivistischen Ansatz Bezug zu nehmen, den ich in den Kapiteln 2 bis 5 dargelegt habe. Wenn nun in der Konsequenz dieser theoretischen Orientierung sich auch Konsequenzen für die ethische Fundierung ergeben, so ist dazu zunächst nochmals der Blick auf die Soziale Arbeit und ihre ethischen Begründungen zu werfen. Wie sich zeigt, weist die Sozialarbeit auch hier – ähnlich wie in ihrer theoretischen Fundierung – Lücken und Unzulänglichkeiten auf. Meine These lautet, daß Grundsatzfragen nach Werten und Normen aus der Praxis weitgehend ausgeklammert bleiben (Abschnitt 6.1.). Anschließend will ich auf die gesellschaftlichen Rahmenbedingungen eingehen, unter denen ganz generell die Auseinandersetzung um praktisch-philosophische oder moralische Fragen stattfindet. Im Mittelpunkt steht der Pluralismus und der zunehmende Verlust von traditionell (aus einer obersten, für alle oder doch die meisten Gesellschaftsmitglieder maßgebenden Autorität) begründeten Werten. Außerdem formuliere ich in diesem Abschnitt einige Grundfragen, denen sich auch die ethische Reflexion in der Sozialen Arbeit stellen und auf die ein relevantes ethisches Konzept Antwort geben muß. Meine These lautet, daß das Aufgeben der Frage nach der Gerechtigkeit das Aufgeben der Sozialarbeit als solche darstellen würde (Abschnitt 6.2.). Sodann werde ich die Grundaussagen der Diskursethik als möglichen Antwortversuch auf diese Fragen zusammenfassend darstellen und auf zwei Haupteinwände eingehen, die gegen den diskursethischen Ansatz häufig vorgebracht werden (Abschnitt 6.3.). Es folgen einige der wichtigsten Begründungen und der theoretischen Konsequenzen der Diskursethik (Abschnitt 6.4.), um dann nach dem „Erklärungswert" des Ansatzes und seinen praktischen Konsequenzen zu fragen (Abschnitt 6.5.). Zusammenfassend erläutere ich die Relevanz dieses Ansatzes und mache deutlich, daß

---

wege, denn Jürgen Habermas und Apel polemisieren und argumentieren bekanntlich unermüdlich gegen „Postmodernismus" und „Relativismus". Mit Ernst Tugendhat gehe ich bei diesem Versuch davon aus, daß die Diskursethik inhaltlich ein sehr plausibles Moralkonzept ist, ohne daß es deshalb „absolut" begründbar wäre (Tugendhat 1993, v. a. 161 ff.).

auch dieser niemand die praktischen Entscheidungen in der Sozialen Arbeit abnehmen, aber vielleicht ein Reflexionsinstrument dafür sein kann, daß sie adäquater getroffen werden.[18]

6.1. DIE AUSKLAMMERUNG ETHISCHER FRAGEN AUS DER SOZIALARBEIT

Margaret L. Rhodes (1992) bescheinigt dem systemisch-konstruktivistischen Ansatz eine besondere Offenheit für ethische Fragestellungen und für Werte, die ansonsten ihrer Meinung nach in der sozialarbeiterischen Praxis eher ausgegrenzt werden. Sie sieht besonders *drei Themenbereiche*, wo *ethische Reflexionen notwendig* wären, aber nicht stattfinden:

(a) Klientenebene: Notwendig wäre eine Offenheit für das Spannungsverhältnis zwischen Einfühlung, Wertschätzung und Neutralität einerseits und einem notwendigen klaren eigenen Standpunkt des Beraters auf der anderen Seite; dies bedeutet beispielsweise bei der Problematik sexuellen Mißbrauchs klar zu differenzieren zwischen der Verwerflichkeit der Tat und der Verantwortlichkeit des Täters auf der einen Seite und einer beraterischen Grundhaltung der Neutralität und der Einfühlung auch in den Täter.

(b) Teamebene: Notwendig wäre die Offenlegung und das Austragen von Dissens in ethischen Fragen, etwa bezüglich unterschiedlicher Menschenbilder und bezüglich verschiedener Methoden mit unterschiedlichen ethischen Implikationen, so beispielsweise zur Frage der Anwendung von Zwang in der Psychiatrie oder der Verabreichung von Psychopharmaka.

(c) Politische Ebene: Notwendig wäre politische Parteilichkeit, die auch Konflikte mit Trägern mit einschließt.

Der systemisch-konstruktivistische Ansatz ermuntert dazu, unterschiedliche Wertperspektiven miteinzubeziehen und in ihren Konsequenzen auszuprobieren; sie werden bei diesem theoretischen Ansatz als sich gegenseitig bedingend, als interaktiv gesehen, womit etwa die Täter- und die Opferperspektive ebensowenig ausgeschlos-

---

[18] Der folgende Text enthält überarbeitete Teile aus dem Aufsatz „Kommunikation als Quelle ethischer Normen. Sozialarbeit und Diskursethik" (Pfeifer-Schaupp/Schwendemann 1994).

sen wird wie die Annahme von Krankheit oder die Annahme selbstverantwortlichen Handelns. Vage bleibt allerdings, welche Kriterien für die Beurteilung der Akzeptanz einer Perspektive benutzt werden, die besser „passen" soll. In meinen Augen eignet sich das Konzept der Diskursethik, wie es von Jürgen Habermas und Karl-Otto Apel entwickelt wurde, besonders gut, solche Kriterien zu liefern; außerdem habe ich den Eindruck, daß es mit einer systemisch-konstruktivistischen Perspektive gut kompatibel ist. Ich stelle deshalb das Diskursethikkonzept in einem eigenen Abschnitt dar.

Blicken wir aber zunächst noch einmal auf die Soziale Arbeit und darauf, wie sie sich ethisch begründet. Die Zeiten sind vorbei, wo die Ziele Sozialer Arbeit fraglos waren, wo „Erziehung zur Mündigkeit" (Adorno), Emanzipation und Ideologiekritik zum guten Ton gehörten. Der Erziehungswissenschaftler Bernhard Koring (1990) stellt im Rückblick auf die erziehungswissenschaftliche Diskussion der siebziger Jahre fest, daß der Leitbegriff der Emanzipation auf verschiedenen Ebenen zu Konflikten führte[19] und daß die moderne Erziehungswissenschaft vor Ansprüchen steht, die sie nicht einlösen kann: Komplexitätssteigerung auf gesellschaftlicher Ebene, sowie Individualisierung und Pluralisierung bei gleichzeitigem Verlust von traditionellen Bindungen stellen an die Sozialarbeit die Forderung, eine kritische Neubesinnung vorzunehmen – auch unter dem Gesichtspunkt der ethischen Zielbestimmung. Postmoderne Beliebigkeit hält auch in der Sozialarbeit Einzug. „Anything goes" (Paul Feyerabend) lautet auch hier die Parole, nicht nur wissenschaftstheoretisch, sondern auch methodisch-praktisch. Dazu haben systemisch-konstuktivistische Ansätze in nicht unerheblichem Maße beigetragen. Die Frage bleibt bzw. stellt sich neu: Was soll in der Sozialen Arbeit gehen, bzw. wohin soll es mit ihr gehen? Die Studie der Prognos AG zur Arbeit der „freien Wohlfahrtspflege im vereinten Europa" konstatiert z. B. eine zunehmende „Vermarktung" der Sozialarbeit:

„Über die Arbeitswelt und Güterversorgung hinaus sind längst auch Be-

---

[19] Auf der Ebene der Subjekte: als Gefahr der Indoktrination und Ent-Mündigung von KlientInnen; auf der Ebene der Institutionen: als Konflikt zwischen (emanzipatorischen) MitarbeiterInnen- und Trägerinteressen, und auf der gesellschaftlichen Ebene: als Widerspruch zwischen intendiertem Abbau von Herrschaftsstrukturen und funktionaler Vereinnahmung in Systemrationalität (Koring 1990).

reiche wie Freizeit, Bildung, Kultur und eben auch soziale Dienste wie Pflege und Betreuung immer mehr zu ‚Märkten' geworden, auf denen Angebot und Nachfrage über Preise geregelt werden. Diese Entwicklung führt dazu, daß soziale Aktivitäten und Leistungen immer weniger durch Überzeugung, Motivation, Neigung oder Interesse bestimmt und immer stärker an Kriterien der Effizienz und Marktfähigkeit gemessen werden." (Prognos AG 1991, 16)

Konstatiert wird ein zunehmender Bedeutungsverlust von religiösen Maßstäben für kollektives oder individuelles Handeln, der sich auch im Bereich professioneller Sozialarbeit widerspiegelt. An die Stelle religiöser Normen treten „weltliche" Werte wie „Humanität", „Hilfsbereitschaft" oder „soziale Gerechtigkeit" (ebd.) oder ganz beliebige ethische Vorgaben. Der „Mega-Trend" der zunehmenden Säkularisierung liegt aber in der Ökonomisierung von immer mehr Lebensbereichen (ebd., 34) und führt zu einer „Ökonomisierung der freien Wohlfahrtspflege" und zum Entstehen „sozialer Multis" (ebd.). Eine Orientierung am Waren- und Tauschwert tritt – folgt man diesen Prognosen – zunehmend an die Stelle einer Orientierung an der Gerechtigkeit.

Die Soziale Arbeit operiert mit einer Vielzahl von theoretischen, methodisch-therapeutischen Modellen und Techniken: psychoanalytische, gruppendynamische, systemisch-familientherapeutische, ökologische, feministische, behavioristische und New-Age-Ansätze – um nur einige zu nennen. Diese beinhalten z. T. ganz verschiedene ethische Implikationen für die Alltagsarbeit (Rhodes 1992, 42), stehen also mehr oder weniger beliebig und unvermittelt nebeneinander. Eine explizite Reflexion über die ethischen Grundlagen findet in der Ausbildung für die Soziale Arbeit kaum, in der Praxis so gut wie gar nicht statt. Der Theologe Horst Seibert (1992) beschreibt treffend, wie selbst im Bereich kirchlich-diakonischer Sozialarbeit den Konzeptionspapieren zwar theologisch-ethische Begründungen vorangestellt werden, die aber bei der weiteren Konkretisierung keine Rolle mehr spielen und unvermittelt und unzusammenhängend von methodisch-sozialwissenschaftlichen Konzepten abgelöst werden. Ethische Reflexionen sind in aller Regel kein integraler Bestandteil von Sozialarbeitstheorie und -praxis, sondern allenfalls formale Selbst-Legitimation den Trägern und Geldgebern gegenüber. In der Sozialarbeitsausbildung wird das Fach „Sozialethik" – wenn überhaupt – rein additiv anderen Fächern hinzugefügt. Es gilt das „Steinbruchprinzip": Schau, ob was Brauchbares für Dich bzw. für die Sozialarbeit dabei ist. Auch eine problem- oder sachbezogene Diskussion ethischer Fragestellungen findet kaum statt. Ethik ist etwas, was jeder für sich entwickelt, oder auch nicht, was implizit bei verschiedenen Konzepten und Arbeitsformen mittransportiert wird, was aber keinem rationalen Diskurs zugänglich ist bzw. zugänglich gemacht wird.

6.2. Die Frage nach „dem Guten" und nach „dem Gerechten" in einer pluralistischen Gesellschaft

Unsere Gesellschaft ist in ihrer ethischen Orientierung pluralistisch, multikulturell und multireligiös ausgerichtet. Gibt es – so stellt sich die Frage – trotzdem noch Normen, auf die man sich gemeinsam beziehen kann? Die allgemein verbindliche Basis religiöser Werte ist verlorengegangen; auch die Tradition der Aufklärung steht inzwischen zur Disposition, denn es ist keineswegs mehr unumstritten, ob es überhaupt möglich oder sinnvoll ist, sich „vernünftig" zu verhalten und ob Gesellschaften vernünftig strukturiert sein sollen. Es steht in Frage, ob es möglich und überhaupt erstrebenswert ist, in der Vielfalt von Werten nach Gemeinsamkeiten – im Sinne eines universalistischen bzw. universalisierbaren Ethikkonzepts – zu suchen. Klassische bzw. traditionalistische Ethikansätze führen angesichts dieser Situation nicht mehr weiter; sie genügen den Anforderungen unserer Zeit nicht mehr: Sie gehen von einem „höchsten Gut" aus, z.B. „Glück", „Humanität", „Ehrfurcht vor dem Leben", wobei aus dem Streben nach diesem höchsten Gut ethische Normen begründet bzw. abgeleitet werden. Nun ist aber für eine pluralistische Gesellschaft gerade typisch, daß über das „höchste Gut" keine Einigkeit besteht und verschiedene Moralkonzepte miteinander konkurrieren (Tugendhat 1993). Es gibt nicht mehr ein „höchstes Gut", sondern allenfalls viele „höchste Güter" auf unterschiedlichem weltanschaulichem Hintergrund. Traditionalistische Ethikkonzepte stützen sich vielfach auf eine Autorität, deren Akzeptanz eine wesentliche Voraussetzung der Ethikbegründung bildet. Solche ethische Reflexionen mit universalistischem Ansatz, mit dem Anspruch auf Allgemeinverbindlichkeit und Verallgemeinerbarkeit werden häufig mit großzügigem postmodernem Gestus als nicht mehr möglich und als unnötig verabschiedet. Diese gesellschaftlich-historische Situation charakterisiert den einen Problemhorizont gegenwärtiger ethischer Reflexion. Ein weiterer – sozialarbeitsspezifischer – Problemhorizont soll hier nur kurz angedeutet werden: Der Stellenabbau im Sozialbereich, der „Kampf ums Überleben" für (fast) jede Einrichtung sowie zunehmende Rechtfertigungszwänge führen dazu, daß die Soziale Arbeit sich kaum noch den Luxus grundsätzlicher Reflexionen leistet. Die Fragen nach dem Wozu, Wohin und Warum sind generell wie auch persönlich für jede/n SozialarbeiterIn in der Hektik des alltäglichen Getriebes weitgehend „out".

Doch ethische Fragen werden in der Sozialen Arbeit laufend aufgeworfen. Selbst im noch so hektischen Getriebe des Alltags – so meine These – finden implizit und meist eher unreflektiert – Auseinandersetzungen um Normen statt, werden laufend ethische Entscheidungen getroffen: Entscheidungen über Datenschutz, über die Legitimität von Zwang und Kontrolle, über das Spannungsverhältnis von sozialer Kontrolle und sozialer Hilfe, über den Sinn neuer Projekte usw. Alle diese Fragen und deren Beantwortung haben eine normative Dimension. Jedoch wird über diese Fragen meist nicht explizit reflektiert, zumindest nicht im gleichen Maße wie über strategisch-technische oder methodische Fragen.

Ich möchte im folgenden die These (weniger erschöpfend-argumentativ als beispielhaft-illustrativ) begründen, daß das Konzept der Diskursethik, wie es von Karl-Otto Apel entwickelt und vor allem von Jürgen Habermas ergänzt und modifiziert wurde, in besonderer Weise geeignet ist, unhinterfragte und unreflektierte normative Entscheidungen in der Sozialarbeit zu klären und explizit zu machen. Dabei gehe ich weniger davon aus, daß dieses Ethikkonzept, das in der Tradition der emanzipatorischen Sozialphilosophie und Kritischen Theorie steht, der Sozialarbeit wesentlich Neues hinzufügen würde. Vielmehr behaupte ich, daß dieses Konzept hilft, die ureigensten sozialarbeiterischen Anliegen zu re-formulieren.

Ausgangspunkt meiner Argumentation sind folgende sozialarbeiterische Fragestellungen:

(a) Gibt es einen gemeinsamen sozialethischen Ansatz, der als „Klammer" geeignet ist, das „Werte-Wissen" (Silvia Staub-Bernasconi) in der Sozialen Arbeit auf einen gemeinsamen Ausgangspunkt – sozusagen den „kategorischen Imperativ der Sozialarbeit" – zurückzuführen? Oder gibt es je verschiedene „Ethiken" für die verschiedenen methodischen oder therapeutischen Ansätze in der Sozialarbeit, also z. B. eine Ethik des personenzentrierten Ansatzes, eine systemisch-konstruktivistische Ethik usw., für die kein gemeinsamer Nenner existiert? Oder gibt es ethische Grundlagen, die geeignet sind, die verschiedenen Interventionsebenen der Sozialarbeit, die Einzelhilfe, die familienbezogene Arbeit bzw. Gruppenarbeit, die Gemeinwesenarbeit, die Sozialplanung usw. zusammenzubinden und ihr eine gemeinsame Zielsetzung und einen einheitlichen methodisch-normativen Rahmen zu geben?

(b) Wie ist es möglich, die erwähnten ethischen Implikationen, die jedem methodischen Handeln, jeder Praxis zugrundeliegen und die häufig diffus und unreflektiert bleiben, explizit und damit überprüfbar und hinterfragbar zu machen?

(c) Welche ethische Grundlegung kann eine Orientierungshilfe für die Auswahl von Methoden und Interventionsformen bilden bzw. Kriterien bereitstellen, die geeignet sind, von modischer Beliebigkeit und Zufälligkeit und von den Trends etwa des Psycho- und Esoterik-Marktes wegzukommen und sich in Richtung auf ein wissenschaftlich fundiertes Handeln zu bewegen?

Mit der Bezugnahme auf die Diskursethik will ich für die Sozialarbeit eine Antwort auf diese Fragen geben. Dabei bin ich der Auffassung, daß die diskursethische Konzeption gut zum dargelegten systemisch-konstruktivistischen Ansatz paßt.

Meine *Grundthese* lautet: Die Frage nach der Gerechtigkeit aufgeben hieße, die Sozialarbeit aufzugeben. Sylvia Staub-Bernasconi geht in ihrem Ansatz einer Meta- oder Verknüpfungstheorie für die verschiedenen in der Sozialen Arbeit relevanten „Wissensvorräte" vom Begriff des „Wertewissens" aus. Dieser wird im Rahmen einer komplexen Handlungstheorie und eines „integriert-pluralistischen Methodenkonzepts" (Staub-Bernasconi 1986, 49) verknüpft mit Problemerklärungs- und Handlungs- bzw. Interventionswissen. Der Begriff des Wertewissens impliziert aber bereits eine Antwort auf die in der philosophischen Ethikdiskussion durchaus kontrovers beurteilte

Frage, ob man über Ethik überhaupt etwas *wissen* kann, oder ob Werte, Moral und Sittlichkeit nicht vielmehr eine Sache weitgehend irrationaler, lediglich persönlich begründeter Entscheidung und der rationalen und gar der wissenschaftlichen Erwägung grundsätzlich entzogen sind. Wäre diese letzte These stimmig, wären also Fragen nach dem guten und vor allem nach dem gerechten Leben lediglich subjektiv-willkürlich beantwortbar, dann ginge es für die Sozialarbeit „an's Eingemachte", denkt man diese Position konsequent zu Ende. Karl Otto Apel faßt die „ethische Frage der Zeit" so zusammen: „In der Tat, es geht um die Beantwortung der radikalen post-Aufklärungsfrage: warum soll überhaupt eine politische Ordnung gerecht sein" (Apel 1992, 52), oder auf der personalen Ebene: „Warum – d. h. aufgrund welcher rational einsehbaren Gründe – soll ich überhaupt gerecht sein – selbst dann, wenn es meinem persönlichen Interesse widerspricht?" (ebd., Anm. 7). „Gerechtigkeit" gehört gewissermaßen zum Wesen der Sozialarbeit, „für etwas mehr Gerechtigkeit zu sorgen" macht die Soziale Arbeit eigentlich aus – sowohl von den historischen Wurzeln (Staub-Bernasconi 1986) als auch von der gesellschaftlichen Funktionsbestimmung her. Auch das professionelle Selbstverständnis entspricht (noch) weitgehend dieser Orientierung, wobei Wolf Rainer Wendt darauf hinweist, daß

> „nicht einfach gesagt und festgelegt werden (kann), was Soziale Arbeit sei – mag eine Aussage und Festlegung auch ihrerseits zu dem Vorgang beitragen, in dem jene sich selbst qualifiziert, sich theoretisch und praktisch hervorbringt und ihre Institutionen verändert" (Wendt 1982, 211).

D. h. auch bei dem Versuch einer Bestimmung dessen, was Sozialarbeit ausmacht und was sie kennzeichnet, stoßen wir auf das oben angesprochene Thema der Selbstreferenz und Zirkularität: Die vorgefundene Praxis bestimmt die Definition, und die Definition wirkt z. B. via Ausbildung auf die Praxis zurück und verändert sie. „Wir finden einen von Interessen unterhaltenen, sich aber auch selbst steuernden und sich auslegenden (legitimierenden) Prozeß als gesellschaftliche Praxis vor" (ebd.).
Ethische Fragestellungen liegen der gesamten Sozialarbeit zugrunde. So bilden etwa schon die Normen unseres Sozialrechts einen (noch) nicht hintergehbaren Kontext für die Sozialarbeit, wobei man Anlaß hat, die Frage zu stellen, wann diese Grundsätze fiskalischen

Überlegungen zum Opfer fallen, d. h. wann Grundsätze wie „Menschenwürde", „Recht auf Asyl", Existenzminimum, usw. einfach deshalb zur Disposition gestellt werden, weil sie (zu viel) Geld kosten. Der Grundsatz „Menschenwürde" ist Leit- und Zielvorstellung der gesamten Sozialen Arbeit (Deutscher Verein 1986, 576):

> „Obwohl es nicht möglich ist, das vielfältig verwendbare Wort ‚Menschenwürde' für alle akzeptabel zu definieren und daraus konkrete Rechtsfolgen abzuleiten, ist es von großer praktischer Bedeutung. Es vermittelt die in unserem Kulturkreis gewachsenen und mehr oder weniger stillschweigend vermittelten Überzeugungen vor allem darüber, was mit dem Menschen nicht geschehen dürfte, ohne ihn in unerträglicher Weise zu erniedrigen." (ebd.)

Bei diesen Ausführungen im renommierten Fachlexikon der Sozialen Arbeit, das vom Deutschen Verein für öffentliche und private Fürsorge herausgegeben wird, fällt dreierlei auf:

(a) dem Grundsatz der Menschenwürde kommt zwar zentrale Bedeutung zu, er ist aber inhaltlich nicht bestimmbar;
(b) es handelt sich um einen „gewachsenen" Grundsatz, der also auch ganz anders sein könnte;
(c) bestimmbar sind eher negative Merkmale, also was mit Menschen nicht geschehen darf.

Läßt sich die normative Zielbestimmung „Menschenwürde" anhand der konkreten Gesetzestexte und der einschlägigen Kommentare eher präzisieren? Im Sozialgesetzbuch soll das gesamte deutsche Sozialrecht kodifiziert werden, das bislang aus einer Vielzahl unterschiedlicher Rechtsquellen mit verschiedener Geschichte, Konzeption, Zielsetzung und verschiedenen Grundprinzipien bestand (Wannagat 1991, 1): die Sozialversicherung, die Bildungs- und Arbeitsförderung, die Sicherung bei Arbeitslosigkeit, die Eingliederung Behinderter, die soziale Entschädigung bei gesundheitlichen Schäden, die Sozial- und Jugendhilfe, das Kindergeld und das Wohngeld. In § 1 Abs. I SGB I heißt es:

> „Das Recht des Sozialgesetzbuches soll zur Verwirklichung sozialer Gerechtigkeit und sozialer Sicherheit Sozialleistungen einschließlich sozialer und erzieherischer Hilfen gestalten. Es soll dazu beitragen, ein menschenwürdiges Dasein zu sichern, gleiche Voraussetzungen für die freie

Entfaltung der Persönlichkeit, insbesondere auch für junge Menschen, zu schaffen ..."

Im Kommentar von Georg Wannagat heißt es dazu: „§ 1 enthält die wichtigsten Leitvorstellungen, welche die Integration des gesamten Sozialrechts bestimmen sollen" (ebd.). Unmittelbare Rechtswirkungen nach außen – also konkrete Ansprüche der Hilfeempfänger – sind jedoch nicht intendiert; vielmehr handelt es sich lediglich um ein Programm, „das bisher nicht vollkommen verwirklicht ist und als Idealvorstellung auch nie vollständig verwirklicht werden kann" (ebd.). § 1 SGB konkretisiert das Sozialstaatsprinzip des Grundgesetzes (Art. 20 Abs. 1 S. 1; Art. 28 Abs. 1 S. 1) als elementaren Verfassungsgrundsatz:

„Soziale Gerechtigkeit und soziale Sicherheit sind wesentliche Postulate des Sozialstaates und der Endzweck aller sozialen Leistungen. Dabei ist unter sozialer Gerechtigkeit zwar nicht die größtmögliche Gleichheit aller in der Gesellschaft zu verstehen, aber doch ein Zustand, in dem übermäßig große Unterschiede vermieden sind ... Eine Politik sozialer Gerechtigkeit, wie sie dem Sozialstaat aufgegeben ist, wird also auf einen Ausgleich und auf einen Abbau übermäßig großer Unterschiede hinwirken müssen und insoweit gesellschaftliche Strukturen nicht als unabänderlich hinnehmen können." (Wannagat 1989, 2)

Zur Wertungsfrage, wann Unterschiede übermäßig groß sind, enthält § 1 SGB nur eine Leerformel, die durch die Einzelgesetzgebung in den besonderen Teilen des SGB auszufüllen ist (ebd.).
Nach § 1 Abs. 2 BSHG ist es die Aufgabe der Sozialhilfe, „dem Empfänger der Hilfe die Führung eines Lebens zu ermöglichen, das der Würde des Menschen entspricht." Der Standardkommentar zum BSHG von Walter Schellhorn u. a. stellt dazu fest: § 1 Abs. II

„legt die Aufgaben der Sozialhilfe fest, wobei die Verpflichtung des Sozialhilfeträgers, dem Hilfeempfänger die Führung eines Lebens zu ermöglichen, das der Würde des Menschen entspricht, überragende Bedeutung zukommt. Es gibt keine Auslegung und Handhabung von Einzelvorschriften des BSHG, die an diesem Grundsatz vorbeigehen können." (Schellhorn u. a. 1988, 30)

Diese Stärkung der Rechtsstellung des Hilfeempfängers

„entspricht den Vorstellungen von sozialer Gerechtigkeit für alle Bürger unserer Gesellschaft" (ebd.); aber „der Begriff des menschenwürdigen Lebens läßt sich nicht allein als eine Formel für das physiologisch Notwendige umschreiben; zugleich wird auf die jeweils herrschenden Lebensgewohnheiten und Erfahrungen verwiesen (BVerwG 80) ... Die Würde des Menschen läßt sich nicht abstrakt bestimmen. Es kann nur einzelfallbezogen entschieden werden, ob bei einer bestimmten Auslegung der in Betracht kommenden Norm ... die Menschenwürde des Hilfesuchenden Schaden nehmen würde (BVerwG 237)" (ebd., 31).

Festgehalten wird aber auch: „Es geht bei der Fürsorge nicht um die ausgleichende Gerechtigkeit, sondern darum, daß der Staat, der zum Schutz der Menschenwürde verpflichtet ist, nicht dulden kann, daß der Einzelne ... menschenunwürdig lebt (BVerwG 20)" (ebd., 32). Nach Auffassung des Bundesverwaltungsgerichtes ist das Prinzip „Menschenwürde" des Bundessozialhilfegesetzes als Interventionspunkt zu sehen, d. h. als zu bestimmendes Niveau von (Un-)Gerechtigkeit, unter das der Mensch nicht absinken darf, ohne daß Sozialhilfe einsetzt (ebd., 32).

Schon dieser kurze Blick auf die Grundlagen unseres Sozialrechts mag verdeutlichen, daß es bei der Bestimmung des Gegenstandes der Sozialen Arbeit im Sinne von „mehr Gerechtigkeit" um mehr geht, als um die Behauptung einzelner SozialarbeitstheoretikerInnen, sondern daß Gerechtigkeit tatsächlich zum integralen – wenn auch schwer bestimmbaren und präzisierbaren – normativen Kerngehalt der Sozialarbeit gehören. Ethik, also die Frage „Was soll ich bzw. was sollen wir tun?" ist also nicht etwas, was der Sache der Sozialarbeit nach Belieben hinzugefügt oder auch weggelassen werden kann. Sozialarbeit als „gerechte Praxis" ist ohne ethische Reflexion ihres eigentlichen Kerns beraubt. Diskursethik beschäftigt sich – wie ich im folgenden zeigen werde – mit der Frage, wie problematisch gewordene Normen begründet und wie Normen angewendet werden können. Dabei geht es nicht um juristische Fragen, also die Thematik der Rechtsauslegung, sondern um moralphilosophische Fragen, d. h. um Antworten der praktischen Philosophie auf die Frage nach dem guten und gerechten Leben.

6.3. Das Konzept der Diskursethik: ein Antwortversuch

Nachdem nun der Problemhorizont abgesteckt und die notwendigen Fragestellungen für ethische Reflexion in der Sozialen Arbeit aufgezeigt wurden, möchte ich im folgenden die Grund-Sätze der Diskursethik kurz darstellen und dann auf einige der Konsequenzen zu sprechen kommen, die sich dann ergeben, wenn man diese Sätze ernstnimmt und sich daran orientiert.

(a) *Grundbedingung: der Konsens aller Beteiligten:* Nach diesem Konzept können nur Normen Gültigkeit beanspruchen, die die Zustimmung aller Betroffenen in einem freien und gleichen Diskurs finden. Dies ist der Dreh- und Angelpunkt, das Prinzip der Diskursethik, gewissermaßen ihr „kategorischer Imperativ".

Wer angesichts der in dieser Gesellschaft auf Schritt und Tritt vorherrschenden Ungleichheiten (unterschiedliche Machtverhältnisse, Hierarchien usw.) Vorbehalte gegen eine solche ethische Konzeption hat, der hat etwas von der kritisch-normativen Relevanz dieses Ansatzes verstanden.

Zu diesem Grundsatz sind folgende Anmerkungen zu machen: Das Prinzip des Diskurses wird als „regulative Idee" verstanden, als Zielperspektive, die zwar von keiner Praxis je einholbar ist, gleichwohl als wichtiger Maßstab zur Beurteilung von Normen oder Handlungskonflikten dienen kann.

Jürgen Habermas gibt dem „Diskursprinzip" zur Prüfung von (vorgefundenen und problematisch gewordenen) Normen, das er „(U)" nennt, folgende Fassung:

> „So muß jede gültige Norm der Bedingung genügen, – daß die Folgen und Nebenwirkungen, die sich jeweils aus ihrer allgemeinen Befolgung für die Befriedigung der Interessen eines jeden Einzelnen (voraussichtlich) ergeben, von allen Betroffenen akzeptiert (und den Auswirkungen der bekannten alternativen Regelungsmöglichkeiten vorgezogen) werden können." (Habermas 1983, 75 f.)

Hans-Otto Apel entwickelt dieses für die Normenlegitimation konstitutive „Prinzip (U)" weiter zu einem Handlungsprinzip „(Uh)":

> „Handle nur nach einer Maxime, von der du, aufgrund realer Verständigung mit den Betroffenen bzw. ihren Anwälten oder – ersatzweise – aufgrund

eines entsprechenden Gedankenexperiments, unterstellen kannst, daß die Folgen und Nebenwirkungen, die sich aus ihrer allgemeinen Befolgung für die Befriedigung der Interessen jedes einzelnen Betroffenen voraussichtlich ergeben, in einem realen Diskurs von allen Betroffenen zwanglos akzeptiert werden können." (Apel 1992, 123)

(b) *Die Regeln der Kommunikation als Grundlage der Ethik:* Dieser in der kantischen Tradition stehende „kategorische Imperativ" wird abgeleitet nicht aus irgendwelchen obersten Prinzipien oder methapysischen Dogmen, sondern aus den Prinzipien, die in jeder vernünftigen Argumentation angeblich implizit schon enthalten sind: „Die Situation der Argumentation ist rational nicht hintergehbar", sagt Apel und verbindet mit jeder Situation des Argumentierens drei Geltungsansprüche, ohne die vernünftiges Argumentieren nach seiner Meinung sinnlos wird, also gar nicht möglich ist. Deshalb spricht Apel auch von „Transzendentalpragmatik", also einer „Pragmatik" - einer Lehre vom Handeln - die transzendental begründet wird, d. h. es wird nach den „Bedingungen der Möglichkeit" von Argumentation, Gespräch oder Diskurs gefragt. Wahrheit, Verständlichkeit, Freiheit von Zwang, sind - so Apel - Grundsätze, die jeder schon akzeptiert haben muß, bevor er überhaupt zu argumentieren beginnt. Wenn ich davon ausgehen würde, daß mein Gegenüber lügt, wenn meine oder seine Argumente lediglich auf Zwang oder dem Versuch der bewußten Täuschung beruhten, wäre ein Argumentieren, ein Streiten über ein Thema und auch eine Suche nach „passenderen" Lösungen sinnlos.

(c) *Von der Frage nach dem Guten zur Frage nach dem Gerechten:* Mit dem diskursethischen Konzept wird Abschied genommen von der Idee, daß das Gute im Kontext einer pluralistischen Welt und einer multikulturellen und multireligiösen Gesellschaft Inhalt philosophischer Ethik sein könnte. Und wenn wir realistisch sind, erkennen wir die Unmöglichkeit, daß sich Moslems, Christen, Atheisten, Liberale, Atomkraftgegner und Befürworter, Sai-Baba-Anhänger und Zeugen Jehovas auf eine gemeinsame Idee des Guten einigen können. Dies bedeutet einen radikalen Abschied von der Illusion, eine pluralistische Gesellschaft sei mit einem gemeinsamen „obersten Gut" vereinbar, mit einer gemeinsamen Vorstellung vom Glück, auf die alle Menschen verpflichtet werden könnten. Auf eben dieser Vorstellung hat seit Aristoteles – mit unterschiedlichen Ergebnissen – die abendländische Diskussion der praktischen Philosophie aufgebaut. Mit der Diskursethik werden die Ansprüche wesentlich bescheidener: Statt um das Gute zu streiten, soll der Streit – nach Apel und Habermas – nur noch darum gehen, was gerecht sei. Was jeder als das Gute für sich definiert, dazu kann die philosophische Diskussion allenfalls Anregungen geben, jedenfalls kann sie nicht den Anspruch von Allgemeinverbindlichkeit erheben (siehe dazu auch Richard Rortys „nicht normale Diskurse). Somit bleiben inhaltlich bestimmte Ethikkonzepte, wie z. B. die „Ehrfurcht vor dem Leben" in der Tradition Albert Schweitzers (die mir persönlich als sehr wichtig und überzeugend erscheint), durchaus bedeutsam, sie können allerdings, will man mit Demokratie, Pluralismus und Meinungsfreiheit Ernst machen, nicht mehr zur Ableitung allgemeinverbindlicher Normen dienen. Gleichwohl können sie für ein Individuum eine ethische Orientierung darstellen oder ein bestimmtes ethisches Verhalten begründen, etwa im Bereich sozialarbeiterischer Praxis.

(d) *Verfahrensethik statt inhaltlicher Ethik:* Das diskursethische Konzept macht Schluß mit der Hoffnung, Ethik lasse sich inhaltlich begründen, und es sei möglich, irgendwann zu einem endgültigen Konsens darüber zu gelangen, was denn nun gut sei. Stattdessen wird ein Verfahren begründet, das Geltungsansprüche prüft; es werden nur noch formale Gesichtspunkte zur Ethikbegründung genannt, nicht mehr inhaltliche.

(e) *Prozeßhafte Veränderbarkeit von Normen:* Im moralisch-praktischen Diskurs – also bei der gesprächsweisen Prüfung von Geltungsansprüchen – sind auf diskursethischer Grundlage natürlich keine endgültigen Lösungen (mehr) möglich: Normen werden eher prozeßhaft gefaßt, sie werden damit korrigierbar, veränderbar und sind keine ewigen unwandelbaren Ideen mehr, die außerhalb unserer Köpfe, außerhalb der menschlichen Gesellschaft in irgendeinem (platonischen) „Ideenhimmel" existieren und nur aufgefunden werden müßten.

(f) *Die Frage nach der Gerechtigkeit – eine Provokation:* Trotz aller Bescheidenheit, die in dieser Beschränkung und in dem Verzicht auf letzte Antworten liegt: in unserer Gesellschaft nach dem Gerechten zu fragen, ist anstößig genug. In einer Gesellschaft, in der selbst der Konsens darüber schwierig ist, ob Bedrängte in Deutschland Asyl erhalten sollen, ob es denn schlimm sei, wenn Ausländer brennen oder ob die Lasten des „Solidar"-Paktes gänzlich unsolidarisch verteilt sind, „in diesem unserem Lande" Gerechtigkeit zum Maßstab zu machen und den herrschaftsfreien Diskurs aller Betroffenen zum regulativen Prinzip zu erheben: darin liegt enormer gesellschaftskritischer Zündstoff.

Gegen das Diskursethikkonzept werden verschiedene *Einwände* vorgebracht, von denen ich die beiden m. E. gewichtigsten herausgreifen möchte, um dann einige mögliche Gegenargumente dazu vorzutragen:

(a) Zurück zu Plato: die Herrschaft der Intelektuellen – oder: Was gerecht ist, bestimmen die Vielschwätzer: Dieser Ethikansatz – so der Einwand – ist dem Modell eines Universitätsseminars nachgebildet, an dem in einem gebildeten, freien und gleichen Diskurs alle (zumindest alle Männer) teilnehmen und eine Einigung aushandeln. Wo bleiben aber die Ungebildeten und Unterprivilegierten, diejenigen, die weniger beredt sind und nicht so viel reden (wollen), wo bleiben die Frauen, die ja nachweislich in jedem Gespräch, an dem auch Männer beteiligt sind, proportional erheblich geringere Redezeit haben? Solche und ähnliche Vorbehalte wurden Habermas und Apel entgegengehalten. „Aber selbst auf diesen universitären Inselchen hapert's ja schon mit dem herrschaftsfreien Diskurs", höre ich da einige sagen; selbst da wird nicht um der Sache willen gestritten, auch da geht's nicht (nur) nach dem „eigentümlich zwanglosen Zwang der besseren Argumente", sondern vor allem darum, gesehen und gehört zu werden, die eigene Belesenheit zu demonstrieren, durch Radikalität oder Unverständlichkeit zu beeindrucken, kurz: Beziehungsaspekte dominieren selbst da häufig den Sachaspekt. Wenn nicht einmal da sich das diskursethische Konzept ohne größere Abstriche realisieren läßt, wo soll es dann möglich sein? In den philosophischen Wandelhallen der alten Griechen, bei Platon und den Stoikern mag die gleichberechtigte Wahrheitssuche praktikabel gewesen sein, aber ist sie tatsächlich ein Modell, das für unsere Zeit und unseren Alltag paßt? Wie sollen beispielsweise MitarbeiterInnen eines Sozialpsychiatrischen Dienstes mit ihrem Chef in einen herrschaftsfreien Diskurs darüber eintreten, ob die freigewordene Sekretärinnenstelle wieder besetzt oder mangels Geld gestrichen wird?

Dieser Einwand trifft gerade einen der im positiven Sinne situationserhellenden Aspekte der Diskursethik: Sie kann nämlich helfen, den Blick dafür zu schärfen, wo die Bedingungen für einen herrschaftsfreien Diskurs nicht realisiert sind und Impulse geben, um nach Wegen zu suchen, wie man diesem einen kleinen Schritt näher kommt, z. B. im Sinne einer MitarbeiterInnenbeteiligung im Organisationsentwicklungsprozeß, einer Einbeziehung von Betroffenenverbänden bei der Sozialplanung, einer Reflexion von Teambesprechungen unter dem Aspekt: wer beansprucht wieviel Redezeit? Natürlich kann nicht davon ausgegangen werden, daß die Bedingungen des herrschaftsfreien, gleichen Diskurses in der sozialarbeiterischen Praxis schon realisiert wären; nicht einmal davon kann man realistischerweise ausgehen, daß diese Bedingungen in naher Zukunft realisierbar wären. Aber sie können als Leit- und Zielvorstellung und als normatives Korrektiv der vorgefundenen Praxis durchaus sehr sinnvoll sein. So sind beispielsweise Verhandlungen darüber, ob KlientInnen lieber süchtig bleiben wollen, und warum sie dies gegebenenfalls wollen, so abwegig nicht, wie es auf den ersten Blick erscheinen mag; solche Überlegungen werden in der sogenannten „akzeptierenden Drogenarbeit" tatsächlich angestellt, weil davon ausgegangen wird, daß das Prinzip der traditionellen Drogenarbeit „erst Abstinenz, dann Hilfe" allzu häufig scheitert, und es manchmal nützlich sein kann, nicht die Abstinenz, sondern eine Verbesserung der Lebensqualität zum Ziel zu setzen; dazu gehört es, die KlientInnen so zu behandeln, als wären sie selbständige Subjekte, verantwortlich, erwachsen und eigen-sinnig in dem Sinne, daß sie selber ihren Sinn herstellen.[20]

(b) Herrschaftsfreier Diskurs in herrschaftlich strukturierten Kontexten: „Für mich ist es nicht so, daß Ethik sich nur auf Konsens gründet oder gründen kann. Es gibt Situationen, wo ich einfach für einen Klienten handle, weil ich es für richtig halte. Immer, wenn im Interesse eines Betroffenen Zwang angewendet werden muß, ist das Konzept für mich untauglich." Sozialarbeiterische Interventionen können nicht immer einen Konsens der Beteiligten voraussetzen, häufig ist es so, daß SozialarbeiterInnen für ihre Klienten handeln müssen, z. B. bei drohender Gewaltanwendung, bei sexuellem Mißbrauch von Kindern, bei schwerer psychischer Krankheit, die mit einer Selbstgefährdung

---

[20] Johannes Herwig-Lempp (1991, 1994) macht sehr interessante Vorschläge, wie systemisches Denken im Umgang mit Drogenkonsumenten genutzt werden kann.

verbunden ist. „Kann ich es verantworten, in diesem Falle die Polizei zu holen, um die Wohnung öffnen zu lassen, weil ich befürchte, daß dieser Mensch sich sonst umbringt?", oder anders gefragt: „Kann ich es verantworten, nichts zu tun und abzuwarten und davon ausgehen, daß dieser Mensch selbstverantwortlich handelt, das Risiko einkalkulierend, daß er sich das Leben nimmt?" Solche Abwägungen als Grenzfälle abzutun, die selten sind und nicht zum Kernbereich der Sozialarbeit dazugehören, hieße m. E., den zweifellos vorhandenen Herrschafts-, Kontroll- und Zwangscharakter Sozialer Arbeit zu verschleiern, sich auf einen in diesem Kontext nicht sinnvollen und falsch verstandenen therapeutischen Neutralitätsstandpunkt zurückzuziehen und Selbstverantwortlichkeit des Klienten vorzuschieben, um eigenen unbequemen Entscheidungen und eigener Verantwortung auszuweichen. „Ja, natürlich", sagt mir ein Arzt im Psychiatrischen Krankenhaus, „niemand will die Verantwortung übernehmen für die Prognose eines psychiatrisch untergebrachten Straftäters, der dann aufgrund eines solchen Gutachtens entlassen wird und vielleicht wieder eine Frau vergewaltigt. Jeder schiebt die Verantwortung natürlich gerne auf den nächsten ab – aber einer muß doch die Entscheidung treffen." Gibt uns – so lautet die Frage – das diskursethische Konzept auch für solche ungleichen, von Herrschaft und Zwang geprägten Situationen Impulse? Ist es auch für diese dornige Realität geeignet oder nur für rosarote Ausnahmesituationen, wo genügend Zeit da ist, um zu einem Konsens zu kommen, wo über Entscheidungen verhandelt werden kann, weil die Partner in der Argumentation in etwa das gleiche Gewicht haben? Die „Notwendigkeit der kontrafaktischen Antizipation idealer Bedingungen der Konsensbildung" (Apel 1992a, 53) ist tatsächlich nur die eine Seite der Medallie. Apel sagt selber: „Hiermit ist ... freilich nur eine Seite: die teleologische, zukunftsbezogene Seite der Ausgangssituation" (ebd.) angesprochen. Die andere Seite wird durch die Gegenwartssituation der realen Kommunikationsgemeinschaft vorgegeben, die tatsächlich von Ungleichheit und auch von dem Zwang zu nicht idealen Entscheidungen gekennzeichnet ist. Dort stellt sich die Frage, ob es moralisch sinnvoll und zulässig ist, ohne Berücksichtigung der möglichen Folgen einfach vom Diskursprinzip auszugehen. Apel gibt hierzu eine klare Antwort: nein. Es gibt Bedingungen, in denen es nicht möglich ist, ja sogar ethisch verwerflich wäre, vom Diskurs-Prinzip auszugehen.

Dies trifft beispielsweise immer dann zu, wenn die reale Kommunikationsgemeinschaft von außen bedroht ist. Jeder, der für irgendein Selbstbehauptungssystem einzutreten hat, für die eigene Person, die Familie, eine soziale Gruppe, einen Staat usw., muß damit rechnen, daß Interessenkonflikte nicht nur durch praktische Diskurse (oder Annäherung an solche), sondern auch durch strategische Formen der Interraktion geregelt werden müssen (Apel 1992a, 128). Zu solchen „Selbstbehauptungssystemen", für die ein Handelnder, etwa ein/e SozialarbeiterIn, u. U. Verantwortung übernehmen oder die er schützen muß, könnte man auch einzelne KlientInnen, eine Freizeitgruppe Jugendlicher oder eine soziale Intitution rechnen. Es genügt also nicht, sich nur nach dem Diskursprinzip zu richten, es kommt vielmehr darauf an, auch die voraussichtlichen Folgen und Nebenwirkungen der auf die geschichtliche Situation bezogenen Anwendung eben dieses Prinzips zu berücksichtigen (ebd., 129). Dadurch behält zwar das Diskursprinzip seine Bedeutung als regulative Idee und als idealer Beurteilungsmaßstab (ebd., 131), es muß aber ergänzt werden. Apel nennt diese Ergänzung den „Teil B" der Diskursethik – im Sinne „einer Interimsethik des Übergangs von den bestehenden Verhältnissen zur Realisierung der Anwendungsbedingungen der Diskursethik" (ebd., 134):

> „Denn in einer sozialen Welt, in der mit einer bereits erfolgten geschichtlichen Realisierung der normalen Anwendungsbedingungen der Diskursethik – also z. B. der Bereitschaft aller zur Anwendung des Diskursprinzips – überhaupt nicht gerechnet werden darf ... in dieser Situation kann schon das Insistieren auf der strikten Anwendung des Diskursprinzips durchaus verantwortungsethisch unangemessen und insofern Indiz einer noch nicht völlig erwachsenen moralischen Urteilskompetenz sein." (ebd., 139)

Man macht es sich also zu einfach, wenn der diskursethische Ansatz einfach als „utopisch" und deshalb für die Praxis ungeeignet ad acta gelegt wird. Bezieht man das verantwortungsethische Prinzip, das Bedenken der möglichen Folgen der eigenen Handlungen, ein, wie Apel diese vorschlägt, und betrachtet dabei das Diskursprinzip als langfristig zu realisierende Zielperspektive, dann erscheint mir der Ansatz kienesweges mehr so utopisch, sondern – gerade auch für die Sozialarbeit – als höchst relevant und bedenkenswert. Man bedenke z. B. bei der Frage nach der zwangsweisen Verabreichung von Psychopharmaka einmal die Möglichkeit, den „Verband Psychoseerfahrener" in einen realen Diskurs einzubeziehen oder den Anwalt bzw. die Angehörigen oder Betreuer in die Beratung einzuschalten, wie es ja rechtlich teilweise sogar vorgeschrieben ist (beispielsweise im Betreuungsgesetz). Solange ein Klient selber aufgrund seines Gesundheitszustandes nicht selber gefragt werden kann, könnte nach Möglichkeiten gesucht werden, irgendwelche anderen Personen seines Vertrauens als „Fürsprecher" einzubeziehen, um möglichst „einsame Entscheidungen" der HelferInnen zu unterbinden. Es stellt sich bei allen diesen Situationen nicht die Alternative „entweder Diskurs oder keiner", sondern der diskursethische Ansatz veranlaßt, nach Möglichkeiten von „etwas mehr Diskurs, als bisher" zu suchen, bzw. ab und zu ein Gedankenexperiment wie das folgende zu machen: „Angenommen, ich würde – probehalber – etwas mehr nach diskursethischen Gesichtspunkten handeln, was würde sich wohl verändern?"

6.4. DIE IDEALE SPRECHSITUATION ALS REGULATIVES PRINZIP

Karl-Otto Apels Versuch der Begründung – nicht der „Deduktion" – von Normen aus den subjektiv-intersubjektiven Bedingungen jeder Argumentation geht davon aus, daß sich die szientistische Blockierung der ethischen Rationalität aufheben läßt, wenn man zeigen kann, daß jede Argumentation bereits – implizit – elementare und deshalb „nicht hintergehbare" ethische Grundsätze voraussetzt, ohne deren stillschweigende Anerkennung durch die Argumentierenden der Diskurs sinnlos würde (Apel 1980, 287 f.).[21] Jeder, der argumentiert, setzt eine ideale Sprechsituation, d. h. Gleichheit, Freiheit, Zwanglosigkeit, und eine ideale Kommunikationsgemeinschaft, d. h. eine Gesellschaftsordnung, in der diese Grundsätze verwirklicht sind, voraus, obwohl klar ist, daß diese Bedingungen in der realen Sprechsituation und in der realen Kommunikationsgemeinschaft nicht gegeben sind.

---

[21] Dieser Anspruch der Letztbegründbarkeit von Normen – insbesondere von Karl-Otto Apel und Wolfgang Kuhlmann vertreten – wird von Jürgen Habermas bestritten. Er hält ihn für einen inkonsequenten Rückfall in bewußtseinsphilosophische Traditionen (Habermas 1991a, 106 ff.).

Aus diesem offensichtlichen Spannungsverhältnis ergibt sich gerade das Postulat, den Widerspruch geschichtlich aufzuheben im Sinne einer langfristigen Strategie der ethisch-politischen Emanzipation, d. h. der Realisierung der idealen Kommunikationsgemeinschaft repressionsfreier Beratung in der realen Kommunikationsgemeinschaft (ebd., 290). Gerade aus dem Widerspruch, daß in der gegenwärtig gegebenen ungerechten, nicht repressionsfreien und nicht auf gegenseitiger Anerkennung, sondern auf Konkurrenz beruhenden Gesellschaftsordnung die „Spielregeln" nicht gegeben sind, die eigentlich jede Kommunikation voraussetzt, ergeben sich Leitlinien und Perspektiven für gesellschaftliche Veränderungen und Maßstäbe für die Kritik vorgefundener gesellschaftlicher Zustände.

6.5. Der „Erklärungswert" der Diskursethik für die Soziale Arbeit

Die Ausführungen zur Diskursethik werden vielen bekannt vorkommen und beispielsweise Erinnerungen an Paolo Freires „Pädagogik der Unterdrückten" wachrufen, die aus Analphabeten sprach- und handlungsfähige Subjekte machen will, was darauf abzielt, der Unterdrückung ein Ende zu machen, ja letztlich sogar „alle Verhältnisse umzuwerfen, in denen der Mensch ein geknechtetes, verächtliches Wesen ist." Oder man könnte sich an Carl Rogers' „Kraft des Guten" und sein personenzentriertes Konzept erinnert fühlen, das davon ausgeht, daß auch Klienten, etwa psychisch Kranke oder Menschen in tiefer seelischer Not, einfach als Menschen zu behandeln sind und das darauf abzielt, sie mit Respekt und Würde zu behandeln. Anderen mag Ruth Cohns themenzentrierte Interaktion in den Sinn kommen. Sie behauptet auch, ihre TZI-Regeln seien nicht als Vorschriften zu verstehen, sondern seien jedem Gespräch immanent, wie Apels Geltungsansprüche, die jeder Kommunikation immantent sind und die, als „Gesprächsregeln" formuliert, erstaunliche Parallellen zu Ruth Cohns Konzept ergeben. Auch die Tradition der aktivierenden, disruptiv-aggressiven Gemeinwesenarbeit (Seippel 1976; Boulet/Krauß/Oelschlägel 1980) paßt in diesen Kontext, die die Partizipation der Betroffenen fördern und den Sprachlosen helfen will, daß sie selber sprechen lernen. „Nicht für KlientInnen etwas tun, sondern mit ihnen ...", es gibt viele Anknüpfungspunkte, die es nahelegen, das Konzept der Diskursethik als gemeinsamen Nenner, als

„Verbindungsstück" und Knotenpunkt für die Tätigkeit in helfenden Berufen vorzuschlagen. Burkhard Müller konstatiert ein grundsätzliches Spannungsverhältnis in der Sozialen Arbeit zwischen

(a) Orientierung an der Gerechtigkeit mit Blick auf unzumutbare gesellschaftliche Verhältnisse und
(b) der Klientenorientierung, die von der Perspektive der Betroffenen ausgeht.

„Damit ist, zumindest implizit, eine diskursive Ethik verbunden, die annimmt, daß jede Intervention in beschädigte Lebenszusammenhänge von den Selbstdeutungen der Betroffenen ausgehen und auf einen gewaltfreien Konsens mit ihnen hinführen müsse." (B. Müller 1990, 69)

Auch dieses grundsätzliche Spannungsverhältnis läßt sich diskursethisch angehen, – mit der Folge, daß das Grundproblem der Indoktrination und politischen Bevormundung von Betroffenen durch emanzipatorisch ausgerichtete SozialarbeiterInnen hinterfragt wird, die immer schon aufgrund ihrer Gesellschaftsanalysen besser wissen, was für die Betroffenen gut ist, was ihren „wirklichen" Interessen nützt und wie sie handeln müßten, um sich gegen Unterdrückung zu wehren. Im Lichte der Diskursethik ist dieser Anspruch der Sozialarbeit *eine* mögliche Sichtweise, die Sichtweisen der Betroffenen sind aber ebenso ernst zu nehmen und einzubeziehen, denn eine Einigung kann nur über einen praktischen Diskurs erzielt werden.
Grundsätzlich sehen Hauke Brunkhorst und Hans Uwe Otto (1989) in der Diskursethik ein noch weitgehend unausgeschöpftes Erklärungspotential für die Sozialarbeit; sie setzen drei polemische Akzente:

(a) Bei der weit verbreiteten Theoriemüdigkeit sind Argumente „gegen die Reduktion von SA/SP auf Kompensations- und Therapiegeschäfte" (Brunkhorst/Otto 1989, 373) in einer bewußt gesellschaftskritischen Position bedeutsam. Der Vorrang der Gerechtigkeit vor der Therapie ist zu akzentuieren. Wie würde sich aber ein „Mehr an Gerechtigkeitsorientierung" auswirken – in neuen Methoden, anderen Organisationsformen, neuen Arbeitsfeldern? Möglicherweise wäre auch das die Folge, zunächst aber ginge es wohl eher darum, gebräuchliche Methoden, bestehende Organisationsformen und bisherige Arbeitsfelder intensiver unter „Gerechtigkeitsaspekten" und nicht nur unter Aspekten strategischer Rationalität (was ist wie am besten machbar?) zu befragen und zu beleuchten.

(b) Durch die Betonung des kognitiven, wissenschaftlich aufklärbaren Zusammenhangs von Moralerziehung, egalitärer Gerechtigkeit und Sozialarbeit soll einer konservativen Funktionalisierung von Moral und Ethik entgegengetreten werden (ebd.). Das kritisch-aufklärerische Potential der Diskursethik, das etwa in den Fragen steckt: „Wo sind Kriterien der ‚idealen Kommunikationsgemeinschaft' nicht verwirklicht?" „Welche Möglichkeiten gäbe es, sich ihnen schrittweise anzunähern?", tritt einer konservativen Instrumentalisierung von Ethik als Rechtfertigung und Beweihräucherung des Bestehenden entgegen.

(c) Gegenüber einem normativen Skeptizismus oder postmodernem Relativismus soll „an die rational begründete Unvermeidlichkeit starker normativer, emanzipatorischer Ansätze" (ebd.) erinnert werden.

Im Abschnitt 6.1. habe ich auf drei Bereiche der Sozialen Arbeit hingewiesen, in denen typischerweise Spannungsverhältnisse auftreten: (erstens) das Spannungsverhältnis zwischen Einfühlung, wertfreier Akzeptierung und Neutralität einerseits und notwendiger klarer Stellungnahme andererseits; (zweitens) Spannungsverhältnisse in Teams bezüglich unterschiedlicher Menschenbilder, Methoden usw. und (drittens) das Spannungsverhältnisse auf Trägerebene und gegenüber der Öffentlichkeit bezüglich politischer Parteilichkeit. Es ist für jede SozialarbeiterIn unabdingbar, diese unausweichlichen Spannungsverhältnisse gründlich zu reflektieren und dazu einen eigenen, ethisch verantwortbaren Standpunkt zu finden. Dazu braucht es Gelegenheiten, Foren, die die Möglichkeit zum praktischen Diskurs bieten, um die eigenen ethischen Perspektiven und ihren Einfluß auf die Arbeit zu erforschen, beispielsweise im Rahmen der Ausbildung, von Supervision, in Fallbesprechungen oder in Fortbildungen. Es geht aber dabei nicht so sehr um die inhaltliche Vermittlung – vermeintlich richtiger – Wertperspektiven, sondern um

(a) die Vermittlung der Fähigkeit zur eigenen Reflexion ethischer Fragen, zur Auseinandersetzung mit KollegInnen, Vorgesetzten, Trägergremien und KlientInnen;
(b) – als Voraussetzung zur ethischen Reflexion – die Selbst-Erfahrung oder -Erforschung, die Entdeckung eigener Prägungen und

Wertpräferenzen, die uns eher unbewußt bleiben, weil sie so selbstverständlich und unhinterfragt sind, daß sie gar nicht bewußt werden (können);
(c) um die Fähigkeit, diese ethischen Überzeugungen aussagbar, kommunizierbar und damit auch kritisierbar zu machen (was z. B. bei einem intuitiven Ethikkonzept kaum möglich ist).

Insgesamt erscheint es mir insbesondere in sozialarbeiterischen Kontexten wichtig, das lebensweltlich-selbstverständliche Einverständnis in Richtung auf eine „kommunikativ erzielte Verständigung" weiterzuentwickeln und den Beteiligten zumindest die Möglichkeit zu eröffnen, „die potentiellen Gründe, auf die sie ihre Ja/Nein-Stellungnahmen stützen, explizit zu machen, zu prüfen bzw. einer Prüfung überhaupt erst zugänglich zu machen" (Habermas 1987, 108). Für den Bereich Sozialer Arbeit heißt dies etwa, daß nicht nur die Lebenswelt der KlientInnen hinterfragt, ihre Normen kritisiert und (pädagogischtherapeutisch) an Standards von BeraterInnen angeglichen werden, sondern daß auch die lebensweltlichen Selbstverständlichkeiten von BeraterInnen und *ihre* Ja/Nein-Stellungnahmen zu Normen hinterfragt und diskursiv aufgeklärt werden. Dies würde z. B. zu der Frage führen, inwieweit eine stärkere Akzentuierung von Echtheit und ein deutlicheres Einbringen eigener (gefühlsmäßiger und rationaler) Anteile gegenüber wertfreiem Verstehen und Akzeptieren angebracht wären.

Das Konzept der Diskursethik scheint mir in besonderer Weise geeignet, zu einer Klärung der genannten Probleme beizutragen, weil

(a) es sich bei der Diskursethik nicht um ein inhaltlich bestimmtes Ethikkonzept handelt, sondern um eine Verfahrensethik; der praktische Diskurs wird verstanden als ein Verfahren, das nicht der Erzeugung von gerechtfertigten Normen dient, sondern der Prüfung der Gültigkeit vorgefundener, aber problematisch gewordener und hypothetisch gewordener Normen (Habermas 1991b, 34);
(b) es der Diskursethik nicht um „das Gute" geht, wie traditionellen Ethikkonzepten; denn „das Gute" läßt sich im „postmodernen" Zeitalter immer weniger bestimmen, sondern es kann nur um das Gerechte, also das Wesen der Sozialen Arbeit gehen;
(c) die Diskursethik damit hilft, problematisch gewordene Normen explizit zu machen und zu prüfen.

Die hier behauptete Relevanz des diskursethischen Ansatzes wird allerdings auch bestritten. So stellt der Bernhard Wegener in seinem Aufsatz zur „Ethik der Sozialen Arbeit" die Leistungsfähigkeit von Diskursen als Grundlage ethischer Orientierung in Frage, weil Diskurse fehlbar seien (Wegener 1992). Dem wurden aber kein anderes, „leistungsfähigeres" ethisches Prinzip, sondern m. E. lediglich Leerformeln entgegengesetzt, wie etwa „Vermeidung oder Minderung von Übeln" (ebd.), an denen sich Sozialarbeit ausrichten soll. Wer soll denn – so darf man fragen – in einer pluralistischen Gesellschaft festlegen, was „Übel" sind, wenn nicht die davon Betroffenen? Und wie soll diese Festlegung erfolgen, wenn nicht im Diskurs? Selbstverständlich sind Diskurse fehlbar, aber es gibt keine plausible Alternative dazu, zumindest sehe ich keine, in einer Zeit, wo der Rekurs auf allgemein verbindliche Ideen des Guten nicht mehr möglich ist und wo transzendentale Ethikbegründungen immer nur für den Teil der „Anwender" gelten, die die jeweiligen Prämissen schon vorher akzeptiert haben.

6.6. Die Diskursethik nimmt niemand die praktischen Entscheidungen ab

Eine ethische Grundorientierung, wie sie die Diskursethik vorschlägt, kann keine „Rezepte" für Entscheidungen im Alltag liefern, aber durchaus Maßstäbe für Zielbestimmungen bereitstellen (Apel 1980, 270).
Ethik sollte nicht nur zur „Garnierung" und Rechtfertigung für methodisch-technische Programme dienen, die sich ihrerseits nur nach Gesichtspunkten strategischen Handelns richten. Zum Abschluß dieses Kapitels möchte ich – zusammenfassend – darstellen, welche wichtigen Impulse die Diskursethik m. E. für die Soziale Arbeit geben kann:

(a) Sie kann verschiedene „Ethiken" zusammenbinden, ergänzen und korrigieren, die von Konzepten und Arbeitsweisen implizit transportiert werden.
(b) Sie bringt die Sache der Gerechtigkeit neu zur Sprache und trägt damit zum Kern der Sozialarbeit Wesentliches bei; beispielsweise könnten Strukturen in Sozialadministrationen oder Wohlfahrts-

verbänden unter dem Aspekt untersucht werden, wo sie Spielräume für (etwas mehr) Partizipation bieten, bzw. welche Organisations- oder Strukturmodelle Partizipation eher fördern und welche sie behindern (dem Argument, daß „im Amt" ein „Diskurs", ein Verhandeln über Normen oder Ansprüche, nicht möglich ist, muß entgegengehalten werden, daß es durchaus deutlich unterschiedliche Formen gibt, wie ein „Amt" funktioniert, ohne sich deshalb Illusionen über die dort bestehenden Möglichkeiten zu machen).
(c) Sie kann regulative Ideen – i. S. Kants – zur Verfügung stellen, die sich rational begründen lassen und die deshalb Gültigkeit für die gesamte Sozialarbeit beanspruchen können, die also nicht nur für eine katholische, evangelische oder sonstige weltanschaulich gebundene Sozialarbeit verbindlich sind. Sie können als Maßstab zur Auswahl von Konzepten und Arbeitsweisen dienen, weil sie dem Anspruch der Universalität genügt. Auch können damit Methoden daraufhin befragt werden, inwiefern sie die BeraterInnen zu ExpertInnen für die Lebenswelt der KlientInnen hochstilisieren oder ob sie – zumindest tendenziell – von Mündigkeit und Selbsthilfefähigkeit im Rahmen einer partnerschaftlichen Beziehung ausgehen, ohne damit bestehende Unterschiede in Status, Bezahlung, Wissen usw. zu verwischen.
(d) Sie ist geeignet, der „Kolonialisierung von Lebenswelten" (Habermas) und der Therapeutisierung des Alltags entgegenzuwirken. Sie kann dazu dienen, daß die Macht der (Sozial-)ExpertInnen über KlientInnen begrenzt und die Gefahr der Indoktrination deutlicher gesehen wird. Die Diskursethik macht KlientInnen als „sprach- und handlungsfähige Subjekte" zu PartnerInnen und entmündigt sie nicht auch noch auf der Ebene der Werte; als Beispiel mag zur Illustration der Hinweis auf das Konzept soziotherapeutischer Gruppenarbeit genügen: Normen wie etwa die „Gibt es auf der Freizeit mit psychisch Kranken Alkohol?", „Darf im Rahmen der Gruppe geraucht werden?" werden mit den GruppenteilnehmerInnen gemeinsam entwickelt und ausgehandelt und nicht von den GruppenhelferInnen vorgegeben; KlientInnen erleben sich so als autonome Subjekte, Normen werden als veränderbar erlebt (Pfeifer-Schaupp 1988, 1990, 1994a).
(e) Die sozialarbeiterische Praxis im Lichte des diskursethischen Programms zu befragen, könnte weiterhin bedeuten, daß Beraterinnen ihre eigenen (subjektiven) Werte den KlientInnen transparent und die Normen, an denen sie sich orientieren (müssen), explizit machen; das

könnte zu einer klareren Unterscheidung zwischen Themen beitragen, über die in der Beratung verhandelt werden kann, und solchen, wo dies nicht möglich ist.
(f) Sie macht auf die Gefahren aufmerksam, Sozialarbeit als Beziehungsersatz, etwa Gemeinwesenarbeit an Stelle verlorengegangener Nachbarschaft, anzubieten.
(g) Sie kann als ethisches Konzept in der Ausbildung plausibel und interdisziplinär vermittelt werden. Die Diskursethik paßt zu sozialwissenschaftlichem Erklärungs- und Handlungswissen und „steht nicht fremd und unverbunden daneben", sondern ist – im Sinne Luhmanns – „anschlußfähig", weil sie sich rational begründen läßt.
(h) Sie ist der Sache der Sozialarbeit angemessen, weil sie geeignet ist, das ureigenste Anliegen der Sozialarbeit zur Sprache zu bringen und z. B. nicht im Sinne einer reinen Gesinnungsethik nur nach Einstellungen und Absichten und nicht nach den Folgen von Handlungen fragt.
(i) Sie kann in ihrer Kargheit, Dürftigkeit und „Sparsamkeit", in ihrem spröde anmutenden Formalismus den in der Sozialarbeit weit verbreiteten schwärmerischen Ideen Einhalt gebieten, eine kritische Instanz gegen nicht einlösbare Glücks- und Heilsversprechen sein; denn nicht wenige (therapeutische) Konzepte tendieren dazu, zu „Heilslehren" zu verkommen. Sozialarbeit kann Menschen nicht „das Glück" bringen und soll dies auch gar nicht, denn sie scheitert in der Regel bereits an dem wesentlich bescheideneren Ziel, einen kleinen Beitrag zu mehr sozialer Gerechtigkeit zu leisten.
(k) Sie kann durch die klare Unterscheidung von allgemeinverbindlichen Normen und subjektiven Werten zu klareren Begrifflichkeiten in Diskussionen verhelfen, wobei die Diskussion um Werte mir weder unmöglich noch sinnlos erscheint, nur müssen Geltungsansprüche und Begriffe klar definiert und getrennt werden.

Ich sehe in der Diskursethik also keinen „Wegweiser ins Paradies", sondern eher ein Holzgeländer auf schlüpfrigen Alltagsstegen. Auch Jürgen Habermas beurteilt die „praktische Relevanz" des Ansatzes sehr selbstkritisch und bescheiden:

> „Angesichts der vier großen moralisch-politischen Belastungen unserer eigenen Existenz – angesichts des Hungers und des Elends in der Dritten Welt; angesichts der Folter und der fortgesetzten Verletzungen mensch-

licher Würde in den Unrechtsstaaten; angesichts wachsender Arbeitslosigkeit und der disparitären Verteilung des gesellschaftlichen Reichtums in den westlichen Industrienationen; angesichts schließlich des selbstzerstörerischen Risikos, das das atomare Wettrüsten für das Leben auf dieser Erde bedeutet – angesichts provokativer Tatbestände dieser Art ist meine restriktive Auffassung von der Leistungsfähigkeit der philosophischen Ethik vielleicht eine Enttäuschung ... auf jeden Fall ist sie auch ein Stachel: die Philosophie nimmt niemandem die praktische Verantwortung ab." (Habermas 1991b, 30)

7. Das „AHMAZ-Prinzip" – oder: die Aufspreizung des Trivialen"[22] – Kritik an Konstruktivismus und Systemtheorie

Der Konstruktivismus vollendet eine lange Geschichte der Reaktion von Wissenschaft auf ihr eigenes Auflösevermögen, beginnend mit Plato, der auf der Suche nach der Realität jenseits der als bloße Meinung durchschauten Alltagserfahrung ist, und endend mit der neuzeitlichen Behauptung, daß diese Realität die Erkenntnis selbst sei (Luhmann 1992, 510). Der Konstruktivismus ist durchaus nicht so neu, wie er von manchen seiner Apologeten dargestellt wird. In diesem letzten Abschnitt des Theorieteils werde ich einige Gesichtspunkte zur Kritik an Konstruktivismus und an der Systemtheorie zusammenfassend darstellen, die im Verlauf der letzten Abschnitte schon mehrfach angeklungen sind, insbesondere das Problem der „Wegerklärung" sozialer Gegensätze (Abschnitt 7.1.), der Verharmlosung von Macht (Abschnitt 7.2.) und der – häufig übersehenen – politischen Implikationen der Theorieelemente (Abschnitt 7.3.). Diese Kritikpunkte geben für mich vor allem Richtungen an, in die das Konzept weiterentwickelt und modifiziert werden müßte, vor allem hinsichtlich seiner Verwendung im Rahmen von Sozialarbeitstheorie.[23] Da ich das systemische Konzept hier vor allem in seiner konstruktivistischen Spielart vorgestellt habe, werde ich bei der zusa-

---

[22] Diese nette Wendung habe ich von Hans Zygowski entliehen (1993, 46).
[23] Zur Kritik systemischer Konzepte in den Sozialwissenschaften siehe insbesondere Georg Hörmann (1994).

menfassenden Kritik nicht zwischen Systemtheorie und Konstruktivismus trennen, was auch schon aus dem Grunde schlecht möglich wäre, weil sich beide Theoriestränge gegenseitig durchdrungen und vielfältig verschränkt haben.

7.1. ALLES IST KONSTRUIERT – NUR DER KONSTRUKTIVISMUS NICHT?

Die Notwendigkeit der Kritik an der konstruktivistischen Systemtheorie wird als Selbst-Kritik von den Vertretern dieses Ansatzes durchaus formuliert; so übt z. B. Niklas Luhmann selber Kritik am Begründungsschema der sich als konstruktivistisch verstehenden Theorien, wenn er sagt, daß es nicht genüge, von der unbestreitbaren Mitwirkung bestimmter psychologischer, sprachlicher und sozialer Faktoren beim Zustandekommen von Erkenntnis auszugehen und daraus zu schließen, daß das *Resultat* der Erkenntnis nichts anderes ist als eine entsprechende psychologische, sprachliche oder soziale Konstruktion: denn dieser Schluß ist schon rein logisch nicht stichhaltig: Warum sollen nicht andere Ursachen an der Entstehung von Erkenntnis mitwirken? Wie ist die offensichtliche Übereinstimmung der – angeblich doch auf reiner Konstruktion beruhenden – Erkenntnis verschiedener Induividuen zu erklären (Luhmann 1992, 511)? Der empirische Nachweis, daß Erkenntnis, oder „Kognition", durch psychologische und soziale Faktoren bestimmt wird, besagt für sich genommen, also keineswegs, daß nicht andere Faktoren *auch* am Zustandekommen der Erkenntnis beteiligt sein *können*, z. B. „Realitätskontakt". Wenn – und darauf habe ich schon mehrfach angespielt – jede Erkenntnis Konstruktion ist, so gilt diese Behauptung natürlich auch für den Konstruktivismus. „Erkenntnistheoretische Thesen müssen auf der Ebene der Beobachtung zweiter bzw. dritter Ordnung und hier: als Programme für die Selbstbeobachtung und Selbstbeschreibung des Wissenschaftssystems formuliert werden." (ebd.) Hannes Brandau (1992) – Luhmanns Kritik teilweise aufnehmend – plädiert deshalb für einen realistischen statt des (pseudo-)radikalen Konstruktivismus und weist darauf hin, daß der Konstruktivismus

(a) zu sehr sprachlich und kognitiv orientiert ist und die Ebene der Gefühle, des Körpers sowie die Handlungsebene eher ausblendet;

(b) selbstwidersprüchlich ist, indem er seine Radikalität nicht auf sich selber ausdehnt und alles für unsicher und konstruiert hält, außer sich selber;

(c) – trotz Maturanas und Varelas biologische Forschungen über neurophysiologische Prozesse, die das Erkennen (z. B. das Sehen, Hören, Tasten) begleiten – nicht beweisen kann, daß die äußere Realität nicht adäquat abgebildet wird, denn dazu müßte ein Beobachter, der das Erkennen beobachtet, einen quasi gottähnlichen Standpunkt einnehmen können und die „wirkliche" Realität mit der abgebildeten „Realität" vergleichen können; genau dies aber ist prinzipiell nicht möglich.

Daß der Konstruktivismus nicht ganz so neu und einzigartig ist, wie er manchmal dargestellt wird, besagt auch, daß andere, ihm nahestehende Theorietraditionen berücksichtigt und aufgenommen werden müßten. Der Soziologe Hans-Georg Soeffner (1992) erinnert in seiner beißenden Kritik an systemtheoretischen Theorien mit konstruktivistischer Prägung (dabei insbesondere auf Niklas Luhmann zielend) an die Tradition der Wissenssoziologie von Peter Berger und Thomas Luckmann. Deren Buch „Die gesellschaftliche Konstruktion der Wirklichkeit" ist in der deutschen Übersetzung 1970 erschienen und hat seither viel Wiederhall gefunden, auch in der Sozialarbeitswissenschaft.[24] In der Nachfolge der „verstehenden Soziologie" von Alfred Schütz werden im Konzept des „Social Constructionism" die Akzente der „Konstruktion" ganz anders gesetzt, als beim „radikalen Konstruktivismus":

> „Vor allem geht es darum, die Formung unserer Alltagswirklichkeit und unseres Alltagshandelns durch Institutionen, Produkte, Weltsichten, kollektive ‚Mentalfiguren', Handlungsmuster und Wisensformen zu zeigen. Sie alle werden im menschlichen Handeln modelliert, gewinnen dort ihre Gestalt und Wirklichkeit und wirken ihrerseits auf menschliches Handeln zurück. Kurz: Es geht auch um die Rückwirkung der gesellschaftlichen Konstruktionen auf ihre Konstrukteure. Die Analyse versteht sich damit als Rekonstruktion der sozialen Konstruktion der Wirklichkeit." (Soeffner 1992, 477)

---

[24] Es ist z. B. auffallend, wieviele Autoren sich in dem – m. E. immer noch wegweisenden – kritischen Handbuch zur Sozialarbeit/Sozialpädagogik von Hanns Eyferth, Hans Uwe Otto und Hans Thiersch (1987) in ihren Artikeln zu einzelnen Stichworten auf dieses Konzept beziehen.

Soeffner kritisiert auch die Heterogenität der nach seiner Ansicht unvermittelt zusammengekleisterten Theorieansätze: „Diese bunte Gemeinde versammelt sich unter dem Signum der Trinität von ‚System‘, ‚Konstruktion‘ und ‚Autopoiesis‘ – eine Einheit, die nur durch größte ‚dialektische‘ Anstrengungen zusammengehalten werden kann" (ebd., 478). Soeffner erkennt dann allerdings – und darin möchte ich ihm nicht folgen – in der Systemtheorie flugs „einen nur flüchtig neu konstruierten Hegel wieder" und behauptet, daß der „Weltgeist" als allgemeinster und abstraktester und daher auch gestaltloses Subjekt als autopoietisches System ausstaffiert wird (ebd., 478). Auch der Georg Hörmann kritisiert mit ähnlichen Argumenten die Heterogenität der Ansätze:

„Als Ersatz für einen konsistenten Diskurs der Gültigkeit und Erklärungskraft des neuen ‚Paradigmas‘ wird zumeist die Popularisierung interdisziplinärer Fragestellungen und Theoriefragmente unter Anleihen bei naturwissenschaftlichen Konzepten (etwa Systemkonzepte in Biologie und Neurowissenschaften, Kybernetik, Chaostheorie) angepriesen." (Hörmann 1994, 1)

Zum Heterogenitäts- oder Inhomogenitätsvorwurf ist zu sagen, daß Heterogenität von Theorien an sich nicht schlecht sein muß, daß also zu unterscheiden wäre zwischen „guter" und „schlechter" In-Homogenität: Heterogenität von Theorien, also unterschiedliche Sichtweisen und Modelle für ein Problem oder einen „Wirklichkeitsbereich" können Unterschiedliches sichtbar machen und von daher sinnvoll sein. Aber Heterogenität kann natürlich auch – und daraufhin sind die hier präsentierten Theorieentwürfe tatsächlich zu prüfen – das Denken verwirren und Sachverhalte vernebeln, statt sie zu klären.[25] Die Heterogenität der konstruktivistischen Theorie wird aber auch von führenden Konstruktivisten gesehen, wie z. B. von dem Literaturwissenschaftler Sigfried J. Schmidt, der in der Einleitung zu seinem zweiten Sammelband über den Diskurs des radikalen Konstruktivismus schreibt,

---

[25] Ein gelungenes Beispiel für eine solche Prüfung ist für mich Silvia Staub-Bernasconis Analyse des „ökosozialen Ansatzes" von Wolf Rainer Wendt (Staub-Bernasconi 1989a).

„daß es ‚den Radikalen Konstruktivismus' als monolithische Theorie, getragen gar von einer unisono argumentierenden ‚Konstruktivistenmafia' nicht gibt – nicht zuletzt wegen der unterschiedlichen ‚Traditionen', wie Maturanas biologische Epistemologie, von Foersters operativer Erkenntnistheorie und von Glasersfelds radikalem Konstruktivismus." (Schmidt 1992, 9)

Ebenso wird von ihm auf die begrifflichen Unschärfen hingewiesen, die der Präzisierung bedürfen – so z. B. beim Begriff der „strukturellen Koppelung" und bei „operationaler Geschlossenheit" – und selbstkritisch die empirische Umsetzung der theoretischen Grundlagen gefordert.

Während die weithin gefeierte „Neigungsehe zwischen Systemtheorie (Luhmann) und ‚Radikalem Konstruktivismus' (Maturana, Varela, von Foerster) den Ausdruck ‚Konstruktion' als eine ihrer Früchte erscheinen läßt" (Soeffner 1992, 478), untersuchte der soziale Konstruktionismus schon lang vorher die Fragestellung,

> „wie in unterschiedlichen Kulturen und Handlungszusammenhängen das Bewußtsein der Individuen durch Veränderungen in gesellschaftlichen Organisationen und institutionellen Strukturen beeinflußt wird. Daß Individuen, die ihr Handeln daraufhin anders interpretieren, ihrerseits wiederum Einfluß auf die Institutionen nehmen und diese verändern ..., ist theoretisch mehr als wahrscheinlich. Konkret zu zeigen, wie sie dies tun und wie dieses Tun nicht nur die Institutionen, sondern auch das alltägliche Leben bis in seine feinsten Verästelungen hinein formt und andere Welt-Ansichten aus sich hervorbringt, ist dagegen jene harte empirische Arbeit, der sich Berger in den letzten Jahren verschrieben hat" (ebd., 480).

Der „systemtheoretisch unterfütterte" radikale Konstruktivismus erweist sich aus dieser Sicht dann eher als Weltanschauung mit wesentlichen Defiziten.

> „Als Thorie konstruiert sie (die Systemtheorie; P.-S.) ... lediglich ‚gesellschaftliche' und andere Wirklichkeiten, ohne die gesellschaftliche Konstruktion von Wirklichkeit geschweige denn konkret-historische, gesellschaftliche Konstruktionen (z. B. sich selbst als eine solche) von Wirklichkeiten in den Blick zu bekommen." (ebd., 479)

Speziell in der Sozialen Arbeit bzw. in der Sozialarbeitswissenschaft kommt es aber genau darauf an: auf die Analyse „konkret-historischer, gesellschaftlicher Konstruktionen". Deshalb wäre es m. E.

fruchtbar, eine Synthese von „radikalem Konstruktivismus" und „Social Constructionism" anzustreben.
Die Fruchtbarkeit des Social Constructionism für die Soziale Arbeit demonstrieren z. B. Hans-Joachim Jungblut und Werner Schreiber in ihrem Beitrag über „Interaktionismus" im Handbuch der Sozialarbeit/ Sozialpädagogik. Sie untersuchen exemplarisch Deutungsschemata und Handlungsroutinen des Alltags von Sozialarbeitern im Jugendamt (Jungblut/Schreiber 1987).

7.2. IST INSTRUKTIVE INTERAKTION UNMÖGLICH? DIE WIRKLICHKEIT VON MACHT UND MANIPULATION

In einem strengen theoretische Sinne kann natürlich im Konzept der operationalen Geschlossenheit instruktive Interaktion nicht möglich sein. „Operationale Geschlossenheit" ist jedoch ihrerseits kein „Beweis" für die Unmöglichkeit instruktiver Interaktion; das wäre ein typischer Zirkelschluß, weil das Ergebnis – eben die behauptete Unmöglichkeit instruktiver Interaktion – im Begriff der operationalen Geschlossenheit schon enthalten ist. Freilich, es ist tätsächlich nicht möglich, z. B. in das Gehirn eines anderen Menschen hineinzusehen oder seine Gedanken, sein Bewußtsein direkt zu beeinflussen. Die Geschichte der Medizin beispielsweise ist jedoch eine Geschichte von Gegenbeispielen: Die Medizin lebt davon, daß sie lebende Systeme – körperliche Systeme – gezielt beeinflußt und manipuliert. Und es ist unübersehbar, daß ihr dies tatsächlich in vielen Fällen gelungen ist, allerdings mit den bekannten problematischen Nebenwirkungen, die wohl unbestreitbar sind. Ebenso gibt es psychologische Manipulationstechniken, die funktionieren (können), wie uns gewisse Spielarten von Verhaltenstherapie oder Neurolinguistischem Programmieren erschreckend deutlich machen. Die Gefahr der These von der Unmöglichkeit instruktiver Interaktion ist es, daß sie dazu verleiten kann, die Möglichkeiten und Risiken von Macht und Manipulation zu unterschätzen.
Mit der durchaus begrüßenswerten Interdisziplinarität der systemisch-konstruktivistischen Theorien sind – über die eben erwähnte Heterogenität der Theorieansätze hinaus – auch noch andere Probleme verbunden. Dies wird vor allem deutlich, wenn Theorieelemente oder Begriffe aus anderen Gegenstandsbereichen aufgegriffen und in un-

reflektiert übernommen werden. So ist der Systemtheorie und insbesondere dem Autopoiesekonzept vorgeworfen worden – und m. E. nicht zu Unrecht –, daß vor allem mit der Übernahme von Begriffen und Konzepten aus der Biologie und aus der Technik spezifisch menschliche und soziale Probleme „wegerklärt" werden oder gar keiner Erklärung mehr bedürfen, weil sie nämlich schlichtweg nicht mehr vorkommen. In der Biologie kommen Macht, Hierarchie, Gewalt und Ausbeutung, soziale Ungleichheit oder Benachteiligung zwar tatsächlich nicht vor. Überträgt man biologische Konzepte, wie z. B. das gesamte Konzept der operationalen Geschlossenheit, auf soziale Probleme oder „Gegenstände", so birgt das die Gefahr der Verschleierung der spezifischen Gegebenheiten dieses sozialen Gegenstandsbereiches. Anstatt sie zu erklären, werden solche Widersprüche einfach ignoriert, und die Theorie verkommt damit zur „grandiosen Apologetik der herrschenden Verhältnisse" (Zygowski 1993, 46). Mißliebige Begriffe, z. B. das Subjekt, die Dialektik, die Vernunft, werden zugunsten eines kleinsten gemeinsamen Nenners wegkatapuliert. Die Popularisierung interdisziplinärer Fragestellungen und ungeprüfte Anleihen bei naturwissenschaftlichen Konzepten können dann zum Ersatz für einen konsistenten Diskurs werden (ebd.).
Mit ketzerisch-provozierenden Thesen versucht Ilona Schöll (1992) aus ganz anderer, nämlich feministischer Sicht, Systemtherapeutinnen aus dem Schlaf von Sicherheit, Selbstzufriedenheit und eingebildeter Überlegenheit zu wecken; sie weist ebenfalls auf die ihrer Meinung nach von der Systemtheorie – und im Anschluß daran auch von der Systemtherapie – verschleierte Machtverhältnisse hin, vor allem auf die Machtverhältnisse zwischen den Geschlechtern. Teilweise finde ich ihre Aussagen etwas grell, begrüße es aber, daß es jemand wagt, systemische „heilige Kühe" wie die Kybernetik zweiter Ordnung infrage zu stellen. „Wie Herbert Marcuses Gedanke von der ‚repressiven Toleranz' uns gelehrt hat, setzt sich die Macht noch allemal dort am wirkungsvollsten durch, wo sie geleugnet und damit den Verhandlungsmöglichkeiten entzogen wird" (Schöll 1992, 53).

7.3. Geschichtenerzählen allein macht es nicht

Wenn behauptet wird – wie z. B. von der Bochumer Arbeitsgruppe für Sozialen Konstruktivismus und Wirklichkeitsprüfung (Baecker/

Borg-Laufs u. a. 1992) –, daß Standardgeschichten zu verschiedenen sozialen Bereichen oder Themen die gesellschaftliche oder die individuelle Wirklichkeit nicht widerspiegeln, sondern „daß die Geschichten die Wirklichkeit erst herstellen" (ebd., 134), so hört sich das vielleicht neu und sogar „radikal" an, ist aber seinerseits auf seine Wirklichkeitskonstruktion oder seine Konsequenzen zu prüfen. Nun werden von der Bochumer Arbeitsgruppe zwar Standardgeschichten über den Verlauf von Beziehungen oder „Sprachskripte über das Ende einer Partnerschaft" als Beispiele herangezogen. Hier mag es noch als angemessen gelten, vor allem die sprachliche oder kommunikative Seite von „Wirklichkeitskonstruktion" zu untersuchen. Von der Bochumer Arbeitsgruppe wird aber durchaus auch eine beispielhafte „Wirklichkeitsprüfung" zum Thema „Macht" versucht, und zwar interessanterweise durch die Beobachtung der Gesten und Sprachspiele, die Macht in universitären Gremien herstellen. Für diesen „Wirklichkeitsbereich" gelten aber ganz andere „Gesetze", die sich nicht unbedingt allein durch direkte Beobachtung erschließen. Phänomene wie „unterschiedliches Stimmrecht", „verschiedene Bezahlung" und „unterschiedlicher sozialer Status" müssen zwar sozial verwirklicht, also in Handlungen, Sprache, Gestik usw. „transformiert" werden, sie sind jedoch für die Analyse von Macht wichtig. Gesten und Sprachskripte sind zwar eine, aber doch bei weitem nicht die wichtigste oder gar die einzige Dimension, die die „Erzeugung von Macht" erklären. Welche Konsequenzen hätte das Konzept von der Erzeugung von Wirklichkeit durch Geschichten, wenn wir davon ausgehen, daß z. B. die Standardgeschichten, die sich die Menschen eines benachteiligten Stadtquartiers erzählen, die gesellschaftliche Wirklichkeit nicht (auch) widerspiegeln, sondern (nur) erzeugen? Welches ist der „Erklärungswert" solcher Konzepte bezüglich der „Verursachung" (die es im linear-kausalen Sinne ja auch nicht mehr „gibt") und vor allem bezüglich der Lösung sozialer Probleme? „Erzählt doch einfach andere Geschichten!" Kann es damit getan sein?
Auch auf der Ebene der benutzten oder vorgeschlagenen Methoden zur empirischen Prüfung konstruktivistischer Konzepte ist der Ansatz der Bochumer Arbeitsgruppe aufschlußreich: teilnehmende Beobachtung mit Hilfe von Methoden der Ethnomethodologie, „lautes Denken", Gedankenstichproben. Was sich auf diese Weise im Beratungs- und Therapieprozeß direkt beobachten läßt, ist aber nur ein Teil

der „Realität". Objektive Bedingungen wie etwa das ökonomische System und andere gesellschaftsstrukturelle Bedingungen bekommt man auf diesem Wege nicht in den Blick; Massenarbeitslosigkeit, faktische Abschaffung des Asylrechts usw. sind nicht direkt der „Beobachtung" zugänglich. Schon im Rahmen des Positivismusstreits in den sechziger Jahren hat Theodor Adorno auf das Problem hingewiesen, daß Empirie insgesamt sich auf das Gegebene beschränkt und es damit auch als gegeben hinnimmt. Die „falsche Faktizität" ist damit nicht zu beschreiben.

7.4. Politische Implikationen des Autopoiese-Konzepts

Wissenschaft bewegt sich nicht im luftleeren Raum, sie entsteht in gesellschaftlich-politischen Zusammenhängen und wirkt ihrerseits wieder auf diese zurück. Deshalb ist zu fragen: Wem nützt eine wissenschaftstheoretische Position? Welchen (gesellschaftlichen) Tendenzen leistet sie Vorschub? „Die Beschwörung der ‚Postmodernen Gesellschaft' ist die Aussicht derjenigen, die Gipfelsicht haben", stellt Silvia Staub-Bernasconi sarkastisch fest, und zielt damit auch auf die konstruktivistische Systemtheorie (Staub-Bernasconi 1989b, 306). Pedro Graf (1994) weist mit seinen Argumenten in die gleiche Richtung. Seine grundsätzliche Kritik an den erkenntnistheoretischen Fundamenten des Konstruktivismus leuchtet mir zwar nicht ein[26], bemerkenswert und bedenkenswert finde ich allerdings seine gesellschaftspolitischen Hinweise: Er kritisiert den Konstruktivismus nicht nur wegen seiner angeblich falschen erkenntnistheoretischen Voraussetzungen, sondern auch, weil er der Postmoderne mit ihrem Subjektivismus Vorschub leistet, und sieht ihn als „Rechtfertigungsideologie für die rücksichtslose Durchsetzung der von diesem Prozeß Begünstigten, der Fittesten und Stärksten" (Graf 1994, 49). Nun sind Argumente gegen die *Konsequenzen* einer theoretischen Position als solche noch keine Argumente zur Widerlegung, aber der Hinweis auf diese Konsequenzen scheint mir um so wichtiger für den *Gebrauch* dieser Theorien.

---

[26] Er plädiert statt dessen für einen „hypothetischen Realismus" im Anschluß an Karl Popper, Hans Albert, Rupert Riedl u. a.

Auch der Soziologe Walter Bühl (1991) übt scharfe und m. E. berechtigte Kritik an den meist nicht oder zumindest nicht ausreichend reflektierten politischen Implikationen des Autopoiese- oder Selbstorganisationskonzepts.

„Wenn man in den Sozial- und Geisteswissenschaften schon den Glauben an die ‚Evolution' als einer linearen Optimierung (oder an die Geltung irgendeines anderen historische Entwicklungsgesetzes) aufgeben mußte, dann bietet sich nun wenigstens der Trost, daß sich bei komplexen sozialen Systemen – dank ihrer ‚Selbstreferenz' und ‚Ausdifferenzierung' in der Vielfalt der angelegten Potentiale und Pfade – schon irgendwie eine ‚natürliche Drift', irgendein Weg zum ‚Weitermachen' finden lassen wird." (Bühl 1991; 202 f.)

Die Theorie der Autopoiesis hat nach Bühl folgende, teilweise fatale Implikationen:

(a) De facto ermuntert sie eben nicht zur aktiven Eigenentwicklung und zur Selbstorganisation, sondern kann politisches Nichtstun, das Fehlen notwendiger Handlungsstrategien, z. B. angesichts ökologischer Katastrophen, legitimieren;
(b) in der Politik herrscht zwar immer noch die „Ideologie der großen Macher", und die Politiker scheinen nach wie vor besessen von der Illusion der Machbarkeit, „daß dennoch die ‚Theorie der Autopoiesis' die Quintessenz ihres Handelns zu sein scheint, ist nur das Ergebnis ihrer Unfähigkeit, die Lage tatsächlich zu überblicken und zu strukturbildenden Lösungen zu kommen" (ebd., 202);
(c) der Verzicht auf irgendwelche technokratischen Ansprüche der Sozialwissenschaft, auf Prognose und Planung, Koordination und Kontrolle, Steuerung und Führung beendet natürlich auch die entsprechende wissenschaftliche Verpflichtung (ebd., 203);
(d) wo „Selbstorganisation", Selbststeuerung und Selbtheilungskräfte gepriesen werden, da liegt der Gedanke nahe, auf politischen Ausgleich von Ungerechtigkeit zu verzichten, und im wirtschaftlichen Bereich den Markt sich selber steuern zu lassen, – und das unterstützt allemal die ohnehin Starken und erinnert in fataler Weise an liberalistische Ideologien, die im wirtschaftswissenschaftlichen Bereich z. B. von Milton Friedman wieder aufgewärmt und von Männern der Tat wie Augusto Pinochet in Chile vom sauberen wirtschaftswissen-

schaftlichen Lehrbuch in die allerdings dann eher schmutzige und bluttriefende politische Tat umgesetzt wurden;
(e) trotz aller Proklamationen, daß instruktive Interaktion, direkte Einflußnahme nicht nur in Therapieprozessen, sondern ebenso in politischen Prozessen unmöglich sei,

„läßt sich nicht leugnen, daß im realen gesellschaftlichen Leben doch sehr kräftig auch direkt interveniert wird, daß – und oft ganz ohne Anspruch auf ein ‚Verstehen' der Gegenposition – Macht ausgeübt wird, daß Konflikte auch durchaus mit illegitimen Mitteln ausgetragen werden, daß die Reflexion durchaus instrumentell eingesetzt werden kann und keineswegs immer zum Handlungsverzicht führt, daß es unumgänglich ist, Handlungsakte zu koordinieren und Kooperation gelegentlich auch zu erzwingen" (Bühl 1991, 209 f.).

Zusammenfassend kann gesagt werden, daß die Gefahr besteht, die Autopoesis-Theorie zur Legitimierung der Untätigkeit zu nutzen, andererseits zur (wissenschaftlichen) Rechtfertigung einer Beliebigkeit des „anything goes" (ebd., 213 f.).

7.5. Zusammenfassung

Mit Silvia Staub-Bernasconi möchte ich die theoretischen Grundannahmen einer (kritischen) systemischen Sichtweise sozialer Probleme und der Sozialen Arbeit folgendermaßen zusammenfassen (Staub-Bernasconi 1991, 16 ff.):

(a) Die Wirklichkeit ist mehrdimensional; es können mehrere Wirklichkeits-Ebenen betrachtet werden: ein physikalischer, biologischer, sozialer und kultureller Wirklichkeitsbereich. Diese sind ko-evolutionär aufeinander bezogen, beeinflussen sich gegenseitig in unterschiedlicher und unterschiedlich intensiver Weise. Keiner dieser Bereiche ist methodisch oder konzeptuell auf den anderen reduzierbar. Theoriebildung über einen bestimmten Bereich – z. B. den biologischen Bereich – kann nicht unbesehen als konzeptuelles Instrumentarium für die anderen Bereiche verwendet werden. Dies führt zu unzulässigen Verwischungen der qualitativ differenzierten Wirklichkeitsbereiche.
(b) Die konzeptuelle Reduktion von Mensch und/oder Gesellschaft auf Physik, Biologie oder Sachen bzw. Maschinen und entsprechende

Modelle und Metaphern ist entmenschlichend, nicht angemessen und ein Ausdruck symbolischer Gewalt.
(c) Auch die soziale Wirklichkeit ist mehrdimensional. Das Soziale ist ein Oberbegriff, der die sozialen Differenzierungen einer Gesellschaft einschließt: die ressourcenmäßige, also sozioökonomische Differenzierung in Klassen oder Schichten; die funktionale Differenzierung (Familie, Ökonomie, Politik, Bildung, Kultur usw.), die Differenzierung in verschiedene Niveaus (Individuum, Kleingruppe, Großfamilie, Gemeinwesen, Stadt, Region usw.).
(d) Menschen als fühlende, denkende, bewertende, hoffende und handelnde Wesen sind teilweise selbst- und teilweise fremdgesteuert.
(e) Menschsein ist immer Mensch-in-der-Gesellschaft-sein, ein kontextloses, sich aus sich selber heraus entwickelndes Individuum oder eine kontextlose Organisation ist eine Fiktion.

Teil 3
Praxiselemente

„Der Mensch ist dasjenige, was noch vieles vor sich hat. Das Eigentliche ist im Menschen wie in der Welt ausstehend, steht in der Furcht, vereitelt zu werden, steht in der Hoffnung, zu gelingen." (Ernst Bloch, Prinzip Hoffnung)

Systemisches Arbeiten in der Sozialen Arbeit beginnt mit der Analyse des eigenen Handlungskontextes. Zunächst werde ich daher eine allgemeine Kontextbestimmung der Sozialen Arbeit in Umrissen versuchen, also darstellen, wo die Unterschiede zu anderen Handlungsfeldern liegen und was die Unterschiede ausmacht (Kapitel 1). Das anschließende Kapitel soll kurz in einige praktische systemisch-konstruktivistische Grundkonzepte in der Sozialarbeit einführen, von denen einige im weiteren Verlauf noch herausgegriffen und etwas näher beleuchtet werden (Kapitel 2). Ein besonders wichtiges und nützliches Instrument sind die zirkulären Fragen, denen ich ein eigenes Kapitel widmen möchte (Kapitel 3). Das darauffolgende Kapitel beleuchtet die Klärung der Auftragslage, die Perspektivenerweiterung vom Klienten- zum Problemsystem und das Konzept der Neutralität in nicht-neutralen Kontexten (Kapitel 4). Mit der Möglichkeit von Metaperspektiven (z.B. mit Hilfe des „reflektierenden Teams" oder beim Schreiben von Aktennotizen und Berichte) beschäftige ich mich im 5. Kapitel. Zunehmende Bedeutung gewinnt in der Sozialarbeit die Evaluation und die Selbst-Evaluation. Das 6. Kapitel befaßt sich mit der Möglichkeit, zirkuläre Fragen zur systematischen Reflexion und Auswertung der eigenen Arbeit zu nutzen. SozialarbeiterInnen haben es vielfach mit besonders schwierigen KlientInnen zu tun, und trotzdem machen diese KlientInnen ihnen häufig weniger Schwierigkeiten, als der eigene Träger oder die Organisation, in der sie tätig sind. Im vorletzten Kapitel stelle ich einige Ideen über Muster und Spiele in Organisationen dar. Außerdem wird eine Möglichkeit erläutert, sich mit Hilfe einer „Institutionslandkarte" diese Muster genauer anzuschauen (Kapitel 7). Abschließend gehe ich der Frage nach, wie man in der Sozialarbeit am besten scheitern und ausbrennen kann (Kapitel 8).

1. Soziale Arbeit: der Kontext

„Das erste, was ein/e Therapeut/in machen muß, der oder die den systemischen Ansatz erlernen will, besteht darin, den Kontext zu analysieren, in dem er oder sie arbeitet" (Boscolo/Cecchin u. a. 1988).[1] Die Anwendung systemischer Konzepte in der Sozialarbeit kann und darf nicht gleichbedeutend sein mit der Durchführung von Familientherapie, also dem Abhalten von Sitzungen, an denen möglichst viele Familienmitglieder teilnehmen (Schweitzer 1987). Dies würde die Anwendungsmöglichkeit systemischer Konzepte auf wenige Ausnahmesituationen begrenzen und wesentliche Handlungsvollzüge ausklammern. Vielmehr sehe ich die Bedeutung systemischer Konzepte in ihrem Beitrag dazu, Interaktions- und Beziehungsmuster sichtbar zu machen. Diese können sich auf ganz verschiedene Bereiche beziehen, z. B. auf das Muster in der Lebensgestaltung eines „heruntergekommenen" Alkoholikers; auf das Muster in der Art, wie innerhalb des eigenen Teams Konflikte, z. B. über unterschiedliche fachliche Standpunkte, ausgetragen oder vermieden werden; auf das Muster zwischen „verfeindeten" Institutionen oder Muster zwischen mehreren Abteilungen einer größeren Einrichtung; oder auf das Muster zwischen einem Berater und seinen Klienten.

Leider legt der Begriff „Familien"-Therapie, mit dem die systemischen Ansätze (immer noch) fast ausschließlich verknüpft werden, eher das engere Verständnis von systemischem Arbeiten nahe, das auf das Abhalten von Familiensitzungen mit möglichst vielen Familienmitgliedern abzielt. Demgegenüber plädiere ich für eine systemische Perspektive, die vor allem auf das Erkennen und das Verändern von Mustern in ganz verschiedenen sozialen Sytemen abzielt. *Muster* sind Handlungsabfolgen, die sich häufig wiederholen und die

---

[1] Der folgende Praxisteil enthält überarbeitete Teile und Formulierungen aus verschiedenen Arbeiten von mir (Pfeifer-Schaupp 1991, 1992a, 1992b, 1993 und 1994b).

Tendenz haben, sich zu verfestigen. Will man sich also z. B. einer neuen Organisation mit systemischer Perspektive nähern, bei Antritt einer neuen Stelle etwa, gilt es zunächst, Informationen über diese zusammenzutragen, um Hypothesen darüber aufzustellen, welche für die eigene Tätigkeit in dieser Organisation bedeutsamen Beziehungen am Werk sind, wie das „Erbe der Vorgänger" aussieht und was man tun könnte, um in der Organisation am besten zu scheitern (Selvini Palazzoli u. a. 1985). Die Systemtheorie eignet sich außerdem nach meiner Meinung – über das familientherapeutische Methodenkonzept hinaus – auch als Metatheorie für die Sozialarbeit, weil sie geeignet ist, alle Ebenen zu erfassen, auf denen Sozialarbeit beschreibbar ist (Hollstein-Brinkmann 1989, 1993):

(a) die Ebene des Klientensystems, also z. B. ein Paar, eine Familie, eine Gruppe;
(b) die Dynamik des Helfersystems, also die Organisationsebene intra-institutionell und inter-institutionell: die (Beziehung-)Muster innerhalb und zwischen Organisationen der Sozialarbeit;
(c) die Beziehungen zwischen Helfersystem und Klientensystem (also das, was Harold A. Goolishian und Harlene Anderson das „Problemsystem" nennen);
(d) die Ebene des Gemeinwesens, also etwa des „Mesosystems" im Sinne Urie Bronfenbrenners;
(e) die gesellschaftlich-politische Ebene.

Die Möglichkeit, für diese verschiedenen Ebenen ein einheitliches Begriffsraster und eine konsistente Theorie anzubieten, halte ich für einen enormen Gewinn für die Soziale Arbeit.
Systemisches Arbeiten beginnt mit der Analyse des eigenen Handlungs-Kontextes. Ich möchte deshalb beginnen mit einigen kurzen Bemerkungen über die allgemeinen Kontextbedingungen Sozialer Arbeit (Abschnitt 1.1.). Sodann erläutere ich den grundlegenden Perspektivenwechsel, der sowohl auf der Klientenebene als auch auf der Ebene der eigenen Berufsrolle vollzogen werden muß, den Wechsel von der Defizit- zur Ressourcenorientierung (Abschnitt 1.2.). Im Abschnitt 1.3. werde ich einige Bemerkungen zur Berufsrolle von SozialarbeiterInnen machen, die sich ja in einem ganz eigentümlichen Spannungsverhältnis zwischen FreundIn und ExpertIn bewegt. Abschließend charakterisiere ich den Widerspruch von sozialer Hilfe

und sozialer Kontrolle, in dem sich Sozialarbeit häufig vollzieht (Abschnitt 1.4.).

1.1. ÜBER DEN UNTERSCHIED ZWISCHEN SOZIALER ARBEIT UND THERAPIE

Was unterscheidet den Sozialarbeiter vom Therapeuten, Arzt oder Psychologen? Was sind seine spezifischen Arbeitsbedingungen? SozialarbeiterInnen haben andere Aufgaben zu erledigen als TherapeutInnen. Mir erscheint wichtig, daß sie nicht versuchen, in eine symmetrische Position zu den Therapeuten zu gehen und versuchen, das Gleiche zu tun und womöglich eine noch bessere Therapie anbieten zu wollen, als Ärzte oder Psychologen. Die (psychosoziale) Behandlung und Therapie kann zwar durchaus eine Aufgabe der Sozialen Arbeit sein, z. B. im Rahmen von Erziehungs-, Suchtberatungs- oder Ehe-, Familien- und Lebensberatungsstellen. Doch wesentlich scheint mir dabei, nicht primär auf das fixiert zu bleiben, was bereits andere Spezialisten tun, und zu versuchen, möglichst dasselbe zu machen, weil es mehr Prestige, Bezahlung oder Anerkennung verspricht. Ich schlage vor, statt dessen mit einer Differenz zu beginnen (siehe oben, S. 72 ff.). Hilfreich für den Abbau der Orientierung an fremden Professionen ist es, sich darauf zu besinnen, was die eigentlichen spezifischen Aufgaben im sozialarbeiterischen Feld sind. Voraussetzung ist dabei häufig, gerade das Nicht-Therapeutische dieses Arbeitsfeldes zu akzeptieren.

Der kühle, manchmal eisige Wind der gesellschaftlichen Realität: Arbeitslosigkeit, Drogen, Wohnungsnot, Verarmung, bläst der Sozialarbeiterin häufig ziemlich direkt ins Gesicht. Deshalb ist der Wunsch vieler Sozialarbeiterinnen nach einem etwas windgeschützteren Ort, wie ihn die TherapeutInnen in ihren Behandlungszimmern haben, durchaus verständlich. Doch sinnvoll arbeiten läßt sich auch außerhalb des therapeutischen Kontextes. Nicht die Beschäftigung mit der Vergangenheit, mit den erfahrenen Defiziten oder mit Krankheit steht gewöhnlich im Mittelpunkt in der Sozialen Arbeit, sondern die *Erschließung von Ressourcen*: das gemeinsame Aufspüren von Möglichkeiten, die Anregung zu anderen Zukünften, die Entwicklung von Selbsthilfepotentialen. Die Sozialarbeit hat immer schon eher auf das Gesunde und Normale abgezielt und dafür mit KlientInnen ein entsprechendes anderes Handeln entworfen. Eine systemische Perspektive kann hierfür Chancen eröffnen. So besteht beispielsweise in der Sozialarbeit nicht unbedingt der Druck, aus finanziellen Gründen möglichst häufig Beratungen durchzuführen und KlientInnen möglichst oft zu sehen; es sind eher die große Zahl an KlientInnen und die chronische Arbeitsüberlastung, die es durchaus als sinnvoll erscheinen lassen, kurze und effektive Beratungen durchzuführen und z. B. durch wenige Gespräche mit langen zeitlichen Intervallen in das Klientensystem Neues einzuführen. Eine der wichtigen Erkenntnisse, die ich durch systematische Selbstevaluation meiner eigenen Beratungstätigkeit in einem sozialpsychiatrischen Dienst gewonnen habe, war, daß – gemessen an meinen eigenen Kriterien und meiner eigenen Erfolgsbewertung – keineswegs die Beratungsbeziehungen die erfolgreichsten waren, in die ich die meisten „Kontakte" investiert hatte, bei denen also die meisten Gespräche und Hausbesuche stattgefunden hatten, sondern im Gegenteil: erfolgreicher haben die Beratungen abschnitten, bei denen ich mit „Kontakten" sparsamer umgegangen bin (siehe dazu unten, S. 226 ff.).

1.2. Von der Defizit- zur Ressourcenorientierung

„Es ist sehr selten", sagt Gianfranco Cecchin, ein Therapeut aus Mara Selvini Palazzolis erstem Team (aus der Zeit von „Paradoxon und Gegenparadoxon),

> „daß du die Gelegenheit erhältst, Therapeut zu sein. Die meiste Zeit wirst du von der Institution dafür bezahlt, Lehrer, Polizist oder dergleichen zu sein. Du erfüllst die Aufgabe, die die Institution dir aufträgt; und wenn du glaubst, du würdest dafür bezahlt, Therapeut zu sein, befindest du dich im Irrtum. Sobald du aber den Kontext verstanden hast, kannst du auf den richtigen Moment warten. Wenn du geduldig bist, ergibt sich vielleicht die Möglichkeit, etwas zu tun, was sich auf der systemischen Ebene auswirkt. Du mußt aber das System, in dem du arbeitest, so akzeptieren, wie es ist; genau so, wie du die Familie akzeptierst." (Boscolo/Cecchin 1988, 196)

Von der Ausbildung her ist der Sozialarbeiter in besonderem Maße zur multidisziplinären Betrachtungsweise und zur Integration von psychologischen, soziologischen, rechtlichen, sozialmedizinischen und pädagogischen Gesichtspunkten befähigt. Jacques Boulet, Jürgen Krauß und Dieter Oelschlägel (1980) entfalten in ihrem m. E. wegweisenden Buch „Gemeinwesenarbeit", die Orientierung am Gemeinwesen als Arbeitsprinzip, mit dem sie auf den sozialökologischen Kontext von Problemen abzielen und das in allen Arbeitsfeldern der Sozialarbeit berücksichtigt werden kann und soll. Gemeinwesenarbeit im traditionellen Sinne versteht sich dagegen entweder als spezielle Arbeitsweise – neben der Einzelfallhilfe und Gruppenarbeit – oder als besonderes Arbeitsfeld. Das „Arbeitsprinzip ‚Gemeinwesenarbeit' " lenkt dagegen den Blick auf die sozialökologischen Zusammenhänge und eröffnet so eine im Grundsatz systemische Sichtweise sozialer Probleme.

Raimund Hompesch und Ingeborg Hompesch-Cornetz (1984) sehen die Aufgabe der Sozialen Arbeit grundsätzlich gesellschaftlich und die der Therapie dagegen mehr individuumzentriert orientiert. Die Abgrenzung beider Handlungsfelder ist ihrer Meinung nach hauptsächlich gesellschaftlich und geschichtlich bedingt und weniger inhaltlich. Das therapeutische Handlungsmodell impliziert eine räumliche und zeitliche Ausgrenzung: Die Therapie findet in einzelnen Stunden zu genau bestimmten Zeitpunkten und in speziellen Räumen, dem Therapiezimmer, statt. Dagegen ist in der Sozialarbeit diese Ausgrenzung zwar auch zu beobachten, sie wird jedoch häufig durchbrochen. Therapietypisch ist die Ausgrenzung des Alltags und die Orientierung an Krankheit bzw. Vergangenheit, während das sozialarbeiterische Handlungsmodell eher alltagsorientiert ist und Gesundheit bzw. Zukunft impliziert. Hompesch-Cornetz stellt die anamnestische Defizitorientierung der Therapie der eher zukunftsgerichteten Orientierung an Entwicklungsmöglichkeiten gegenüber, die gerade der spezifische Berufsauftrag von Sozialarbeit ist. „Das Subjekt ist nicht nur als von seinen bisherigen Erfahrungen bestimmt zu betrachten, sondern gemäß seiner noch nicht realisierten Möglichkeiten" (Hompesch/Hompesch-Cornetz 1987, 1042). Eben diese – hier als sozialarbeitstypisch herausgestellten – Merkmale sind kennzeichnend für die neueren Entwicklungen in der systemischen Therapie (siehe oben, S. 53 ff.): Es wird immer häufiger bezweifelt, ob eine Orientierung am Krankheitsbegriff überhaupt sinnvoll ist. Stattdessen wird – beispielsweise durch zirkuläre Fragen – versucht, erstarrte Wirklichkeitskonstruktionen so aufzuweichen, daß neue Möglichkeiten sich eröffnen und daß eine andere Zukunft – zumindest probeweise – durchgespielt werden kann. Statt sich auf Erfahrungen der Kindheit und auf lange zurückliegende Traumata zu konzentrieren, wird es als sinnvoller angesehen, Handlungen und Verhaltensmuster in der Gegenwart zu betrachten. Hier ergeben sich also interessante Bezugspunkte der systemischen Therapie zur Sozialen Arbeit, und es wird deutlich, daß sich die Anliegen der systemischen Therapie und der Sozialarbeit gut ineinanderfügen. Zusammenfassend läßt sich sagen, daß nicht alles, was therapeutisch wirksam ist, d. h. heilsam wirkt, deshalb „Therapie" heißen muß, und daß nicht alles, was „Therapie" heißt, deshalb auch schon therapeutisch wirksam ist.

Wolf-Eckhard Failing (1990) geht in seiner Analyse zum Stellenwert der Sozialen Arbeit im Gesundheitswesen von einer grundsätzlichen „Platzlosigkeit" und „Randständigkeit" der Sozialen Arbeit aus. Diese gilt es aber seiner Meinung nach eher zu bewahren und zu kultivieren, als abzubauen oder zu relativieren. Sozialarbeit darf nach seiner Überzeugung nicht reduziert werden auf „Behebungssozialarbeit"; sie muß mehr sein als „medico-pädagogische Reparatur-Erleichterung" und „Reparatur-Nachsorge" (Failing 1990, 35). M. E. können diese für den Stellenwert der Sozialarbeit im Gesundheitsbereich angestellten Überlegungen auf die Sozialarbeit insgesamt übertragen werden. Geht die Sozialarbeit völlig in der Sozialtherapie auf, besteht gleichzeitig die Gefahr, daß sie damit auch die Defizit- und Krankheitsorientierung des medizinisch-individualpsychologischen Therapieverständnisses übernimmt. Failing stellt fest, daß die oft beklagte „Platzlosigkeit" von Sozialarbeit möglicherweise zur Sozialarbeit dazugehört: als ein Nicht-ganz-Eingeordnet-sein in das medizinisch-therapeutische Versorgungssystem:

> „Zugegeben ein gesellschaftlich, professionspolitisch wie persönlich unangenehmer, windiger Ort. Aber: das ist auch ein Stück der alltagsbezogenen Authentizität von sozialer Hilfe als anwaltschaftlichem Beistand, die mehr sein will als verdeckte sanfte Kontrolle und Lenkung, mehr als Zuträgerschaft zu fremden Zielen, mehr als Einpassung in Therapie." (ebd., 40)

Ein unbedachtes Sich-einpassen-lassen in einen (erweiterten) Therapiebegriff und der Versuch, berufspolitische Profilierung nur über Spezialisierung und Expertenwissen zu erreichen und Sozialarbeit dadurch als „psychosozialen Expertenberuf" auszuweisen, unterschlägt die bekannte Kritik an der Entmündigung durch Experten (Ivan Illich) und die Gefahr der „Kolonialisierung von Lebenswelten" (Jürgen Habermas). Ein solches Sich-einpassen-lassen geht aber auch am spezifisch sozialarbeiterischen Auftrag vorbei, der sich zusammenfassend mit der Aufgabe charakterisieren läßt, „Menschen in desolaten Übergangskrisen solidarisch zu begleiten – unter zunächst methodischer Absehung von Änderung, Heilung, Therapieerfolg" (ebd., 39).

1.3. Freundin oder Expertin? – Das Dilemma der Berufsrolle

Sabine Schlippe-Weinberger und Ursula Fleischer (1984) sehen folgende kennzeichnende Rahmenbedingungen für Sozialarbeit, insbesondere in der öffentlichen Gesundheitsversorgung:

(a) die Soziale Arbeit weist eine diffuse Aufgabenstellung auf;
(b) Sozialarbeit fungiert als Diagnoseinstanz für noch tolerierbares bzw. abweichendes Verhalten;
(c) die Zuständigkeiten wechseln oft, die KlientInnen machen Erfahrungen mit mehreren BeraterInnen bzw. Institutionen gleichzeitig;
(d) die Sozialarbeit hat es mit einer sozialen Auslese zu tun, sie ist schwerpunktmäßig mit KlientInnen aus der Unterschicht beschäftigt;
(e) die Auftragserteilung erfolgt i. d. R. nicht durch die KlientInnen selbst;
(f) die KlientInnen sind mißtrauisch, zu einem „Fall" zu werden und eine Therapie aufgedrängt zu bekommen;
(g) die Klienten haben in aller Regel schon viele gescheiterte Problemlösungsversuche hinter sich.

Die Sozialarbeit hat es also nicht mit den „Yarvis-Klienten" zu tun, mit denen sich TherapeutInnen einem sich hartnäckig haltenden Gerücht zufolge vorzugsweise beschäftigen. Ihre KlientInnen sind gerade nicht „young, attractive, rich, verbal, intelligent, successfull", sondern im Gegenteil: sie sind typischerweise „mißmutig, alt, wenig lernfähig, widersetzlich und abweichend" (Sander 1984). Es geht in der Sozialen Arbeit nicht nur um Beziehungsgestaltung oder Beziehungsprobleme, sondern vor allem um problemlösendes Handeln. Die Kontakte von SozialarbeiterInnen zu ihren KlientInnen realisieren sich nicht überwiegend in langfristigen, vom Klienten nachgefragten Beratungsbeziehungen, sondern auch in vielfältigen Mischformen, in Form von Kurzkontakten, Informationsgesprächen, Ko-

ordinationsleistungen, Überweisungen an andere Stellen usw. (Hollstein-Brinkmann 1989).
Das (therapeutische) Reden muß ergänzt werden durch problemlösendes Tun (Grötzinger 1991; Schwartz 1984). Dieses problemlösende Tun umfaßt die ganze bunte Palette sozialarbeiterischer Interventionen: von der Hilfe beim Ausfüllen von Anträgen oder beim Schreiben eines Briefes bis hin zum Case-Management, bei dem vorhandene Hilfen erschlossen, koordiniert und für die Klientin nutzbar gemacht werden. Therapeutische Methoden blenden die materiell-gesellschaftliche Dimension in der Regel aus oder bekommen sie gar nicht erst ins Blickfeld. Viele dieser in der Sozialen Arbeit in den siebziger und achtziger Jahren rezipierten Methoden „waren zunächst Problemlösungsangebote für Menschen, die keine sozio-ökonomischen Probleme (mehr) zu lösen (hatten) und deshalb das ‚Sein' oder ‚Bewußtsein' über das ‚Haben' stellen" können (Staub-Bernasconi 1986, 32). Versteht sich der Sozialarbeiter als verhinderter Therapeut, dann betrachtet er die Sachhilfen als lästige, zweitklassige Arbeit, „für die man sich halbwegs entschuldigt oder sie am liebsten technisch geschultem Personal anvertrauen möchte, um für ‚Höheres' Zeit zu haben; die macht- und sozialpolitische Dimension dieser Arbeitsweise verschwindet aus dem Bewußtsein" (ebd.).
Was erwarten nun die KlientInnen von SozialarbeiterInnen im Unterschied zu den „Angeboten" anderer Berufsgruppen? Aufschlußreich dazu finde ich eine empirische Untersuchung der Psychologen Gabriele Lucius-Hoene und Uwe Koch (1988). Sie untersuchen das Bedürfnis nach Hilfe und psychosozialer Versorgung bei psychisch Kranken und stellen dabei die Bedürfnisse der „PatientInnen" den Bedarfsschätzungen der professionellen HelferInnen in diesem Feld gegenüber. Interessanterweise wird in dieser Untersuchung deutlich, daß die KlientInnen sich in aller Regel keine „Therapie" oder eine verbesserte, spezialisiertere „Versorgung" wünschen, sondern eher Normalität, Beratung in alltäglichen Problemen und emotionale Unterstützung, also genau das, was wir gerade als Kennzeichen der Sozialen Arbeit charakterisiert haben. Ärzte, niedergelassene TherapeutInnen und andere HelferInnen wünschen sich nach dieser Untersuchung dagegen ein Mehr an Institutionalisierung; sie stellen die Forderung nach noch mehr spezifischen, fachlich kompetent geleisteten und spezialisierten therapeutischen und sozialen Maßnahmen. Ge-

nau davon aber wünschen sich die ehemaligen PatientInnen nach der Klinikentlassung eher weniger; sie äußern eher das Bedürfnis nach Privatheit und Nichteinmischung. Dieses Phänomen dürfte sich, so möchte ich behaupten, auch bei anderen Zielgruppen von Sozialarbeit beobachten lassen. U. U. ist diese Erwartungshaltung nach weniger „Behandlung" und dafür nach mehr „Normalität" sogar insgesamt typisch für SozialarbeitsklientInnen. Eine Beratungsbeziehung, die versucht, einer Klientin immer noch mehr Therapie nach einer speziellen Methode „auf's Auge zu drücken", nur weil man diese zufällig in der eigenen Werkzeugkiste hat, ist unter dieser Voraussetzung von vornherein „falsch gewickelt".

Die Sozialarbeit steht an der Schwelle zwischen medizinisch-therapeutischem Behandlungssystem und normalem Leben; sie muß bemüht sein, außergewöhnliche Lebenssituationen von KlientInnen möglichst weitgehend zu „normalisieren". Zielrichtung bzw. Adressat der Arbeit ist dabei nicht nur der einzelne Klient, sondern auch die soziale Umwelt, die Nachbarn, Arbeitskollegen, Angehörigen, Vermieter sowie verscheidene soziale Einrichtungen. Case-Management bzw. „Unterstützungsmanagement", d. h. das Erschließen und Koodinieren von Umwelthilfen aller Art für und mit den Betroffenen, etwa durch Nachbarschaftshilfe, Familienpflege, sozialpädagogische Familienhilfe, materielle Leistungen, Gruppenangebote, ist für die Sozialarbeit ebenso konstitutiv wie die Begleitung der KlientInnen über verschiedene Stationen der „therapeutischen Kette" hinweg, etwa im Suchtbereich, in der Sozialpsychiatrie oder im Rahmen von Bezirkssozialarbeit (Schild 1990; Theine 1981).

Häufig arbeiten SozialarbeiterInnen in großen, bürokratisch bzw. hierarchisch strukturierten Organisationen. Innerhalb dieser Institutionen haben sie in der Regel keinen geschützten Sonderstatus, wie ihn sich beispielsweise Erziehungsberatungsstellen innerhalb von Organisationen häufig schaffen können, der die Sozialarbeit etwas von der Einbindung in formale Regelwerke befreien könnte. In alternativen Einrichtungen oder selbstverwalteten Projekten sehen die Vorzeichen gerade anders aus: Alle sind gleich, keiner weiß, wo's langgeht, jeder bestimmt über alles mit und keiner trägt Verantwortung. Im einen wie im anderen Falle haben die Organisationsstrukturen und Beziehungsmuster innerhalb der Einrichtung erhebliche Auswirkungen auf die praktische Soziale Arbeit mit KlientInnen. Um so wichtiger ist hier die systematische Analyse des eigenen Handlungskontextes und der Beziehungen und Muster in der eigenen Institution (siehe dazu unten S. 244 ff.).

1.4. Im Spannungsverhältnis zwischen Hilfe und Kontrolle

Nachdem wir uns einige der Rahmenbedingungen und der Kennzeichen Sozialer Arbeit verdeutlicht haben, werde ich im letzten Abschnitt dieses Kapitels diese Analyse zusammenfassen und aus der Bestimmung des Handlungskontextes einige allgemeine Anforderungen an sozialarbeiterische Konzepte und Methoden ableiten. Zusammenfassend möchte ich die kontextuellen Bedingungen der Sozialen Arbeit folgendermaßen charakterisieren:

(a) Die Auftragslage ist diffus und bewegt sich zwischen Hilfe, Kontrolle und Therapie.

> „Soziale Kontrolle liegt immer dann vor, wenn eine Behandlung unfreiwillig bzw. auf Wunsch oder Druck von Dritten durchgeführt wird ... Pychotherapie wird nur dann durchgeführt, wenn eine Person oder ein System von sich aus den Wunsch hat, sich verändern zu wollen. Diese Definition beinhaltet, daß im psychosozialen Bereich Psychotherapie oft mit sozialer Kontrolle vermischt wird." (Gester 1990, 18)

Ebenso diffus und unstrukturiert wie die Aufträge sind die in der Sozialen Arbeit zu lösenden Probleme (Heiner 1988, 1988a).

(b) Die Klienten haben häufig selber kein Interesse an einer „Beratung" oder „Betreuung". Oft sind es andere, die meinen, daß der/die Betreffende Hilfe bräuchte: Nachbarn, Angehörige, Ärzte oder BerufskollegInnen aus anderen Institutionen. Daraus resultieren häufig Mißtrauen gegen eine Therapie oder Angst vor Einmischung. Das grundlegende Thema bei der Beziehungsaufnahme lautet also: Wie bekomme ich einen Auftrag vom Klienten (nicht von seiner Mutter, seiner Nachbarin oder vom Sozialamt)? Gleichzeitig stellt sich das Problem: Wie erfülle ich den Versorgungs- oder Kontrollauftrag, die Erwartungen meines Trägers bzw. anderer Institutionen? Welche Aufträge kann ich ablehnen und welche sinnvoll umdefinieren, so daß aus einem „Himmelfahrtskommando" – einem prinzipiell unerfüllbaren Auftrag – eine Aufgabe wird, zu deren Lösung ich etwas

Sinnvolles beitragen kann? (zur Analyse der Autragslage siehe unten, S. 188 ff.).

(c) Die Beratungsbeziehungen zu KlientInnen sind weniger strukturiert und das „Setting" ist unklarer als in therapeutischen Situationen. Was sich zwischen BeraterIn und KlientIn tatsächlich abspielt, variiert von Fall zu Fall: Dieses reicht vom Auszahlen kleiner Beihilfen über die Hilfestellung in alltagspraktischen Fragen, der sozialanwaltschaftlichen Unterstützung bei der Durchsetzung von Rechtsansprüchen im System der sozialen Sicherung bis hin zu sozialtherapeutischer Gruppenarbeit und zur Therapie im engeren Sinne.

(d) Die vorherige Absprache von Zielen am Anfang einer Beratung ist schwierig, wenn nicht unmöglich. Häufig stellt sich erst nach längerer Zeit heraus, was der Klient tatsächlich will oder braucht. Die „Indikation" der Hilfe und die Struktur der Beratung, also ob wöchentliche Termine oder seltenere Treffen, ob Hausbesuche oder Gespräche in der Beratungsstelle, ob Einzelberatungen oder Gruppenangebote, ob eine Zeitbegrenzung besser ist, läßt sich erst im Verlauf der Beziehung klären.

(e) Die Zielgruppe Sozialer Arbeit sind vor allem Menschen aus sozial unterprivilegierten Lebensverhältnissen: Arme, Benachteiligte, Angehörige sogenannter Randgruppen usw. Von der „psychosozialen Versorgung" werden diese Bevölkerungsgruppen nur unterproportional erreicht; so sind z. B. unter den KlientInnen von Erziehungsberatungsstellen Menschen aus der Mittel- und Oberschicht deutlich überrepräsentiert (Müllensiefen 1988).

(f) Die Hilfe vollzieht sich überwiegend im Übergang zwischen professioneller Beratung und Alltagsbeziehung. Was die Menschen brauchen und sich wünschen sind häufig einfach „normale" Kontakte. Die Beziehung zum/zur SozialarbeiterIn fungiert gewissermaßen als „Ersatz" für verlorengegangene soziale Bindungen.

(g) Diese Funktion verführt zur „Handwerkelei": Mal ist man als SozialarbeiterIn „Freund", mal „Vater", mal „Mutter", mal „Informant", usw.; als SozialarbeiterIn ist man gefordert, recht spontan auf das, was gerade kommt, zu reagieren.

(h) Gezielte Reflexionen, Zielbestimmungen und quantitative wie auch qualitative Erfolgskontrollen der Arbeit sind eher die Ausnahme als die Regel und werden durch die vorgenannten Bedingungen erschwert. (Wie man dieser „Verführung zur Handwerkelei" entgegenwirken und durch Selbstevaluation gezielt seine Arbeit reflektieren kann, stelle ich unten S. 226 ff. dar.)

(i) Soziale Arbeit richtet sich nicht nur an notleidende oder hilfebedürftige Menschen, sondern sie hat es in zunehmendem Maße auch mit wirtschaftlichen, planerischen und Koordinierungsaufgaben zu tun, die man mit dem Begriff „Sozialmanagement" umschreiben kann. Eine breit angelegte Untersuchung in Östereich ergab beispielsweise, daß bei etwa 60 % der befragten MitarbeiterInnen wirtschaftliche Tätigkeiten eine erhebliche Rolle spielten. Dazu wurden beispielsweise gerechnet „Präsentation von Konzepten und Plänen", „Planung des Personaleinsatzes", „Ablaufplanung von sozialen Leistungen" oder „Kooperation und Kommunikation mit anderen Institutionen". Gleichzeitig ließ sich feststellen, daß sich die Befragten nur unzureichend durch ihre Ausbildung auf diese Aufgaben vorbereitet fühlten (Badelt 1993).[2]

Aus dieser zugegebenermaßen verallgemeinernden und kurz gefaßten Bestimmung des Handlungskontextes von Sozialarbeit ergeben sich verschiedene Anforderungen für die „problembezogenen Arbeisweisen" und für das „Verfahrenswissen" von SozialarbeiterInnen (Staub-Bernasconi 1986):

(a) SozialarbeiterInnen sollten über Arbeitsinstrumente verfügen, die zweckmäßig sind für die Analyse des eigenen Standortes, der eigenen Arbeitsbedingungen und der Handlungsspielräume (die es jenseits aller Zwänge und Einschränkungen nämlich meistens auch noch gibt); aufgespürt werden sollten damit vor allem wiederkehrende Verhaltensmuster und „Spiele" in der eigenen Institution.

Im Abschnitt über Institutionsmuster stelle ich dazu einen Fragebogen vor, mit dessen Hilfe eine „Institutionslandkarte", ein Organigramm gezeichnet werden kann, das auf die Technik von Genogrammen (Familienstammbäumen) in der Familientherapie zurückgeht; außerdem

---

[2] In der Untersuchung wurden insgesamt 3 018 Fragebögen an die Mitglieder des Österreichischen Berufsverbandes der Diplomierten SozialarbeiterInnen bzw. an große Wohlfahrtsverbände versandt, die die Fragebögen an MitarbeiterInnen verteilten (Rücklauf 21,8 %). Den Befragten wurde ein Katalog von 30 betriebs- und volkswirtschaftlich relevanten Tätigkeiten (z. B. „unmittelbare Führungsaufgaben", „allgemeine Verwaltung", „Finanzwesen", „Marketing", „Personalwesen") vorgelegt.

beschreibe ich darin einige sozialarbeitstypische „Institutionsspiele", als Anregung für die Identifizierung von Handlungsmustern in der eigenen Einrichtung.

(b) SozialarbeiterInnen brauchen Arbeitsinstrumente, die die Analyse inter-institutioneller Verstrickungen und Konkurrenzkämpfe erleichtern und das gemeinwesenbezogene Arbeiten fördern, das häufig genau durch solche Machtspiele verhindert oder zumindest erschwert wird.

(c) Das Verfahrenswissen und die Arbeitsweisen von SozialarbeiterInnen sollen nicht ausschließlich oder überwiegend auf Individuen, auf Gefühle und Beziehungen ausgerichtet sein; sie sollen die Möglichkeit beinhalten, auch die gesellschaftlichen, materiellen und sozialen Dimension von Problemen und Leiden zu erhellen.

(d) Das Verfahrenswissen und die Arbeitsweisen sollten es ermöglichen, die Arbeitszufriedenheit und den Spaß zu erhöhen, indem gegen den verbissenen Ernst und das resignierte Stöhnen des Burn-out mehr „spielerische Leichtigkeit" gesetzt wird.

(e) Die Arbeitsinstrumente sollten so beschaffen sein, daß es damit möglich ist, verschiedene Methoden, Arbeitsweisen und Interventionsebenen miteinander zu verknüpfen.

(f) Die Arbeitsweisen sollten ausschließen, daß die soziale Selektion der Klientel gefördert wird. Außerdem sollte die Einbeziehung von problemlösendem Handeln möglich sein.

Systemische Konzepte entsprechen m. E. besonders gut diesen Anforderungen; sie können SozialarbeiterInnen bei ihrer Aufgabe, als „spezialisierte GeneralistInnen" (Staub-Bernasconi 1986) tätig zu sein, unterstützen. Diese Konzepte sind der Sozialarbeit im Grunde genommen sehr vertraut, entspringen sie doch ihren ureigensten Anliegen, nämlich „Krankheit", „Symptome" oder „Probleme" nicht zu individualisieren, sondern sie in ihrem sozialen Kontext zu sehen, aus ihrem sozialen Bedingungsgefüge heraus zu verstehen und in ihrem sozial-ökologischen Zusammenhang zu verändern. Systemisches Gedankengut gehört zu den Wurzeln der Sozialarbeit, weshalb dessen Anwendung eher eine Rückbesinnung auf die eigenen Traditionen und Anfänge als einen Import von sach- und problemfremdem Wissen darstellt (Hollstein-Brinkmann 1989, 1993). Daß systemisches Denken heute von ganz anderer Seite her – von der Familientherapie, Kybernetik und Ökologie her kommend – in die Sozialarbeit Eingang findet, kann also auch als Erinnerung und Einladung zur Rückbesinnung auf das eigene „Erbe" verstanden werden. „Was ist denn dann der Erkenntnisgewinn des systemischen Ansatzes", fragte mich ein in der Gemeinwesenarbeit tätiger Sozialarbeiter, „etwa bloß die Erinnerung an das, was wir schon immer gewußt haben?". Schon vor 100 Jahren hatte Jane Adams, eine der Gründerinnen der amerikanischen Sozialarbeit, in ihrer Arbeit im Hull-House in Chicago wie auch in ihrer Tätigkeit auf nationaler und internationaler politischer Ebene konzeptionell und praktisch das praktiziert, was heute etwa von Wolf-Rainer Wendt als „ökologische Wende" und „Paradadigmenwechsel" verkündet wird (Staub-Bernasconi 1989a, 28). Insofern wäre tatsächlich schon viel erreicht, wenn die Theorie- und Methodendiskussion in der Sozialarbeit das aufnehmen würde, was längst schon praktiziert und theoretisch diskutiert wurde. Dabei halte ich die neuere Entwicklung in der Systemtheorie jedoch für eine erhebliche begriffliche und konzeptionelle Präzisierung, so wie die daraus abgeleiteten methodischen „Werkzeuge" eine ganz entscheidende Bereicherung und Weiterführung dessen darstellen, „was wir schon immer gewußt haben".

2. Alter Wein in neuen Schläuchen? – Systemisch-konstruktivistische Grundkonzepte in der Sozialarbeit

In Teil 2 habe ich versucht, die wichtigen Elemente einer konstruktivistisch-systemischen Perspektive bzw. die Grundannahmen systemischer Beratung zu skizzieren und zu verdeutlichen, inwiefern sie die klassischen familientherapeutischen Konzepte weiterentwickeln und neue Denk- (und Handlungs-)Anstöße geben. Diese Thesen möchte ich im folgenden Kapitel aufgreifen und das systemisch-konstruktivistische Konzept für die sozialarbeiterische Praxis „übersetzen". Dazu möchte ich nochmals kurz auf die Elemente eingehen, in denen sich die systemisch-konstruktivistische Perspektive von der klassischen Familientherapie unterscheidet:

(a) Familien stellen ein System unter vielen anderen dar, das betrachtet und mit dem gearbeitet werden kann;
(b) der Berater beobachtet und interveniert nicht von außen als unbeteiligter Beobachter, sondern er ist selber Teil des Systems, das er mitkonstruiert;
(c) Interventionen oder Anstöße zur Veränderung wirken nicht als „instruktive Interaktion", sie können den Zielzustand des zu verändernden Systems nicht determinieren; eine einseitige Kontrolle des „Helfers" ist nicht möglich;
(d) die Idee der Respektlosigkeit warnt vor einer Vereinseitigung und Verfestigung des „systemischen Blickwinkels";
(e) als veränderungswirksam werden vor allem Verstörungen von eingefahrenen Wirklichkeitskonstruktionen und starren Interaktionsmustern angesehen;
(f) der Fokus der Betrachtung ist nicht mehr die Ursache von Problemen und die Geschichte ihrer Entstehung, sondern deren Lösung.

Ich beginne meine Argumentation damit, was die systemisch-konstruktivistische Perspektive in der Sozialarbeit m. E. nicht ist: Sie ist kein revolutionäres neues Paradigma, das „alles über den Haufen wirft", was bisher gedacht, und alles in die Mottenkiste verweist, was bisher theoretisch erarbeitet wurde. Vor allem das Konzept „multipler Systeme" kann aber einen wichtigen Rahmen für eine zukünftige systemische Sozialarbeitstheorie (Abschnitt 2.1.) bieten. Im Abschnitt 2.2. stelle ich dar, welche generellen Konsequenzen sich aus dem Konzept der Autopoiese und der strukturellen Koppelung ergeben, welches Verständnis von Veränderung sich daraus ableiten läßt und was Hilfeplanung unter diesen Voraussetzungen bedeuten kann. Ganz entscheidend für das systemische Vorgehen scheint mir die Metaperspektive zu sein; in Abschnitt 2.3. werde ich die Bedeutung und die Möglichkeiten der Metaperspektive und des Hypothetisierens für die Sozialarbeit erläutern. Die Bildung von Hypothesen dient unter anderem dazu, einen neuen Rahmen für die Betrachtung eines Problems zu gewinnen, es aus einem anderen Blickwinkel zu sehen. Mit diesem „Reframing" genannten Element beschäftigt sich Abschnitt 2.4. Kurz möchte ich in diesem Kapitel auf das Helfersystem und die Netzwerkkonferenzen eingehen, die eine Möglichkeit bilden, Verstrickungen im Helfersystem aufzulösen (Abschnitt 2.5.). Sodann thematisiere ich einige Grundsätze für systemisches Sozialmanagement, das nicht mehr davon ausgehen kann, daß Leitung bedeutet, eine Organisation planmäßig in bestimmte Zielszustände zu steuern (Abschnitt 2.6.). Im letzten Abschnitt werde ich davor warnen, systemisches Vorgehen als die „beste Methode" anzupreisen oder sich als „systemischer Missionar" zu gebärden (Abschnitt 2.7.).

2.1. Auf dem Weg zu einer zukünftigen systemischen Sozialarbeitstheorie

Peter Lüssi, Dozent an der Höheren Fachschule für Sozialarbeit in Bern, hat seinem „Praktisches Lehrbuch der Sozialberatung" den Obertitel „Systemische Sozialarbeit" gegeben (1991). Er grenzt seine systemische Sozialarbeitstheorie scharf ab von der klassischen, psychoanalytisch ausgerichteten und klientenzentrierten Casework-Konzeption, die er als linear bezeichnet. In der von ihm ständig als einzig relevante Bezugsinstanz beschworenen Praxis gibt es m. E. allerdings eine solche reduktionistische und vereinfachte Casework-Konzeption längst nicht mehr. Und wenn es sie überhaupt einmal gegeben haben sollte, so ist die Auseinandersetzung mit dieser Konzeption ein Anachronismus, eine Schlacht, die längst geschlagen wurde, bevor systemisches Denken sich selber als „neues Paradigma" gefeiert hat. Im übrigen wurde der Begriff „klientenzentriert" in der bisherigen Theoriediskussion zur Einzelfallhilfe und zur Sozialarbeitsmethodik für den von Carl Rogers entwickelten gesprächstherapeutischen Ansatz verwendet, und es ist m. E. auch sinnvoll, an dieser Verwendung festzuhalten, um nicht weitere Unklarheit zu erzeugen. Außerdem ist es nicht so, daß „klientenzentrierte" Konzepte – wie Lüssi vorgibt – die Umwelt des einzelnen Klienten gar nicht zur Kenntnis nehmen oder völlig ausblenden.

Dem „klientenzentrierten", d. h. ausschließlich einzelfallbezogenen Casework-Konzept stellt Lüssi ein zirkuläres, systemisches gegenüber. M. E. besteht die Eigenart und das Neue, das systemische Konzepte in die Soziale Arbeit einbringen, nicht – wie Lüssi behauptet – in der völlig neuen Perspektive, das Umfeld von KlientInnen zu berücksichtigen oder „sozialökologische Felder" in die praktische Arbeit einzubeziehen, sondern darin, diese alte und traditionsreiche Idee auf etwas andere Weise zu konzipieren und für die Praxis fruchtbar

werden zu lassen. Die Behauptung, erst „SystemikerInnen" hätten eine über das Individuum hinausgehende Perspektive erfunden, ist theoriegeschichtlich gesehen falsch und zeugt eher von Ignoranz als von „neuem Denken". Die familienbezogene Arbeit ist nur ein Element, eine Komponente eines systemischen Handlungskonzepts. Politische, institutions- und gemeinwesenbezogene Aspekte, also traditionelle und bewährte sozialarbeiterische Interventionsformen und -felder gehören ebenso dazu (Ritschert 1992, 87 ff.).
Worin besteht aber nun das „Neue" der systemisch fundierten Arbeitsweise? Oder ist sie nur „alter Wein in neuen Schläuchen"? Ich möchte dies im Folgenden zusammenfassen. Einige der in diesem Kapitel angesprochenen Themen werde ich im weiteren Verlauf des Praxiteils wieder aufgreifen und näher erläutern.

Das in Teil 2 skizzierte Systemmodell von Niklas Luhmann geht weit über das ursprünglich der Familientherapie zugrundeliegende Systemmodell hinaus. Lange waren für die Familientherapie Vorstellungen von Homöostase, von Gleichgewichtszuständen und Symptomen als Störung von Gleichgewichtszuständen dominierend, wie sie von der älteren Systemtheorie formuliert wurden. Es hat lange gedauert, bis auch in der psychosozialen Praxis erkannt wurde, daß systembezogenes Arbeiten nicht unbedingt familienbezogenes Arbeiten heißen muß und daß die Familie nur ein System unter vielen ist.

Das Modell multipler Systeme bildet einen für die Sozialarbeit sinnvollen Rahmen. Es wird z. B. von den Systemtherapeuten Terry S. Trepper und Mary Jo Barett (1991) dargestellt, die es der Behandlung von Familien zugrundelegen, in denen inzestuöse Übergriffe oder „sexueller Mißbrauch" vorkommen.[3] Das Modell multipler Systeme führt zum einen über das kausale Modell und zum anderen auch über das Familien-System-Modell hinaus. Es wird aber versucht, die Hauptmerkmale und Vorteile der beiden anderen Modelle zu integrieren. „Man versucht, mit den multiplen Systemen die Interaktion zwischen den verschiedenen externen, familiären und inneren (= psychischen, P.-S.) Systemen zu verstehen und sich nicht nur auf

---

[3] Wobei in der Fachdiskussion zu Recht darauf hingewiesen wird, wie irreführend dieser Begriff des „Mißbrauchs" ist: Er legt nämlich die Idee des angemessenen „Gebrauchs" nahe.

eines dieser Systeme zu konzentrieren" (Trepper u. a. 1991, 43). Das Modell geht davon aus, daß es viele Systeme gibt, die (problematisches) Verhalten beeinflussen:

(a) Politische, kulturelle und wirtschaftliche Systeme: Schule, Arbeitsumfeld, Nachbarschaft, Vereine usw.;
(b) familiale Systeme: die Ursprungsfamilien der Eltern, die Kernfamilie;
(c) individuelle Systeme: das Körpersystem, das psychische System.

Jedes dieser verschiedenen Systeme trägt seinen Teil zum Entstehen und zur Aufrechterhaltung von sozialen Problemen bei. Über jedes sollte man sich in der sozialarbeiterischen Praxis Klarheit verschaffen, und man sollte bemüht sein, die Bedeutung eines jeden dieser Systemen zu verstehen. Die Therapie oder Beratung befaßt sich dann (wenn möglich) mit der ganzen Familie, setzt sich aber auch intensiv mit einzelnen Familienmitgliedern auseinander und bezieht die Ursprungsfamilien der Eltern wie auch außenstehende FreundInnen, ArbeitskollegInnen, Nachbarn usw. ein. Das Leitmotiv dieses Modells besagt, daß nicht nur ein System behandelt werden darf, sondern daß auf alle Systeme eingewirkt werden soll, die zur Entstehung eines Problems beitragen (ebd., 43 f.).

Die Vorteile und Probleme des Konzepts multipler Systeme sind folgende:

(a) Das Modell multipler Systeme ist komplexer. Deshalb ist es mühsamer, unter Verwendung dieses Rahmens eine Situation zu verstehen, zu beurteilen und entsprechend zu intervenieren. Der Vorteil ist aber, daß durch die größere Komplexität mehr Optionen für Interventionen zur Verfügung stehen. Es entsteht mehr Flexibilität in der Auswahl, mit welchem Subsystem gearbeitet wird.
(b) Das Modell multipler Systeme zwingt dazu, einen größeren Gegenstandsbereich in den Blick zu nehmen und eröffnet die Möglichkeit, mehr Informationen zu verarbeiten.
(c) Interventionen und Behandlung werden dort möglich, wo sie wirklich nötig sind, und nicht dort, wo sie nur zufällig gesetzt werden.
(d) Auch für die betroffene Familie hat das Modell multipler Systeme Vorzüge gegenüber anderen, kausalen Modellen (ebd.).

Speziell für Inzest-Familien gibt das Modell Entlastung und möglicherweise Antwort auf die Frage: „Warum ist das gerade uns passiert?". Statt (unausgesprochen) Antworten zu geben wie etwa: „Weil der Vater verrückt ist", „Weil die Mutter keine gute Mutter ist", oder noch furchtbarer: „Weil die Tochter verführerisch ist" – wobei die Familie sowieso keine dieser Antworten jemals völlig akzeptieren würde –, können besondere Anfälligkeiten für Inzest aufgrund verschiedener Faktoren in unterschiedlichen Systemebenen der Familie als „Ursache" angeboten werden (Trepper/Barett 1991, 51).

2.2. Vom Hilfeplan zur gezielten Verstörung

Sozialarbeit sei gekennzeichnet durch methodisches Handeln, so wird in der Ausbildung vermittelt, und dieses unterscheide sie beispielsweise von der Laien- oder Selbsthilfe, wo gerade nicht gezielt vorgegangen wird und Pläne gemacht werden, deren Realisierung dann schrittweise erfolgt und kontrolliert wird. Beate Aschenbrenner-Wellmann (1993) beispielsweise entwickelt ein differenziertes Schema für eine solche Vorgehensweise, die sie „prozeßanalytisch-systemische Hilfeplanung" nennt und die sie an den Vorgaben des SGB VIII ausrichtet. Ähnlich wird auch in der Erziehungswissenschaft und Schulpädagogik (noch?) gedacht, wenn etwa in der Schule Pläne dafür entwickelt werden, wie Kindern am besten das Lesen beigebracht werden kann. Nun zeigt aber die Legasthenie- und Lese-Lern-Forschung, daß die Tendenz, Fehler zu machen, bei Kindern einer Schulklasse ganz unterschiedlich verteilt ist, daß es also letzten Endes gar nicht möglich ist, eine einheitliche Didaktik des Lesenlernens zu formulieren, sondern daß es vielmehr darauf ankommt – so folgert Luhmann (Luhmann, Einführung Cass. 6 Seite B) –, Selbstorganisationsprozesse anzuregen und jedes Kind seinen eigenen Weg des Lesenlernens finden zu lassen. Edmund Kösel (1993), Professor für Didaktik an der Freiburger Pädagogischen Hochschule, beschreibt ein solches Didaktik-Modell, das auf der Anregung von Selbstorganisationsprozessen beruht und dem der systemisch-konstruktivistsche Ansatz zugrunde liegt. Er nennt sein Modell „Subjektive Didaktik". Pädagogen behandeln ihre Schüler aber fast immer (noch) wie triviale Maschinen, so Luhmann provozierend –, in die immer das Gleiche hineingesteckt wird mit der Erwartung, immer denselben Output zu bekommen (Luhmann, Einführung 5 B). SozialarbeiterInnen tun bei und mit ihren KlientInnen genau dasselbe, zumindest versuchen sie es unermüdlich. Allerdings haben sie häufig noch weniger Erfolg als LehrerInnen. Ganze Theoriegebäude und methodische Konzepte in der Sozialen Arbeit beruhen auf diesem Modell der trivialen Maschinen. Die Theorie der operationalen Geschlossenheit von Systemen und der strukturellen Koppelung lassen jedoch solche Vorstellungen eher als naive Vereinfachungen erscheinen. Neuere Forschungen zur Systemtheorie und Kybernetik zeigen, wie oben S. 65 ff. und S. 77 ff., dargestellt, daß komplexe lebende Systeme nicht planmäßig in einen bestimmten Zielzustand hinein steuerbar sind. Das ist nicht nur eine theoretische Behauptung, sondern eine oft leidvolle Erfahrung, die auch SozialarbeiterInnen häufig machen, jedenfalls wenn sie ihre Veränderungs-Arbeit nach dem Modell trivialer Maschinen konzipieren. Lebende Systeme folgen aber einer Eigendynamik und „übersetzen" Interventionen von außen aufgrund ihrer inneren Strurktur. Sie entscheiden sozusagen selber, was sie mit der Intervention anfangen, ob sie dieses überhaupt aufnehmen oder einfach ignorieren (Müllensiefen 1991). Hier finden wir also das oben (S. 83 ff.) beschriebene Postulat von der „Strukturdeterminiertheit" lebender Systeme wieder. Zielbestimmungen haben nach diesem Verständnis in der psychosozialen Praxis eher die Funktion, mögliche Entwicklungsblockaden festzustellen und aufzuzeigen, Entwicklungsimpulse zu geben oder selbstschöpferische Prozesse anzuregen (Böse/Schiepek 1989, 233 ff.). Sie „verstören" das System und veranlassen es, sich neu und anders zu organisieren. Sie können aber nicht bestimmen, *wie* diese Neuorganisation aussieht. Dieser Sachverhalt wird, wie wir oben, S. 83, gesehen haben, als „Unmöglichkeit instruktiver Interaktion" bezeichnet. Die Frage nach „Erfolgen" und „Veränderungen" kann also im günstigsten Falle eine „Verstörung" des Beraters auslösen, der dann etwas anderes tut, wenn er „Erfolglosigkeit" seiner bisherigen Bemühungen konstatiert, bzw. der dann beim bisherigen Verhalten bleibt, wenn er es mit „Erfolg" verknüpft.

Wie können nun in der Sozialen Arbeit auf der Grundlage systemisch-konstruktivistscher Ansätze Veränderungen hervorgebracht werden, bzw. was sind überhaupt Veränderungen, oder muß mit der Theorie der Autopoiesis ganz auf Versuche gezielter Veränderung verzichtet werden? Daß dies nicht der Fall ist, wurde schon mehrfach angesprochen: Es steht mit der Orientierung der Sozialarbeit an systemischen Konzepten nicht ein Verzicht auf Veränderungen zur Debatte, sondern es geht um ein Verständnis von Veränderung, das sich von der Illusion und dem Traum löst, daß Veränderung von Menschen und menschlichen Sytemen analog einem Maschinen-Modell funktionieren könnte. Vielmehr ist es die Aufgabe systemisch fundierter Beratung, Voraussetzungen zu schaffen, unter denen sich Menschen verändern können. Sie knüpft also an den alten Grundsatz „Hilfe zur Selbsthilfe" an. Ob die Anstöße zur Veränderung von dem betreffenden System aufgegriffen werden, ob die Verstörungen zu einer konstruktiven Neu-Organisation des Systems führen, ist aus der systemischen Perspektive nur ganz begrenzt machbar und planbar.

Es gibt in lebenden Systemen bestimmte, für Veränderungen besonders sensible Punkte, die ansonsten ziemlich träge sein können. Der Soziologe Helmut Wilke nennt diese Punkte „Druckpunkte (Wilke 1988). Lebende Systeme können sich über lange Zeit tatsächlich verhalten, wie triviale Maschinen: Einem bestimmten Input folgt dann ein entsprechender Output. Dann aber können sie sich plötzlich ganz anders verhalten. Solche Übergänge werden in der Chaostheorie „Bifurkationen", Weggabelungen, genannt, wo sich das vorhandene Muster sich plötzlich ändert. Diese sind die „Druckpunkte", an denen im günstigsten Falle angesetzt werden kann, um – im Sinne der Autopoiesis – Voraussetzungen für Veränderungen durch das System selber zu schaffen.

Was ist mit der Formulierung „Voraussetzungen für Veränderungen zu schaffen" gemeint? Wie können solche Voraussetzungen aussehen? Jochen Schweitzer u. a. (1991) fassen die Antworten auf diese Frage knapp und einprägsam zusammen:

(a) Ein erster Schritt ist die Re-Kontextualisierung von Problemen oder Symptomen, d. h. Probleme, die sich verselbständigt oder verfestigt haben, die fast zu einer „eigenen Person" im System geworden sind, werden wieder in einen sozialen Kontext gestellt.

(b) Die Umdeutung von Problemen kann helfen, sie in einem neuen Licht zu sehen und Anstöße zu ihrer Lösung geben. Was bisher lediglich als störend oder lästig empfunden wurde und was man schnell loswerden wollte, erhält jetzt vielleicht eine positive Deutung und wird postitiv konnotiert. Diese positive Konnotation darf aber nicht als billiger Trick mißverstanden werden, mit dem einfach versucht wird, irgend eine (beliebige) positive Sichtweise für das Problem zu finden. Entscheidend kommt es darauf an, daß diese Umdeutung oder positive Konnotation paßt – zum „Weltbild" bzw. zur Wirklichkeitskonstruktion des Klienten.

(c) Um Veränderungen zu bewirken, muß etwas Neues in das Klientensystem eingebracht werden. Dazu muß eine Verstörung stattfinden, die zur Neuorganisation anregt, d. h. die Intervention muß einerseits so viel Neues bringen, daß sie verstörend wirkt, sie darf andererseits aber nur so viel Neues bringen, daß sie noch angenommen werden kann und nicht zu weit vom „Weltbild" des Klienten weg ist.

(d) Sehr wichtig und anregend kann die Erfindung von „alternativen Zukünften" sein: Wie könnte ein Leben, eine Zukunft ohne das Symptom oder Problem, ohne die Schulden, ohne den Alkohol usw. aussehen? Dafür bieten sich zirkuläre Fragen an (mit denen ich mich unten, S. 175 ff., näher beschäftige).

(e) Insgesamt hat das sozialarbeiterische Handeln unter systemischem Vorzeichen die Aufgabe, zu entpathologisieren und Verantwortung zurückzugeben, im besten Falle „entchronifizierend" zu wirken. Dabei ist es für den Sozialarbeiter angebracht, keine Entweder-oder-Position einzunehmen (das tun die Klienten meist von sich aus schon), also beispielsweise ein Problem entweder als Krankheit oder als Bosheit bzw. Faulheit zu sehen. Viel sinnvoller ist es, mehrere Sichtweisen in ihren Konsequenzen durchzuspielen (wozu wiederum zirkuläre Fragen sehr hilfreich sein können). Häufig kommt es in der Praxis auch darauf an, das Ausbleiben von Veränderungen geduldig zu akzeptieren, ohne sich selber als HelferIn abgewertet zu fühlen, und ohne Druck, Ungeduld und arbeitsame Hektik auf den richtigen Zeitpunkt zu warten, wo Veränderungen angesagt sind.

Veränderungen im systemischen Sinne basieren auf dem „Jiu-Jitsu-Prinzip" (Böse/Schiepek 1989, 63 ff.). Danach kommt es darauf an, die vorhandene Bewegung und die Energie eines Klientensystems auszunützen, daran anzuknüpfen, statt Unbewegtes bewegen oder gar gegen Widerstände ankämpfen zu wollen. Das „Jiu-Jitsu-Prinzip betont möglichst minimale, ‚anschmiegsame' Interventionen in komplexe Systeme bei gleichzeitiger Nutzung vorhandener Dynamiken und Ressourcen" (ebd., 63). Aus der systemischen Sichtweise von Problementwicklung, Problemerhaltung und Problemlösung

„stehen individuelle Gefühle, Erfahrungen und Verhaltensweisen in ständiger Interaktion mit den anderen Individuen eines Systems (sei es Familie, Arbeitsbereich, Gemeinde usw.); gleichzeitig interagiert das System selbst mit den Gefühlen, Erfahrungen und Verhaltensweisen seiner individuellen Mitglieder und beeinflußt sie. ... Änderungen treten auf, wenn diese disfunktionalen Interaktionen unterbrochen und durch neue Verhaltenssequenzen ersetzt werden" (Trepper/Barett 1991, 34).

Es geht darum, Regeln in dem betreffenden System zu ändern und erstarrte Muster aufzubrechen, die Familienmitglieder entweder zu stützen oder aus dem Gleichgewicht zu bringen. Geschieht dies in rascher Folge, spricht man von der Methode des „stroke and kick", des Streichelns und Tretens (Simon/Stierlin 1992, 173).

Wie können die Voraussetzungen für eine Neu- bzw. Selbstorganisation von Systemen geschaffen werden?

Mit dem in der Sozialarbeit im Moment häufig gebrauchten Begriff „Empowerment" wird an die alte Tradition der Hilfe zur Selbsthilfe angeknüpft, von der die Sozialarbeit im neunzehnten Jahrhundert ausgegangen ist. Beim Empowerment geht es, ganz im Sinne der eben dargelegten Förderung von Neu- bzw. Selbstorganisation, darum, KlientInnen wieder zu Akteuren ihres eigenen Lebens sowohl auf der individuellen als auch auf der familialen oder auf der Problem-System-Ebene zu machen (Herriger 1991; Müllensiefen 1991). „Empowerment meint alle Möglichkeiten und Hilfen, die es Menschen ermöglichen, Kontrolle über ihr Leben zu gewinnen und sie bei der Beschaffung von Ressourcen zu unterstützen" (Stark 1993, 41). Empowerment wendet sich nach Wolfgang Stark, Mitarbeiter des Selbsthilfezentrums München, damit gegen ein sozialtechnologisches Verständnis sozialer Berufe und plädiert für eine Überwindung der unter HelferInnen weit verbreiteten „Reparaturmentalität". Zirkuläre Fragen können dabei nützliche Stimuli und Anregungen geben, die „inszenierte Hilflosigkeit" (Herriger 1991) abzubauen vorhandene Ressourcen aufzuspüren und neue, anderes Handeln ermöglichende Sichtweisen der Wirklichkeit einzuführen. Ein kurzes Beispiel aus der Beratungspraxis eines sozialpsychiatrischen Dienstes mag dies verdeutlichen:

Eine 45jährige Frau, die an einer manisch-depressiven Psychose leidet, ist nach dem Tod ihres Freundes in ein „depressives Loch" gefallen.
„Wenn Sie für jedes Jahr, das sie mit Georg verbracht haben, eine Woche trauern, würde das reichen?" frage ich.
„Nein", antwortet Frau B. spontan, „es müßten mindestens zwei Wochen sein!"
„Also wäre an Ostern nächstes Jahr an ‚Auferstehung' zu denken?"

Diese einfachen Fragen haben mehrere Implikationen: Sie knüpfen an die religiöse Orientierung der Klientin an, ihre Sprache wird aufgenommen und damit implizite Wertschätzung vermittelt. Es wird die Botschaft vermittelt, daß die Depression enden kann. Und man kann das, was der Arzt „Depression" nennt, auch als berechtigte und sinnvolle Trauer ansehen, als Abschied vom Freund.

Die Klientin ist der Trauer nicht (nur) ausgeliefert, sondern kann den Zeitpunkt des Trauer-Endes zumindest mitbestimmen.

Wichtig ist für SozialarbeiterInnen, eine Grundhaltung der Neutralität auch bezüglich Veränderungen einzunehmen. Dazu kann eine positive Konnotation der Nicht-Veränderung hilfreich sein, also der Versuch, Symptome oder Probleme nicht nur als Störungen zu begreifen, sondern (auch) als sinnvolle Lösungen; dies kann Respekt vor den Problemen als sinnvollen Lösungsversuchen vermitteln. Sie stören nicht *nur*, denn zu fragen ist: Was wäre, wenn sie nicht existierten?

Zahlreiche Untersuchungen belegen, daß das Risiko, körperlich und psychisch zu erkranken, ganz wesentlich vom Ausmaß sozialer Unterstützung abhängt, die ein Mensch erfährt. Auch die Lösung und Bewältigung sozialer Probleme und Krisen werden in den meisten Fällen mit Hilfe der eigenen sozialen Unterstützung und durch Selbsthilfe gelöst; professionelle Helfer spielen dabei nur eine untergeordnete Rolle. Der Arzt Michael Lasar (1991) definiert soziale Unterstützung folgendermaßen:

(a) Soziale Unterstützung ist die Vermittlung von Wertschätzung und Achtung bzw. der Überzeugung, daß die Person geliebt und für sie gesorgt wird;
(b) soziale Unterstützung sind Fremdhilfen der Umwelt, „die dazu beitragen, daß die Gesundheit erhalten bzw. Krankheit vermieden wird, psychische und somatische (sowie soziale; P.-S.) Belastungen

ohne Schaden für die Gesundheit überstanden und die Folgen von Krankheit bewältigt werden" ((Lasar 1991, 272).

Die soziale Unterstützung hat folgende Dimensionen:

(a) Emotionale, gefühlsmäßige Unterstützung;
(b) Instrumentalisierung, d. h. die Mobilisierung praktisch-materieller Hilfen;
(c) Information, die geeignet ist, zur Problemlösung beizutragen;
(d) Evaluative Dimension: Anerkennung und Wertschätzung der Person.

Nicht nur professionelle HelferInnen, sonder vor allem Nicht-Profis, Angehörige, Nachbarn, Arbeitskolleginnen, Vereinskameraden usw. bieten soziale Unterstützung. Eine ganz wesentliche Aufgabe der Sozialen Arbeit ist es, solche sozialen Unterstützungssysteme und Netzwerke zu re-konstruieren, zu ihrer Wieder-Aktivierung bzw. zur Bildung beizutragen. Zirkuläre Fragen können auch hier hilfreich sein und als Mittel benutzt werden, um Netzwerk-Re-Konstruktion zu betreiben. Die Ausgangsfrage lautet dabei: Wie sieht der Klient sein soziales Netzwerk? Wo sieht er seine sozialen Unterstützungssysteme? Was wäre, wenn diese oder jene Person wegfallen würde? Zum Beispiel:

„Was wäre, wenn Sie diesen oder jenen Kontakt wieder aktivieren oder mehr nutzen würden?" – „Wer könnte Ihnen in Ihrer Situation am ehesten beistehen und Sie unterstützen?".

2.3. Hypothesen – Metaperspektive – Pausen – Hypothetisieren: das Erfinden nützlicher Geschichten

Die systemische Betrachtungsweise ist weniger an der Beschreibung von Eigenschaften wie „Individuen haben" oder „sind krank, dissozial und gewalttätig" orientiert. Vielmehr ist sie an Beziehungsmustern interessiert, an Regeln des Familienspiels und an Verhaltensweisen, die sich häufig wiederholen (siehe oben, S. 53 ff.).
Welche Bedeutung haben diese Muster und Spielregeln? Unter „Muster" („pattern") verstehen wir einen regelhaften Ablauf oder Zusammenhang von Ereignissen. Gregory Bateson führte die Sichtweise ein, in Prozessen oder Systemen „Muster, die verbinden," zu erken-

nen („patterns which connect") (Simon/Stierlin 1992, 245); das englische Wort „Pattern" kann mit „Muster", „Modell", „Schablone", „Vorlage", „Vorbild", „Schema" oder „Struktur" übersetzt werden. Muster haben zwei Merkmale:

(a) Sie wirken auf sich selbst zurück, d. h. sie sind selbstorganisierend und rekursiv;
(b) Muster müssen sich selber korrigieren, es sind also nicht nur Muster, die verbinden („patterns which connect"), sondern auch „patterns which connect and correct" (Keeney 1987, 106).

Um solche Regeln und „Redundanzen" (sich wiederholende Verhaltenssequenzen) zu erkennen, ist es in der systemischen Therapie gebräuchlich, Hypothesen zu bilden, die unter anderen zur Strukturierung der Aufmerksamkeit des Beraters sinnvoll sind (Selvini Palazzoli u. a. 1981; Boscolo u. a. 1988; Cecchin u. a. 1988; Cecchin u. a. 1992). Solche Hypothesenbildungen scheinen mir auch und gerade für die Soziale Arbeit sinnvoll zu sein:

„Diese Hypothesen basieren auf einer kybernetisch begründeten Epistemologie. Es sind Annahmen, die nicht nur dazu dienen, Informationen zu gewinnen, sondern auch und vor allem – gerade weil sie den Mitgliedern des Systems in Frageform vorgelegt werden – dazu dienen, Informationen in das System einzuführen. ... Die (in die Hypothese verpackten) Informationen beziehen sich vorzugsweise auf neue Erklärungs-, Denk- und Handlungsmöglichkeiten, die sich von den bisherigen Sichten und Erklärungsgewohnheiten der Klienten untertscheiden. ... Es handelt sich hier also nicht um Hypothesen im wissenschaftlichen Sinne, die verifiziert oder falsifiziert werden könnten, sondern um Konstrukte mit möglichst großer therapeutischer Wirksamkeit." (Weber/Stierlin 1989, 80)

Hypothesen im gängigen wissenschaftlichen Sinne – vor allem im Kontext des kritischen Rationalismus von Karl Popper und Hans Albert – werden formuliert, um sie gegebenenfalls falsifizieren zu können; solange eine Falsifikation nicht gelingt, gelten sie als – vorläufig – verifiziert. Bei der Hypothesenbildung in der systemischen Therapie wird ein anderer Akzent gesetzt: Hier kommt es eher auf die Nützlichkeit oder Brauchbarkeit einer Hypothese an. Brauchbar sind Hypothesen vor allem dann, wenn sie geeignet sind, in das KlientInnensystem neue Informationen einzuführen. Hypothesen können auch dazu dienen, diese neuen Informationen zunächst in das professionelle Helfersystem einzuführen, also dazu, dem Helfer neue Sichtweisen zu ermöglichen. Diese kann der Berater dann natürlich seinerseits wieder in das Klientensystem einführen. In der klassischen therapeutischen Situation des Mailänder bzw. Heidelberger Settings[4] werden die Hypothesen vor der eigentlichen Therapiesitzung im Beraterteam gebildet und nach dem Gespräch weiterentwickelt. Auch in der Sozialarbeit halte ich die Außen- oder Metaperspektive für einen der wichtigsten Aspekte des systemischen Vorgehens. Aber tragen wir damit nicht Eulen nach Athen? Gehört nicht eine institutionalisierte Außenperspektive zu jeder reflektierten professionellen psychosozialen Beratung? Nicht nur die Supervision, sondern auch Gespräche mit KollegInnen oder PraktikantInnen können dafür genutzt werden. Es waren nicht die SystemikerInnen, die die Außen- oder Metaperspektive erfunden haben (wie sie selber manchmal glauben).

Einige Ideen aus der Systemtherapie waren allerdings für mich neu und haben mir beim Ausprobieren viel Spaß gemacht. Sie haben mich angeregt, mir selber als „Forscher in eigener Sache" (Maja Heiner) über die Schulter zu schauen. Dazu gehörten vor allem die Pausen: Ich mache inzwischen in vielen Gesprächen nach einer gewissen Zeit – meist nach etwa 45 Minuten – eine Pause. Bewährt hat sich dies vor allem bei Erstgesprächen und bei allen Situationen, in denen ich „in die Klemme komme", mich unter Druck fühle und mir der Kopf vor lauter Problemen schwirrt. Diese Pause kündige ich bereits am Anfang des ersten Gesprächs an, indem ich etwa sinngemäß sage:

> „Es kann sein, daß ich nach einiger Zeit auf die Idee komme, eine Pause zu machen. Dann würde ich Sie bitten, draußen nochmals Platz zu nehmen, um mir einige Gedanken zu unserem Gespräch zu machen. Wenn Sie einverstanden sind, würde ich auch gerne mit einem Kollegen oder einer Kollegin darüber reden. Die Pause wird etwa eine Viertelstunde bis zwanzig Minuten dauern. Inzwischen können Sie auch einen kleinen Spaziergang machen, wenn Sie wollen. Anschließend werde ich Ihnen dann sagen, welchen Eindruck ich habe und welche Ideen mir kommen. Vielleicht komme ich sogar auf die Idee, Ihnen ein kleines Experiment vorzuschlagen."

Ist gerade kein Kollege in der Pause zu einem kurzen Ideenaus-

---

[4] Zum Unterschied der Modelle siehe Gunter Schmidt (1991).

tausch erreichbar, schreibe ich mir in der Pause auf, wie das Gespräch verlief, bzw. versuche, folgende Fragen zu beantworten: „Was war die Initialtransaktion?", „Welche Gefühle hatte ich?", „Um welches Problem geht es?", „Welche Ideen fallen mir als Hypothesen über die systemischen Zusammenhänge im Klientensystem ein?", „Welche Lösungsmöglichkeiten sehe ich?". Findet das Pausengespräch mit KollegInnen statt – i. d. R. aus Zeitgründen nur mit einem und nicht mit mehreren KollegInnen – geht es nicht um eine „Fallbesprechung" im üblichen Sinne, sondern um eine assoziative Sammlung von Ideen, aus denen sich erstaunlicherweise fast immer ein anderes und klareres Bild ergibt als während des Gesprächs. Diese Ideen formuliere ich schriftlich in drei bis vier Sätzen und trage sie nach der Pause der Klientin vor. Nach der Pause findet in aller Regel keine neue „Gesprächsrunde" statt, sondern die Klientin gibt noch ein feed-back, und es wird eine Abschlußvereinbarung darüber getroffen, wer was bis zum nächsten Termin erledigt. Eventuell erfolgt noch die Klärung einer Aufgabe oder eines Experiments für den Klienten.

Im Sinne einer praxisorientierten Selbstevaluation (Heiner 1988) versuche ich, mir eine Außenperspektive nicht nur mit Hilfe von Pausen bei einzelnen Gesprächen zu verschaffen, sondern auch durch schriftliche Betrachtung und Reflexionen der Beratungsbeziehung im Sinne einer „Beratungsbilanz". Nach einem halben Jahr oder nach einer bestimmten Anzahl von Gesprächen frage ich mich – anhand eines standardisierten Evaluationsbogens: „Was wäre, wenn ich mit diesem Klienten so weiterarbeiten würde, wie bisher?", „Was wird in einem Jahr, in zwei Jahren sein?", „Nach welchem Muster funktioniert die Beziehung bisher, und welche impliziten Regeln haben sich herausgebildet?", „Woran merke ich, daß etwas nicht klappt?". Durch solches Bilanzieren haben sich für mich oft überraschende Wendungen ergeben. (Auf die Selbstevaluation mit Hilfe zirkulärer Fragen und eines Evaluationsbogens gehe ich unten, S. 226 ff., ausführlicher ein).

Ein wichtiges und nützliches Hilfsmittel zur Bildung von Hypothesen und zum Erkennen familialer Interaktionsmuster ist das Genogramm, das graphische Übersichtsbild einer Familie, das drei oder mehr Generationen umfaßt. Seine Analyse erleichtert es, transgenerationelle Muster, Mythen und Geheimnisse zu erkennen, zu beleuchten und zu vertiefen (Heinl 1987; Roedel 1990).

„Die Erarbeitung eines Genogramms ermöglicht es in systematischer, strukturierter und einfacher Form, ein Spektrum von Fakten und eine Fülle familiendynamisch relevanter Informationen über ein komplexes Mehrgenerationen-Familiensystem zu gewinnen." (Heinl 1987, 118)

Das Genogramm und seine Erweiterung zum Netzwerkschaubild scheint mir ein sehr wichtiges Strukturierungsinstrument für die Soziale Arbeit zu sein, die sich – wie oben, S. 147, dargelegt – zumeist mit unstrukturierten, diffusen Problemlagen beschäftigt und wo es gemäß der Alltagsorientierung im Umgang mit den Klienten häufig nicht angemessen ist, zunächst eine genaue Sozialanamnese zu machen, bevor man sich weiter auf einen Kontakt einläßt. Dies gilt insbesondere für alle offenen oder halboffenen Arbeitskontexte.

Jahrelang habe ich nach einer geeigneten Form gesucht, Klienteninformationen in knapper und übersichtlicher Form zu erfassen, um etwa in der sozialen Gruppenarbeit, beim gleichzeitigen Kontakt mit einer Vielzahl von KlientInnen, die jeweilige Familiengeschichte präsent zu haben und festzustellen, mit wem ich über welches Thema bei Gelegenheit noch reden möchte. Ein Problem bei der sozialen Gruppenarbeit ist bekanntlich, daß die Klienten in aller Regel nicht nach ihren Familiendaten oder der „Krankengeschichte" „abgefragt" werden. Sie erzählen vielmehr unstrukturiert gerade das, was ihnen wichtig ist und was dem Grad an Vertrautheit ihrer Beziehung zum Sozialarbeiter angemessen erscheint. Das hat den entscheidenden Vorteil, daß diese Kontaktaufnahme spontaner und von weniger professioneller Distanz geprägt ist, daß die Schwellenängste nicht so hoch sind und die Alltagsnähe größer ist. Außerdem wird der Blick der GruppenleiterInnen weniger durch eine „Problembrille", durch eine Vielzahl von diagnostischen Informationen und Vorurteilen aus Akten getrübt. Da eine „Vollständigkeit der Wahrnehmung" (Dörner/ Plog) notwendig ist, benötigt man über den betreffenden Menschen ein Mindestmaß an Informationen und eine „Diagnose" im Sinne einer inneren Leitstruktur zur Lenkung der Wahrnehmung. Außerdem stellt sich die Frage: „Was mache ich mit den Informationen über die einzelnen Menschen, die ich im Rahmen der Gruppenarbeit kriege?", „Wie kann ich die Vielzahl von Informationen sinnvoll ordnen, behalten und bei Bedarf erinnern, damit mir nicht immer wieder die gleichen Geschichten erzählt werden, bzw. daß ich nicht immer wieder die gleichen Fragen stelle?" Für alle diese Aspekte hat sich das Genogramm für mich als das hilfreichste und zeitsparendste Instrument erwiesen, das zudem allen Arten von Anamnesebögen überlegen ist. Das Genogramm hat folgende Vorteile:

(a) Wichtige Informationen können damit gut gespeichert und bei Bedarf sehr schnell „abgerufen" werden;
(b) beim Zeichnen des Familienstammbaumes erkenne ich schnell „weiße Flecken", d. h. Themen, die in den bisherigen Gesprächen noch nicht (ausreichend) angesprochen wurden;
(c) dadurch kann eine Struktur für künftige Gespräche gewonnen werden;
(d) auf diese Weise lassen sich auch offene Gespräche, wie sie für die Gruppenarbeit kennzeichnend sind, gezielter strukturieren;
(e) Muster im Familiensystem werden leichter erkennbar, da die wesentlichen Informationen in komprimierter Form vorliegen und die Gefahr, in Informationen zu ertrinken, geringer ist;
(f) über die klientenbezogene Arbeit hinaus kann das Genogramm der eigenen Familie für BeraterInnen auch als Struktur für die persönliche Selbsterfahrung dienen: „Worüber durfte in unserer Familie nicht gesprochen werden?", „Was waren die Geheimnisse oder die sorgsam gepflegten Mythen?", „Wie lautete die Grundbotschaft, die mir Vater und Mutter mit auf den Weg gegeben haben?"

2.4. VERSCHIEDENE PROBLEMBESCHREIBUNGEN – REFRAMING: EIN ANDERER RAHMEN GIBT (OFT) EIN NEUES BILD

Häufig ist die Auusgangsfrage zur Problemlösung nicht die Frage nach den möglichen Lösungen für das Problem, sondern vielmehr die gegenteilige Frage: „Wie schaffen es eigentlich die Beteiligten, das Problem aufrechtzuerhalten?". Es scheint manchmal gar nicht so entscheidend, *was* von den Beteiligten anders gemacht werden soll, um zu einer Veränderung zu kommen, sondern eher, *daß* überhaupt etwas anders gemacht wird. Irgend etwas anders zu machen, als bisher, bringt häufig eine Störung des bisherigen Musters mit sich. Die Art, wie KlientInnen oder MitarbeiterInnen eines „verstrickten" Teams ihr „Problem" beschreiben, enthält oft schon das Problem,

und eine andere Art, das Problem zu beschreiben, kann eine Lösung implizieren (Simon 1991).
Auch aus dem Neuro-linguistischen Programmieren und der Hypnotherapie Milton H. Ericksons kennen wir die Technik, Probleme in einen anderen Kontext zu stellen und dadurch zu transformieren. Diese Technik des Reframing beruht auf der Erfahrung, daß ein Ereignis oft allein durch eine andere Interpunktion sich verändern kann, also dadurch, daß man ihm eine andere Bedeutung gibt, oder daß man es anders bewertet, kurz: indem man ihm einen anderen Rahmen gibt. Andere Bewwertungen, Verknüpfungen oder Konnotationen lassen „Probleme" in einem anderen Licht erscheinen. Eine Art von Reframing bestünde z. B. darin, hartnäckig zu fragen, in welchen Situationen das problematische Verhalten beibehalten werden soll. Hier darf man sich nicht durch anfängliches Zögern bei der Antwort oder durch Ausweichen von der Frage abbringen lassen.
Im therapeutischen Setting wird die Technik des Reframing natürlich vor allem bei Gefühls- und Interaktionsproblemen angewendet. Soweit man es in der Sozialen Arbeit mit solchen „Problemtypen" zu tun hat, läßt sich die Anwendung ohne Schwierigkeiten übertragen. Nicht ganz so einfach ist es bei materiellen Problemlagen wie Wohnungsnot, Arbeitslosigkeit, Armut, mit denen SozialarbeiterInnen genauso oft zu tun haben; hier kann die Technik sinnvollerweise dann eingestreut werden, wenn das Sachproblem interaktionelle Bedeutung hat, bzw. wenn materielle Problemlagen bestimmten Mustern folgen und absehbar ist, daß mit der Beseitigung der akuten Notlage allein ein Wiederauftreten der Probleme zu erwarten wäre. Dies kann z. B. der Fall sein, wenn ein Klient immer wieder schon nach einigen Wochen in einer neuen Arbeitsstelle mit Vorgesetzten Krach bekommt und daraufhin die Arbeitsstelle verliert; oder wenn ein Wohnungsverlust nach Unstimmigkeiten mit Nachbarn sich wiederholt. In diesen Fällen müssen zu den beschriebenen systemischen Strategien und Techniken immer auch andere, auf das jeweilige Problem bezogene Interventionen hinzukommen, denn es wäre zynisch und ein Zeichen mangelnder Kompetenz, wollte man ökonomisch verursachten Problemen mit „Tricks" wie etwa durch Umdeutung oder zirkuläre Fragen beikommen. Die sytemischen Interventionsformen können das vorhandene methodische Repertoire der Sozialarbeit immer nur ergänzen und erweitern, es aber nicht ersetzen. Eine systemische Zusatzausbildung

wäre vollkommen falsch verstanden, wollte man sich damit beispielsweise die notwendige Auseinandersetzung mit dem Miet- oder dem Sozialhilferecht „ersparen". Ich betone dies deshalb immer wieder, weil ich manchmal den Eindruck habe, die Beschäftigung mit Methoden und Techniken folgt weniger dem Prinzip „Was ist für den Problem- und Interventionsbereich notwendig?" als vielmehr der Maxime „Was macht Spaß, und wozu habe ich Bock?".

Reframing kann auch heißen, Probleme, die bislang individualisiert wurden, in einem anderen Kontext zu besprechen, etwa in einem selbsthilfegruppenähnlichen Setting; so kann etwa durch das Reden über gemeinsame Erfahrungen im Arbeitslosentreff betroffenen Arbeitslosen deutlich werden, daß Arbeitslosigkeit nicht selbstverschuldet ist und daß es anderen genauso geht.

Es ist auch wichtig, sich klarzumachen, daß Reframing nicht immer nur durch Worte, sondern oft viel wirkungsvoller durch Handlungen geschieht, die analoge Botschaften enthalten. Ein Beispiel soll dies illustrieren:

> Eine depressive Frau zeigt sich in der Beratung hartnäckig; zäh und schleppend verläuft das Gespräch. Alle „Kniffe" und Techniken, sie aus dem Sumpf ihrer negativen Gefühle herauszubegleiten, nützen nichts. Sie bleibt bei ihrer negativen Selbst- und Weltsicht. Als der Berater sie eines Tages einfach ins Auto packt und mit ihr aus der nebelverhangenen Stadt und der winterlichen Kälte heraus in die sonnigen klaren Berge fährt, zeigt sich die Frau unerwartet ganz anders. Der andere Rahmen gibt ein anderes Bild: Sie ist gesprächig, wie schon lange nicht mehr. „Es war eine andere Klientin", berichtet der Berater überrascht.

2.5. Systemisches Sozialmanagement

„Sozialmanagement", das in Zeiten knapper Kassen, gekürzter Zuschüsse und verschärfter Konkurrenz unter den „Anbietern sozialer Dienstleistungen" Hochkonjunktur hat, wird definiert – ähnlich wie die Organisationsentwicklung – als methodischer Beitrag zur Förderung systematischen Entscheidens, Planens und Organisierens im Sozialbereich (Müller-Schöll/Priepke 1989). Eines der zentralen Themen des Sozialmanagements ist die systematische Zielfindung, die Entwicklung von Global-, Rahmen- oder Oberzielen für eine Organisation oder einen Arbeitsbereich. Diese Ziele werden in Unterziele aufgeschlüsselt, und einzelne Schritte zu deren Realisierung operationalisiert, wobei jeweils die fördernden und hemmenden Bedingungen herausgearbeitet werden. Wenn die auf diese Weise mühsam entwikkelten Ziele einer Institution sich mit Hilfe eines solchen Prozesses tatsächlich realisieren lassen, ist dagegen nichts einzuwenden. Leider sieht die trübe Alltagswirklichkeit oft anders aus: Nicht selten sind zwar – meist auf Initiative oder Druck von besonders engagierten oder motivierten MitarbeiterInnen oder LeiterInnen – Ziele entwickelt worden, deren Realisierung verläuft jedoch meist anders, als in den Sozialmanagement-Konzepten vorgesehen. Die Zielformulierungen geraten beispielsweise in Vergessenheit, sind einfach obsolet geworden, Bedingungen ändern sich grundlegend (ohne daß neue Zielformulierungen vorgenommen werden), wichtige MitarbeiterInnen, die als „Motoren" eines solchen Prozesses wirkten, sind nicht mehr aktiv oder haben gekündigt, neue Aufgabenfelder sind entstanden. Zur Analyse solcher Vorgänge lohnt es sich, Protokolle von Mitarbeiter- oder Teambesprechungen einmal gezielt über einen Zeitraum von einigen Jahren zurückzuverfolgen und unter folgenden Gesichtspunkten auszuwerten: „Welche Probleme haben uns vor drei oder vor fünf Jahren beschäftigt?", „Welche Fragen dominieren heute?", „Welche Zielperspektiven und welche Prioritäten hatten wir damals?". Meist füllen solche Protokolle nur Aktenordner und brauchen Platz und verstauben, hier könnten sie eine wichtige Funktion erfüllen.

Geht man von der Theorie der Selbstreferentialität und operationalen Geschlossenheit aus, dann ist, wie mehrfach ausgeführt, eine instruktive Interaktion nicht möglich. Es ist nicht möglich, soziale Systeme wie etwa Organisationen methodisch in einen bestimmten Zielzustand hineinzusteuern; bestenfalls ist auch hier eine Verstörung möglich. Es braucht deshalb nicht zu wundern, wenn Versuche der Zielbestimmung und -realisierung meist scheitern; denn sie operieren nach den Maximen einer „instruktiver Interaktion". Ist es dann nicht angebracht, in Organisationen auf die Entwicklung von Zielen und Maßnahmen, ja auf Planung überhaupt zu verzichten?

Dem ist nicht so. Der systemische Ansatz legt nahe, ein anderes Verständnis von Zielfindung und Realisierung zu entwickeln. Zielformulierung und Umsetzung kann im besten und gelungenen Falle eine Verstörung sein, eine Information im Sinne Batesons – ein Unterschied, der einen Unterschied macht –, die eine Zustands- oder Strukturveränderung im betroffenen System auslöst, bzw. eine neue Selbstbeschreibung oder eine andere Wirklichkeitskonstruktion anregt. Ein Organisationsentwicklungsprozeß wird so zu einer Reduktion von Komplexität, die vermehrte Komplexität ermöglicht und nicht die vorhandene Komplexität – vergeblich – zu reduzieren versucht. Versteht man Sozialmanagement systemisch, dann kommt es eher darauf an, Selbstorganisationsprozesse anzuregen oder zu ermöglichen, einem MitarbeiterInnenteam neue Entwicklungsimpulse zu geben, gewohnte Sichtweisen zu hinterfragen oder eingefahrene Muster zu stören. Raimund Böse und Günter Schiepek nennen vier Aspekte, was Ziele unter systemischen Gesichtspunkten innerhalb des Sozialmanagements leisten können:

(a) sie können Voraussetzungen für Selbstorganisation schaffen;
(b) sie können kurzfristig die Minimalbedingungen für Selbstorganisation sichern;
(c) sie können als Katalysator wirken, um Selbstorganisationsprozesse anzuregen und Motivation dafür zu schaffen;
(d) sie können sich selber rekursiv verändern, und es ist zu bedenken, daß Ziele nichts Statisches sind (Böse/Schiepek 1989, 215).

Joachim Merchel (1992), Professor an der Fachhochschule Münster, verweist auch auf den diskursiven Charakter des Erfolgsbegriffs in der Sozialen Arbeit: Was Erfolg ist, steht nicht von vornherein fest und ist nicht „objektiv", sondern er beruht auf einer sozialen Aushandlung oder auf einer Konstruktion. Dabei spielen Machtverhältnisse eine entscheidende Rolle: Es sind vor allem Geldgeber und innerhalb einer Organisation die höheren hierarchischen Ebenen, die auf diesen Konstruktionsprozeß mehr Einfluß nehmen können. Erfolgskontrolle ist damit immer auch ein strategisches Mittel im Kontext von Machtbeziehungen.
Es ist an dieser Stelle nicht möglich, auf die Einzelheiten einer systemisch fundierten Organisationsentwicklung einzugehen; es soll vielmehr gezeigt werden, wie – ausgehend von einem selbstreferentiellen Verständnis – einzelne SozialarbeiterInnen für sich selber mit Organisationskontexten anders umgehen können (siehe unten, S. 244 ff.).

2.6. Der „systemische Missionar" – oder: „eine Sichtweise unter anderen"

„Ich ärgere mich so über meine beiden Kollegen, die systemisch arbeiten", sagte mir eine Sozialpädagogin aus einer Familienberatungsstelle, die am Jugendamt angesiedelt ist. „Die machen sich's so einfach. Die bestellen die Leute ganz selten, nur alle drei Wochen oder noch weniger. In der Jahresstatistik stehen die trotzdem glänzend da. Die arbeiten maximal die Hälfte, haben aber am Ende des Jahres doppelt so viele Klienten in der Statistik wie ich. Und persönlich halten sie sich total raus. Ich spiele ja auch gerne Schach oder Mensch-ärgere-dich-nicht. Aber so was widerstrebt mir."

Aus solchen Äußerungen wird deutlich, wie wichtig es für SozialarbeiterInnen ist, die eigene Vorgehensweise transparent zu machen, in diesem Fall also zu erklären, warum es sinnvoll sein kann, Klienten seltener zu sehen, und daß eine neutrale oder positiv konnotierende Haltung den Problemen der Klienten gegenüber nicht heißt, daß ich ihre Leiden nicht ernst nehme oder mich über sie lustig mache. Die systemische Sichtweise soll, wie schon mehrfach betont, dabei nicht KollegInnen gegenüber als neues Paradigma angepriesen werden, das andere Vorgehensweisen ablösen oder ersetzen soll, weil es „besser" ist. Ich plädiere dafür, diesen Ansatz als Bereicherung und Erweiterung der bisherigen Palette anzusehen, als neuen Tupfer, der das Repertoire an Erklärungswissen und Vorgehensweisen bunter macht (siehe auch Jänicke 1990). Sich als „Missionar" für die systemische Sache zu gebärden, führt im Team oder in der Institution leicht zu Konfrontationen und zu symmetrischen Eskalationen: „Wer hat das bessere (Hilfe-)Konzept?". Widerstand gegen den systemischen Ansatz ist besonders dann zu erwarten, „wenn sich Systemtherapie als epistemologisch überlegen einführt und damit implizit eine Entwertung der bereits existenten Platzhalter im Feld zum Ausdruck bringt" (Leippert 1988, 15). Es muß dann eher darum gehen, systemische Konzepte so zu modifizieren, daß sie in den spezifischen Kontext paßen und eine Bereicherung der sonstigen, bisher praktizierten Vorgehensweisen darstellen. Ein gelungenes Beispiel für eine solche „sanfte" Integration systemischen Denkens in ein Arbeitsfeld ist m. E. Georg Theunissens Einführung in die Heilpädagogik und Soziale Arbeit mit verhaltensauffälligen Kindern und Jugendlichen.

Theunissen (1992) sieht in der systemischen Beratung eine wichtige Aufgabe der Erziehungshilfe: Verhaltensauffälligkeit ist dann nicht mehr Ausdruck individueller Störungen einer Person, „sondern das Signal eines gestörten ‚Person-Umwelt-Verhätnisses' " (Theunissen 1992, 170). Er nennt folgende Leitprinzipien und Techniken systemischer Beratung in der Jugendhilfe, die i. W. den eben dargestellten „Grundkonzepten" entsprechen:

> Neutralität, Zirkuläre Fragen, Familienskulptur, Wahrnehmung nonverbaler Kommunikations- und Interaktionsmuster, Beobachtung von Kommunikation und Interaktion in realen Lebenssituationen, Wahrnehmung der Dominanz spezifischer Regelstufen, Alltagstheorien und Verhaltensregeln, Hypothesenbildung, Veränderungsmethoden wie beispielsweise die Umdeutung (Theunissen 1992, 173).

Zum Einsatz dieser systemischen Arbeitsweisen und Techniken sind noch folgende Anmerkungen zu machen:

(a) Die verschiedenen „Methodenbausteine" werden sinnvollerweise im Sinne der hypnotherapeutischen Einstreutechnik verwendet, d. h. sie werden, ohne großes Aufhebens davon zu machen, in die bewährten Vorgehensweisen eingestreut. En passant werden so wirksame „Miniinterventionen" (Weber/Stierlin) gesetzt. Der normale Beratungsablauf, z. B. bei Gesprächen über Sorgerechtsregelungen im Jugendamt, wird dabei also nicht aufgegeben, sondern ergänzt.

(b) Bei diesem Einstreuen ist es wichtig, darauf zu achten, daß die Interventionen zwar etwas Neues beinhalten, also „verstörend" wirken, aber auch nicht zu viel Neues enthalten dürfen, so daß sie noch aufgenommen werden.

Abschließen möchte ich dieses Kapitel mit der These, daß es nicht nur für die Soziale Arbeit fruchtbar sein kann, von der System- und Familientherapie zu lernen, sondern daß auch systemische Therapeutinnen von Sozialarbeiterinnen vor allem folgendes lernen könnten:

(a) Probleme können nicht immer einfach „wegerklärt" werden. Es kann zwar hilfreich und nützlich sein, andere Wirklichkeitskonstruktionen in Klienten- und Problemsystemen anzuregen, häufig aber genügt dies nicht, vor allem dann, wenn es um ungerechte Strukturen, um handfeste Machtverhältnisse oder um ökonomische Probleme

geht. Wer keine Wohnung hat und im Obdachlosenasyl wohnt, dem nützen neue Wirklichkeitskonstruktionen wahrscheinlich weniger.
(b) Außer Beziehungsproblemen gibt es auch noch andere Probleme, z. B. die Wohnungsnot, Armut oder das Flüchtlingselend unter uns. Da genügt es nicht, „Geschichten zu transformieren".[5] „Was fehlt", so kritisert z. B. Ilona Schöll, die Familien- und Systemtherapie, „sind zweifellos Überlegungen zum gesellschaftlichen Kontext, zum sozialen, ökonomischen und kulturellen Bezugsrahmen, in dem Menschen leben" (Schöll 1992, 52).
(c) Diese Probleme erfordern auch noch andere Techniken als zirkuläre Fragen, Umdeutung oder positive Konnotation; so z. B. Rechtberatung, gezielte Sachinformation, sozialanwaltschaftliche Tätigkeit oder einfach Hilfe bei der Wohnungssuche.
(d) Die Versuchung ist groß, gesellschaftlich verursachtes Leiden in individuelle Schuld umzudeuten (die dann „Selbst-Verantwortung" genannt wird). Diese Problematik der Umdeutung muß man beachten.
(e) Sarkastische Kritik an der Aufblähung des Helfersystems und an der Ineffektivität des Versorgungs- und Wohlfahrtsstaats paßt sehr gut in die neo-konservative politische Landschaft, die mit diesen Argumenten versucht, Versorgungsdefizite zu kaschieren oder den Abbau professioneller sozialer Hilfen fordert.

Systemische Therapie muß m. E.

(a) sich mehr öffnen für andere methodische Arbeitsweisen (Methodenpluralismus);
(b) Handlungskonzepte entwickeln, die dem jeweiligen Gegenstandsbereich angemessen sind, wobei dies vor allem Menschen können, die den Gegenstandsbereich und seine Anforderungen genau kennen;
(c) genau in den Blick nehmen, welche Probleme überhaupt vorliegen, wobei nicht nur die, die durch die „systemische Brille" am besten erkennbar sind, berücksichtigt werden sollten.

---

[5] Wobei es durchaus auch SystemikerInnen gibt, die sich diesen anderen Problemen widmen; gut gefallen hat mir z.B. der Aufsatz von Jochen Schweitzer und Wolfgang Herzog über Gewalt gegen Asylbewerber, Ausländer und überhaupt alles, was anders ist (Schweitzer/Herzog 1993).

3. Zirkuläre Fragen und die Klärung der Auftragslage

In der systemischen Therapie werden – wie oben, S. 160 ff., ausgeführt – bestimmte Fragen als „zirkuläre" bezeichnet: Sie fragen nicht nach Ist-Zuständen oder Ergebnissen, sondern sie machen den Frager selbst zum Akteur, indem sie vor allem nach den eigenen Anteilen der BeraterInnen an Interaktionsmustern fragen. Und diese Fragen lenken den Blick auf die rekursiven, d. h. auf sich selbst zurückwirkenden Muster und weniger auf die linearen Ursache-Wirkungs-Beziehungen.

„Der Grundsatz besteht immer darin, Fragen zu stellen, die einen Unterschied ansprechen oder eine Beziehung definieren. Fragen nach dem Kommentar von jemandem über die Ehe seiner Eltern, oder Fragen darüber, wie jemand seine Familienmitglieder danach einstuft, wer durch den Tod eines anderen am meisten gelitten hat, oder darüber, wie jemand auf einer Skala von 1 bis 10 die Wut seiner Mutter und dann die seines Vaters einstuft, wenn seine Schwester spät nachts nach Hause kommt – all dies sind Fragen nach dem ‚Unterschied'. Dasselbe gilt auch für Fragen, die sich mit dem Vorher und Nachher befassen: Wenn man zum Beispiel ein Kind fragt, um wieviel Prozent sich die Streitereien zwischen den Eltern verringert haben, seit der ältere Bruder in die Klinik eingewiesen worden ist, oder wenn man ‚hypothetische' Fragen stellt, wie zum Beispiel: ‚Wenn du gar nicht geboren wärst, wie würde deiner Meinung nach die Ehe deiner Eltern jetzt sein?', oder: ‚Wenn deine Eltern sich jetzt scheiden ließen, welches Kind würde mit welchem Elternteil gehen?'. Durch die Anwendung dieser Methode stellt man einiges fest. Zunächst einmal lassen solche Fragen die Leute innehalten und nachdenken, statt auf stereotype Weise zu reagieren. Leute, die nicht reden, hören aufmerksam zu. Und zweitens greifen diese Fragen in Eskalationen und Kämpfe ein, und zwar nicht nur zwischen Familienmitgliedern, sondern auch zwischen dem Therapeuten und den Familienmitgliedern. Und drittens scheinen sie in stärkerem Maße dieselbe Art des ‚Unterschied'-Denkens auszulösen, das seinem Wesen nach zirkulär ist, weil es die Vorstellung der sich aus verlagernden Perspektiven ergebenden Verbindungen einführt." (Hoffman 1984, 303)

Zirkuläre Fragen dienen dazu, Informationen zu „erzeugen". Es geht dabei weniger darum, versteckte Informationen ans Tageslicht zu befördern, sie werden also nicht nur gestellt, um zu diagnostischen

Zwecken und zur Planung des eigenen Hilfeprozesses Daten zu sammeln, aus denen dann entprechende Schlüsse gezogen werden. Die Fragen dienen sowohl dazu, der Beraterin Informationen über das System zu vermitteln, als auch dazu, neue Informationen in das System einzuführen. Dies führt weit über das bisher auch in der Sozialarbeit vorherrschende Modell hinaus, das von einem in Phasen ablaufenden Beratungsprozeßes ausging, wo einer ersten Phase der Datensammlung die Diagnose folgt, aus der eine Prognose und ein Hilfeplan abgeleitet wird, der dann die Grundlage für das eigentlich verändernde Handeln bildet.

„Im einzelnen zielen die (therapeutisch eingesetzten) Fragen darauf ab, Verdinglichungen ‚aufzuweichen‘, das Denken in rekursiven Prozessen und Mustern anzuregen, Verhaltensweisen im Kontext von in Zeit und Raum sich verändernden Beziehungen zu sehen und überhaupt ‚Ressourcen‘, nämlich neue Denk- und Verhaltensoptionen zu aktivieren." (Weber/ Stierlin 1989, 82)

Gregory Batesons inzwischen schon fast sprichwörtliche Definition von Information als einem „Unterschied, der einen Unterschied macht" bildet den theoretischen Ausgangspunkt für zirkuläre Fragen. Eine Information wird nach diesem Verständnis dadurch zur Information, daß sie in einem System einen Unterschied erzeugt, in unserem Falle einen Unterschied für das Klientensystem oder für das Beratersystem.

Im ersten Abschnitt dieses Kapitels möchte ich verschiedene Arten von zirkulären Fragen beschrieben, die zur „Aufweichung" von Problemen geeignet sind (Abschnitt 3.1.). Sodann werde ich auf das „Familienbrett" bzw. „Netzwerkbrett" eingehen; dies ist ein Hilfsmittel, das sich für mich in Beratungsprozessen als sehr nützlich erwiesen hat, um zirkuläre Fragen anschaulich und verständlich zu machen (Abschnitt 3.2.). Ob zirkuläre Fragen auch im Rahmen von Sachhilfen, beispielsweise in der Schuldnerberatung anwendbar sind, will ich in Abschnitt 3.3. erörtern. Im letzten Abschnitt erläutere ich nochmals das veränderte Verständnis von Hilfeplanung und Zielformulierungen in der Sozialen Arbeit (siehe Kapitel 2), allerdings bezogen auf die Funktion zirkulärer Fragen (Abschnitt 3.4.).

3.1. Die Aufweichung von Problemen: verschiedene Arten von zirkulären Fragen

Die System- und Familientherapeuten Gunthard Weber und Helm Stierlin (1989) beschreiben insgesamt dreizehn verschiedene Typen von zirkulären Fragen, die sich in Therapie- und Beratungsprozessen als besonders nützlich erwiesen haben. Diese sind auch in der Organisations- und Projektentwicklung oder im Rahmen von Einzel- und Teamsupervision einsetzbar und als Instrumente zur Selbstevaluation geeignet.[6]

(a) Fragen nach Merkmalen von Unterscheidungen: Wird vom Klienten ein Begriff, eine Diagnose oder eine Charakterisierung eingeführt, dann kann nach dem jeweiligen Gegenbegriff gefragt werden, wodurch das dem Begriff zugrunde liegende Wirklichkeitsverständnis relativiert und „aufgeweicht" wird: „Was tun Sie, wenn Sie nicht müde sind?" oder: „Was tun Sie, wenn Sie nicht depressiv sind, was machen Sie dann anders?"

(b) Die „Verflüssigung" von Eigenschaften: Eigenschaften oder Charakteristika, die Klienten sich selber, SozialarbeiterInnen ihren Klienten, Mitarbeiter ihren Chefs oder Chefs ihren MitarbeiterInnen zuschreiben, tendieren dazu, sich zu verselbständigen, sich zu unveränderlichen Bildern zu verfestigen und zu Wirklichkeitskonstruktionen zu erstarren, die im Sinne selbsterfüllender Prophezeihungen genau das immer wieder erzeugen, was sie zu enthüllen meinen. Demgegenüber werden bei der zirkulären Befragung unter solchen Eigenschaften Zuschreibungen verstanden, die aus Verhaltensweisen abstrahiert und konstruiert und nicht als feststehende und dauerhafte Merkmale einer Person oder Organisation zugeschrieben werden. Die starren Eigenschaftsbegriffe werden durch Fragen in einen Verhaltenskontext (zurück-)gestellt und damit „verflüssigt", d. h. es wird schon durch die Frage implizit vermittelt, daß Eigenschaft nicht dauerhaft, sondern veränderlich sind: „Was tun Sie, wenn Sie sich de-

---

[6] Soweit nichts anderes angegeben ist, beziehe ich mich hier auf Gunthard Weber und Helm Stierlin (1989, 82–87). Die Beispiele entstammen meiner eigenen Beratungspraxis.

pressiv zeigen?" oder: „Woran merken Sie, daß ihre Tochter ‚problematisch' ist?"
(c) Rekontextualisierung: Verhalten ist kontextabhängig, wird also nicht immer und überall gleich gezeigt. Zirkuläres Fragen hebt darauf ab, in welchen Situationen ein als Problem betrachtetes Verhalten wie stark, wie wenig oder gar nicht und wem gegenüber es vor allem oder nicht gezeigt wird. Es soll deutlich werden, wer darauf wie reagiert und welchen Effekt es hat. Es wird dadurch ein interaktioneller Zusammenhang konstruiert, in den das „symptomatische Verhalten" eingebettet ist und durch den es (vielleicht) einen neuen Sinn erhält: „Was tut die Mutter, wenn der Vater mehr Geld ausgibt, als im Monat zur Verfügung steht?", „Wie reagiert der Vater, wenn die Mutter versucht, ihn zu mehr Sparsamkeit zu erziehen?" oder: „In welchen Situationen reagieren die Kursteilnehmerinnen besonders abwartend (statt: apathisch), in welchen eher lebendiger?"
(d) Verdeutlichung des gegenseitigen Bedingens durch Doppelbeschreibungen: Einem Denken in Täter-/Opferrollen bzw. in linearen Ursache-Wirkungs-Schemata wird durch Fragen nach der rekursiven Bedingtheit von Verhalten bzw. nach den Möglichkeiten zur Verschlimmerung des „symptomatischen" Verhaltens bzw. des Problems der Boden entzogen: „Was müßten Sie tun, daß der Chef noch mehr das Gefühl hat, kontrollieren und überwachen zu müssen?" oder: „Was könnten Sie tun, um noch unzufriedener bei der Arbeit zu werden?".
(e) Einführung einer zeitlichen Dimension: Die Öffnung einer zeitlichen und geschichtlichen Perspektive relativiert die Vorstellung, daß Menschen, Teams, Familien, Gruppen und Organisationen dauerhafte und unveränderliche Eigenschaften besitzen, und führt den Gedanken ein, daß sie sich auch ganz anders verhalten könnten. Fragen nach zeitlichen Unterschieden oder Perspektiven können so zur Verflüssigung von erstarrten Gegebenheiten oder Eigenschaften beitragen: „Seit wann haben Sie die Idee, ihre Tochter sei ‚psychisch krank'?".
(f) Differenzierungen: Fragen nach Unterschieden hinsichtlich der Quantität („mehr oder weniger?"), Qualität („besser oder schlechter?") und Zeit („vorher oder nachher?") – können ebenfalls dazu anregen, Unveränderliches als veränderlich erscheinen zu lassen, Probleme mit Ereignissen zu verknüpfen und dadurch Lösungsmöglich-

keiten zu entdecken: „Zu welcher Zeit ist ihr Sohn besser mit der Geldeinteilung zurechtgekommen? Wie war es vor seinem Auszug aus dem Elternhaus?".

(g) Bildung von Rangfolgen: Beziehungen weisen Unterschiede auf; entsprechend verschieden sind auch die Möglichkeiten, daraus resultierende Probleme zu lösen. Fragen nach der quantitativen Abstufung von bestimmten Verhaltensweisen oder Einstellungen können Hinweise über solche Beziehungsunterschiede geben, ohne daß diese direkt erfragt werden müßten. Außerdem können solche Abstufungen unüberwindlich erscheinende Probleme zu veränderbaren machen, weil sie von unterschiedlicher Schwierigkeit sind: „Wer von den Geschwistern traut Ihnen am ehesten zu, daß Sie einmal von zu Hause ausziehen könnten, wer am wenigsten?" oder: „Welcher ihrer verschiedenen Helfer kann sich am ehesten vorstellen, daß Sie irgendwann allein zurechtkommen?".

(h) Triadische Fragen: Fragen an eine dritte Person über die Beziehung zweier anderer Personen (aus der Perspektive des Befragten) fördern die Betrachtung von Vorgängen und Beziehungsmustern aus einer Außenperspektive.

„Eine Person wird über die Beziehung zweier oder mehrer anderer befragt. Fragen wir einen Dritten über eine Beziehung anderer, erhalten wir die Sichtweise dieser Person und durch die averbalen oder verbalen Reaktionen der anderen Hinweise darauf, ob diese der Sichtweise zustimmen oder nicht. Die Nichtbefragten können mit mehr Abstand über die Meinung des Befragten nachdenken. Fragt man sie direkt, würden sie sich wahrscheinlich stärker und unmittelbarer aufgrund der zu erwartenden rekursiven Interaktionsprozesse in Frage gestellt sehen und würden mit größerer Wahrscheinlichkeit ungenau und ausweichend antworten." (Weber/Stierlin 1989, 85)

Fragen dieser Art sind beispielsweise: „Wie sehen Sie als Tochter die Beziehung der Mutter zum Sohn, ihrem Bruder?" oder: „Wie sehen Sie als Mitarbeiterin die Beziehung der drei Abteilungsleiter zum Chef?".

(i) Zustimmungsfragen: Wird eine Person gefragt, ob sie der Einschätzung einer anderen Person zustimmt, so ergibt dies Informationen über Übereinstimmungen bzw. Nicht-Übereinstimmungen und daher auch über die Beziehungen untereinander: „Stimmen Sie der

Tochter in ihrer Einschätzung zu, daß die Mutter sich mehr Unabhängigkeit wünscht?". Auch nicht Anwesende können – hypothetisch – gefragt werden. „Angenommen, ihr älterer Bruder wäre hier und ich würde ihn fragen, ob der Sozialhilfeantrag für den jüngeren Bruder gestellt werden soll, wäre er auch Ihrer Ansicht, oder würde er es eher anders sehen?".

(k) Fragen zu Bedeutungsgebungen und Problemerklärungen: Ein bisher nicht hinterfragter bzw. hinterfragbarer Konsens über Bedeutungen, Erklärungen und Ursachen von Problemen wird dadurch in Frage gestellt, daß nach anderen möglichen Bedeutungsgebungen gefragt wird. Alternative Sichtweisen werden dabei angeregt, ohne sie aufzudrängen. Sie können gleichsam als „Sonde" benutzt werden oder als „Versuchsballon", wobei sich aus der Reaktion ergibt, ob diese neue Sichtweise für die Beteiligten Sinn macht (um in diese Richtung weiterzufragen) oder ob sie nicht geeignet ist, Neues anzuregen: „Wie erklärt sich wohl der Sozialarbeiter vom Sozialamt Ihr Verhalten? Angenommen, jemand käme auf die Idee, das Problem ganz anders zu sehen und zu sagen: ‚Das ist keine Krankheit, sondern vielleicht eher Bequemlichkeit'. Wer aus der Familie würde am ehesten zustimmen?".

(l) Fragen zu individuellen und kollektiven Werten: Solche Fragen können Unterschiede und Gemeinsamkeiten von Werten klären und unausgesprochene Voraussetzungen von Bedeutungsgebungen oder Problemerklärungen bewußt machen: „Welches ist in diesem Team die Sichtweise: Wer würde in dieser Frage eher zu Klarheit und Kompromißlosigkeit tendieren, wer eher für weitere Verständigungsversuche und Kompromisse plädieren?".

(m) Ressourcenbetonte bzw. Resourcen betonende Fragen: Problematische Verhaltensweisen zeigen meist eingefahrene Muster. Alternativen kommen meist gar nicht in den Blick oder folgen einem Entweder-Oder-Muster („schwarz-weiß", „gut-böse", „gesund-krank", „autoritär-großzügig"). Solche Muster werden in Frage gestellt, (verschüttete) Möglichkeiten und Fähigkeiten werden „ausgegraben": „Welcher Ihrer vielen verschiedenen Helfer traut Ihnen am ehesten zu, daß Sie mit diesem Problem auch ohne Expertenhilfe fertig werden könnten?" oder: „Welche guten Seiten hat der Leiter denn? Was schätzen Sie besonders an ihm?" oder: „Was in diesem Arbeitsbereich sollte so bleiben, wie es ist? Was ist bewahrenswert?".

(n) Hypothetische Fragen: Sie zeigen alternative Sichtweisen und Handlungsoptionen auf und relativieren die Bedeutung und das Gewicht vergangener Ereignisse. Sie helfen, Zukunftsbilder zu entwerfen, die wiederum auf die Gegenwart zurückwirken, indem sie Hoffnung und Aktivität mobilisieren: „Was wird sein, wenn alles so weiter geht, wie bisher? Was wäre, wenn sich die Situation verschlechtert? Was wäre, wenn es überraschenderweise eine positive Entwicklung gäbe?".

„Da die Pläne für die Zukunft noch nicht erstellt sind", meint Peggy Penn, „sind die Familienmitglieder noch frei, sich völlig neue Handlungsalternativen für ihr Dilemma auszudenken. Die Miteinbeziehung solch künftiger Handlungspläne versetzt die Familie in eine Metaposition bezüglich ihres Dilemmas und vergrößert dadurch ihren Blick für die im eigenen System liegenden Entwicklungsmöglichkeiten." (Penn 1986, 206)

Der vor allem in Familien mit chronischen Krankheiten oft wie eingefroren wirkende Zukunftsbegriff kann damit wieder „aufgetaut" werden.

3.2. Familienbrett – Netzwerkbrett: Hilfsmittel, um Fragen anschaulich zu machen

Eine der wesentlichen Stärken zirkulärer Fragen sehe ich darin, daß sie in Gespräche mit KlientInnen und KollegInnen „eingestreut" werden können, bzw. daß sie das bisherige Vorgehen bereichern und ergänzen können, ohne andere Beratungsstrategien und -konzepten deshalb aufgeben zu müssen oder das Arbeitsfeld ganz zu verlassen, um die erlernte Methode auch ausüben zu können. Wenn die KlientInnen der Sozialarbeit als weniger verbal orientiert und intellektuell und materiell als eher unterprivilegiert beschrieben werden, dann stellt sich die Frage, ob bei diesen Menschen zirkuläre Fragen überhaupt anwendbar sind? Mich hat, als ich das systemische Konzept erprobte, die Erfahrung überrascht, daß zirkuläre Fragen von ganz einfachen Menschen durchaus verstanden werden, wenn es gelingt, an deren Sprache anzuknüpfen bzw. ihre Bilder und Themen zu verwenden. Selbst bei Ausländern oder Menschen, die mit dem Etikett „minderbegabt" geschickt werden, kommen diese Fragen an, wenn sie in einer einfachen und alltagsnahen Sprache formuliert und öfter durch Handlungselemente illustriert werden. Ein Beispiel soll dies veranschaulichen:

> Ein kurdischer Vater aus einer Flüchtlingsfamilie erzählt, daß seine Frau mit dem vierten Kind schwanger ist und daß er das Kind nicht will, unter anderem wegen der katastrophalen Wohnverhältnisse in der Zwei-Zimmer-Wohnung, wo Eltern und alle Kinder in einem Raum schlafen. Seine Frau aber wolle das Kind, weshalb er sie wohl zur Abtreibung werde zwingen müssen. Natürlich kam dieser Mann mit dem Thema nicht einfach so zur Beratungsstelle hereingeschneit, sondern sein Kommen war das Ergebnis einer längeren Beziehung zwischen Sozialarbeiter und ihm, bei der zunächst über Monate ausschließlich materielle und sachliche Probleme erörtert wurden: Anträge wurden ausgefüllt, Schriftstücke erklärt, Hausrat und Möbeln wurden beschafft, die Integration der Kinder in den Kindergarten betrieben usw. Was werden die Mitglieder seiner Familie und seines ‚sozialen Netzwerkes', die Eltern, Schwiegereltern, Verwandten im heimatlichen Dorf, die Parteimitglieder, die für ihn eine große Rolle spielen, tun, wenn sie von der Abtreibung erfahren? Wie wird seine Frau reagieren? Mit Dominosteinen bilden wir zwei Stapel: einen für diejenigen, die ärgerlich und böse werden, einen anderen für die, die auch dann noch zu ihm halten, wenn sie von der Abtreibung erfahren.

Ein Medium, das sich für mich zum Handgreiflich-Machen und zur Veranschaulichung von Fragen als sehr nützlich erwiesen hat, ist das von dem Systemtherapeuten Kurt Ludewig entwickelte Familienbrett (Ludewig u. a. 1983); dieses kann leicht zu einem Netzwerkbrett erweitert werden, in dem dann auch die verschiedenen HelferInnen oder beteiligten Institutionen ihren Platz finden. Es besteht aus einfachen, vierkantigen Holzklötzchen in verschiedener Größe, auf die das sehr vereinfachte Schema eines Gesichts aufgezeichnet ist. Ludewig hat das Familienbrett vor allem entwickelt, um ein Jetzt-Zukunfts-Szenario darzustellen und dabei zu veranschaulichen, wie sich im Laufe der Zeit Beziehungsstrukturen verändern. Der Klient wird gefragt: „Welches sind die im Moment wichtigsten Menschen in ihrem Leben?", und dann gebeten, diese Menschen und sich selber auf einem vorgegebenen Raum, eben dem Familienbrett, zu plazieren. Statt eines extra angefertigten Bretts kann natürlich auch eine einfache Spanplatte oder ein Servierbrett benutzt werden. Anschließend wird gefragt: „Wie weit sind diese Menschen jeweils von Ihnen weg? Wie stehen sie untereinander in Beziehung? In welche Richtung schauen die Menschen?". Dieser Ausgangs- oder Jetzt-Situation wird dann, wenn die Darstellung als stimmig empfunden wird, eine Zukunfts-Situation gegenübergestellt: „Wie wird das in fünf Jahren sein, oder nach dem Ende der Beratung? Wie sieht die Beziehungskonstellation nach dem Auszug des psychisch kranken Sohnes aus dem Elternhaus oder nach Abtragung des Schuldenberges oder nach erfolgter Scheidung aus?" Zu beachten ist, welche Unterschiede die beiden Szenarien aufweisen, welche Personen (noch, nicht mehr) da sind oder neu hinzukommen, welche Abstände sich verändern, wer vielleicht in eine andere Richtung schaut.

Durch entsprechende Nachfragen kann das Familienbrett zum Netzwerkbrett erweitert werden: „Mit welchen HelferInnen, Ämtern, Institutionen und Beratungsstellen hatten Sie es im Moment zu tun? Wie groß sind da die Abstände zwischen den Aktueren? Welche Bedeutung haben die verschiedenen Helfer? In welcher Beziehung stehen sie wohl untereinander?". Mit Hilfe der Klötzchen können dann sehr gut Fragen etwa zur Sichtweise des Problems seitens der einzelnen Familienmitglieder oder zu den bisherigen Problemlösungsversuchen mit den verschiedenen Hilfeeinrichtungen gestellt werden.

Die Klötzchen erleichtern nach meiner Erfahrung auch sehr das Anwesendmachen von Nichtanwesenden, etwa durch Fragen nach der Meinung dieser nicht Anwesenden: „Was würde der Vater sagen, wenn Sie tatsächlich erfolgreich wären und ihre Berufsausbildung abschließen?", „Was würde die Sozialarbeiterin auf dem Sozialamt sagen, wenn Sie diese Lösung versuchen würden?" oder „Wer von den vielen Helfern wäre am wenigsten sauer, wenn Sie die Beziehung abbrechen würden?".

Das Familienbrett läßt sich relativ leicht in ein ganz normales Gespräch integrieren. Es wirkt auch in der alltagsorietierten Beratung nicht so „aufgesetzt" wie z. B. eine Familienskulptur oder ein Rollenspiel. Häufig leite ich die Benutzung des Bretts etwa mit folgenden Worten ein: „Oh, da sind ja sehr viele an dieser Situation beteiligt. Ich würde das gern besser verstehen. Dazu hilft es mir, wenn ich die Menschen (oder Helfer) mal vor mir sehe. Nehmen wir mal an, dieses Klötzchen wären Sie. Wo wäre dann die Mutter? usw. Der Korb mit den Klötzchen steht übrigens immer auf dem Tisch, und oft fragen Klienten auch von sich aus: „Was soll denn das?".

Wichtig erscheint mir die von Hans Goldbrunner (1990) geforderte „Zweigleisigkeit als Arbeitsprinzip", d. h. die gleichzeitige Berücksichtigung der äußeren, materiellen und finanziellen Situation sowie der Beziehungssituation bzw. der inneren, psychischen und interpersonellen Realität. Im Alltag der psychosozialen Hilfe fallen diese Aspekte sowohl inhaltlich als auch räumlich und personell vielfach auseinander: In der Erziehungsberatungsstelle wird an der Beziehungsstruktur der Familie gearbeitet, in der Arztpraxis steht das körperliche Befinden im Mittelpunkt, auf dem Sozialamt geht es um die finanzielle Lage und bei der Schuldnerberatungsstelle bemüht man sich um die Haushaltsplanung.

„Zweigleisiges Vorgehen bedeutet ..., daß der Familienberater gleichzeitig zwei Prozeßebenen verfolgt: eine äußere, die Bearbeitung der akuten Probleme, und eine innere, die Wahrnehmung und Bearbeitung der Interaktionen. Während der Problembearbeitung werden Interaktionen nur so weit beeinflußt, wie es die Lösung erforderlich macht. Im Laufe der Arbeit tritt jedoch bei der Familie häufig eine Akzentverlagerung und Sensibilisierung für die Beziehungen ein, so daß es möglich wird, auch über Beziehungsmuster zu metakommunizieren. ... Es muß immer wieder neu ausgehandelt werden, was Gegenstand der Arbeit ist." (Goldbrunner 1990: 86 f.)

Auch für dieses Aushandeln bieten sich zirkuläre Fragen an: „Wenn ich beim nächsten Gespräch mit Ihnen über Beziehungen in Ihrer Familie sprechen würde und weniger darüber, in welche Reha-Einrichtung Sie gehen wollen, wären Sie dann mit dem Gespräch eher unzufrieden oder eher zufrieden?". Wichtig erscheint mir, daß es nicht darum geht, das „Draußen", die materiellen Probleme, als Einstieg oder Aufhänger zu nehmen, um dann „durch die Hintertür" irgendwann doch zum Wesentlichen, zur seelischen Befindlichkeit oder zu den Beziehungsmustern vorzudringen. Wichtiger ist herauszufinden, was gerade „jetzt dran ist", worauf es jetzt ankommt und was dem Klienten wichtiger ist; denn selbst ein tiefgründiges Reden über traumatische Kindheitserfahrungen kann ein Ausweichen vor ganz konkreten Handlungsschritten darstellen und so eher zur Stabilisierung einer desolaten Situation als zu deren Veränderung beitragen.

3.3. Zirkuläre Fragen im Rahmen der Sachhilfe

Auch bei der Sachhilfe, z. B. Unterstützung bei der Wohnungs- und Arbeitssuche oder in Geldangelegenheiten, und beim problemlösenden Handeln ist es – entsprechend dem eben beschriebenen Prinzip der Zweigleisigkeit – durchaus sinnvoll, Verhaltensmuster bewußt zu machen und hypothetisch nach möglichen Auswirkungen der Hilfe in der Zukunft zu fragen: „Angenommen, es gelingt Ihnen jetzt, eine andere Wohnung zu finden, wie lange wird es wohl dauern, bis sie wieder mit den Nachbarn in Streit geraten?", „Was könnten Sie tun, um möglichst schnell wieder mit den Nachbarn in Streit zu geraten?", „Wie könnten Sie es anstellen, diese Arbeitsstelle möglichst schnell wieder zu verlieren?". „Natürlich möchte ich sie nicht verlieren!", wird der Klient auf die letzte Frage vielleicht antworten und sagen: „Warum fragen Sie so komisch?". Trotz solcher Rückfragen lohnt es sich, freundlich, aber hartnäckig bei der Frage zu bleiben. KlientInnen wissen meist überraschende Antworten. Fragen, die den Sinn sachlich-materieller Unterstützung in Frage stellen, können dem Sozialarbeiter viel Frust und Arbeitszeit ersparen und für den Klienten als „Rückfallprophylaxe" wirken. Denn wenn man sich vorher schon Gedanken gemacht hat, welches Verhalten beispielsweise zum Verlust einer Arbeitsstelle führt – auch wenn ein Klient sie nicht verlieren will –, dann wird es später für ihn etwas schwieriger, gerade solch ein Verhalten zu zeigen. Die Schuldnerberatung ist ein exemplarisches Feld, wo jedem neu einsteigenden Sozialarbeiter bald deutlich wird, wie wenig es oft nützt, sich nur auf den Entschuldungsprozeß zu konzentrieren. Die Sozialarbeit erscheint hier – und für viele andere Bereiche gilt das genauso – manchmal tatsächlich wie Don Quijotes Kampf gegen Windmühlenflügel, den ich in der Einleitung als Leitmotiv gewählt habe. Denn kaum ist es gelungen, mit viel Zeitaufwand, Schriftverkehr und zähen Verhandlungen eine Entschuldung durchzuführen, steckt die gleiche Familie wieder im Verschuldungssumpf. Die Ursachen und Verhaltensmuster, die zur Verschuldung geführt haben, herauszuarbeiten gehört zum Standardkonzept der Schuldnerberatung. Es soll hier keineswegs der Eindruck erweckt werden, als hätten Systemtherapeuten das prophylaktische Arbeiten erfunden oder als seien sie die einzigen, die sich der Gefahr von Rückfällen stellen. Doch nach meiner Erfahrung können gerade die hypothetischen zirkulären Fragen, also Fragen, die Unterschiede machen, eine wichtige Hilfe sein und das „Standardkonzept" erweitern und ergänzen; sie können beispielsweise schnell deutlich machen, wer in der Familie eher fürs Geldausgeben und wer für Kontrollversuche zuständig ist und was dann die typischen „Spiele" sind, die i. d. R. ablaufen: „Was tut der Vater, wenn die Mutter mehr Geld ausgibt, als im Monat zur Verfügung steht? Wie reagiert die Mutter, wenn der Vater versucht, sie zur Sparsamkeit zu erziehen? Was tun die Kinder, wenn der Gerichtsvollzieher kommt? Angenommen, die Entschuldung würde gelingen, wie könnten Sie es am besten anstellen, möglichst schnell wieder verschuldet zu sein?".

Sinnvoll sind in diesem Zusammenhang nach meiner Erfahrung besonders triadische Fragen; diese erleichtern eine Betrachtung von Vorgängen und Beziehungsmustern aus der Außenperspektive, weil eine Person über die Beziehung oder das Verhalten zweier anderer befragt wird. Gerade im Bereich der Sachhilfe können Fragen zu Problemerklärungen alternative Sichtweisen anregen, ohne sie aufzudrängen: „Wie erklären Sie sich, daß die Familie immer wieder mehr Geld ausgibt, als Einnahmen da sind? Angenommen, ich würde Ihre Eltern das Gleiche fragen, haben die wohl die gleiche Erklärung, oder würden die das anders sehen?"

Den Vorteil zirkulärer Fragen sehe ich insbesondere darin, daß Ihre Anwendung die sachlich-materielle Ebene von Problemen nicht ausschließt und es sich dabei nicht um eine Interventionsform handelt, die sich nur für psychische oder Beziehungsprobleme eignet. Alle Interventionsmethoden und -techniken, die nur die psychischen oder Beziehungsprobleme im Blick haben, verleiten dazu, die sachlich-materiellen Probleme auszuklammern oder zu vernachlässigen, weil sie von dieser „Brille" nicht erfaßt werden. Zirkuläre Fragen dagegen lassen sich relativ leicht und spielerisch auch in Hilfeprozesse einstreuen, wo die Sachhilfe im Vordergrund steht, ohne dadurch materielle Probleme zu „therapeutisieren". Sinnvoll scheint mir ihr Einsatz besonders dann, wenn sich im Beratungsprozeß herausstellt, daß materielle Probleme wie etwa der Verlust von Wohnung oder Arbeitsplatz, Verschuldung mit bestimmten immer wiederkehrenden Verhaltenssequenzen verknüpft sind und von daher zu erwarten ist, daß die Sachhilfe allein das Problem (auf die Dauer) nicht lösen kann. Vielfach stehen KlientInnen und den sie beratenden SozialarbeiterInnen relativ wenig Möglichkeiten zur Verfügung, wie sie ihre materielle Situation verbessern, dafür verfügen sie über um so mehr Möglichkeiten, wie sie ihre Lage verschlechtern und die Aussichtslosigkeit ihrer Situation verschlimmern können; es gibt zwar für KlientInnen kaum Wohnungen oder Arbeitsplätze, dafür aber sehr viele Möglichkeiten, beides ganz schnell wieder zu verlieren, wenn sie solche einmal – mit großer Mühe – gefunden haben.

3.4. FRAGEN ALS INTERVENTION: VERÄNDERTES VERSTÄNDNIS VOM HILFEPROZESS

In den Konzepten der sozialen Einzelhilfe wird die Phase der Zielerreichung als Endphase des Hilfeprozesses angesehen, die auf die Phasen der Datensammlung und des Beziehungsaufbaus sowie der anschließenden Phase der Diagnose, Prognose und Hilfeplanung folgt (siehe Alterhoff 1984). Beim systemischen Vorgehen und insbesondere bei zirkulären Fragen wird dieser Prozeß fast auf den Kopf gestellt: Schon am Anfang der Beratung spielt die Zielerreichung eine bedeutsame Rolle. In hypothetischen und Zukunftsfragen wird die Zielerreichung sogar vorweggenommen, wenn mit dem Klienten durchgespielt wird, was denn wäre, wenn die Beratung erfolgreich verlaufen würde und was sich dadurch in seinem Leben verändern würde. Daraus ergibt sich unter Umständen eine veränderte Zielbestimmung, weil auch die negativen Konsequenzen einer Zielerreichung bzw. die positive Bedeutung, die die Probleme haben können, deutlich werden. Außerdem ergibt sich durch Fragen nach Zielen oft, daß es sehr unterschiedliche Ziele sind, die einzelne Mitglieder eines Systems anstreben, und daß diese Ziele vielleicht so widersprüchlich sind, daß sie nicht gleichzeitig erreicht werden könnnen. Dieses Fragen kann dazu beitragen, beizeiten Widerstände bei der Zielerreichung aufzuspüren und herauszuarbeiten, wer beispielsweise mit den neuen Zielen ganz unzufrieden wäre und deshalb die Zielerreichung möglicherweise sabotieren würde. Außerdem dienen zirkuläre Fragen dazu, bereits in einem frühen Stadium die Zielerreichung zu operationalisieren und in Verhaltensweisen zu „übersetzen". Ein Beispiel soll dies illustrieren:

Eine Klientin antwortet auf die Frage, was nach einer erfolgreichen Beratung in ihrem Leben anders wäre, etwa folgendes: „Ich würde nach dem Auslaufen des Mutter-Kind-Modells wieder arbeiten. Mit einigen Bekannten – ein oder zwei – würde ich Schluß machen, ohne dabei Schuldgefühle zu haben. Mit meiner Schwester Karin würde ich weniger über meine und ihre Probleme reden." Auf die wichtige Nachfrage, wieviel sie im Moment mit ihrer Schwester über Probleme redet, meint sie, daß es täglich etwa eine Stunde wäre und nach einer erfolgreichen Beratung vielleicht nur noch zwei Stunden wöchentlich sein würden. Dies macht deutlich, wie wichtig es ist, die Bedeutung von Begriffen und Zielen zu klären und durch Nachfragen genau herauszuarbeiten, was sich ein Klient darunter vorstellt. „Die zweijährige Tochter würde mehr für sich spielen, und ich würde nicht mehr versuchen, die ganze Last meiner Familie (von Vater, Mutter, Schwester) zu tragen." Auch hier gilt es wieder, durch Nachfragen zu klären, was eine solche Aussage eigentlich bedeutet.

Mit Ernst Bloch können wir sagen, daß Stillstand dort eintritt, wo es nichts (mehr) zu hoffen gibt. Er ermahnt uns unermüdlich, die Dinge nicht zu nehmen, wie sie sind. Zirkuläre Fragen können ein ganz kleines und bescheidenes, aber durchaus wirkungsvolles Mittel sein, diese Mahnung umzusetzen.

4. Auftragsanalyse – Problemsystem – Neutralität

Zirkuläre Fragen können unter anderen dazu benutzt werden, um die häufig verworrene Auftragslage in der Sozialen Arbeit – beispielsweise widersprüchliche Aufträge von Klienten- und Trägerseite – zu klären und die Aufträge zu transformieren, so daß die Wahrscheinlichkeit des Scheiterns geringer wird. Damit möchte ich mich im ersten Abschnitt dieses Kapitels beschäftigen (Abschnitt 4.1.). Wie bereits im Theorieteil gezeigt wurde, ist eines der Kennzeichen der systemisch-konstruktivistischen Perspektive, daß der Blick erweitert wird vom Klientensystem in Richtung auf das Problemsystem. Der zweite Abschnitt dieses Kapitels befaßt sich mit den Konsequenzen dieser veränderten – auf das Problemsystem und nicht nur auf das Klientensystem bezogenen – Blickrichtung und dem Umgang mit Institutionen, die sich beim Helfen gegenseitig blockieren, was leider nur allzu häufig vorkommt (Abschnitt 4.2.). Eine der grundlegenden Haltungen der systemsichen Beratung ist die Neutralität dem Klientensystem gegenüber. Kann Neutralität auch in Kontexten sinnvoll sein, die von der Notwendigkeit zu Zwang und Kontrolle gekennzeichnet sind? Der dritte Abschnitt dieses Kapitels geht der Frage nach, ob die Grundhaltung der Neutralität auch in nicht-therapeutischen Kontexten Bedeutung hat und wie das Neutralitätskonzept beispielsweise in Zwangs-Kontexten modifiziert werden muß (Abschnitt 4.3.).

4.1. „KÖNNTEN SIE MIR NICHT MAL DIE HAARE EINDREHEN?" – CHANCEN UND SCHWIERIGKEITEN DES BERUFSAUFTRAGS UND DER ANALYSE DER AUFTRAGSLAGE IN DER SOZIALEN ARBEIT

Wer zum Arzt geht, weiß in der Regel, was er von diesem zu erwarten hat: Entweder wird ihm ein Zahn gezogen, oder er erhält Medikamente. Kaum jemand wird seinen Arzt darum bitten, daß er ihm bei rechtlichen Schwierigkeiten hilft. Wer zum Rechtsanwalt geht, weiß auch, daß er hier rechtlichen Beistand bekommt. Er wird weder Pillen noch Unterstützung und Hilfe bei seinen Einkäufen erwarten (Ausnahmen bestätigen auch hier die Regel).

4.1.1. Die Unklarheit der Auftragslage

Die Soziale Arbeit dagegen weist ein so breites Spektrum auf, ihre Aufgabenfelder sind so verschieden, daß SozialarbeiterInnen bisweilen selber nicht so genau wissen, für was sie – im Unterschied zu anderen Berufsgruppen – eigentlich zuständig sind, oder zuständig sein wollen. Diese Schwierigkeit haben auch die Kooperationspartner der SozialarbeiterInnen, beispielsweise Verwaltungsbeamte, Ärzte, Rechtsanwälte oder Krankenschwestern. Am allerwenigsten wissen oft die KlientInnen, was sie von den HelferInnen in der Sozialen Arbeit zu erwarten haben. Wenn beispielsweise eine Klientin eine Sozialpädagogin in einem Stadtteilbüro für Sozialbenachteiligtenhilfe fragt: „Könnten Sie nächste Woche mit mir Kleider einkaufen und mir mal die Haare eindrehen?", dann kann sich darin verschiedenes ausdrücken: ein kindlich-naiver Wunsch nach Versorgtwerden (intrapsychische Betrachtungsebene), eine erlernte Überlebensstrategie, Erfahrungen, für was sich „SozialhelferInnen" verwenden und einspannen lassen oder die Unklarheit „Was kann diese Sozialarbeiterin denn Sinnvolles für mich tun – oder kann die bloß reden?".

SozialarbeiterInnen sind – zusammen mit den Pflegekräften von Sozialstationen – wohl die Berufsgruppe, die am meisten vom Alltag ihrer KlientInnen mitbekommen (sollten), von ihrer Verwobenheit in Familie und Nachbarschaft, von ihrem Arbeitsleben; sie erleben hautnah die Auswirkungen der Wohnungsbedingungen, Armut und finanziellen Engpässen und kennen das „Flair" der Gemeinwesen (unterprivilegierte Wohnquartiere können einen „Sog" von Gewalt, Alkohol, Apathie und Verzweiflung ausüben, dem nur schwer zu entkommen ist und den kaum jemand versteht, der nicht häufiger dort gewesen ist).

Die Aufträge kommen in der Sozialarbeit häufig nicht vom Klienten selbst, sondern von Angehörigen, Nachbarn oder anderen Institutionen. Es verwischen sich damit oft die Grenzen von sozialer Kontrolle, sozialer Hilfe und Therapie. Handlungsleitendes Ziel der Sozialen Arbeit war und ist die Hilfe zur Selbsthilfe. Einfluß auf ihr Tun hat jedoch auch ihre Funktion einer „Fürsorgeinstanz": für den Klienten kann die Gefahr bestehen, durch die Hilfe zum Fürsorgempfänger, als „psychisch krank", „nichtseßhaft", „suchtabhängig" oder als „Sozialhilfeempfänger" degradiert bzw. stigmatisiert zu werden. Dem strukturell bedingten ambivalenten Charakter der Sozialen Arbeit, dem Doppelmandat „Hilfe und Kontrolle", bzw. der Bestimmung durch Trägerinteressen und der Orientierung an Klientenbedürfnissen entspricht auf der Klientenseite eine ebenso gelagerte Ambivalenz, geht es dem Adressaten von Sozialarbeit doch häufig so, wie es G. Theine für den Bereich der Psychiatrie beschreibt:

„Einerseits erwartet er Hilfe bei konkret erlebten und erlittenen Problemen, zu deren Bewältigung kein anderer Hilfepartner vorhanden ist und die er allein nicht bewältigen kann. Andererseits das Bedürfnis nach Unabhängigkeit von der Fürsorge, um dem Status des Fürsorgeempfängers zu entgehen. Diese ambivalente Hilfeerwartung bringt zum Ausdruck, daß Sozialarbeit tendenziell auch bedrohlich erlebt wird." (Theine 1981, 129)

SozialarbeitsklientInnen werden häufig von mehreren Stellen gleichzeitig betreut, die mit unterschiedlichen Aufträgen arbeiten, verschiedene Ziele verfolgen oder widersprechende Strategien anwenden. Das „Gestrüpp der Institutionen" (Imber-Black 1990) erschwert die Soziale Arbeit und lähmt selbst enthusiastische Veränderungs- und Hilfeversuche oft schon nach kurzer Zeit. Institutionelle Rivalitäten, gegenseitige Verärgerung und Schuldzuweisung kosten dann manchmal mehr Zeit als die klientInnenbezogene Arbeit. Hier rechtzeitig mit einer (Selbst-)Klärung zu beginnen, kann später viel unnötige Arbeit und Ärger ersparen. Die Fritz B. Simon und Gunthard Weber gehen sogar so weit, die kühne – aber nach meiner Erfahrung durchaus berechtigte – Behauptung aufzustellen, daß „... jede Minute, die man zu Beginn einer Therapie darauf verwendet, ihren Kontext zu klären, später mindestens eine Stunde der Therapiezeit erspart, wenn nicht gar Tage, Monate oder Jahre" (Simon/Weber 1987). Was für den vergleichsweise klar strukturierten Kontext von (Familien-)Therapie gilt, gewinnt in der wesentlich widersprüchlicheren Sozialarbeit noch mehr an Bedeutung und läßt sich kaum überschätzen.

Der Auftrag ist in der Regel alles andere als klar oder eindeutig definiert. Deshalb ist es in der Praxis unabdingbar, eine genaue Klärung dieses Themas vorzunehmen[7]: Geht es um einen „therapeutischen Auftrag", d. h. kommt ein/e KlientIn[8] mit einem expliziten Beziehungs- oder „Seelenproblem" und will dafür Lösungen erarbeiten? Oder geht es um soziale Hilfen, d. h. will der Klient Geld, Informationen, sozialanwaltliche Unterstützung usw. Oder geht es um soziale Kontrolle, d. h. ist die Sozialarbeit gefordert, weil Angehörige oder bestimmte Institutionen dies wollen? Zu fragen ist, ob sich die Aufträge widersprechen, außerdem: „Was wäre die Reaktion der anderen Auftraggeber, wenn ich den einen Auftrag erfüllen würde? Wären diese verärgert oder ebenfalls zufrieden?". SozialarbeiterInnen tendieren bisweilen dazu, soziale Kontrolle als Hilfe oder Therapie zu verkaufen und damit sich selber und ihre KlientInnen in Konfusion zu bringen: „Ich bin ja so nett zu Ihnen. Lassen Sie sich doch bitte freiwillig helfen!", was heißt: „Wenn Sie meine Hilfe ablehnen, muß ich andere Maßnahmen ergreifen". Ich will dies an einem Beispiel illustrieren:

> Der Auftrag einer Ärztin im Psychiatrischen Landeskrankenhaus an mich lautet: „Die ganze Familie ist psychiatriebekannt. Immer wieder wird jemand von der Polizei hergebracht. Man(!) müßte mal gründlich nachschauen, was bei der Familie dahintersteckt."

---

[7] Zum folgenden siehe die Ausführungen von Evan Imber-Black (1990, 45 ff.).
[8] Zur Vereinfachung spreche ich zwar jeweils im Singular, jedoch können Klienten auch mehrere Personen, z. B. ganze Familien, Paare, Mutter und Sohn usw. sein.

Ich „übersetze" den Auftrag für mich : „Üben Sie soziale Kontrolle aus, um Gewalt in der Familie und zukünftige Psychiatrieaufenthalte zu vermeiden. Ermöglichen Sie mir, daß ich den Patienten guten Gewissens entlassen kann."
Der Klient dagegen formuliert seinen Auftrag ganz anders: „Ich brauche dringend Geld. Außerdem sollen die Eltern aus der Fünf-Zimmer-Wohnung ausziehen, in der ich mit ihnen lebe. Da will ich mit meiner Freundin allein wohnen. Suchen Sie für meine Eltern eine Drei-Zimmer-Wohnung."

Wichtig ist also – vor allem am Anfang der Beratung –, daß die Auftragslage entwirrt und festgestellt wird, wer was von wem will und erwartet. Gegebenenfalls muß eine Modifizierung der Auftragslage durch zirkuläre Fragen erfolgen, was in der Regel leichter und effektvoller ist als das direkte Ablehnen oder Umdefinieren von Aufträgen. Durch Fragen werden KlientInnen bzw. AuftraggeberInnen eher selber zum Nachdenken und zur Neuformulierung ihrer Erwartungen angeregt, und es kommt weniger leicht zu einem „Tauziehen" zwischen BeraterIn und AuftraggeberIn.

4.1.2. Das Aushandeln von Aufträgen

Am Anfang von Beratungsbeziehungen steht im Unterschied zur Arbeit anderer Berufsgruppen typischerweise häufig ein Prozeß des Aushandelns. Ich will dies an einem Beispiel illustrieren:

Die Schwester einer manisch-depressiven Frau formuliert folgenden Auftrag an die Sozialarbeiterin des Sozialpsychiatrischen Dienstes: „Früher war ich die ‚Fürsorgerin' für meine Schwester Marianne. Jetzt wohne ich weit weg und stelle bei meinem Besuch fest, daß die Wohnung völlig verdreckt ist und daß ihr das Zusammenleben mit dem Freund nicht gut tut. Sorgen Sie dafür, daß meine Schwester sich von ihrem Freund trennt und in eine Wohngemeinschaft geht".
Die Sozialarbeiterin fragt zunächst zurück, wie wohl die kranke Schwester auf solche Bemühungen reagieren würde und wie sie bisher mit ähnlichen Hilfeangeboten umgegangen ist.
Schon dadurch wird die Auftraggeberin etwas nachdenklich, und ihr Handlungsdruck läßt merklich nach, denn sie merkt selber, daß solche Versuche schon häufig schiefgegangen sind.
Dann fragt die Sozialarbeiterin die „kranke" Schwester in Gegenwart ihrer gesunden „Fürsorgerin a.D.": „Was würden Sie tun, wenn ich auch versuche, Sie in eine bestimmte Richtung zu schieben? Angenommen,

ich würde Ihnen eine Putzhilfe vermitteln. Wie würde Ihr Freund reagieren? Wie lange wäre die Putzhilfe wohl da? Angenommen, ihr Freund ist dagegen, wie würde er wohl das Saubermachen sabotieren? – War es schon immer so, daß ihre Schwester so für Sie gesorgt hat? Wie wird sie wohl reagieren, wenn ich ihren Wünschen, Sie zu beeinflussen, nicht nachkomme?".

Zunächst sind also Fragen sinnvoll, die den Erwartungshintergrund ausleuchten, also z. B. hypothetische Fragen über verschiedene Hilfemöglichkeiten oder mögliche Beratungsschwerpunkte – in unserem Beispiel:

„Angenommen, ich würde Ihnen anbieten – wie es Ihre Schwester erwartet –, daß Sie jede Woche einmal herkommen können, um ihr Herz auszuschütten, wie oft würden Sie voraussichtlich kommen?", „Wenn ich versuchen würde, Ihnen einen Platz in der Wohngemeinschaft der Suchtberatungsstelle zu verschaffen oder Sie in eine Suchtklinik zu vermitteln, wie groß wäre die Chance, daß Sie hinterher wieder absagen?", „Sie haben sieben Mal eine Therapie oder Beratung abgebrochen, was müßte ich tun, daß Sie auch bei mir nach kurzer Zeit wieder wegbleiben?".

Sinnvoll kann es dann auch sein, den Beratungskontext den Erwartungen des Klienten anzunähern und ihn gegebenenfalls zu verändern. Statt eines strukturierten Beratungsgesprächs kann es durchaus sinnvoller sein, mit dem Klienten ins Cafe zu gehen oder einen Spaziergang zu machen, wo das Gespräch unter ganz anderen Vorzeichen steht als in einer Beratungsstelle, wo schon durch das Schild an der Tür, das Beratungszimmer, den Schreibtisch oder andere analoge Botschaften der Kontext klar markiert und implizit definiert ist: „Sie haben ein Problem und kommen zu mir, daß ich mit meinem Expertenwissen Ihnen helfe, es loszuwerden."
Die Klärung des eigenen Auftrags ist also von zentraler Bedeutung für ein erfolgreiches Arbeiten. In diesem Prozeß des Aushandelns von Aufträgen und Arbeitsinhalten sind für SozialarbeiterInnen mehrere Ebenen bedeutsam (die in einem schrittweisen Vorgehen abgeklärt werden können):

(a) Zunächst ist der Berufsauftrag des Sozialarbeiters allgemein zu klären.

(b) Es sind die jeweiligen Unterschiede zu anderen, im gleichen Arbeitsfeld tätigen Berufsgruppen auszumachen, die je nach Tätigkeitsfeld anders aussehen (je nachdem, ob die Sozialarbeiterin Mitarbeiterin im Sozialpsychiatrischen Dienst oder in einer Sozialstation ist, ob sie in der Schuldnerberatung oder als Leiterin eines Kindergartens tätig ist oder ob sie im Allgemeinen Sozialen Dienst einer größeren Stadt oder als BezirkssozialarbeiterIn bei einem „freien" Wohlfahrtsverband arbeitet).

(c) Sodann ist zu fragen, welche formelle Zuständigkeit vorliegt, welche Rechtsgrundlagen, Dienstanweisungen oder Zuschußrichtlinien für die Arbeit (implizit) bedeutsam sind und was die Institution will, die das Gehalt bezahlt.

(d) Unabdingbar ist die Klärung dessen, was die Klientin will und was die Angehörigen bzw. die überweisenden Institutionen für Erwartungen haben. Womit würde man sie sicher verärgern?

(e) Die SozialarbeiterInnen müssen für sich klären, was sie selber wollen, wofür sie sich – je nach Talent und Fähigkeiten – jeweils zuständig erklären und ihre fachlichen Schwerpunkte setzen.

Diese Auftragsklärung ist offensichtlich eng mit der allgemeinen Kontextklärung und der Erstellung einer „Institutionslandkarte" verknüpft (die unten, S. 246 ff., vorgestellt wird). Die Klärung der Auftragslage ist vor allem auf drei Ebenen von Bedeutung: generell auf der Ebene des Institutionskontextes, für den konkreten Einzelfall in der Anfangsphase der Zusammenarbeit und in jeder einzelnen Sitzung („Was ist jetzt und heute mein Auftrag und unser gemeinsames Thema?").

4.1.3. Wenn der Klient nicht will – „Therapie" durch die Hintertür?

Ein besonders schwieriges Thema sind Arbeitszusammenhänge, bei denen sich das Anliegen des Klienten und der Auftrag des Anstellungsträgers an den Sozialarbeiter widersprechen. Jochen Schweitzer u. a. (1992) beschreiben dazu das Dilemma, in das BetreuerInnen in psychiatrischen Reha-Wohnheimen typischerweise kommen, wenn sie für KlientInnen, die eigentlich keine Therapie, sondern „nur" berufliche Wiedereingliederung möchten, „Therapie" als Pflichtprogramm im „Gesamtpaket beruflicher Rehabilitation" anbieten sollen. Eine solche „Therapie wider Willen" erscheint mir für die Sozialarbeit insgesamt typisch zu sein: KlientInnen wollen etwas, z. B. materielle Hilfen oder Unterstützung bei der Durchsetzung von Rechten, und SozialarbeiterInnen wollen – oder sollen – ihnen nicht „nur" diese Hilfen geben, sondern darüber hinaus auch noch Gespräche, die im weitesten Sinne therapeutischen Charakter haben. Für den Bereich des Reha-Wohnheims schlagen Schweitzer u. a. folgende Strategien vor:

(a) Bereits zu Beginn des Kontaktes ist zu klären, ob die KlientInnen solche Gespräche als Teil des „Gesamtpakets" wollen oder nicht. Falls sie es ablehnen, ist darauf zu verzichten.

(b) Die Gespräche können neu definiert werden: Statt als Therapie oder „Hilfe bei persönlichen Schwierigkeiten", könne Sie als Coaching im Sinne der Managementberatung arrangiert werden, d. h. als Unterstützung zur Erreichung beruflicher Ziele oder als Training und Führung zum Erfolg, wie es etwa im Sport üblich ist.

(c) Wenn solche Gespräche vom Klienten nicht gewollt werden und darauf verzichtet wird, kann stattdessen ein zeitlich reduzierter „Check up" vereinbart werden, um dem Auftrag (der Institution) gerecht zu werden; dieser „Check up" wird dem Klienten nicht als Hilfe „verkauft", sondern in seiner Funktion transparent gemacht: „In größeren zeitlichen Abständen will ich mit Ihnen kurze Gespräche führen, wo es nicht um ihre persönliche Situation, sondern um mich als Helfer geht. Mein Arbeitgeber will das so, deshalb absolvieren wir dieses Pflichtprogramm". Es ist nicht ausgeschlossen, daß selbst bei solchen Gesprächen etwas „rauskommt".

(d) Das Dilemma zwischen Auftrag und Klienteninteresse kann ein Sozialarbeiter auch an den Klienten zurückgeben: „Sie wollen die Gespräche nicht, aber ich muß sie durchführen. Was sollen wir tun?" (Schweitzer/Schuhmacher 1992).

4.2. Vom Klientensystem zum Problemsystem

Je länger bei einem Klienten ein Problem besteht und je gravierender es sich darstellt, desto größer ist i. d. R. die Zahl der helfenden Personen und Institutionen, die in die Lösungsversuche verwickelt sind. In solchen Fällen wird es immer schwieriger festzustellen, wer eigentlich welches Problem hat und wo es hingehört, und das Durcheinander an formalen, selbstgesuchten oder -ernannten Verantwortlichkeiten und Zuständigkeiten, an Hilfeangeboten und -maßnahmen, an Sanktionsdrohungen und tatsächlichen Sanktionen (Rotthaus 1986, 11 ff.) steigt. Vor allem in solchen verwickelten Fällen erweist es sich als sinnvoll, zunächst die rechtliche Situation genau zu klären, also zu fragen, wer – rein rechtlich – welche Zuständigkeit hat und wo diese endet und ob es aufgrund irgendwelcher Regeln oder Rechtsnormen (Hausordnung o. ä.) – irgendwelche Sanktionsdrohungen oder -möglichkeiten gibt.

Wilhelm Rotthaus sieht zwei typische Bereiche, die ein Problem als lösungsbedürftig ansehen, und leitet daraus entsprechende Strategien des Vorgehens ab[9]:

(1) Die Familie (das Klientensystem bzw. der Klient; P.-S.) spürt einen Problemdruck und will daran etwas verändern. Für den Sozialarbeiter kommt es dann vor allem darauf an

(a) mit der Familie bzw. mit dem Klienten mitzugehen und nicht mit ihr/ihm zu kämpfen, d. h. sich an das Klientensystem anzuschließen, ohne darin aufzugehen, und die Nähe zu suchen, ohne deshalb die Distanz zu verlieren;
(b) nicht selber das Problem und die Verantwortung für dessen Lösung zu übernehmen;
(c) zu erfragen, welche anderen HelferInnen sich sonst noch an entsprechenden Lösungsversuchen beteiligen, und diese gegebenenfalls in den Lösungsprozeß einzubeziehen (wenn eine direkte Beteiligung – etwa im Rahmen einer Netzwerkkonferenz – nicht sinnvoll oder nicht möglich ist, wäre ein „Anwesendmachen der nicht Anwesenden" durch hypothetische Fragen möglich; P.-S.);
(d) dem Klienten(-system) Vertrauen in die Selbstheilungskräfte der Familie oder Betroffenen zu vermitteln und auf vorhandene Ressourcen zu bauen;
(e) das System i. S. der Hilfe zur Selbsthilfe bei eigenen Problemlösungsversuchen zu unterstützen und gleichzeitig ineffektive Lösungs-

---

[9] Wilhelm Rotthaus (ebd., 17 ff.) bezieht sich in seiner Analyse vor allem auf den Kontext der Jugendhilfe und Jugendpsychiatrie. Seine Aussagen scheinen mir aber durchaus für die Sozialarbeit insgesamt generalisierbar zu sein.

versuche („mehr desselben") zu stören, die das Problem nur erhalten oder gar verschärfen;
(f) zu den bisherigen Lösungsversuchen Fragen zu stellen sowie die Effektivität der bisherigen Lösungsversuche zu untersuchen und dabei auf Unterschiede der Familienmitglieder zu achten;
(g) positive Problemdeutungen, z. B. Reframing oder positive Konnotation, anzubieten;
(h) das Problem zu verbreitern, d. h. die ganze Familie und den sozialen Kontext eines Klienten einzubeziehen.

(2) Der Berater formuliert ein Problem, das die Familie bzw. der Klient leugnet oder nicht sieht. Ist der Berater aufgrund seines Auftrags dazu aufgerufen zu intervenieren (soziale Kontrolle), dann kommt es besonders darauf an,

(a) die soziale Kontrolle als solche zu erkennen und sie der Klientin nicht als Hilfe zu verkaufen;
(b) eine Klärung herbeizuführen, wer rechtlich für die Lösung verantwortlich ist;
(c) zu klären, wer bisher für die Lösung die Verantwortung übernommen hat?
(d) abzuklären, mit welchem System gearbeitet werden muß;
(e) dafür zu sorgen, daß das Problem dort bearbeitet wird, wo es hingehört, und daß diejenigen, zwischen denen das Problem besteht, auch die Verantwortung für dessen Lösung übernehmen;
(f) zu klären, ob andere oder er selbst für den erforderlichen Problemdruck sorgen, wobei im letzteren Fall er die Rolle des Kontrolleurs übernehmen würde und die Helferrolle einem anderen überlassen müßte.

4.2.1. Das „Multi-Problem-Dienstleistungssystem"

Jochen Schweitzer (1989) stellt in seiner Arbeit über den Beitrag professioneller (Nicht-)Kooperation zur Karriere dissozialer Jugendliche fest, daß die (Problem-)Familie vielfach nicht das zentrale problemerhaltende System darstellt. Er beschreibt verschiedene Muster inter-institutioneller Verstrickungen und Konkurrenzkämpfe, die mindestens ebenso oder noch stärker zur Problemerhaltung beitragen. Kennzeichnend für das Familienumfeld dissozialer Jugendlicher ist es nach den Beobachtungen von Schweitzer, daß mehrere Institutionen zugleich zuständig sind und oft widersprüchliche Ratschläge geben, die manchmal fast Double-Bind-Botschaften gleichkommen. Sogenannte „Multi-Problem-Familien" erscheinen bei einer solchen Betrachtungsweise als adäquate Widerspiegelung eines „Multi-Problem-Dienstleistungssystems". Von den beteiligten Personen und Institutionen können verschiedene Strategien benutzt werden, um diese Probleme zu verschärfen oder zu erhalten (nach Schweitzer 1989):

(a) Es können über die Familie oder die anderen beteiligten Personen und Institutionen negative Mythen gepflegt werden, etwa indem man am Telefon den Kolleginnen berichtet, was man schon alles für den Klienten oder dessen Familie getan hat, ohne Erfolg zu haben, und so den Eindruck verstärken, daß ja doch alles keinen Sinn hat. Ein oft und gern gepflegter Mythos, der sich auch kaum widerlegen läßt, ist der über die Kleinkariertheit und bürokratische Enge auf dem Sozialamt: „Die wollen ja doch nur das eine", was meint: wenig arbeiten, kontrollieren, den Klienten nicht so viel Gutes tun wie ich selber.

(b) Man kann als Helfer versuchen, möglichst schnell ein „neues Familienmitglied" zu werden, also gewissermaßen die Rolle der Oma, der Mutter oder des „guten Onkels" einzunehmen. Die Alltagsnähe der Arbeitsweise, die geringere soziale Distanz und die oft hohe Frequenz von Beratungskontakten machen es Sozialarbeiterinnen besonders leicht, mit einer solchen Strategie schnell „erfolgreich" zu sein – um den Preis, damit nichts Neues mehr in den Familien- bzw. Problemkontext einzubringen.

(c) Eine weitere Möglichkeit besteht darin, mit einem Familienmitglied gegen ein anderes bzw. gegen andere Helfer oder Institutionen eine Koalition einzugehen. Hierfür bieten Angehörige, die sich am Telefon über ihre kranken Kinder, den bösen Partner oder den schlechten Arzt auslassen, der nie Zeit zum Gespräch hat, gute Ansatzpunkte, – die zu Verstrickungen mit möglicherweise verhängnisvollen Auswirkungen führen können.

(d) Helfer schlichten gerne ausweglos erscheinende Problemsituationen, indem sie – eventuell sogar gemeinsam – feststellen, daß einem Klienten „nicht zu helfen ist"; diese Methode kann gut mit der unter (a) genannten kombiniert werden bzw. auf diese aufbauen. Bei dieser Einstellung erübrigt sich dann, die eigenen Interventionen zu überprüfen oder nach neuen Perspektiven zu suchen – es könnte ja sein, daß man dabei feststellt, selber entscheidend zur Problemerhaltung beizutragen.

(e) Man kann der Auffassung sein, die bisherigen Hilfen seien unzulänglich, zu kurz, nicht intensiv genug, fachlich nicht ausreichend, und es sei deshalb mehr desselben notwendig. Eine solche Einschätzung dürfte kaum zu widerlegen sein. Sie führt zu den bekannten Forderungen: mehr Personal für noch mehr Besuche, längere Gespräche und intensivere Betreuung (um nicht falsch verstanden zu werden: In Zeiten massiven Sozialabbaus können solche Hinweise als ideologische Rechtfertigung zu Personalkürzungen mißbraucht werden. Trotzdem werde ich oft den Eindruck nicht los, daß es mit einer bloß quantitativen Vermehrung des Bisherigen nicht getan wäre).

4.2.2. Wie helfende Institutionen sich gegenseitig blockieren

Sind mehrere Institutionen oder Personen gleichzeitig für eine Multi-Problem-Familie bzw. einen besonders schwierigen „Fall" zuständig, dann ist es sinnvoll, zunächst die Helfer-System-Dynamik zu kären, d.h. sich die Frage zu stellen, welches Spiel die beteiligten Helferinnen miteinander spielen. Typische inter-institutionelle Muster, die Schweitzer zwischen Institutionen, die dissozialen Jugendlichen Hilfe zuteilwerden lassen, beobachtet und beschreibt, lassen sich auch in anderen Feldern der Sozialen Arbeit wiederfinden:

(a) Offene Konkurrenz und „Kooperation mit Skepsis": Besonders wenn unter den betreffenden Institutionen wenig direkte Kontakte bestehen und Informationen über die andere Institution vor allem von Klienten kommen, ist dieses Muster häufig anzutreffen. Es besteht beispielsweise darin, Strategievorstellungen zu äußern, die denjenigen der anderen beteiligten Institutionen widersprechen, oder durch die Blume deutlich werden zu lassen, daß die Maßnahmen der anderen Institution sinnlos sind.

(b) Interventionseskalation mit der latenten Regel: „Man darf nicht aufhören zu helfen": Ziel mancher Maßnahmen ist es dabei nicht, möglichst wirksam zu einer Veränderung beizutragen, sondern vielmehr die Unwirksamkeit der Hilfemaßnahme gegenüber Dritten zu

dokumentieren und sich dadurch abzusichern – nach dem Motto: „Sie sehen doch, wir haben alles Menschenmögliche getan ...".
(c) Weiterreichung: Geraten Institutionen mit ihren Hilfeangeboten an Grenzen der Problemlösung, dann reichen sie Klientinnen gerne an andere Institutionen des Hilfesystems weiter mit der Botschaft „Wir sind zu schwach, jemand Stärkeres muß kommen und den Klienten retten. Aber der wird es auch nicht schaffen".
(d) Der Mythos des Retters, der noch kommen wird: Dieser Mythos bildet gewissermaßen den Treibstoff für ein Handlungsmuster, das aus einer endlosen Suche nach besseren Heimen, Helfern, Therapeuten oder Ärzten besteht.

Wie können solche Muster unterbrochen oder gestört werden? Schweitzer schlägt folgende Maßnahmen oder Strategien vor:

(a) Sozialarbeiter sollten sich selbst zunächst einen Gesamtüberblick über das Familien-Helfer-System verschaffen, bevor sie „die Ärmel hochkrempeln" und mit dem Helfen loslegen. Zu klären ist, wer welche Strategievorstellungen hat und wie wohl die anderen Helfer reagieren, wenn diese oder jene Maßnahme vorgeschlagen wird.
(b) Grundsätzlich ist immer zu erwägen, die Zahl der Helfer zu verringern, statt sie zu erhöhen. Zudem sollte darauf hingearbeitet werden, daß es unter den Helfern einen Hauptzuständigen gibt.
(c) Zu fragen ist, wie häufig der beabsichtigte Lösungsversuch in der Vergangenheit bereits gescheitert ist und ob es sinnvoll ist, diesen Versuch nochmals zu wagen; z. B. versuchen die Angehörigen, mehrere Ärzte im Psychiatrischen Krankenhaus und der Sozialarbeiter des Sozialamtes eine Klientin zum dritten mal dazu zu überreden, daß sie in eine betreute Wohngemeinschaft geht. Diese springt auch dieses Mal wieder im letzten Moment ab. Viel (unnötige) Zeit und Energie kann es kosten, wenn Muster in der bisherigen Lösungssuche nicht reflektiert und die gleichen Lösungsversuche einfach wiederholt werden.
(d) Grundsätzlich nützlich ist die Annahme, daß andere Helfer ebenfalls guten Willens sind und das ihnen Bestmögliche getan haben. Diese Annahme scheint sich als Voraussetzung für eine Lösung des Problems eher zu bewähren, als die von Helfern häufig praktizierte gegenseitige Abwertung.
(e) Sozialarbeiter sollten zudem von dem Grundsatz ausgehen, daß

der gerade zuständige Helfer der Beste ist und nach ihm kein Besserer kommt. Damit ist gemeint, die Verantwortung bei dem zu belassen, der sie gerade inne hat, statt sie ständig weiterzureichen. Dies impliziert: Es muß geklärt werden, wer der Hauptzuständige sein soll.

Als hilfreich hat sich für mich selber vor allem erwiesen, mit Helferinnen von anderen Institutionen nicht Diagnosen bzw. Horrorgeschichten über die Klientin auszutauschen, was meist ebenso endlos wie unfruchtbar ist, sondern auch hier zirkuläre Fragen in das Gespräch einzustreuen: „Was könnte ich Ihrer Meinung nach tun, daß die Beratung scheitert, bzw. daß die Klientin die Beziehung zu mir abbricht?", „Welches Muster haben Sie bisher in der Beratung beobachtet?", „Was tut die Klientin in der Beratung bei Ihnen?", „Angenommen, ich würde diese Maßnahme vorschlagen, wie wird die Klientin voraussichtlich reagieren?".

Nützlich kann es in diesem Zusammenhang sein, sich die Helfer-System-Dynamik anhand einer Institutions-Landkarte graphisch darzustellen. Vorstellungs- und Kontaktgespräche bei verschiedenen Institutionen können dazu genutzt werden, um diesbezüglich Hypothesen zu entwickeln und zu überprüfen. Sich eine solche inter-institutionelle Landkarte zusammenzustellen, aus der vereinfacht die Beziehungen der Institutionen untereinander deutlich wird, kann auch ganz unabhängig von einem konkreten Einzelfall nützlich sein; Animositäten, chronische Abwertungen, Konkurrenzdynamik, jahrzehntealte Grabenkämpfe und Koalitionen können dadurch deutlich werden. Dieses Wissen kann das Arbeiten enorm erleichtern und etwas Fingerspitzengefühl entwickeln helfen, was an welcher Stelle besser nicht gesagt wird. Dadurch können auch kollegiale Gespräche zur „Institutionsrekonstruktion" (Gester 1990) fruchtbar gemacht werden. Nicht beabsichtigt ist damit, im Sinne einer Institutionsanalyse herauszufinden, wie es „wirklich ist", Geheimnisse aufzudecken und richtige Wege ausfindig zu machen. Auch bei dieser Vorgehensweise hilft der konstruktivistische Ansatz, etwas bescheidener zu bleiben und sich einzugestehen, daß diese Wirklichkeit mit dem Gesprächspartner gemeinsam erzeugt wird, also jeder einen Anteil an dem hat, was er sieht, und daß im Gespräch mit einem anderen Kollegen sich die Sache wieder ganz anders darstellen kann. In diesem Sinne sind auch Institutionsmuster nichts unveränderliches. Je nachdem, welche Fragen

Sozialarbeiter stellen, erzeugen sie eine andere inter-institutionelle Wirklichkeit und tragen so zu einer Neu- oder Re-Konstruktion bei. Wirklichkeit entsteht auch hier durch das Erzählen von Geschichten. Den entscheidenden Unterschied macht dabei, welche Geschichten erzählt, aufgenommen und weitererzählt werden; manchmal ist noch wichtiger, was nicht weitererzählt wird. Auch hier wie im intra-institutionellen Bereich gilt, daß Botschaften nicht (nur) bzw. nicht vorrangig verbal und direkt gegeben werden, sondern ebenso durch Handlungen oder analoge Botschaften; so kann es z. B. sinnvoll sein, sich zu fragen, welche „positiven Konnotationen" dazu geeignet sein könnten, um die gestörte Kooperation mit einer „problematischen Institution" ohne viel Aufhebens zu verbessern, indem dort um Rat gefragt wird, Kollegen zum Kaffee eingeladen werden oder indem jemandem etwas Postives über die Institution erzählt wird, der dies sicher weitererzählt.

4.3. Neutralität in nicht neutralen Kontexten

Unter Neutralität wird in der systemischen Therapie eine Haltung des Therapeuten verstanden, die es ermöglicht, sich empathisch in jedes Familienmitglied bzw. jeden Gesprächspartner, etwa bei einer Mitarbeiterkonferenz oder bei der Beratung einer Organisation, hineinzuversetzen, also sich in dessen Sichtweise der Dinge und Wirklichkeitskonstruktion einzufühlen, seine Verdienste und Schwierigkeiten zu erkennen oder entsprechend für ihn Partei zu ergreifen (Simon/Stierlin 1992, 19 f.). Eine solche Haltung, die auch mit „Allparteilichkeit" umschrieben wird, bedeutet nicht, als Helfer gegenüber Ungerechtigkeiten gleichgültig zu sein, jede andere Sichtweise zu billigen oder Werte für beliebig zu halten. Vielmehr ist damit ein Standpunkt gemeint, der sich nicht einseitig die Sichtweise eines Familien- oder Systemmitglieds zu eigen macht, bzw. die Fähigkeit bezeichnet, unterschiedliche Sichtweisen einnehmen und sich selber probehalber verschiedene Brillen aufsetzen zu können.
Einen solchen Standpunkt der Allparteilichkeit gilt es übrigens nicht nur gegenüber Klientinnen, sondern auch den verschiedenen Auftraggebern gegenüber einzunehmen, deren Aufträge sich teilweise widersprechen.

Fritz B. Simon und Gunthard Weber, zwei bekannte und erfahrene Systemtherapeuten, schreiben zur Neutralitätsfrage: „Wir halten das Konzept der Neutralität für eines der theoretisch wie praktisch nützlichsten in der systemischen Therapie" (Simon/Weber 1990, 257); ein neutraler Therapeut oder Berater, so meinen sie, ist wirksam als Anwalt der Ambivalenz (AA). Deshalb postulieren sie – nicht ohne Ironie – das systemische AA-Prinzip. Die Neutralität verlangt in ihren Augen zwei Komponenten, von denen die erste, die Vermeidung der Parteilichkeit, leichter zu verwirklichen sei als die zweite, die Allparteilichkeit (ebd.).

4.3.1. Über die Schwierigkeit, in Zwangskontexten therapeutisch wirksam zu sein

Das Neutralitätspostulat ist vielfach kritisiert worden, insbesondere aus feministischer Sicht, z. B. von Ilona Schöll (1992); Neutralität ist in ihren Augen unmöglich, nur „frommer Selbstbetrug" und führt zu einer geschlechtsunspezifischen Betrachtung: „Neutrality is not something that is good or bad, it is something that is impossible" (Luepnitz 1988; zit. bei Schöll 1992). Die Forderung nach Neutralität wurde auch in Frage gestellt mit dem Hinweis auf nicht-therapeutische Kontexte, wie sie etwa in der Sozialen Arbeit vorfindbar sind; Kritikpunkte sind diesbezüglich vor allem:

(a) Die Rolle des Beraters in der Sozialarbeit ist nicht zu vergleichen mit der des Therapeuten; in der Sozialarbeit muß gehandelt, notfalls auch aktiv in soziale Prozesse eingegriffen werden.
(b) Bei verschiedenen Vorgängen, etwa bei der Einleitung von Zwangsmaßnahmen bei Männern, die gegen Frauen gewalttätig sind, oder bei sexuellen Übergriffen gegen Kinder, wird die Kontrollfunktion der Sozialarbeit durch das Neutralitätskonzept verschleiert, u. U. sogar auf notwendige Maßnahmen und klare Parteilichkeit verzichtet.
(c) Das Neutralitätskonzept kann dazu dienen, ernste Probleme wie etwa Gewalt, zu verharmlosen und die Grenzen zwischen Täter und Opfer zu verwischen.

Insbesondere das Problem des „sexuellen Mißbrauchs" – oder besser: sexueller Übergriffe scheint alle diese Einwände zu bestätigen; jedenfalls treffen sie für dieses Problem zu. Deshalb soll exemplarisch an diesem Thema gezeigt werden, daß das Neutralitätskonzept auch hier durchaus Sinn macht, wenn man es richtig versteht und nicht zu einem verständnisvollen Akzeptieren unhaltbarer Zustände oder Verhaltensweisen umdeutet. Ich will zunächst auf das bereits erwähnte (siehe oben, S. 154 ff.) systemische Therapeutenkonzept von Terry S. Trepper und Mary J. Barett (1991) eingehen, das mit tausenden von Familien erfolgreich durchgeführt und sorgfältig evaluiert wurde und das unter anderem mit dem Neutralitätskonzept arbeitet.

Trotz des Neutralitätskonzepts gehört es zum regelmäßigen Ablauf des Therapieprogramms, auch von „Schuld" oder von „Täter und Opfer" zu sprechen und Entschuldigungssitzungen durchzuführen. Es wird dabei unterschieden zwischen den Ursachen für den Inzest, die vielfältiger und vielschichtiger Natur sein können, und der Verantwortung für den Übergriff, die bei dem schuldigen Elternteil liegt. Insbesondere in der ersten Therapiephase wird bei diesem Konzept immer wieder mit direkten und indirekten Interventionen die Verantwortung des Täters, meist des Vaters oder Stiefvaters, für den Übergriff hervorgehoben bzw. das Opfer und die Mutter gleichzeitig von Schuldgefühlen entlastet.[10]

Der systemische Ansatz wird falsch verstanden, wenn damit die Unterschiede von Macht und Einfluß, Geschlechtszugehörigkeit, ungleicher ökonomischer Aussatattung usw. verwischt werden. Hier hat die sogenannte „gender-Perspektive" (gender = Geschlecht) bzw. die feministische Sichtweise entscheidende Impulse gegeben, um über abstrakte klinische Betrachtungsweisen hinausführen. Ein Ansatz, der nicht zwischen Tätern und Opfern unterscheiden kann und der keine klare Sprache gegen Gewalt spricht, paßt vielleicht in eine „freie Praxis mit gut gepolsterten Ledersesseln und watteweichen Mittelschichtsfamilien" (wenngleich sich auch dahinter oft buchstäblich blutige Familiendramen, Vergewaltigung und sexuelle Übergriffe ver-

---

[10] Bert Helliger, der geniale Systemtherapeut, hat hier eine ganz andere, provozierende Vorgehensweise vorgeschlagen, die sehr stark die Bedeutung und Verantwortung der Mutter für den Übergriff betont und vor allem behauptet, der Schlüssel für Veränderung liege überwiegend bei der Mutter. Er fügt aber in seinem ganz eigenen Stil warnend hinzu: „Das ist ein Geheimnis, das man nur unter der Hand weitergibt. Und wenn, sagt man es am besten mit Furcht und Zittern" (zit. in: Weber 1993, 89). Das Buch ist spannend, provozierend, anregend und hat mir trotz mancher Verwirrung viel Spaß gemacht. Für sozialarbeiterische, nicht-therapeutische Kontexte scheinen mir diese Ideen allerdings weniger brauchbar.

bergen). Für die häufig brutale, gewaltsame und nach wie vor von Ausbeutung und ökonomischer Unterprivilegierung gekennzeichnete Welt von Sozialarbeitsklientinnen ist eine solche Betrachtungsweise aber nicht hilfreich.

Sehr aufschlußreich zu diesen Themen finde ich auch die Arbeit der Psychologen Stefano Cirillo und Paola Di Blasio, in der über den Umgang mit Familiengewalt in Mailand mit Hilfe des systemischen Ansatzes berichtet wird. Ich möchte darüber etwas ausführlicher berichten, weil sie mir manches radikal in Frage zu stellen scheinen, was in der „systemischen Szene" lange Zeit unhinterfragter Konsens war:

Mara Selvini Palazzoli, bei der die beiden Autoren ihre systemische Ausbildung gemacht und von deren Ideen sie beim Aufbau ihres Beratungszentrums inspiriert waren, berichtet im Vorwort des Buches, daß sie beim Lesen des Manuskripts einen Schock erlitten habe. Zwar habe sie immer viel von „Kontext" geredet, aber eine wichtige Schlußfolgerung daraus nie gezogen, die „Schlußfolgerung, daß wir in jedem beliebigen Kontext therapeutisch wirksam werden können" (Cirillo/Di Blasio 1992, 7).

Das Team berichtet von seinen Erfahrungen beim Aufbau eines Zentrums für Diagnose und Therapie von körperlicher Mißhandlung und sexuellem Mißbrauch in Familien. Das Centro per il bambino maltrattato e la cura della crisi familiare in Mailand wurde 1984 gegründet.

Es besteht zum einen aus einem Notaufnahmeheim für bis zu zwölfjährige mißhandelte Kinder, die psychischer, physischer oder sexueller Gewalt in der Familie ausgesetzt waren. Das Heim hat zehn Plätze und wird personell von vier Erzieherinnen, einer Psychagogin, einer Familienhelferin und zwei Zivildienstleistenden begleitet. Die Arbeit ist auf folgende Ziele hin ausgerichtet: Hilfe für die Kinder bei der Trennung von der Familie; Unterstützung bei der Verarbeitung der traumatischen Erlebnisse, Beobachtung und Diagnose und Verbesserung des Verhaltens der Eltern. Die Aufnahme im Heim erfolgt für eine Zeit von drei bis zwölf Monaten. Dann kehren die Kinder entweder in ihre Familie zurück oder werden für einen längeren Zeitraum fremduntergebracht (i. d. R. in einer Pflegefamilie, im Extremfall erfolgt eine Adoption).

Das „psychosoziale Team", das die therapeutischen Sitzungen mit der Familie durchführt, ist die zweite Einrichtung des Zentrums. Es besteht aus zwei PsychologInnen, einem Kinder-Neuropsychiater und zwei SozialarbeiterInnen. Maximal 30 Familien werden von je zwei TherapeutInnen und einer Sozialarbeiterin gleichzeitig betreut. Ziel der therapeutischen

Arbeit ist es, „die dysfunktionalen Verhaltensmuster zu verändern, die den Nährboden für die Gewalt darstellen ..." (ebd., 11). Im Vordergrund steht eindeutig die Sicherheit des Kindes. Das erfordert eine klare Kontextmarkierung; diese schließt ein, daß die Familie auf die gesetzliche Verpflichtung der SozialarbeiterInnen des (allgemeinen) sozialen Dienstes zur Anzeige von Mißbrauch und Mißhandlung hingewiesen werden; dies gilt auch gegenüber denjenigen, die von sich aus die Tat aufdecken. Die richterliche Entscheidung über die Möglichkeit der Rückkehr des Kindes in die Familie wird aufgrund der psychosozialen Diagnose des Teams getroffen, das dem Richter eine entsprechende Maßnahme vorschlägt. Insofern verhält sich das therapeutische Team also ganz und gar nicht neutral: Es stellt sich eindeutig auf die Seite des Gerichts.

Es hat viel Zeit und Erfahrung gebraucht, so betonen die Autoren immer wieder, zu erkennen, daß der Zwangskontext seine Berechtigung hat und daß die Therapeuten sich eindeutig verhalten, d.h. sich ganz klar auf die Seite des Gerichtes stellen müssen. Sie mußten erkennen, daß der Gerichtsbeschluß „das einzig wirksame Mittel darstellt, diese Familien zu erreichen, da es für derartige Fälle symptomatisch ist, daß Hilfe nicht freiwillig angefordert wird" (Cirillo/Di Blasio 1992, 8). Es hat sich sogar herausgestellt, daß die therapeutische Arbeit bei Selbstanzeigen und (zunächst) freiwilliger Mitarbeit der Familien sich als wesentlich schwieriger erwies und dabei mehr Mißerfolge zu verzeichnen waren. Selvini Palazzoli sieht in ihrem Vorwort das größte Verdienst der Autoren so: „Sie haben begriffen und begreiflich gemacht, daß man sich konsequent an den Kontext halten muß, innerhalb dessen man tätig ist. Auf diese Weise kann auch jeder als nichttherapeutisch zu bezeichnende Kontext dem Therapeuten wertvolle Gelegenheiten zu therapeutischem Handeln anbieten" (ebd., 10).

Die enormen Konsequenzen, die diese Behauptung für die Soziale Arbeit hätte, würde man sie akzeptieren, lassen sich vielleicht erahnen. Selvini Palazzoli nennt einige Kontexte, die für Beziehungsveränderungen ihrer Meinung nach genutzt werden könnten, etwa die Altenfürsorge. Auch diagnostische Kontexte dieser Art können genutzt werden, „um auf taktvolle Weise die Beziehungsstrukturen aufzudecken und die Gelegenheit wahrzunehmen, eine Veränderung der familiären Beziehungen in die Wege zu leiten" (ebd., 11).

Welches sind die praktischen Konsequenzen des zuletzt geschilderten Projekts? Welche Bedeutung haben die dortigen Erfahrungen für den Umgang mit dem Neutralitätskonzept? Ich möchte vier Punkte hervorheben:

(a) Es wird deutlich, daß eine klare Übernahme von Verantwortung durch die Berater oder Therapeuten geboten sein kann, daß es also nicht genügt, den KlientInnen alle Verantwortung für Veränderung oder Nichtveränderung zu überlassen. Die Therapeuten übernehmen auch für die Veränderung eine klare Verantwortung, die jedoch auch darin bestehen kann, zu erkennen, daß eine Therapie nicht ausreicht, um den Schutz des Kindes zu gewährleisten, und daß es deshalb aus der Familie herausgenommen werden muß.

(b) Die sonst übliche Trennung von Aufgaben und Berufsgruppen wird aufgehoben. Es gibt nicht mehr die „guten" Therapeuten, die sich neutral und abwartend verhalten und die Sache dann an die „Bösen", i. d. R. die SozialarbeiterInnen, abgeben, wenn sie mit ihren sanften Mehtoden nicht mehr weiterkommen und Zwang unumgänglich wird.[11]

(c) Die Probleme werden klar benannt und eindeutige Bewertungen vorgenommen, so wird z. B. von dysfunktionalen Mustern in der Familie ausgegangen, die verändert werden müssen. Dadurch lichtet sich der „narrative konstruktivistische Nebel", der davon ausgeht, daß es sowieso keine Probleme gibt und, wenn es welche gäbe, sie nicht verändert werden könnten.

(d) Die Neutralität bei diesem Vorgehen besteht darin, trotz eindeutiger Markierung eines Zwangskontextes im Gespräch mit den Familienmitgliedern „allparteilich" zu bleiben, die Verantwortung des Täters klar zu benennen und trotzdem nach dem Beitrag der anderen Familienmitglieder zu fragen.

Neutralität ist Voraussetzung, daß KlientInnen überhaupt reden. Diese Haltung besagt nicht, dies sei nochmals betont, den Täter von Schuld oder Verantwortung freizusprechen. Im Gegenteil, wie die folgende Untersuchung anschaulich zeigt, kann Neutralität eine wichtige Voraussetzung sein, jemanden überhaupt zum Sprechen zu bringen und ihm damit erst zu ermöglichen, sich selber auch als Täter zu se-

---

[11] Virginia Goldner (1993) kommt in ihren Ausführungen über den Umgang mit Männergewalt in Paarbeziehungen zu ganz ähnlichen Schlüssen. Sie plädiert dafür, daß der Sicherheit der Frau eindeutige Priorität eingeräumt werden und das Zweiklassensystem von „guten" Systemtherapeuten und „bösen" SozialarbeiterInnen mit Kontrollaufgaben überwunden werden müsse.

hen und nicht nur als Opfer widriger Umstände, einer unglücklichen Kindheit oder einer ambivalenten Mutter:

Die schwedische Psychotherapeutin Eva Hedlund (Hedlund 1986, zit. bei Schnack/Neutzling 1990, 237 f.) führte eine Untersuchung unter Männern durch, die wegen eines Vergewaltigungsdelikts verurteilt worden waren. Aufgrund ihrer Befragung von Tätern vermutet sie, daß Männer, die Gelegenheit hatten, über ihre Angst und ihre Lebensbedingungen zu sprechen, eher in der Lage waren, mit ihrer Tat fertig zu werden und Schuld auf sich zu nehmen. Nur jenen, die während der Haftzeit mit jemandem über sich reden konnten, war es später möglich, ihr Vergehen als Vergewaltigung einzugestehen, während die anderen eher versuchten, auch im nachhinein die Tat zu verdrängen, sich als Opfer zu sehen.

4.3.2. „Neutralität ist weder gut noch schlecht – sie ist unmöglich"

Das Problem der Neutralität stellt sich aber nicht nur in Extremsituationen, wo bestimmte Gegebenheiten Zwangsmaßnahmen erforderlich machen, sondern häufiger noch in ganz unspektakulären und unscheinbaren Alltagssituationen der Berufspraxis. Anhand eines Beispiels möchte ich einige Aspekte des Neutralitätsproblems außerhalb von Zwangskontexten in der Sozialen Arbeit verdeutlichen:

Eine Sozialpädagogin führt seit ca. einem halben Jahr Beratungsgespräche mit der alleinerziehenden dreiunddreißigjährigen Frau K. im Rahmen von wohngebietsorientierter Sozialarbeit in einem unterprivilegierten Wohngebiet. Träger des Dienstes ist ein gemeinnütziger Verein ohne hoheitliche Aufgaben. Bei den Gesprächen, die bei Hausbesuchen etwa alle 14 Tage erfolgen, ist der siebzehnjährige Sohn nicht dabei. Themen des Gesprächs sind vor allem die Unterstützung der ungelernten Verkäuferin bei ihrer Ausbildung zur Einzelhandelskauffrau, Beziehungsprobleme mit dem Freund und in letzter Zeit immer häufiger Schwierigkeiten bei der Erziehung des Sohnes, der kürzlich eine Lehre als Automechaniker begonnen hat. Frau A. äußert gegenüber der Sozialpädagogin den Wunsch: „Sprechen Sie doch mal mit meinem Sohn!" Daraufhin bietet die Sozialpädagogin ein Gespräch zu dritt an. Ein Termin wird vereinbart. In einem kurzen Vorgespräch sagt der Sohn sein Kommen zu. Zum vereinbarten Termin erscheint er dann aber nur ganz kurz, um sich mit der Bemerkung zu verabschieden, daß er einen Friseurtermin habe.
Nach dem Gespräch mit Frau K. notierte die Sozialpädagogin handschriftlich als Auswertung des „gescheiterten" Dreiergesprächs folgende Fragen:

„Woran lag es, daß sich der Sohn von Frau K. ‚gedrückt' hat? Hat er sich in die Ecke gedrängt gefühlt, weil ich mit seiner Mutter schon lange Zeit arbeitete und sie ihm sicher gelegentlich erzählt hat, daß es dabei öfter auch um ihn ging? Sollte ich jetzt – nachdem die Mutter mit ihrem Sohn nicht fertig wurde – ihr als ‚Verstärkung' dienen? Warum hat meine vorherige ‚Beteuerung', daß ich nicht ‚gegen ihn' sein will, nichts bewirkt?".

Um solche Situationen zu vermeiden und frühzeitig andere Strategien zu entwickeln, ist es für SozialarbeiterInnen sinnvoll, sich bereits bei der Hypothesenbildung ausführlich der Frage nach der Neutralität zuzuwenden und sich zu überlegen, wie die Teilnehmer das bevorstehende (erste) Gespräch aufnehmen werden: „Fühlen sie sich bedroht oder abgewertet? Werden sie z. B. in ihrer „Erziehungsfähigkeit" in Frage gestellt, weil sie zur Erziehungsberatung gebeten werden?", „Auf wessen Seite stehe ich als Sozialarbeiterin in der Phantasie der einzelnen GesprächsteilnehmerInnen?", „Wer erhofft sich durch das Gespräch ‚Verstärkung' für seine Position?", „Wer wird wohl am ehesten wegbleiben?", „Was müßte ich tun, um das Wegbleiben zu provozieren?".

Was könnte die Sozialpädagogin aus dem obigen Beispiel tun, um einen Standpunkt der Neutralität oder Allparteilichkeit aus der Sicht der Mutter bzw. des Sohnes wiederzugewinnen?

In solchen Situationen ist es oft eine gute Möglichkeit, das Problem offen anzusprechen und damit zu entschärfen. Die Sozialpädagogin könnte z. B. dem Sohn von Frau K. einen Brief schreiben und darin ausdrücken, daß sie es gut verstehe, daß er weggeblieben ist. Er habe wohl annehmen müssen, daß sie auf der Seite seiner Mutter stehe, nachdem sie sich schon so lange mit ihr allein getroffen habe.

Andere Vorschläge – in der Supervision gesammelt, die die Sozialpädagogin gerade besuchte – beziehen sich vor allem darauf, was die Beraterin *vorher* hätte tun können: Sie hätte Frau K. auf ihre Bitte nach einem Treffen zu dritt sagen können, daß sie ein Gespräch mit dem Sohn zwar auch sinnvoll fände, daß dieses aber möglicherweise schwierig werden könnte, weil er berechtigterweise den Eindruck haben müßte, sie, die Sozialpädagogin, stehe auf Frau K.s Seite. Die Strategie, das problematische Verhalten, hier: das Wegbleiben des Sohnes vorwegzunehmen, hätte u. U. kombiniert werden können mit dem Hinweis an Frau K., daß ein Termin mit ihrem Sohn nur dann sinnvoll sei, wenn dieser selbst das Gespräch wünsche. Denkbar wäre auch ein Brief an den Sohn, in dem ihm mitgeteilt bzw. er gebeten wird, doch selber anzurufen, falls er von sich aus ein Gespräch wünsche, um seine Sicht der Dinge zur Geltung zu bringen. Eine weitere Möglichkeit wäre gewesen, einen Kollegen als zweiten Berater hinzuzuziehen und dies Mutter und Sohn vorher anzukündigen mit dem Hinweis, daß sie, die Sozialpädagogin, durch ihre lange Zusammenarbeit mit der Mutter deren Sichtweise kenne und deren Befürfnisse nach Ordnung und Sauberkeit unterstütze, während der männliche Kollege sich vieleicht die Sichtweise des Sohnes zu eigen machen werde. Sie hätte auch die Mutter weiterhin alleine sehen und ab und zu Gespräche mit Mutter und Sohn „einstreuen" können, die dann aber ein anderer, sonst nicht beteiligter Berater hätte führen müssen. Eine weitere Alternative hätte sein können, dem Sohn einen Brief zu schreiben, in dem sie ihm mitteilt, daß sie nun schon seit eineinhalb Jahren mit seiner Mutter Gespräche führe, ohne daß er bisher eine Gelegenheit gehabt habe, seine Sicht der Dinge darzustellen. Deshalb solle er ein oder zwei Mal in einem gemeinsamen Gespräch seine Sicht der Dinge schildern. Dies sei ein Angebot, und es sei auch in Ordnung, wenn er nicht komme. Und schließlich hätte sie, die Sozialpädagogin, den „Brotkorb höher hängen" können, was diesen für den Sohn vielleicht interessanter gemacht hätte, und zwar durch die Mitteilung an den Sohn, daß er ein Mal bei einem Gespräch dabei sein könne, wobei zunächst nur an ein einziges gemeinsames Gespräch gedacht sei, für das er den Termin bestimmen könne.

4.3.3. Leitlinien zur Neutralität

Es ist auffallend, daß die Neutralitätshaltung in der psychosozialen Praxis häufig nicht deshalb verlassen oder verletzt wird, weil der Sozialarbeiter sich aufgrund von entsprechenden Besonderheiten des Einzelfalls bewußt und überlegt entscheidet, nicht neutral zu sein, sondern meist geschieht dies unüberlegt und unabsichtlich, etwa indem besorgte Mütter, bemühte Berufskolleginnen oder das eigene schlechte Gewissen ihn „einwickeln" und ihn „für" oder „gegen" Partei ergreifen lassen, bis er irgendwann merkt: „Ich stecke fest, ich bin in eine Sackgasse geraten". Vielfach stellt sich erst in der Supervision oder bei der Besprechung im Team heraus, daß die Neutralität verletzt wurde, ohne dies im Gespräch zu benennen und mit den Klienten zu besprechen und ohne sich selber Rechenschaft darüber abzulegen, daß man „die Seite gewechselt hat". Gerade diese Aspekte sprechen dafür, den Neutralitätsstandpunkt ganz bewußt als Grundhaltung einzunehmen, ja ihn richtiggehend einzuüben.

Wird der Neutralitätsstandpunkt verlassen, weil wichtige Gründe dafür sprechen, so sind vorher die Vor- und Nachteile etwa in Form einer schriftlichen Selbstevaluation oder in einer Team- oder Pausenbesprechung mit KollegInnen abzuwägen. Erwägt ein Sozialarbeiter vom Neutralitätsstandpunkt abzurücken, dann sollte er folgendes bedenken:

(a) Eine neutrale Haltung stößt dort an Grenzen, wo es tatsächlich um soziale Kontrolle geht, um parteiliche Interventionen oder um Handlungen und Maßnahmen, die gegen den Willen von Betroffenen bzw. zum Schutz von Schwächeren durchgesetzt werden müssen. Jedoch ist auch in diesen Fällen das diskursethische Prinzip als regulative Idee sinnvoll und eine Orientierung am Konsens anzustreben (siehe oben, S. 109 ff.).

(b) Wichtig ist eine unvoreingenommene Klärung der eigenen Rolle als Sozialarbeiterin, d. h. sich selber ganz klar darüber bewußt zu sein, ob man als Helferin, als Fürsorgerin, als Beraterin, als Therapeutin oder als soziale Kontrolleurin agiert.

(c) Eine solche Entscheidung muß dem Klienten gegenüber transparent gemacht werden. Ansonsten gaukelt man ihm vor zu helfen, obwohl man einen Kontrollauftrag hat und eventuell zu Zwangsmaßnamen greifen muß.

(d) Selbst im Falle eines Abrückens vom Neutralitätsstandpunkt, wenn also ein Sozialarbeiter interveniert, Ratschläge gibt oder in eine bestimmte Richtung drängt, ist es nützlich, ab und zu innezuhalten und sich selbst und dem Klienten die Frage zu stellen: „Was wäre, wenn ich nicht für das, sondern für etwas ganz anderes Partei ergreifen würde?".

(e) Generell empfiehlt es sich, die neutrale Haltung der Neutralität nicht zu schnell aufzugeben bzw. der Versuchung zu widerstehen, parteiisch zu werden oder praktisch einzugreifen, um die Situation in eine bestimmten Richtung zu verändern oder um einen Klienten zufrieden zu stellen. Es ist davor zu warnen, für einen Klienten allzu schnell irgendwo anzurufen oder einen Brief zu schreiben. Wichtig ist, die Konsequenzen einer solchen Handlung abzuwägen.

(f) Der Verlust des Neutralitätsstandpunktes droht nicht nur dann, wenn eine Sozialarbeiterin direkt verbal oder handelnd Partei ergreift; auch durch analoge Kommunikation, z. B. durch Gestik, Mimik, Stimmlage, Körperhaltung usw. kann sie einseitig für eine Person oder eine bestimmte Handlungsoption votieren.

(g) Zur Entscheidung des Neutralitätsstandpunkts gehört auch die Beantwortung der Frage, was der Klient speziell von mir als Sozialarbeiter braucht und ob er vielleicht schon andere Helfer hat, die sich um sein „Seelenheil" kümmern, so daß er vielleicht von mir viel eher praktische soziale Hilfe oder Fürsorge, etwa einen Tisch für sein kahles Wohnzimmer in der tristen Einfachstwohnung, statt einfühlsame Gespräche braucht.

Ein Beispiel soll abschließend nochmals einige Aspekte des Neutralitätsthemas verdeutlichen:

> Eine alleinstehende junge Frau ist nach dem Studium auf der Suche nach einer Arbeitsstelle als Psychologin und kommt nach zweimaligem Scheitern ihrer Bemühungen in eine Beratungsstelle für psychisch Kranke. Sie zeigt sich schwer depressiv und äußert die Absicht, sich das Leben zu nehmen. Die Beraterin läßt sich dazu verleiten, für eine der Handlungsoptionen vorschnell Partei zu ergreifen, indem sie den Wunsch der Frau nach einem Klinikaufenthalt übernimmt und bei der Krankenkasse anruft, um Unterstützung beim „Kampf" um eine entsprechende Kostenzusage zu geben. Sie erarbeitet mit der Klientin eine Aufgabenliste (Besorgen eines ärztlichen Attests, Anruf in der psychosomatischen Klinik, Nachfrage bei niedergelassenen Therapeuten zur Weiterbehandlung nach dem Klinikaufenthalt usw.). Selbst wenn ein Klinikaufenthalt in dieser Situation tatsächlich sinnvoll (gewesen) wäre, die Beraterin macht sich mit diesem Vorgehen ohne Frage zum Anwalt gegen die depressiven Anteile der Klientin, gegen das Nichtstun und gegen die Tendenz, alles hängenzulassen, anstatt auch die positiven Aspekte der „Symptome" zu sehen und daran zu arbeiten.
>
> In die gleiche Richtung gehen Interpretationen und Ratschläge wie etwa die folgende: „Ihr Problem besteht, weil sie sich immer zu viel vornehmen und den ganzen Problemberg auf einmal angehen wollen." Auch damit stellt sich die Sozialarbeiterin einseitig auf die eine Seite der Ambivalenz; sie sagt, was gut und was schlecht ist, anstatt – probehalber – mal auf die Seite der Depression zu gehen und zu fragen: „Was würde beispielsweise die Depression sagen, wenn man sie zu dem Gespräch darüber einladen würde, was sie Gutes und Sinnvolles für das Leben der Klientin bringt?".

5. Metaperspektive(n) ohne Einwegspiegel

Mara Selvini Palazzoli und ihr Mailänder Team wurden unter anderem bekannt mit der Benutzung von Einwegspiegeln, die es – selbstverständlich mit der vorherigen Einwilligung der Familie – erlaubten, die Therapiesitzung von einem zweiten Therapeutenteam beobachten zu lassen. Sie gewannen so eine Metaperspektive. Es gibt zwar kaum einen Arbeitsbereich oder eine Institution in der Sozialarbeit, die über einen Einwegspiegel verfügt, doch der Ansatz von Tom Andersen, Professor für Sozialpsychologie an der Universität Tromsö in Norwegen, „reflektierende Teams" aufzubauen, ist eine glänzende Möglichkeit, diese Metaperspektive auch ohne Einwegscheibe zu ermöglichen (Abschnitt 5.1.). Aktennotizen und Berichte anzufertigen, stellen für Sozialarbeiter häufig eine lästige Pflicht oder eine Routine dar, die unbefragt von Vorgängern übernommen werden; leider werden sie zu wenig genutzt, um die Arbeit zu verbessern. Unter dem Titel „systemische Aktennotizen" werde ich hierzu Vorschläge unterbreiten (Abschnitt 5.2.).

5.1. DAS REFLEKTIERENDE TEAM

Im ursprünglichen Setting des Mailänder Teams war der Einwegspiegel eine Einrichtung mit zentraler Bedeutung: Er ermöglichte es dem therapeutischen Team, sich selber beim Interviewen der Familie zu beobachten. Die Teammitglieder hinter der Scheibe hatten vor allem die Aufgabe, die für das systemische Vorgehen so zentrale Metaperspektive zu erweitern. Die Beobachtungen der Therapeutinnen bezogen sich auf eine erste Ebene, auf die Muster und paradoxen Spiele der Familie, und auf eine zweite Ebene, auf die zwischen Familie und Therapeutenteam sich herausbildenden Meta-Muster, die vom Beobachterteam festgehalten und kommentiert wurden. War es in diesem klassischen Setting üblich, daß Interviewer- und Beobachterteam im „stillen Kämmerlein", also ohne die Familie eine Intervention entwickelten, so hat Tom Andersen dieses Vorgehen entscheidend erweitert und „demokratisiert".

Tom Andersen hat mit verschiedenen Teams eine Idee entwickelt und erprobt, die so schlicht und einfach ist, daß es vor allem erstaunt, wie lange es gebraucht hat, bis jemand auf diese Idee kam, ihn auszu-

probieren. Er hat begonnen, etwas zu machen, „was einfach genug ist, um zu funktionieren, kreativ genug, um hilfreich, klein genug, um transportabel und billig genug, um anwendbar zu sein – und mit genügend Überraschungen, so daß unsere Neugier lebendig bleibt" (Andersen 1990, 170). Mit diesem Satz schließt er sein schmales, aufschlußreiches Buch „Reflektierende Teams", das von Dialogen, von Dialogen über Dialoge und von „Dialogen über Dialoge" über Dialoge handelt. Das therapeutische Team spricht dabei nicht mehr ohne die Familie über sie, sondern die Beobachter tun dies in Gegenwart sowohl der Familie als auch ihrer beratenden KollegInnen
Im Folgenden werde ich zunächst schildern, wie Andersen und sein Team üblicherweise vorgehen (Abschnitt 5.1.1.) und dann Überlegungen anstellen, wie dieses Vorgehen in sozialarbeiterischen Kontexten genutzt werden kann und inwiefern es modifiziert werden muß (Abschnitt 5.1.2.). Abschließend werde ich einige praktische Anregungen für die Arbeit mit reflektierenden Teams geben (Abschnitt 5.1.3.).

5.1.1. Reflektierende Teams als praktizierter Konstruktionismus

Das Interviewersystem konstituiert sich i. d. R. aus dem festgefahrenen Problemsystem, das meist aus mehreren Familienmitgliedern und einem oder mehreren BeraterInnen besteht. Die BeraterInnen sitzen gemeinsam mit dem Klientensystem in der Klemme. Andersen arbeitet zumeist auf der Ebene der Konsultation, d. h. er wird mit seinem Team von einem Experten um eine Beratung gebeten, der seinerseits mit einem Klientensystem in eine Sackgasse geraten ist und sich neue Ideen vom „reflektierenden Team" erhofft. Den Konsultationsprozeß beschreibt Andersen wie folgt (Andersen 1990, 19–111 und 165–170):

> Der um Konsultation bittende „Experte", etwa ein Sozialarbeiter aus einer Beratungsstelle, wird vom Konsultationsteam gebeten, den bisherigen Beratungsprozeß zu schildern. Das Team informiert den um Unterstützung bittenden Kollegen gewöhnlich darüber, daß er diese Schilderung ohne die Klienten und vor der eigentlichen Konsultation vornehmen könne; das Konsultationsteam würde es aber vorziehen, wenn diese Informationen erst in Gegenwart der Familie gegeben würden. Ein bis zwei „Konsultanten" treffen sich im Fall der Zustimmung mit dem „Experten" und der Familie und handeln zunächst aus, wie das Setting aussehen soll. Dieses wird also nicht vorgegeben, sondern bleibt flexibel, wobei die Konsultanten

mit ihrer Meinung nicht hinter dem Berg halten und deutlich sagen, welches Setting sie bevorzugen. Sodann wird entschieden, wer das Interview führen, d. h. die Fragen stellen soll: der bisherige Berater vor Ort oder ein Mitglied des Konsultationsteams. Auf Abschlußinterventionen wird ganz verzichtet, der therapeutische Effekt wird allein von den Fragen und den Meta-Dialogen erwartet. Nach einiger Zeit wird das Interview unterbrochen, und die Rollen werden vertauscht. Nun beobachtet das Interviewsystem für einige Zeit die bisherigen Beobachter. Diese tauschen sich über ihre Beobachtungen und Ideen aus und kommentieren das Gespräch; dies dauert etwa fünf bis zehn Minuten. Dann geht der Ball zurück an das Interviewsystem, das sich nun seinerseits darüber austauscht, welche Ideen den Konsultanten bedeutsam waren oder was vielleicht ärgerlich oder unverständlich wirkte. Dieser Perspektivenwechsel kann pro Sitzung bis zu vier Mal stattfinden. Da alle Beteiligten vorher um ihr Einverständnis gefragt werden, können – wenn die Familie dies nicht wünscht – durchaus auch Dialoge ohne Meta-Dialoge stattfinden. Ein Einwegspiegel erleichtert den Rollenwechsel; er wird eingesetzt, wo er vorhanden ist. Er ist aber – und das erscheint mir für unseren Kontext sehr bedeutsam – nicht unbedingt erforderlich.

Von diesem Standardschema gibt es zahlreiche Abweichungen, wie überhaupt das ganze Verfahren sehr kreativ und spontan entstanden ist und so von seinen „ErfinderInnen" auch gehandhabt wird.

Gute Ergebnisse wurden z. B. erzielt, wenn nur ein Konsultant und ein Berater gemeinsam mit dem Klientensystem arbeiten. Zunächst wird vereinbart, wer das Interview führt. Der Beobachter sitzt beim Gespräch zwar dabei, bleibt jedoch „draußen". Nach einiger Zeit tauscht sich das reflektierende Team, der Beobachter und der Berater, über den bisherigen Gesprächsverlauf aus. Sodann wird das Gespräch mit den Eindrücken der Familie fortgesetzt, die sie vom Dialog des reflektierenden Teams gewonnen hat. Ist keine Einwegscheibe vorhanden, wird vereinbart, daß während der Reflexionsphase die Zuhörer, also i. d. R. die Klienten, nicht angeschaut werden, also auch kein nonverbaler Kontakt zu ihnen aufgenommen wird. Dies geschieht, um das Einnehmen der Zuhörerperspektive zu erleichtern und diese nicht zu stören.

Andersen berichtet über ein erstaunliches Interesse der KlientInnen für die Meta-Dialoge; es scheint faszinierend, dem Gespräch anderer zuzuhören, wenn dieses von einem selbst handelt. Die Bereitschaft, neue Ideen überhaupt erst einmal zuzulassen und sie dann auch zu auch zu verarbeiten, wird offensichtlich durch dieses einfache Verfahren sehr gefördert. Die Meinungen der Berater kommen nicht mehr ausschließlich von außen, sie werden der Familie nicht aufgedrängt, sondern rücksichtsvoll angeboten – und die KlientInnen wählen selber aus, was paßt. Da sich Beobachter und Berater vor dem reflektierenden Dialog nicht absprechen, kommt es zu unterschiedlichen Sichtweisen und Deutungen; diese werden aber nicht vereinheitlicht oder wegdiskutiert, bevor die Ideen der Familie präsentiert werden. Dadurch wird deutlich, daß es – auch wenn „Experten" sprechen – unterschiedliche und nicht die eine richtige Sichtweise gibt. Man könnte also von einem „praktizierten Konstruktivismus" sprechen, der die hierarchischen Unterschiede zwischen „Experten" und KlientInnen minimiert. Ein weiterer wichtiger Gesichtspunkt, den Andersen hervorhebt, ist die veränderte Sprache: Es gibt keine Regeln, worüber oder wie gesprochen wird; aber schon die Tatsache, daß die Familie ständig gegenwärtig ist, zwingt dazu, vorsichtige und zurückhaltende Formulierungen zu wählen, Möglichkeitsformen statt Feststellungen über „die Wirklichkeit" zu benutzen. Negative Bewertungen, Abwertungen oder Kritik sowie direkte Lösungsvorschläge werden mit diesem Verfahren weitgehend vermieden.

Nach einigen Jahren des Experimentierens mit diesem Verfahren vertritt Andersen die Auffassung, daß die Auswirkungen auf die BeraterInnen vielleicht noch entscheidender sind als die auf die KlientInnen; denn sie benutzen eine andere Sprache und erzeugen damit eine andere Wirklichkeit, sie werden rücksichtsvoller, vorsichtiger, weniger diagnostizierend und wertend. Michael Stüdemann u. a. (1992) beschreiben ihre Erfahrungen mit der „Konversation in Anwesenheit der Patientin" im Kontext einer psychosomatischen Klinik und kommen zu ähnlichen Ergebnissen. Sie stellen fest, daß der Austausch des therapeutischen Teams in diesem Prozeß eher behutsam wurde, suchend und offen blieb und von Wertschätzung und positiver Konnotation getragen war (Stüdemann/Harbrecht-Bense u. a. 1992, 6).

> „Die sonst gültige komplementär-verbindliche Beziehung zwischen PatientInnen und den Teammitgliedern wird aufgehoben und ersetzt durch einen Freiraum, in dem fiktive Wirklichkeiten angesprochen, hinterfragt, ausgeblendet, angedeutet oder gespielt werden", es werden Formulierungen benutzt, die andeuten, daß es auch ganz anders sein könnte (ebd., 8).

5.1.2. Reflektierende Teams in der Sozialarbeit – eine Utopie?

Meine eigenen bisherigen Experimente mit reflektierenden Teams veranlassen mich zur Vermutung, daß dieses Verfahren eine der nützlichsten und folgenreichsten werden könnte, die die Systemtherapie der Sozialarbeit beschert hat. Wir sprechen in der Sozialarbeit in Fallbesprechungen und Teamsitzungen, in der Supervision und Fortbildung oder zu Hause, wenn wir „abladen", häufig *über* Klientinnen. Dabei entspricht die Idee, *mit* den Klienten oder in ihrer Gegenwart zu sprechen, statt *über* sie zu reden, einem zentralen Anliegen der Sozialen Arbeit, die immer wieder postuliert (hat), daß Hilfen und Lösungen mit statt für KlientInnen entwickelt werden müssen. Wenn wir uns die oben (S. 83 ff.) genannte Einsicht in Erinnerung rufen, daß strukturdeterminierte Systeme immer nur selber – aufgrund ihrer eigenen Struktur – entscheiden können, was für sie passend ist und daß sie die Deutungen und Hilfeangebote nur so weit aufgreifen, wie es zu ihrer eigenen Struktur paßt, dann verkörpert das reflektierende Team die ideale Möglichkeit, solche passenden Deutungen anzubieten und Handlungsmöglichkeiten durchzuspielen und dabei die Klienten selber entscheiden zu lassen, was sie davon anspricht und was nicht. Meine eigenen Erfahrungen mit diesem Ansatz möchte ich folgendermaßen zusammenfassen:

(a) Es kostet zunächst Mut und Überwindung, sich auf dieses Verfahren einzulassen. „Ich war total verspannt und naßgeschwitzt und habe mir jeden Satz vorher genau zurechtgelegt", sagt eine Kollegin in der Auswertung ihres ersten reflektierenden Teams, an dem sie als Beobachterin teilgenommen hat. „Es ist so ganz anders, wie das, was ich sonst gewohnt bin, und es hat mir schon ein bißchen Angst gemacht." Es scheint so zu sein, daß die Arbeit mit dem reflektierenden Team die beteiligten Beraterinnen mehr Überwindung kostet als die Klientinnen. Das Setting ist also vor allem für die BeraterInnen ungewohnt, denn sie fühlen sich auf dem „Präsentierteller".

(b) KlientInnen macht dieses Verfahren weit weniger Schwierigkeiten. Sie hören zumeist neugierig und gespannt zu und nehmen vor allem neuartige Ideen eher auf, wenn sie in dieser Form präsentiert werden – ein Beispiel:

Eine 57jährige Frau, Frau K., kommt wegen ihres 15 Jahre jüngeren Bruders in die Beratung, für den sie immer schon eine „Ersatzmutter war". Dies hat sich nach dem Tod der Mutter noch verstärkt. Danach zeigte der Bruder, der jahrelang selbständig als Bauingenieur gearbeitet hatte, ein so seltsames Verhalten, daß ihn ein konsultierter Nervenarzt für psychisch krank hielt und ihn zum Sozialpsychiatrischen Dienst geschickt hat. Da er aber keine „Krankheitseinsicht" hat, wehrt er sich gegen jede Hilfe von außen. Frau K. bezahlt ihm den Lebensunterhalt, weil sie fürchtet, daß der Bruder ohne diese Unterstützung verhungert. Im Gespräch zeigt sie sich für Ideen zu ihrer eigenen Situation nicht zugänglich. Sie möchte nur über ihren Bruder sprechen. Was sie selber an ihrer Situation ändern kann – etwa eine deutlichere Grenzziehung dem Bruder gegenüber – ist mehr das Thema des Beraters. Im reflektierenden Team wird für ihre schwierige Situation Anteilnahme geäußert, und es werden verschiedene Ideen durchgesprochen, was ihr zur Erleichterung geraten werden könnte. Im anschließenden Austausch mit der Klientin über diesen Meta-Dialog wirkt sie sehr betroffen, hat Tränen in den Augen und hat offensichtlich das gehört, was vorher nur von ihr abgeprallt ist.

(c) Als nützlich erweist es sich, einen Tisch oder irgend einen anderen Gegenstand als symbolische Grenze zwischen KlientInnen und Team zu plazieren, um das Einnehmen der Metaperspektive zu erleichtern.
(d) Der Einsatz eines reflektierenden Teams ist dort besonders sinnvoll, wo KlientInnen dazu tendieren, sehr viel zu reden, nicht richtig zuzuhören oder den Berater häufig zu unterbrechen. Klienten werden gewissermaßen zum Zuhören bei den Dialogen des reflektierenden Teams „gezwungen", was überraschende Einsichten vermitteln kann.
(e) Als wichtig erweist sich die Möglichkeit, im reflektierenden Team Handlungs- oder Lösungsvorschläge zu machen, die bei herkömmlicher Vorgehensweise schnell abgewehrt, überhört oder als nicht realisierbar verworfen werden – in unserem Beispiel: „Ich würde Frau K. gerne vorschlagen, doch mehr für sich selber als für ihren kranken Bruder zu sorgen. Aber das wird sie wohl nicht annehmen können." Auf diese Weise können vom Berater Vorschläge angeboten werden, ohne daß man sie macht. Zwar sind solche Angebote auch im Einzelgespräch möglich, doch nach meiner Erfahrung wirken sie dort weniger oder werden leichter überhört.

5.1.3. Sanft und wenig aufdringlich: ein anderer Weg zur Veränderung

Der Psychologe Heinrich Berger (1993) plädiert dafür, in Sozialpsychiatrischen Diensten mit reflektierenden Teams zu arbeiten. Er sieht sie als Möglichkeit zur „Aufweichung der ‚Deutungsmacht' der Expertinnen" und als Möglichkeit zu etwas mehr Angleichung des assymmetrischen Verhältnisses zwischen KlientInnen und HelferInnen. Mit dem reflektierenden Team kann nach seiner Ansicht folgendes erreicht werden (Berger 1993):

(a) Es eröffnet u. U. die Möglichkeit zur De-Eskalation von Beziehungskonflikten, bei denen es hauptsächlich um das „richtige" Weltbild geht; denn es wird deutlich, daß es nicht eine, sondern verschiedene Deutungsmöglichkeiten und Sichtweisen für Situationen gibt.

(b) Es werden damit die Zirkularität und die Reflexivität von Beziehungen transparent. Auch können Konflikte, Widersprüche und Ambivalenzen gut benannt und „personifiziert" werden.

(c) Es wird deutlich, daß es sich bei den Bemühungen des Teams um Suchprozesse handelt, die von Freiheit und Offenheit gekennzeichnet sind.

(d) Auf einer analogen Ebene (d. h. nicht durch verbale Beteuerungen) wird vermittelt, daß von den „Experten" kein schnelles, einfaches Heilmittel oder keine Patentlösung zu erwarten ist, sondern daß es vielmehr um Einigungsprozesse und Vorschläge geht.

(e) Handlungsoptionen und Ressourcen lassen sich besser in den Blick nehmen; außerdem ist eine positive Konnotation symptomatischen Verhaltens aus verschiedenen Perspektiven möglich (Berger 1993, 367):

> „Der Diskussionsprozeß des reflektierenden Teams präsentiert nicht die eine ‚richtige Lösung', sondern zeigt sich als ‚Hypothetisieren', wobei es darum geht, Ideen und Metaphern über die festgefahrenen Beziehungsmuster im Problemsystem zu entwickeln und auf eine sanfte, wenig auf- und eindringliche Weise die Suche nach Veränderungsmöglichkeiten anzuregen und zu unterstützen." (ebd., 366)

Berger weist allerdings auch auf ein Problem hin, das mir bei der Anwendung (nicht nur) in sozialpsychiatrischen Kontexten von Bedeutung scheint: KlientInnen können durch die verschiedenen Perspektiven, die Rollenwechsel und die widersprüchlichen Aussagen auch überfordert und verwirrt werden. Deshalb ist es m. E. wichtig, im einzelnen Fall genau zu prüfen, ob das reflektierende Team angebracht ist, und seine Anwendung dem Klienten lediglich vorzuschlagen, aber niemals aufzudrängen. Wie bei manchen anderen „Indikationsfragen" – welches Mittel und welche Methode paßt für welches Problem oder für welchen Menschen? – scheint mir auch hier das Prinzip der Selbstindikation sehr sinnvoll zu sein: Nützlich ist es meistens, davon auszugehen, daß die Klientinnen selber am besten wissen, was ihnen guttut.

Für die Arbeit eines reflektierenden Teams halte ich die folgenden Leitlinien für sehr nützlich[12]:

(a) Konkurrenzverhalten im Team sollte unterbleiben. Es geht bei diesem Ansatz nicht um die Suche nach besseren Erklärungen oder Vorschlägen, sondern um unterschiedlichste Versionen und Erklärungen eines Problems.
(b) Negative Kritik innerhalb des Teams sollte vermieden werden, ebenso Abwertungen von KlientInnen oder KollegInnen. Im Vordergrund sollte die positive Konnotation, also die Suche nach Ideen stehen, die das beschriebene Problem als sinnvolle Lösung für ein Dilemma erscheinen lassen.
(c) Die Kommentare sollten eher auf Lösungen als auf Probleme fokussieren.
(d) Die Vorschläge des Teams sollten für den Klienten zwar neu, aber nicht zu neu sein, d. h. sie sollten an den Erlebnishorizont und den Sprachgebrauch des Klientensystems anknüpfen, seine Sichtweisen aufgreifen und ihnen in vorsichtiger Dosierung etwas Neues hinzufügen.
(e) Das reflektierende Team sollte darauf achten, was an Gestik, Mimik und Stimmlage des Interviewten auffiel und welche Schlüsselwörter er benutzte. Wenn es angemessen erscheint, sollten diese Beobachtungen mitgeteilt werden.
(f) Die Aussagen des Teams sollten in der Möglichkeitsform oder als Fragen formuliert sein, so daß für den Klienten schon sprachlich deutlich wird, daß er es ist, der entscheidet, ob er die angebotenen Deutungen und Handlungsmöglichkeiten für sinnvoll hält oder nicht.

---

[12] Die folgenden acht Punkte zitiert nach: Diakonische Akademie Stuttgart, Protokoll des Fortbildungskurses „Spät kommt ihr – Arbeit mit Langzeitpatienten" vom 9. bis 12. März 1993 in Freudenstadt, S. 11.

(g) Das reflektierende Team sollte hypothetische Veränderungen aussprechen und die Sichtweise des Klientensystems dazu erfragen. Neue Lösungsideen und neue Interpretationen des Problems sollten im Vordergrund stehen.

(h) Dabei sollten neue Interpretationen und neue Lösungsideen des Problems im Vordergrund stehen. Die Leitfrage lautet deshalb, wie das Problem alternativ beschrieben und erklärt werden kann und welche Konsequenzen dies hätte.

Mein abschließendes Fazit lautet: Das reflektierende Team bietet für die Sozialarbeit äußerst nützliche Anregungen. Diese Feststellung gilt selbst dann, wenn die Meta-Kommunikation nicht oder nur ausnahmsweise in Anwesenheit der KlientInnen durchgeführt und stattdessen in Teamgesprächen, kollegialen Fallbesprechungen und in der Supervision nur so getan wird, als wären die Klienten dabei und würden der Diskussion der Berater und Konsultanten zuhören. Das könnte dazu beitragen, einen suchenden, fragenden und vermutenden Sprachstil zu etablieren und die Fallbesprechungen weniger apodiktisch, abwertend oder gar zynisch werden zu lassen. „Ich weiß, was der Klient ‚hat', was ihm fehlt und was er tun müßte, um seine Probleme zu lösen", sind Aussagen, die eine expertokratische Haltung zum Ausdruck bringen, wie sie sich in langjähriger beruflicher Sozialisation oft herausbildet und festsetzt. Von Nutzen könnte auch sein, schon während der Ausbildung und später in Fortbildungen in Form von Rollenspielen reflektierende Teams zu bilden und sich dabei in „nicht-expertokratischer" Sprache zu üben. Soweit ich dies in Seminaren oder Lehrveranstaltungen versuchen konnte, war das Echo der TeilnehmerInnen durchweg positiv, und die Vorgehensweise wurde als sehr bereichernd und produktiv empfunden.

5.2. Aktennotizen und Berichte

Neben dem reflektierenden Team möchte ich auf eine zweite Möglichkeit eingehen, eine Meta-Perspektive einzunehmen; diese ist weniger neu und spektakulär, dafür aber fast überall verfügbar. Die Anfertigung von Aktennotizen – in handschriftlicher wie in maschinenschriftlicher Form – oder von Berichten ist zwar in der Sozialarbeit weit verbreitet, ihre Möglichkeiten werden aber – so meine These – nur andeutungsweise genutzt. Dies liegt in meinen Augen daran, daß die Sozialarbeiter auf die nachstehenden Fragen keine klaren Antworten haben: „Für wen schreibe ich Aktennotizen und Berichte?", „Welchen Unterschied würde es machen, wenn ich keine Berichte schreiben würde?", „Wer würde sich zuerst beschweren, wenn ich keine Notizen mache?", „Angenommen, ich würde nur für mich selber und nicht für andere schreiben, was würde ich gerne verändern?". Beim Schreiben von Aktennotizen und Berichten ist es erfahrungsgemäß sinnvoller, nicht davon auszugehen, daß sie für irgendeinen „imaginären Dritten" geschrieben werden, den es häufig gar nicht gibt. Sie sollten unter der Annahme angefertigt werden, daß ich diese nur für mich selber schreibe. Denn wann wurde von diesen Papieren, beschrieben aus dem unbestimmten Gefühl, man müsse sich vielleicht irgendwann irgendwem gegenüber für irgendetwas rechtfertigen, tatsächlich einmal Gebrauch gemacht? Wenn eine Sozialarbeiterin ihre Notizen und Berichte für sich macht, sollte sie sich fragen: „Was brauche ich und wozu brauche ich es?". Schon die Idee, für irgendein „Später" zu schreiben, verursacht nach meiner Erfahrung viel unnötige Arbeit, da diese „Akte" später i. d. R. nicht mehr durchgelesen wird. Deshalb sollte vom „Jetzt" und nicht von einem „späteren Bedarf" ausgegangen werden. Allein das, was jetzt im und durch den Prozeß des Schreibens an Einsichten gewonnen wird, erweist sich häufig als nützlich. Das Schreiben hilft festzustellen, was „meine Sicht der Dinge" ist, was in diesem Gespräch für mich wichtig war und was „ich das nächste Mal mit dem Klienten ansprechen" will. Außerdem kann das Schreiben dazu verhelfen, Dinge „abzulegen", sie auch innerlich loszuwerden.

> „Es gibt keine Daten (Tatsachen). Alle Daten sind erhoben, und sie sind erhoben, weil die Erheber nur das gesehen haben, was sie gewohnt waren zu sehen, was sie sehen wollten und was die Behörde und andere Stellen gesehen haben wollen." (Bardmann 1991, 107)

Diese konstruktivistische Sichtweise entkleidet Aktennotizen und Berichte des Nimbus, objektiv zu sein, und verzichtet auf den Anspruch, eine „richtige" Sicht der Dinge zu haben: „Was ich schreibe, ist nicht ‚die' Wahrheit, sondern meine Wahrheit über KlientInnen." Der Status eines Sozialexperten verleiht SozialarbeiterInnen häufig auch das Privileg der richtigen Sichtweise, die der „falschen" der KlientInnen gegenübergestellt wird. Im Aufbrechen dieses Mythos' liegt häufig eine Provokation von Berufskolleginnen und Vorgesetzten. Hier wird das teilweise abstrakt anmutende epistemologische Modell des Konstruktivismus dann durchaus praktisch und häufig unbequem. Akzeptiert man die oben, S. 84 ff., explizierte Aussage Heinz von Foersters, daß Erkennen nicht nur Abbilden, sondern Handeln bedeutet, dann fällt die Verantwortung dafür, was ein Sozialarbeiter sieht, auf ihn selber zurück; sie kann nicht auf die Klienten abgewälzt werden:

„Wahrheit begründet Autorität – ‚Es ist, wie *ich* es sage!' –, Objektivität beseitigt Verantwortung – ‚Ich sage, wie es *ist*!' –. Indem man sich aber vom Universum abkoppelt, setzt man sich auch von den Mitmenschen ab. Man ist nun in der Lage, ohne Folgen für sich selbst allen anderen zu sagen: ‚Du sollst ...!' oder ‚Du darfst nicht'." (von Foerster 1991, 353)

Wie kann man nun auf der Grundlage des konstruktivistisch-systemischen Ansatzes Aktennotizen und Berichte formulieren? Das oben (S. 165 ff.) skizzierte Genogramm ist eine erste Möglichkeit, die durch zirkuläre Fragen gewonnenen „Beziehungsdaten" in übersichtlicher Form zusammenzustellen. Auf einen Blick sind hier die wichtigsten Informationen verfügbar. Es läßt sich übrigens auch gut als Aktendeckblatt verwenden; der schnelle Überblick über die Familienkonstellation erleichtert beispielsweise die Vorbereitung von Gesprächen.

Auch die sprachliche Form, in der ein Sozialarbeiter seine Aktennotizen schreibt, ist bedeutsam. Schon ganz kleine Veränderungen in Wortwahl und Stil können dem schriftlich Fixierten ein gänzlich anderes Gepräge geben. Wird beispielsweise das Verb „sein" durch „zeigen" ersetzt, wie es das zirkuläre Fragen nahelegen, das ja nicht nach Ist-Zuständen, sondern nach unterschiedlichen Sichtweisen verschiedener Beteiligter fragt, kann ein neues, verändertes Bild der Situation entstehen, beim Schreiben selbst wie auch bei späterem Lesen. Eigenschaften, die vorher starr und unabänderlich schienen, werden zu Verhaltensweisen, die ein Beobachter in einer bestimmten Situation wahrnimmt und die einem bestimmten Menschen in einer bestimmten Situation gezeigt werden. Dies impliziert auch, daß ein anderer Beobachter in derselben Situation etwas anderes wahrnehmen könnte oder daß ihm in einer anderen Situation etwas anderes gezeigt werden könnte. Das gezeigte (als problematisch definierte) Verhalten eines Klienten tritt in dieser bestimmten Situation auf, in anderen Situationen muß es aber nicht ebenso auftreten. Der Blick wird erweitert, wenn darauf abgehoben wird, wem gegenüber ein Klient ein bestimmtes Verhalten zeigt. Damit tritt eher der Beziehungsaspekt von Verhaltensweisen in den Vordergrund. Verhalten wird so zu einer bestimmten Botschaft an eine bestimmte Person. Schon solche geringfügigen sprachlichen Veränderungen helfen also, im Verhalten nicht mehr die persönlichkeitsspezifischen und tendenziell unveränderliche Defizite zu sehen und statt Verallgemeinerungen Ausdrucksweisen zu wählen, die eine Spezifizierung und Rekontextualisierung von Verhaltensweisen ermöglichen: Statt „Der Vater ist gewalttätig": „Der Vater zeigt sich seiner Frau gegenüber gewalttätig, seit er arbeitslos geworden ist, und das drückt sich folgendermaßen aus: ..."; statt „Der 24jährige Uwe ist verwahrlost, willensschwach und hat dissoziale Züge": Antworten auf Fragen wie etwa die folgenden: „Welche Verhaltensweisen zeigt Uwe konkret? Seit wann zeigt er sie, und wem gegenüber am meisten? Wann zeigte er sich zum letzten Mal anders? In welchen Situationen zeigt er sich am wenigsten „verwahrlost" und „willensschwach"? Wann zeigt er eher selbstverantwortliche und aktive Züge?".

Aktennotizen könnten verstärkt zur Selbstkontrolle und als Grundlage zur Selbstevaluation (siehe Kapitel 6) genutzt werden. Dafür kommt es beim Schreiben weniger auf Vollständigkeit an nach dem Motto „wer viel schreibt, arbeitet viel", sondern auf das Erkennen und Kommentieren von Beziehungsmustern. Hält ein Sozialarbeiter jeden Arbeitsschritt, jedes Telefonat usw. genau fest, besteht trotzdem die Gefahr, am Schluß „den Wald vor lauter Bäumen" nicht mehr zu sehen und beispielsweise nicht zu erkennen, welche „Spiele" sich zwischen Sozialarbeiterin und Klientin häufig wiederholen.

Für das Anfertigen von Notizen oder Berichten hat sich für mich folgendes Schema bewährt:

(a) Initialtransaktion: Was tut und was sagt der Klient zuerst? Dafür ist es hilfreich, genau auf die Wortwahl zu achten, denn im ersten Satz finden sich häufig „Schlüsselwörter", die sich für die spätere Beratung als wichtig und nützlich erweisen; diese erste Transaktion bildet häufig das Thema des Klienten wie eine Miniatur ab und kann als Motto für seine „Geschichte" angesehen werden. Die genaue Aufmerksamkeit auf die ersten Minuten eines Beratungsgesprächs oder

Hausbesuchs kann deshalb viel wichtiger sein als das Aufschreiben vieler Einzelheiten aus dem weiteren Verlauf der Beratung.
(b) Überweisungskontext: Von wem wurde der Klient geschickt, mit welchem Ziel bzw. mit welchem Auftrag? Was hat sich der Überweiser dabei wohl gedacht (eigene Hypothese dazu bilden)? Wie sieht der Klient den Auftrag des Überweisers?
(c) Problemsystem: Wer ist beteiligt an der Aufrechterhaltung bzw. an Versuchen zur Lösung des Problems? Wie sieht die institutionelle Verflechtung aus?
(d) Problemdefinition: Wie beschreibt der Klient sein Problem? Welche Worte benutzt er dafür? Was tut er, wenn das Problem auftritt, bzw. durch welches Verhalten drückt sich das Problem aus, etwa, wenn ein Klient sich „einsam" fühlt? In diesem Punkt werden die Ergebnisse des zirkulären Fragens, zur Rekontextualisierung des Problems zusammengefaßt. Also: Was tut wer, wann, wem gegenüber? Was tun jeweils die anderen?
(e) Problemerklärungen: Wie erklären sich die InteraktionspartnerInnen bzw. die MitarbeiterInnen der beteiligten Institutionen das Problem? Gibt es gravierende Unterschiede darin, wie das Problem erklärt wird, bzw. wo seine Ursachen gesehen werden?
(f) Lösungsversuche: Was wurde von wem mit welchem Ergebnis bisher an Lösungen versucht? Zur Beantwortung dieser Fragen sollten nicht nur die Lösungsversuche anderer HelferInnen, sondern auch die des Klienten und vor allem die eigenen in den Blick genommen werden, die sich durch eine solche Betrachtung vielleicht auch nur als „mehr desselben" im Sinne Watzlawicks herausstellen und damit eher dazu dienen, das Problem aufrechtzuerhalten, als es zu lösen.
(g) Ausnahmen und problemfreie Zeiten: Wann tritt das Problem nicht auf? Was ist dann anders? Wie verhalten sich die Beteiligten in solchen Situationen?
(h) Familiensystem und „Einladungen": Welches Spiel wird in der Familie gespielt? Wozu lädt der Klient den Sozialarbeiter ein, d. h. zu welchem Verhalten fühlt sich der Helfer animiert?
(i) Erwartungen und Aufträge: Was soll der Sozialarbeiter konkret tun? Was erwartet der Klient von ihm als Helfer?
(k) Vereinbarungen: Was ist bis zum nächsten Treffen von den Beteiligten (Sozialarbeiter, Klient) zu tun? Welche Vereinbarungen sind

zu treffen, bzw. wer muß für welche Aktivitäten welche Schritte oder Initiativen ergreifen?

(l) Hypothesenbildung: Wie lassen sich die Informationen zu einem Bild runden oder zu einer Geschichte zusammensetzen, die der Sichtweise des Klienten etwas Neues hinzufügt? Dabei geht es nicht darum, die *richtige* Geschichte zu finden, sondern eine *andere* Geschichte zu *er-finden*.

6. Selbst-Beobachtung und Selbst-Bewertung: zirkuläre Selbstevaluation

Eines der neuen Zauberwörter in der Sozialarbeit lautet „Controlling". Wie viele andere Modebegriffe stammt es ursprünglich aus dem wirtschaftswissenschaftlichen Bereich. Mit „Controlling" ist nicht primär die Kontrolle von Einahmen und Ausgaben in einem Unternehmen gemeint, sondern damit wird in einem weiteren Sinne auf die Aufstellung unternehmerischer Ziele und die Überwachung ihrer Erreichung abgehoben. In der Sozialarbeit besteht m. E. die Gefahr, nicht nur den Begriff und die Methoden aus der Wirtschaftswissenschaft zu übernehmen, sondern auch die damit implizit transportierten Vorentscheidungen stillschweigend zu importieren, also beispielsweise den „Erfolg" rein quantitativ zu definieren oder vor allem ökonomische Größen in den Blick zu nehmen. Damit wird das spezifisch Soziale ausgeblendet; denn in der Sozialarbeit muß ein anderer Erfolgsbegriff und eine andere Art des „Kontrollierens" zur Anwendung kommen, um den Besonderheiten dieses Gegenstandsbereichs gerecht zu werden.

Ich werde im folgenden zunächst einige allgemeine Bemerkungen zu den Begriffen „Controlling" und „Evaluation" in der Sozialen Arbeit machen (Abschnitt 6.1.). Sodann will ich einen von mir entwickelten Evaluationsbogen vorstellen (Abschnitt 6.2.) und die in diesem Selbstevaluationsbogen verwendeten zirkulären Fragen in ihrer Zielsetzung und Bedeutung erklären (Abschnitt 6.3.). Im anschließenden Abschnitt erläutere ich, wann und wie ich den Bogen in der Praxis einsetze und welche Erfahrungen ich damit gemacht habe (Abschnitt 6.4). Daran schließen sich Erfahrungen und Reaktionen von KollegInnen an, die den Bogen teils auch verwenden, teils andere

Formen der Selbstevaluation oder Selbstreflexion vorziehen, sowie einige Bemerkungen zur Übertragbarkeit dieser Methode der Selbstevaluation auf anders strukturierte Arbeitsfelder (Abschnitt 6.5.).

6.1. CONTROLLING UND EVALUATION

Silvia Staub-Bernasconi (1989) übt scharfe und m. E. berechtigte Kritik an der zunehmenden Verdrängung des genuin Sozialen aus der institutionalisierten „Sozialarbeit", wodurch

„ausgerechnet institutionalisierte Fürsorglichkeit zur Abspaltung und Verdrängung des ‚Fürsorglichen' und ‚Menschlichen' aufgerufen wird und so erneut unter das Diktat der Wirtschaft sowie der etablierten Natur- und vor allem wirtschaftsorientierten Wissenschaften kommt. ... Damit dürfte das Teilsystem Sozialwesen tatsächlich auf die möglicherweise gewünschte Größe einer kleinen, harmlosen sozial-ökologischen Nische schrumpfen" (Staub-Bernasconi 1989, 32).

Sozialarbeit verkommt so im Zuge von Managementorientierung, Kosten-Nutzen-Analysen und Marketing leicht zu einem „Expertentum ohne Liebe" (ebd.).

Annerose Knäpple (1993) betrachtet Controlling im „Non-Profit-Bereich" unter folgenden Gesichtspunkten:

(a) Controlling darf in der Sozialen Arbeit nicht nur unter wirtschaftlichen und finanziellen Aspekten verstanden werden, sondern muß sich auch und vor allem auf inhaltliche und konzeptionelle Aspekte beziehen, und zwar als laufender Soll-Ist-Vergleich im (sozialen) Unternehmen.

(b) Controlling kann dabei verstanden werden „als Instrument zur Zielermittlung, Zielintegration und Überwachung der Zielerreichung" (Knäpple 1992, 234).

(c) Dem Inhalt und den Aufgaben Sozialer Arbeit angemessen ist ein partizipativer Zielfindungsprozeß, also keine Vorgabe der Ziele von „oben" (Unternehmensleitung), die von denen „da unten" erreicht werden sollen, sondern ein Aushandeln von Zielen unter Beteiligung aller Betroffenen. Dieses Vorgehen erscheint zum einen realistischer und zum anderen ist die Akzeptanz unter den Mitarbeiterinnen höher.

(d) Eine Kontrolle der Ergebnisse ermöglicht, Aufgaben und Kompetenzen zu delegieren. Sinnvoll kann auch eine individuelle Zielvereinbarung mit jedem Mitarbeiter sein.
(e) Diese Partizipation führt zu einer intensiven Auseinandersetzung aller Hierarchieebenen mit inhaltlichen, mitarbeiterorientierten und wirtschaftlichen Zielen.
(f) Spezifisch für soziale Unternehmen ist das Problem, daß sich die Ziele gar nicht oder nur schlecht quantifizieren lassen.
(g) Diese Problematik darf aber nicht dazu führen, daß überhaupt keine Zielfindungsprozesse durchgeführt werden. Entscheidend für soziale Unternehmen ist die Ausarbeitung inhaltlicher Erfolgs- und Effizienzkriterien.

Für „systemisches Controlling" gilt:

> „Controller sollen sich einmischen und stören; aber eben nicht, um ‚richtige' Wege aufzuzeigen, sondern um die zu beratenden Systeme nach eigenen Wegen suchen zu lassen, die sich mit denen anderer vereinbaren lassen" (Vogel 1992, 232). Controller sollten „den Systemen ihre Eigenheiten belassen, die sie sich ohnehin nehmen." (ebd., 232)

Interessant und wegweisend erscheint es mir im Bereich der Sozialen Arbeit vor allem, daß man „Controlling" nicht primär als Maßnahme von oben nach unten versteht, also die „Unternehmensspitze" die MitarbeiterInnen kontrolliert, ob sie effizient arbeiten, ob sie die vereinbarten Ziele erreichen, ob sie methodisch sinnvoll arbeiten usw. Vielmehr sollten die MitarbeiterInnen selber damit anfangen, ihr eigenes Vorgehen gezielt zu reflektieren, zu bewerten und sich so selber zu kontrollieren durch Fragen wie „Was tue ich eigentlich?", „Wie gehe ich mit meiner Zeit um?", „Bin ich ‚erfolgreich', d. h. erreiche ich die Ziele, die ich mir selber gesteckt habe?". Die Evaluation (wörtlich: „Bewertung") als Methode und Möglichkeit der Reflexion und Vergewisserung von Handlungen ist nicht auf die professionelle Ebene beschränkt. Jeder handelnde Mensch, der sich im Alltag über seine Handlungen und seinen „Erfolg" Rechenschaft ablegt, z. B. durch vergewissernde Gespräche mit Freunden und Bekannten, evaluiert sein Tun (Haupert 1989).

> Wer zum Friseur geht, schaut sich hinterher im Spiegel an und „bewertet" das Ergebnis, indem er gegebenenfalls das nächste Mal den Friseur

wechselt oder sich die Haare selber schneidet. Wer Kinder erzieht, fragt sich (hoffentlich) ab und zu: „Habe ich das jetzt richtig gemacht?", „Will ich eigentlich so erziehen?", und erkennt vielleicht beim genaueren Hinschauen im Verhalten der Kinder sich selber.

Kennzeichnend bei der Evaluation ist, daß wir „in uns selbst zurücktreten, um auf uns selbst und unsere Handlungsoptionen zu schauen" (Haupert 1989). Dieses Einnehmen eines Meta-Standpunktes dem eigenen Tun gegenüber – das im übrigen auch in der Supervision praktiziert wird – ist ein wesentlicher Aspekt der Selbstevaluation. Immer mehr sind in der Sozialen Arbeit Tendenzen zu beobachten, die über den produkt- oder outputorientierten Ansatz sozialwissenschaftlicher Fremdevaluation hinausführen und sich eher an prozeßorientierten Sichtweisen und qualitativ orientierten Formen der Selbstevaluation ausrichten. Bernhard Haupert (1989), Professor an der Katholischen Fachhochschule Saarbrücken, und Maja Heiner (1989), Professorin am Erziehungswissenschaftlichen Institut der Universität Tübingen, sprechen sogar von einer „paradigmatischen Wende der Evaluationsforschung".

Erfolg mißt sich in der Sozialarbeit nur allzu häufig lediglich an quantitativen Größen; so werden beispielsweise in den Statistikbogen Telefonate, Hausbesuche, Gespräche, Briefe, Verhandlungen mit anderen beteiligten Hilfsstellen eingetragen und am Jahresende addiert. Stolz kann man dann am Jahresende vergleichen, wer die meisten „Kontakte" hatte; im Jahresbericht läßt sich in Kurven graphisch darstellen, wie über Jahre die Klientenzahlen und Beratungsgespräche angestiegen sind, wie die Arbeitsüberlastung zugenommen hat und der Bedarf nach neuen Stellen gewachsen ist. Was aber sagen solche Befunde rein quantitativer Auswertungen oder Bewertungen der eigenen Tätigkeit über „die Qualität der Arbeit" aus? Wo sind die Probleme in den Blick genommen, die jede/r SozialarbeiterIn kennt: die ins Stocken geratene Beratungsbeziehung, wo aber weiterhin Hausbesuche gemacht werden, weil das schon seit zwei Jahren üblich ist, und das eigene Vorgehen nicht mehr hinterfragt wird, wo eine „Krise" oder ein Schuldenberg den anderen ablöst? Das Knirschen des Sandes im Getriebe fällt nur dann auf, wenn man sich die Zeit nimmt, aufmerksam hinzuhören, zu evaluieren. Doch immer noch gilt die Selbstevaluation als ein Zeichen dafür, daß „der wohl sonst nicht genug zu tun hat", denn als ein Merkmal professionellen Arbeitens.

6.2. VOM INNEREN SCHULTERKLOPFEN ZUR ZIRKULÄREN SELBSTEVALUATION

Im folgenden stelle ich einen Evaluationsbogen vor, der sich dazu nutzen läßt, eine Außenperspektive zu institutionalisieren und damit sozusagen eine ständig verfügbare „Selbstsupervision" zu ermöglichen (Kroeger 1989). Dafür eignen sich nach meiner Erfahrung zirkuläre Fragen sehr gut. Sie fragen nicht wie die Fremdevaluation nach Ist-Zuständen, nach Ergebnissen oder nach dem „Output", sondern geben eher kreative Ideen, die einladen (können), Sackgassen zu erkennen, eingefahrene (Beratungs-)Gleise zu verlassen, Weichen neu zu stellen oder den Fahrplan umzugestalten.[13] Fragen nach dem „Warum", nach der Vergangenheit, nach den Ursachen und nach den Erfolgen und Wirkungen dienen häufig eher der eigenen Rechtfertigung und dem inneren Schulterklopfen. Zur Selbstevaluation sind sie nach meiner Erfahrung nur begrenzt geeignet. Der Fragebogen (siehe Abbildung 1, S. 231) kann auch als ein Modell angesehen werden, wie systemische Konzepte genutzt werden können, um aus der Methode der Evaluation mehr zu machen als eine Mehr-Arbeit, die primär für andere, für Träger, Öffentlichkeit oder Geldgeber getan wird, weil man zeigen möchte, daß man viel geleistet hat und noch mehr Geld braucht, um noch mehr leisten zu können. Jahresberichte und entsprechende Statistiken kranken m. E. häufig daran, daß sie eher Rechtfertigungs- als Gestaltungsinstrumente sind. Sie geben allzuoft demjenigen, der sie erstellt, keine neuen Ideen, sondern verteilen bestenfalls (Selbst-)Zensuren (siehe Heiner 1988).

Der Bogen kann für besondere Anlässe und in größeren Zeitabständen – etwa halbjährlich oder jedes Jahr – genutzt werden, um die bisherige Beratungsbeziehung zu bilanzieren und um zu reflektieren, wie es weitergehen soll.

Eine Kurzfassung mit wenigen Fragen kann häufiger im Alltag und zur kontinuierlichen Anregung verwendet werden (Abbildung 2, S. 232).

---

[13] Zur Weichen-Metapher wie auch zur Benutzung von Metaphern in der Beratung allgemein siehe Uwe Grau und Jürgen Hargens (1992).

Abbildung 1: Evaluationsbogen – Fragen, Ideen, Anregungen zur Bilanzierung von Beratungen

1. Welche Aufträge gibt es
   (a) vom Klienten?
   (b) von anderen Auftraggebern (Angehörigen, Institutionen usw.)?
   Wie definiere ich selber meinen Auftrag? Welche Aufträge nehme ich an, welche definiere ich wie um?
2. Welche anderen Helfer (Personen/Institutionen) beschäftigen sich außer mir noch mit dem Klienten?
   Was müßte ich tun, daß diese unzufrieden mit mir werden und daß es Probleme in der Zusammenarbeit gibt?
3. Welche Muster beobachte ich im Klientensystem?
   Welche Hypothesen habe ich bezüglich des symptomatischen Verhaltens?
4. Wie ist das zwischen mir und dem Klientensystem bestehende Muster zu beschreiben?
   Wozu werde ich eingeladen? Wozu möchte ich selber einladen?
5. Was hat die Beratung bisher verändert? Sehe ich Unterschiede zum Anfang?
   Angenommen, ich hätte nicht beraten, was wäre dann anders?
6. Welche Ziele und Perspektiven habe ich?
   Woran würde ich merken, daß die Beratung erfolgreich war
   (a) in einem Jahr?
   (b) in fünf Jahren?
7. Was könnte ich tun, daß die Beratung scheitert oder der Klient die Beratung abbricht?
8. Angenommen, es findet keine Veränderung statt, was ist dann in fünf Jahren?
   Was ist das Schlimmste, was passieren könnte? Was kann ich dazu beitragen, daß es eintritt?
9. Welche Konsequenzen ziehe ich aus dieser Bilanz? Möchte ich zukünftig etwas anders machen?
   Was habe ich gelernt? Was würde ich anders machen, wenn ich nochmal von vorn anfangen könnte?
   Was hat funktioniert? Was soll auf jeden Fall so bleiben?

Abbildung 2: Evaluationsbogen – Kurzfassung

1. Aufträge – fremde und eigene
2. Einladungen/Muster
3. Veränderungen – Ziele – Erfolgskriterien
4. Konsequenzen der Bilanz

6.3. Erläuterungen zum Evaluationsbogen – oder: Wie wecke ich Neugier?

Bei einer systemischen Betrachtungsweise geht es vor allem um die „Informationsschöpfung", d. h. zirkuläre Fragen sollen – wie oben (S. 175 ff.) erläutert – vor allem der Erzeugung von Unterschieden dienen, die Unterschiede machen, also z. B. der Suche nach neuen oder verlorengegangenen, ungewohnten Blickwinkeln und Sichtweisen. Der Evaluationsbogen ist nach meiner Erfahrung ein brauchbares Instrument für eine begründungs- und prozeßorientierte Selbstevaluation (Heiner 1988; 1992), die vor allem darauf abzielt, eigene Deutungs- und Bewertungsmuster bewußt zu machen und aus unstrukturierten Problemen besser strukturierte zu machen, d. h. Interventionsziele zu entwickeln bzw. sie zu präzisieren, Ziele zu verändern bzw. fachlich begründet auf Interventionen zu verzichten.[14] Der Evaluationsbogen kann über eigenes Feedback verändert, ergänzt oder gekürzt werden. Entscheidend ist, welche Fragen sich als nützlich erweisen, passen und Impulse geben. „An die Stelle des ausgefeilten Beobachtungsrasters treten einige orientierende Hinweise darauf, was zu beobachten ist" (Heiner 1988, 30). Das Evaluationsinstrument kann damit der Entwicklung im Feld angepaßt werden.
Wesentlich bei jeder Selbstevaluation sind die Schlußfolgerungen, die aus der Bewertung für die eigene Praxis gezogen werden (ebd., 31). Diese Schlußfolgerungen werden bei der hier vorgestellten Form der Selbstevaluation auf zwei Ebenen gezogen:

---

[14] Jochen Schweitzer (1989) spricht von fachlich begründetem Nichtstun.

(a) Die Reflexion von Konsequenzen für die eigene Praxis erfolgt ganz gezielt am Ende jedes Bogens mit der Frage 9: „Welche Konsequenzen ziehe ich aus dieser Evaluation?".

(b) Eine häufigere Benutzung des Bogens ermöglicht darüberhinaus das Erkennen von übergreifenden Mustern in der Beratung: „Was funktioniert in meinem Beratungs- und Hilfeprozeß, was nicht?", „Welche Interventionen erweisen sich im allgemeinen als sinnvoll, welche nicht?", „Welche Beziehungsmuster mit KlientInnen wiederhole ich besonders häufig?", „Welche Einladungen nehme ich besonders gern an?". Dafür könnte es z. B. aufschlußreich sein, die Antworten zu Frage 3 und 4 über mehrere Bogen hinweg zu vergleichen.

Im Unterschied zu zirkulären Fragen, die direkt im Beratungsgespräch an KlientInnen gestellt werden und die sich immer wieder ändern, d. h. dem Feedback des KlientInnensystems angepaßt werden, stelle ich mir beim vorliegenden Evaluationsbogen die gleichen Fragen immer wieder. Daraus ergibt sich eine gewisse Vereinfachung und Standardisierung: eine Reduktion von Komplexität. Dies macht aber Prozesse beobachtbar und Begründungen und Vorgehensweisen kritisierbar. Es geht also dabei vor allem um eine Bewertung und eine gewisse Vergleichbarkeit des eigenen Vorgehens
Im folgenden will ich zu den einzelnen Fragen einige *Erläuterungen* geben:

(a) Zur Analyse der Auftragslage (Frage 1): Der Bogen beginnt mit der Frage nach der Klärung der Auftragslage, weil ganz am Anfang – oder noch vor Beginn – der Beratung und Hilfe entscheidende Weichen gestellt werden. Vor allem zu Beginn einer Beratungsbeziehung, also nach dem ersten oder zweiten Gespräch, ist der Einsatz des Bogens und ein intensiveres Bedenken speziell dieser ersten Fragen sinnvoll.
(b) Zur Analyse der institutionellen Verstrickungen (Frage 2): Die Beantwortung dieser Frage kann anregen, mit anderen Stellen die jeweiligen Zuständigkeiten klar abzusprechen oder in Form einer HelferInnenkonferenz unterschiedliche Perspektiven und Vorgehensweisen transparent zu machen. Wo Zeit und Möglichkeiten für eine solche Konferenz (noch) nicht gegeben sind, kann nach meiner Erfahrung auch ein Rollenspiel, bei dem Teammitglieder die Rollen

der anderen HelferInnen übernehmen, erstaunlich schnell Klärungen bringen.

(c) Zur Analyse der Muster und ihrer Chancen (Frage 3 und Frage 4): Anders als in der Systemtherapie, bei der die Bildung von Hypothesen vor einem Gespräch üblich ist und am besten im Team vorgenommen wird, läuft dies in der Sozialarbeit: Da werden Briefe geschrieben, Verhandlungen mit Vermietern geführt, oder es ruft ein verzweifelter Angehöriger an: „Tun Sie ganz schnell was ...". Gespräche finden selten zum vorher angekündigten Zeitpunkt statt, auf den man sich vorbereitet hat. Oft muß unter Zeitdruck gehandelt werden, ohne ausreichende Vorbereitung oder Reflexion. Um so wichtiger ist in der Sozialarbeit nach meiner Erfahrung das Innehalten in größeren Zeitabständen und die Überprüfung der Arbeit: „Welche Hypothesen lege ich meinem Handeln zugrunde?", „Unterscheiden sie sich von den Erklärungs- und Handlungsgewohnheiten der Klientin, oder tue ich nur immer wieder das mir und ihr sattsam Bekannte?", „Habe ich überhaupt sinnvolle Hypothesen?" oder „wurstle ich immer nur aus dem hohlen Bauch?".[15] Eine überraschende (zugegebenermaßen auch ärgerliche) Einsicht aus der regelmäßigen Selbstevaluation mit dem vorgestellten Bogen war für mich die Entdeckung, daß ich vor allem bei „Fällen" mit hoher Kontaktfrequenz und viel „Aktivismus" häufig den Wald vor lauter Bäumen vergessen hatte und effektlose Interventionen wiederholte. Als mir dieses Muster aufgefallen war, wurde mir auch klar, daß ich häufig gar keine sinnvolle oder gar nützliche Hypothese anzugeben wußte, die mein Handeln strukturieren könnte.

Die Muster, die ich im Klientensystem beobachte, existieren nicht unabhängig von mir als Beobachter. Ich erzeuge sie als Sozialarbeiter durch mein Verhalten mit. Deshalb lautet die Frage: „Wie schaffe *ich* es, daß der Klient sich (immer noch) so verhält?". Selbstevaluation kann man aus diesem Grund auch als eine Form der Beobachtung zweiter Ordnung betrachten, auf der man (sich selbst) als Beobachter (des Klientensystems) beobachtet, indem man darauf achtet, ob und gegebenenfalls welche Unterscheidungen man selbst bei der Beobachtung des Klientensystems einführt (siehe Luhmann 1992,

---

[15] Das scheint nicht ganz sozialarbeitsuntypisch zu sein, so zumindest Wolfgang Beins (1988).

insbes. 68 ff. und 86 ff.). Man kann z. B. die vom Klienten präsentierten Gefühle einfach als „Einladung zum Tanz" auffassen, bei der es – außer einfühlendem Verstehen – generell wichtig ist, eine Meta-Ebene oder Außenperspektive einnehmen zu können. Sie ermöglicht es, zu identifizieren, welcher „Tanz getanzt wird", wie die anderen (Familienmitglieder, andere Helfer) gewöhnlich beim Ausdruck solcher Gefühle reagieren, wozu ich dabei eingeladen werde, ob ich den „Tanz mittanzen" oder eine andere Schrittfolge einführen möchte (Simon/Weber 1989a).

(d) Zur Analyse der Zielperspektiven, Veränderungen und Ergebnisse (Frage 5): Diese Frage ist die „typische" Evaluationsfrage: „Was hat's gebracht?". Ein Vergleich zum Anfang läßt sich aber nur dann ziehen, wenn man sich noch an die Anfangssituation erinnert. Der streßige Alltag fördert erfahrungsgemäß die Amnesie. Und Veränderungen werden vielfach nicht beobachtbar, weil sie sich in so kleinen Schritten – prozeßhaft – vollzogen haben, daß sie wie ein Stillstand aussehen. Die Selbstevaluation funktioniert also hier wie das Zentimetermaß an der Zimmertür, anhand dessen das Wachstum kleiner Kinder deutlich wird, obwohl sie doch gar nicht zu wachsen scheinen.

(e) Zur Analyse der Erfolgskriterien (Frage 6): Es ist wichtig, (mögliche) Erfolge in Verhaltensweisen zu „übersetzen". Dies wirkt u. U. dem erwähnten Eindruck der Stagnation entgegen, der bei unmerklicher Veränderung zäh und klebrig haften bleibt, selbst wenn sich einiges getan hat. Es geht in diesem Zusammenhang nicht um die Festlegung von Zielen, die schrittweise und planmäß erreicht werden sollen, und um deren Kontrolle, sondern um eine „kreative Verstörung". Es geht also bei der Beantwortung der Fragen darum, neue Ideen zu entwickeln, deren Folgen und Ergebnisse ich noch nicht absehen kann.

(f) Zur Analyse des möglichen Scheiterns der Beratung (Frage 7): Scheitern oder Abbruch einer Beratung oder Hilfe ist – wie der „Erfolg" – eine Gemeinschaftsleistung von BeraterIn und KlientIn. Die Frage, was ich als Sozialarbeiter selber aktiv tun könnte oder müßte, um einen Abbruch zu provozieren, macht oft auf die „Knackpunkte" in der Beziehung aufmerksam. Mit dieser Frage wird gewissermaßen ein rotes Warn-Lämpchen installiert, das (hoffentlich) blinkt, bevor ich genau das tue, von dem ich (ziemlich sicher) annehme, daß ich dann die Klientin los bin.

(g) Zur Analyse der Folgen ausbleibender Veränderungen (Frage 8): Anstatt im dumpfen Gefühl drohenden Unheils gelähmt zu werden, hilft diese Frage, dem Schlimmsten „ins Gesicht zu schauen". Dies schafft überraschender Weise häufig Erleichterung. Die Übertreibung bei der Extrapolation von Trends in die Zukunft läßt mich die Gegenwart klarer sehen.

(h) Zur Analyse der Konsequenzen der Selbstevaluation (Frage 9): Wie oben schon erwähnt, liegt nach meiner Erfahrung hier der größte Nutzen der Evaluation: Ich brauche nicht so weitermachen wie bisher, sondern bekomme neue Ideen und Interesse an der Arbeit.

Im Prozeß der häufigeren Benutzung kann der Selbstevaluationsbogen verändert und so den jeweiligen Bedingungen immer mehr angepaßt werden: dem persönlichen Beratungskonzept, den spezifischen Erfahrungen und den Erfordernissen des jeweiligen Arbeitsfeldes. In der ursprünglichen Fassung enthielt der Bogen z. B. die Frage: „Wie zufrieden bin ich als SozialarbeiterIn selber mit der bisherigen Arbeit? Wie zufrieden ist der Klient und der Auftraggeber?". Dabei waren fünf Möglichkeiten von „ganz unzufrieden" bis „sehr zufrieden" zum Ankreuzen vorgegeben. Diese Frage als Erhebung eines (vermuteten) Ist-Zustandes hat mich jedoch nicht zum Nachdenken angeregt und mir keine neuen Ideen gegeben. Deshalb habe ich die Frage umformuliert: „Was könnte ich tun, daß Klient, Auftraggeber und ich selber unzufriedener werden?" (Frage 2).

Diese Erfahrung hat sich bei der Erprobung mehrfach bestätigt: Fragen nach Ist-Zuständen bringen weniger; verändernd und impulsgebend wirken dagegen vor allem zirkuläre Fragen, die mich selber zum Akteur machen und die die Beziehungsmuster sichtbar werden lassen. Ursprünglich enthielt der Bogen 15 Fragen, was sich als zu umfangreich herausgestellt hat; beim Ausfüllen haben sich Antworten wiederholt, und die Zusatzarbeit wurde zu umfangreich und zeitraubend, was dazu führte, daß ich den Bogen selten benutzte. Zehn Fragen scheinen das Maximum zu sein, das in der Alltagsarbeit sinnvoll ist.

6.4. Das „Sisyphus-Gefühl" und seine Veränderung „Was bringt's – ausser Mehrarbeit?"

Am erfolgreichsten erwies sich für mich die Verwendung des Evaluationsbogens im Falle aktueller eigener Betroffenheit (analog einem dringenden Supervisionsinteresse). Die Zeit für die Beantwortung der Fragen zu nehmen fiel mir unmittelbar vor oder nach einem Klientenkontakt am leichtesten, und ich mußte mich nicht zwingen, den Bogen auszufüllen (um mir zu beweisen, daß ich ein „guter Sozialarbeiter" bin). Nach einiger Zeit wird die Benutzung des Evaluationsbogens zur Routine, und es werden jeweils die Fälle und Fragen herausgepickt, die sinnvoll erscheinen; ein vollständiges Abhaken aller Fragen erübrigt sich in vielen Fällen. Ich merke oft schon beim Lesen der Frage, ob sie etwas Neues anstößt oder ob ich nur Bekanntes und schon oft Gedachtes oder Geschriebenes wiederhole. Wesentlich erscheint mir, diese Selbstreflexion gezielt und regelmäßig vorzunehmen, ja diesen Vorgang fast schon zu internalisieren und ihn selbstverständlich und zu einer gängigen Arbeitshaltung werden zu lassen.

Die wichtigsten Erfahrungen und Ergebnisse aus der Verwendung des Evaluationsbogens möchte ich folgendermaßen zusammenfassen:

(a) Durch die Vergrößerung der Distanz sehe ich klarer, was sich in dem Beratungs- und Hilfeprozeß abspielt, welches meine Rolle ist und was ich nicht tun darf, wenn ich nicht in Schwierigkeiten kommen will. Fast immer ergaben sich durch die Beantwortung der Fragen *neue Ideen und Einsichten* bzw. Hinweise, was ich bisher übersehen hatte.

Beispielsweise führte mich das Nachdenken über die Frage 3 (Muster im Klientensystem) in einem Fall blitzlichtartig zu der Einsicht: „Wo ist denn bei diesem Klienten überhaupt der Vater?". Der leibliche Vater des Klienten war früh verstorben, er als „Muttersöhnchen" aufgewachsen. Auch im Helfersystem begegneten ihm lauter eher fürsorgliche und verständnisvolle „Mütter" – einschließlich mir selber.
Nun ist es bei einem systemisch ausgebildeten und orientierten Berater peinlich, den Vater oder andere wichtige Akteure eines Beziehungsgeflechtes zu übersehen, gleichwohl sind solche „Peinlichkeiten" im All-

tagsgeschäft von SozialarbeiterInnen sicher noch häufiger als in therapeutischen Kontexten.

Das Selbstverständliche Einfache und Naheliegende gerät nämlich leicht in den Hintergrund, weil der Berater mehr agiert und sich mit einer Vielzahl von „kleinen Alltagssorgen" konfrontiert sieht, die bearbeitet werden sollen. Als hilfreich erwies sich der Zwang, diffuse Gefühle und Vermutungen nicht nur anzudenken, sondern sie im Prozeß des Schreibens „auf den Punkt zu bringen" und ordnen zu müssen, auch wenn ich zunächst innerlich abwehrte: „Das bringt doch nichts, das jetzt aufzuschreiben".
(b) Es ergaben sich häufig andere Weichenstellungen für die Weiterarbeit.

In einem Fall hat sich beispielsweise an die Frage nach dem zwischen mir und dem Klientensystem bestehenden Muster (Frage 4) die Überlegung angeschlossen: „Was schätzt wohl der Klient am meisten in der Beziehung?". Dabei wurde mir klar, daß das mit hoher Wahrscheinlichkeit die wöchentlichen Gruppentreffen sind. Die Einzelkontakte waren dagegen eher mein Interesse (die Gruppenkontakte zählen in der Statistik nicht).

Solche neuen Weichenstellungen sind häufig auch die Konsequenz von Supervision oder Fallbesprechungen im Team. Hier erwies sich der Evaluationsbogen als guter „innerer Leitfaden" und als Strukturierungshilfe zur Vorbereitung.
(c) Manchmal bin ich mir im Beratungs- oder Hilfeprozeß ganz sicher, daß in diesem Fall alles hoffnungslos ist und nichts mehr geht; alles wurde versucht... ein chronischer Fall. Wenn man – wie Jochen Schweitzer und Bernd Schuhmacher u. a. (1992) – beispielsweise die sozialpsychiatrische Aufgabe vor allem unter dem Aspekt der Entchronifizierung sieht, als Auftauen einer eingefrorenen Entwicklung und als Beitrag zur Wiedergewinnung abhandengekommener Zukunft (ebd., 15), dann kann nach meinen Erfahrungen die Selbstevaluation dazu einen ganz wichtigen Beitrag leisten. Ich bekomme dadurch als Berater selber wieder offene Augen für mögliche Überraschungen und „Sprünge" und sehe wieder eher Möglichkeiten zu einer problemfreieren Zukunft.[16] In den Fällen, die sich eher schlecht und recht von einer Krise zur nächsten schleppen und immer zäher wer-

---

[16] Wobei dieser eher veränderungsorientierten Zielbestimmung in der Arbeit mit

den, wird durch die Selbstevaluation meine Neugier wieder geweckt; ich bekomme neues Interesse an dem Menschen, der vor mir sitzt und der mir immer wieder seine gleiche Geschichte erzählt und mich entsetzlich langweilt.

So kann mir beispielsweise bei der Frage nach den Hypothesen zum symptomatischen Verhalten (Frage 3) plötzlich klar werden, daß ich zwar viele Telefonate zur Beschwichtigung und zum Krisenmanagement geführt und Briefe geschrieben habe, aber so gut wie gar nichts über die Herkunftsfamilie des Klienten weiß.

Das wiedergeweckte Interesse führt dazu, daß Gespräche nicht mehr so zäh und ermüdend sind. Ich versetze mich selber wieder in die Rolle des neugierigen Forschers und bin etwas weniger der unermüdliche Sisyphos, der ständig arbeitet, ohne daß sich etwas ändert (Cecchin/Boscolo 1988). Ich bekomme durch die Arbeit mit dem Evaluationsbogen viele Ideen für neue zirkuläre Fragen, die sonst vom Sumpf des Immer-Gleichen erstickt werden, weil ich die Kreativität und Perspektive verloren und genau den gleichen „chronifizierten Blick" wie der Klient bekommen oder schon übernommen habe.

(d) Vor allem durch die kontinuierliche Auswertung aller Fälle über einen begrenzten Zeitraum, beispielsweise über ein viertel Jahr hinweg, entdeckte ich fallübergreifende Muster, was in meinem Beratungs- und Hilfeprozeß funktioniert und was nicht.

Mir wurde beispielsweise sehr bald deutlich, daß meine Arbeit vorzugsweise dann scheiterte, wenn am Anfang kein Auftrag des Klienten vorlag, ich die Beratung also aufgrund von Druck anderer Auftraggeber und somit eher gegen seinen Willen begonnen hatte. Das hat mich zum einen zurückhaltender und vorsichtiger gemacht und mich zum anderen ermuntert, mir mehr Zeit für „Vertrauensbildung" zu lassen oder auch zu akzeptieren, daß jetzt keine „helfende Beziehung" möglich" ist, bzw. daß ich zu einem späteren, vielleicht günstigeren Zeitpunkt mein Beratungsangebot an den Klienten wiederholen muß.

„chronischen" Menschen der Respekt vor der Nicht-Änderung, also gerade der Verzicht auf Veränderungserwartungen als wichtiges Korrektiv hinzuzufügen ist (Herwig-Lemp 1990). Einen wichtigen – und therapeutisch wirksamen – Unterschied, der Unterschiede zur bisherigen Erfahrung des Therapiertwerdens macht, kann außerdem die Orientierung an der Normalität und der Verzicht auf „Therapie" sein: Therapie durch „Nicht-Therapie" (Herwig-Lemp 1991; Pfeifer 1988, 1990).

Selbstevaluation wird so auch zu einem Lerninstrument, zu einem Instrument zur Überprüfung meines Methodenrepertoires.

(e) Nach einer gemeinsamen Bestandsaufnahme unserer Arbeit im Sozialpsychiatrischen Dienst hängt die Zufriedenheit/Unzufriedenheit mit der Arbeit wesentlich damit zusammen, wie jede/r MitarbeiterIn seine/ihre Beratungstätigkeit selbst einschätzt: „Habe ich den Eindruck, gezielt und methodisch vorzugehen oder einfach so „vor mich hinzuwursteln?"; „Bin ich davon überzeugt, daß meine Tätigkeit für mich selber und meine KlientInnen sinnvoll ist?"; „Bekomme ich genügend Rückmeldungen von den KlientInnen, daß sie die Beratung schätzen?". Diese Fragen scheinen von großer Relevanz zu sein für die Arbeitszufriedenheit von BeraterInnen. Die schriftliche Auswertung der eigenen Arbeit mit Hilfe des Evaluationsbogens erweist sich als ein gutes Mittel, diese Bedingungen für eine befriedigende Arbeit zu realisieren (also auch ein Feedback zu bekommen, wenn KlientInnen keines geben können oder wollen). Die Selbstevaluation wirkt somit auch dem Burnout-Syndrom entgegen.

(f) Im Team unserer Beratungsstelle haben wir die Auswertung eigener „Beratungs-Muster" über einen längeren Zeitraum hinweg auch als Grundlage für einen Zielfindungs- und Konzeptionsentwicklungsprozeß genutzt. Dieser Vorgang begann mit einem Austausch über die jeweiligen Arbeitsformen: „Woran messe ich Erfolg?", „Wie gehe ich mit typischen kritischen Situationen um (z. B. mit Anfragen von Angehörigen eines Psychisch Kranken, der selber keine Hilfe will und möglichst auch nichts von dem Hilfeersuchen erfahren soll)?". Jochen Schweitzer u. a. sprechen davon, „zunächst eine dienstinterne Selbst-Verständigung über die eigenen fachlichen Prozeduren und Prinzipien, in relativer Autonomie vom Umfeld" (Schweitzer u. a. 1991, 18) in Gang zu bringen, um auf diese Weise zu einer „Selbst-Vergewisserung über den Wert der eigenen Arbeit" (ebd.) zu kommen. In unserem Team hat sich gezeigt, daß die Selbstevaluation der je eigenen Beratungspraxis eine sinnvolle, wenn nicht gar unerläßliche Voraussetzung für einen solchen Prozeß ist.

(g) Als Hauptproblem erwies sich bisher – trotz der geschilderten positiven Erfahrungen –, mir die notwendige Zeit für die Beantwortung der Fragen zu nehmen und die innere Trägheit zu überwinden. Selbst wenn ich genügend Zeit hatte, fiel es mir manchmal schwer, die Anstrengung auf mich zu nehmen, die es kostet, etwas zu tun, was nicht unbedingt sein muß. Als hilfreich hat es sich dabei erwiesen, die Selbstevaluation von vornherein in die Terminplanung für eine Woche hineinzunehmen, genauso wie Hausbesuche oder Beratungsgespräche. Die Beantwortung der vorgestellten Fragen erfordert nach meiner Erfahrung etwa 30 Minuten und umfaßt ca. vier Seiten handschriftlicher Notizen. Rechnet man beispielsweise mit 20 Klientenkontakten pro Jahr, die jeweils einen Zeitaufwand von je einer Stunde erfordern, so wurde eine zweimalige Beantwortung der Fragen maximal 5% der aufgewendeten Beratungszeit ausmachen (etwa eine Stunde). Ließen sich durch methodisches Vorgehen und Nachdenken nur zwei Kontakte „einsparen", hätte sich die aufgewendete Zeit gelohnt. Eine zweite Überlegung, die mir geholfen hat, die Selbstevaluation zu einem Bestandteil meiner Arbeit zu machen, war die Überlegung, wieviel Zeit ich für mehr oder weniger unnütze „Aktennotizen" ver(sch)wende, die immer wieder die gleichen Geschichten erzählen, aber Bezeihungs-Muster nicht erkennen helfen. Außerdem ist es geradezu sozialarbeitstypisch, daß auf Zeiten intensiver Arbeitsbelastung wieder Zeiten folgen, wo weniger los ist. Solche „Leerlaufzeiten" können für die Selbstevaluation genutzt werden. Nicht realisieren ließ sich der Vorsatz, am Jahresanfang alle oder doch möglichst viele Fälle im Sinne der Selbstevaluation „durchzuarbeiten". Das scheiterte – trotz alledem – am Zeitproblem, erzeugte eher zusätzlichen Streß. Spätestens nach dem zweiten oder dritten Fragebogen wurde das Ausfüllen langweilig und anstrengend.

6.5. „DER HAT WOHL NICHT GENUG ZU TUN" – REAKTIONEN VON KOLLEGINNEN

„Siehst Du nicht die Gefahr, daß Du immer weniger zu tun hast, je mehr Du evaluierst und je mehr Du systemisch vorgehst? Denn da kommt in der Regel doch nur raus: Weniger tun und weniger agieren, mehr begleiten und auf das eingehen, was der Klient will, weniger Gespräche führen und weniger Besuche machen!" Diese treffende Beobachtung einer Kollegin legt die Empfehlung nahe, sich am besten vor Beginn einer systematischen Selbstevaluation zu fragen: „Was würde ich eigentlich tun, wenn rauskäme, daß weniger mehr wäre? Würde ich meine Selbstrechtfertigung, meine Rechtfertigung vor dem Träger und den KollegInnen verlieren? Womit würde ich die

u. U. frei werdende Zeit denn gerne nützen?". Auf meine Anregung haben mehrere KollegInnen mit der dargelegten Form der Selbstevaluation experimentiert – mit ganz unterschiedlichen Erfahrungen. Neben den bereits beschriebenen positiven Effekten wurde noch berichtet:

„Ich hab' es mal probiert. Das war hilfreich, aber trotzdem fiel es mir schwer, den Bogen regelmäßig einzusetzen. Mir kommt meine Arbeit eh schon sinnlos vor, und ich hatte Angst, daß dieser Fragebogen das noch verstärkt. Man kann ja sowieso kaum was für die Klienten verändern."
„Für mich steht schon in Frage, ob es überhaupt sinnvoll ist, Ziele zu verfolgen. Bringt das Klienten nicht eher unter Druck und führt das dann nicht noch öfters zum Scheitern? Ich habe die Erfahrung gemacht, daß es schwierig wird, wenn ich Ziele setze."
„Was es mir schwer macht, den Bogen zu benutzen, ist die Angst, was dabei rauskommt. Es zeigt sich dann, daß ich manches hätte anders machen müssen oder daß ich es nicht gut gemacht habe."
„Der Satz ‚Was müßte ich tun, um zu scheitern?' kommt mir schon floskelhaft vor; er kommt zu häufig. Das löst bei mir Abwehr aus. Aber wenn ich die Frage dann doch beantworte, ist es schon sinnvoll."
„Mich hat es angeregt, eher eigene Formen der Selbstevaluation zu suchen, die besser zu mir passen. Ich frage die Klienten lieber direkt, das ist mir angemessener. Dazu will ich einen Klientenfragebogen entwickeln."
„Ich hab's zur Vorbereitung auf die Supervision gemacht. Mir wurden meine Fragen und die Probleme klarer, die ich habe. Meine eigene Arbeit wurde mir selber plastischer."
„Ich habe über eine Stunde für den Bogen gebraucht. Eine halbe Stunde wäre noch o.k. Außerdem wären mir wenige und zentrale Fragen lieber."

Aus der letztgenannten Anregung ist übrigens die oben (S. 232) wiedergegebene Kurzfassung des Bogens entstanden. Neben diesen Rückmeldungen aus meinem eigenen Arbeitsfeld (Ambulante sozialpsychiatrische Beratung) wurden von KollegInnen aus anderen Arbeitsfeldern (Schuldnerberatung, Arbeitslosentreff, Bezirkssozialarbeit) folgende Erfahrungen genannt:

„Ich arbeite nicht mit dem Bogen in der schriftlichen Form, aber die Fragestellungen haben wir teilweise für unsere Reflexionen im Team übernommen."
„Für mich war vor allem die Frage sinnvoll ‚Was könnte schlimmstenfalls

passieren?'. Das hat mir öfter klargemacht, daß ein Betreuungsabbruch gar nicht so tragisch wäre. Es hat mir den Druck und die Angst genommen."
„Die Fragen stelle ich mir manchmal (gedanklich) selber, und ich finde sie eine gute Anregung zur Selbstreflexion, vor allem unter dem Aspekt: ‚Was hat das mit mir zu tun?' ".
„Für den offenen Bereich, die Gruppenarbeit, finde ich den Bogen nicht so sinnvoll. Die Fragen setzen ein therapeutisches Verständnis der eigenen Arbeit voraus."
„Ich finde es zwar sinnvoll, eine solche Selbstevaluation zu machen. Aber allein habe ich es einfach nicht geschafft. Ich bräuchte eine Gruppe, die sich ab und zu trifft und die mich motiviert."
„Bei uns gibt es keine längerfristigen Beziehungen mit KlientInnen, bei denen ‚Muster' beobachtet werden könnten."

Aus diesen Antworten läßt sich die Schlußfolgerung ziehen, daß es sinnvoll sein kann, sich die Fragen zunächst von KollegInnen in einer kleinen Selbstevaluations-Arbeitsgruppe stellen zu lassen; denn mehrfach wurde gesagt: „Sinnvoll wäre es schon, aber allein habe ich es nicht geschafft".

Wo das entscheidende Problem nicht die Beziehungen zu KlientInnen sind, sondern eher diffuse oder widersprüchliche Erwartungen, ein unklar strukturiertes Arbeitsfeld oder institutionelle bzw. Teamprobleme, müßte ein entsprechend anders formulierter Fragenkatalog konstruiert werden, der die eigene Kontextklärung erleichtert. Ich schlage dafür unten in Kapitel 7 – analog dem in der Familientherapie gebräuchlichen Genogramm – die Erstellung einer Institutions-Landkarte, eines Schaubildes des eigenen (Beratungs-)Systems vor.

Auf die Frage „Was müßte ich tun, daß Du den Bogen sicher nicht benutzt?" hat mir eine Kollegin geantwortet: „Ihn anpreisen und versuchen, mich zu überzeugen, daß ich ihn auf jeden Fall verwenden soll und ich nur dann eine gute Sozialarbeiterin bin, wenn ich das mache." Soll ich also jetzt vor der Verwendung warnen oder geradezu abzuraten? Oder soll ich gänzlich jede Art von Selbst-Bewertung der eigenen Praxis in Frage stellen, weil es anstrengend ist und den Frust über die Erfolglosigkeit der eigenen Arbeit noch steigern könnte? Nachdem ich in diesem Kapitel die Vorteile des Bogens aufgezählt und wortreich „Überzeugungsarbeit" für seine Nutzung geleistet habe, würde eine solche Empfehlung sicher als rhetorischer Trick wirken. Deshalb bleibe ich dabei: Die Selbstevaluation ist nach meiner Erfahrung ein sinnvolles Verfahren zur Bereicherung des fachlich-methodischen Repertoires der Sozialen Arbeit und kann wesentlich zur Verbesserung bzw. zur Wiedererlangung von Arbeitszufriedenheit und fachlichem Selbstbewußtsein beitragen. Zirkuläre Fragen, wie sie im Kontext systemischer Therapie entwickelt wurden, um KlientInnen zu neuen, weniger rigiden oder krankmachenden Wirklichkeitskonstruktionen einzuladen und das Repertoire ihrer persönlichen Möglichkeiten zu vergrößern, eignen sich in der Sozialarbeit auch als Instrument zur Selbstevaluation und können SozialarbeiterInnen neue, „entchronifizierende" Sichtweisen des Beratungsprozesses ermöglichen.

7. Organisationsmuster – reflektierende, blockierende und andere Teams

„Mit meinem Träger habe ich mehr Schwierigkeiten als mit den eh schon problematischen Klienten". Verstrickungen im Institutionendschungel scheinen typisch zu sein für die Soziale Arbeit. Unklare, widersprüchliche oder einengende Strukturen stellen nicht nur Belastungen dar, sondern lähmen auch die klientenbezogene Arbeit. Oft ähneln konflikthafte Abläufe in sozialen Organisationen in fataler Weise den destruktiven Mustern und Spielen in Familien. Wie lassen sich solche „Organisationsmuster" erkennen und vielleicht sogar verändern? Gibt es Möglichkeiten, derartige Verstrickungen zu vermeiden und Organisations-Wirklichkeiten neu oder anders zu konstruieren? Könnte es u. U. nützlich sein, dazu Bilder, Metaphern und Beschreibungen zu benutzen, die sich für die Beschreibung von Familienwirklichkeiten und Familienmustern bewährt haben? Könnte es hilfreich sein, „Organisationswirklichkeiten" neu zu sehen und anders zu beschreiben und damit neue Handlungsoptionen zu eröffnen? Die Bildung von Hypothesen über Familienmuster hat in der systemischen Therapie – wie wir oben (S. 162 ff.) gesehen haben – eben diese Funktion: im Sinne erfinderischer Neugier anzuregen, neue Geschichten zu erzählen, die zu experimentellem Tun anleiten. Die Ideen, die ich im Folgenden vorstellen will, sind nicht als Versuch, zu verstehen, wie Organisationen „tatsächlich" sind, also die geheime Wahrheit unter der Oberfläche aufzuspüren. Sie sind im besten Falle im Sinne von Ernst von Glasersfeld (1985) *eine* mögliche und passende Art, Ordnung zu konstruieren. Wenn wir uns als Beobachter und Beschreiber als Teil dessen sehen, was wir beobachten und beschreiben, und davon ausgehen, daß wir die Muster (mit-)erzeugen, die wir beobachten, dann hat das auch für unseren Umgang mit Organisationen Folgen. Nimmt man diese Hypothese ernst, zumindest im Sinne eines Versuchs („Was wäre, wenn es so wäre?"), dann sind wir als MitarbeiterInnen oder LeiterInnen von Organisationen für deren Strukturen und Funktionen verantwortlich. Diese Perspektive führt von einer Opfer- zur Täterperspektive. Wie Helm Stierlin (1988) feststellt, sind Familien-Muster und Familientypen, die wir beschreiben, nicht mehr als Hilfskonstruktionen, die dazu dienen können, unsere Wahrnehmung zu strukturieren. So wie sich Familien im Verlauf von mehreren Sitzungen einer Therapie verändern oder sich je nach Perspektive verschieden zeigen, so können sich auch Institutionen je nach Beobachter und Beobachtungszeitpunkt verändern. Manchmal lassen sich selbst innerhalb einer Institution, z. B. in unterschiedlichen Abteilungen oder Arbeitsbereichen, verschiedene Muster beobachten.

In diesem Kapitel werde ich zunächst erläutern, wie man sich mit Hilfe einer „Institutionslandkarte" einen Überblick über die Dynamik und die wichtigen Interaktionsmuster in der eigenen Organisation verschaffen kann (Abschnitt 7.1.). Dann möchte ich exemplarisch mehrere typische „Organisationsmuster" beschreiben und dabei zunächst das „verstrickte System" oder das „System mit zu vielen Querverbindungen skizzieren (Abschnitt 7.2.). In den anschließenden Abschnitten stelle ich Organisationen mit dem Muster „harter und weicher Realitätskonstruktionen" (Abschnitt 7.3.) und mit „verrückt machenden Mustern" vor, die an Familien mit schizophrener Transaktion erinnern (Abschnitt 7.4.). Abwertungskämpfe, Konkurrenz, symmetrische und komplementäre Eskalation kommen in Organisationen ebenso häufig vor (Abschnitt 7.5.) wie verleugnete Koalitionen und „pervertierte Dreiecke" (Abschnitt 7.6.). Anschließend erläutere ich, wie explizite, implizite und geheime Botschaften in Organisationskontexten unterschieden werden können und welche Bedeutung diese Unterscheidung haben kann (Abschnitt 7.7.). Psychosomatische Familien sind in der Literatur häufig beschrieben worden. Lassen sich analog – so frage ich in Abschnitt 7.8. – auch „psychosomatische

Organisationen" beschrieben? Abschließend möchte ich darauf hinweisen, daß zwischen Familien und Organisationen – trotz aller Analogien – wesentliche Unterschiede bestehen (Abschnitt 7.9.).

7.1. DIE INSTITUTIONSLANDKARTE

Analog zum Genogramm, bei dem eine Familiengeschichte über mehrere Generationen hinweg knapp und übersichtlich graphisch dargestellt wird, möchte ich die Erarbeitung einer Institutionslandkarte vorschlagen, die dazu verhelfen soll, das eigene „problemrelevante" System vereinfacht darzustellen. Die Erarbeitung erfolgt anhand eines Frageleitfadens. Nach meiner Erfahrung kann allein schon die Anfertigung (ohne eine weitergehende Interpretation oder Analyse) wesentliche Strukturen und Funktionen des Systems verdeutlichen und Impulse für Veränderungen geben. Betrachtet wird dabei nur der Teil der Institution, der tatsächlich problemrelevant ist, bzw. der mich als Sozialarbeiter tangiert. Dieser kann eine bestimmte Einheit einer Institution, oder – etwa bei Träger-Verbundkonstruktionen – die Schnittstelle mehrerer Institutionen sein, die besonders problem- und handlungsrelevant erscheint. Nicht die ganze Organisation soll also dargestellt werden, wie dies bei einem Organigramm üblich ist. Auch geht es weniger um die offiziellen und sichtbaren Strukturen als um (latente) Beziehungsmuster. Die Form der Darstellung sowie die benutzten Sysmbole sollen bewußt subjektiv gewählt werden. Wichtig ist, daß ausreichend Platz zum Zeichnen vorhanden ist (mindestens DIN A3-Format). In der Abbildung 3 (S. 247) stelle ich einige Fragen vor, die eine Reflexion des eigenen Organisations-Kontextes anregen und die graphische Gestaltung strukturieren können.

Für die Beantwortung der vorgestellten Fragen genügen nach meiner Erfahrung etwa 30 Minuten.

Die Fragen sind als Anregung gedacht und sollen nicht alle unbedingt und jedes Mal beantwortet werden. Vielleicht geben sie wieder Anstoß zur Erfindung ganz anderer und nützlicherer Fragen. Die mit der Beantwortung der Fragen entstehende „Landkarte" kann z. B. in kleineren Gruppen von KollegInnen oder im Rahmen von Fortbildungsveranstaltungen Grundlage für weitere Diskussionen, Hypothesenbildung usw. sein.

Abbildung 3: Fragenkatalog zur Anfertigung der Institutionslandkarte

1. Entscheidungsstrukturen: Wer hat was zu sagen? Wo sind die Unterschiede zum offiziellen Organigramm?
2. Gegner und Verbündete: Wer stört oder ärgert mich am meisten? Wen mag ich? Wer unterstützt mich?
3. Das Typische: Welche Überschrift (eine Märchen- oder Romanüberschrift, ein Bild, ein bestimmter Satz) könnte ich meiner Organisation geben?
4. Konflikte: Welches sind die Hauptthemen, über die gestritten wird? Welche Parteien und Fronten gibt es dabei?
5. Erwünschtes Verhalten: Was müßte ich tun, daß
(a) Vorgesetzte
(b) KollegInnen
(c) KlientInnen
(d) KooperationspartnerInnen
mit mir zufrieden sind?
6. Erzeugung von Unzufriedenheit: Was müßte ich tun, damit alle diese Akteure mit mir unzufrieden werden?
7. Probleme: Wo sehe ich die Hauptprobleme meiner Organisation? Was macht mir am meisten Schwierigkeiten? Was könnte ich selber dazu tun, daß es noch schlimmer wird?
8. Stärken: Was sind die Hauptstärken der Organisation? Was sollte auf jeden Fall so bleiben, wie es ist?

Sich von solchen Fragen anregen zu lassen und sie in einem Schaubild zusammenzufassen und diesen Vorgang u. U. in größeren zeitlichen Abständen zu wiederholen, kann dazu verhelfen, der eigenen Institution bzw. dem eigenen Arbeitskontext gegenüber – zumindest kurzzeitig – einen Meta-Standpunkt einzunehmen und aus dem alltäglichen „Spiel" herauszutreten, in das man oft so verstrickt ist, daß man blind wird für das, was gespielt wird. Der Perspektivenwechsel kann anregen, anschließend eine neue Rolle einzunehmen und auf *andere* Weise mitzuspielen. Je konkreter die Fragen beantwortet werden und je mehr sie re-kontextualisiert, d. h. in einen ganz bestimmten Verhaltenskontext übersetzt werden („Was tut A, wenn B jenes macht?". „Was wäre, wenn A unerwarteter Weise jenes tun würde?"), umso mehr Informationen können sie erzeugen.

Auch die in den folgenden Abschnitten vorgestellten Institutions-Muster verstehe ich als Anregung und Einladung zur Anfertigung eigener Institutionslandkarten und zur Neugier: „Was beobachte ich eigentlich bei uns in der Einrichtung?".

Der Peter W. Gester (1990) hat eine umfangreiche Liste von Fragen vorgestellt, die vor allem im Rahmen systemischer Supervision oder Organisationsberatung vom Supervisor bedacht oder verwendet werden können und die sich m. E. auch sehr gut zur weitergehenden Reflexion des eigenen Organisationskontextes eignen. Einige seiner Fragen möchte ich in der Abbildung 4 (S. 249) wiedergeben. Sie können als Ergänzung und zur Weiterführung der Kontextklärung wertvolle Impulse geben.

7.2. Das verstrickte System

Ein besonders häufig zu beobachtendes Problem in Organisationen des Sozialbereichs bilden die Entscheidungsstrukturen. Jochen Schweitzer u. a. (1992) haben psychiatrische Wohnheime auf ihre System-Dynamik im Team der sozialen Fachkräfte hin untersucht und sind dabei auf interessante Phänomene gestoßen, die für die Soziale Arbeit insgesamt Bedeutung haben. Sie beschreiben psychiatrische Wohnheime als „too richly cross-joined-systems" (i. S. von Hoffman) oder als „over-enmeshed-systems" (i. S. von Minuchin): die Teammitglieder haben viel miteinander zu tun, sind eng verbunden und werden über ein Problem zusammengehalten. Typisch ist die Teilung oder die Abgabe von Verantwortung an andere. Die Kernfrage lautet deshalb: Wie ist es möglich, in einem solchen System zum Nutzen aller die Eigenverantwortung jedes einzelnen Mitarbeiters und die gegenseitige Abgrenzung zu stärken? Das „System mit zu vielen Querverbindungen" wurde ursprünglich von Al Ashby untersucht, der damit Familien beschrieb, in denen zu viel Kommuni-

Abbildung 4: Frageraster zur Organisationsberatung

1. Inwieweit stimmen Sie mit dem Auftrag Ihrer Organisation/Ihres Systems überein?
2. Wie sind die zukünftigen Entwicklungsaussichten des Systems?
3. Wie ist die formelle/informelle Hierarchie der Berufsgruppen?
4. Welche Berufsgruppe hat aus welchen Gründen die längste/kürzeste Verweildauer am Arbeitsplatz? In welcher Abteilung ist die Fluktuation am höchsten?
5. Welche KollegInnen haben die längste Berufserfahrung?
6. Welche Gerüchte kursieren über das System, den Chef, Sie selbst?
7. Wie schätzen Sie aus welchen Gründen die Kompetenz Ihrer KollegInnen und Vorgesetzten ein?
8. Mit wem streiten Sie worüber am liebsten, bzw. mit wem arbeiten Sie am liebsten zusammen?
9. Welche Personen müßten aus der Organisation verschwinden, daß Sie „vernünftig" arbeiten könnten?
10. Welche MitarbeiterInnen haben regelmäßig Kontakt außerhalb der Dienstzeiten und -räumlichkeiten?
11. Welches sind die wichtigsten Informations- und Entscheidungsstellen?
12. Wie verlaufen die typischen Kommunikations- und Argumentationsmuster und -zyklen in den Zusammenkünften, bei denen Entscheidungen getroffen werden?
13. Welches Image hat das System in der Öffentlichkeit?
14. Mit welchen anderen Organisationen ist die Einrichtung wie dauerhaft verkoppelt?
15. Was denken/erwarten Klienten und Angehörige von dem System?
16. Worin bestehen Ihre Haupttätigkeiten, und wie zufrieden sind Sie mit welcher Tätigkeit?
17. Welchem Welt- und Therapiemodell fühlen sich die einzelnen MitarbeiterInnen/das ganze System verpflichtet?

kation stattfindet. Nach seiner Beobachtung ist eine Familien dann nicht sehr leistungsfähig, wenn ihre Elemente zu eng miteinander verknüpft sind. „Die meisten Familientherapeuten stimmen überein, daß es ein Rezept für Symptome und Elend ist, wenn eine Familie zu viele eng verbundene Koalitionsmuster aufweist", meint die Systemtherapeutin Lynn Hoffman (1984, 78).
In einem solchen Fall würde das Ziel einer Therapie darin bestehen, dieses „Zuviel" an Kommunikation in der Familie zu unterbinden, die einzelnen Familienmitglieder zu sinnvoller Abgrenzung voneinander zu ermuntern und die Subsysteme, etwa das Geschwister-Subsystem und das Eltern-Subsystem, zu klareren Grenzziehungen anzuregen (Hoffman 1984, 77 f.).
Nun kann man davon ausgehen, daß dieses Muster eines verstrickten Systems nicht nur in Familien existiert, sondern auch in größeren Systemen wie beispielsweise bei Teams in sozialen Institutionen. In diesem Fall kommt es ebenfalls darauf an, das Zuviel an Kommunikation zu unterbinden, um jedem Teammitglied die Möglichkeit zu mehr Eigenverantwortung zu geben: weniger Kaffeepausen, kürzere Teamsitzungen, keine endlosen Diskussionen mehr usw. Dazu sind zunächst die Interaktionsmuster in „verstrickten Teams" genau zu untersuchen. Wie kann aber nun ein Einzelner beispielsweise in einem Team dazu beitragen, solche Muster nicht zu verstärken oder sie gar zu unterbrechen? In solchen Organisationen lassen sich – so behaupten dies Schweitzer u. a. (1992) für Wohnheime – drei typische Muster der Entscheidungsfindung und der Kommunikationsmuster beschreiben:

Erstens das Konsensmodell: Alle MitarbeiterInnen sind für alle Klienten gleichermaßen zuständig und haben den Anspruch, jederzeit Ansprechpartner zu sein. Für Teamsitzungen wird extrem viel Zeit verwendet. Bei den langen Diskussionen treten leicht Beziehungsaspekte in den Vordergrund. Es gilt zwar das Konsensprinzip, es gibt aber keine klaren Regeln darüber, wie der Konsens erzielt wird oder wann er als erreicht anzusehen ist.
Zweitens das Anordnungsmodell: Dieses Modell ist häufiger in stationären Einrichtungen (oder in größeren Institutionen der öffentlichen und privaten Wohlfahrtspflege) anzutreffen. Hier gibt es – theoretisch – zwar Klarheit über die Verantwortlichkeiten und Zuständigkeiten, also klare Hierarchien, aber dieses Modell funktioniert nur bei eindeutig definierbaren, quantifi-

zierbaren Handlungen. „Beziehungsarbeit" unter den MitarbeiterInnen dagegen läßt sich nur schwer anordnen und noch schwerer kontrollieren. Bei diesem Modell kommt es häufiger zur „inneren Emigration" oder zur heimlichen „Sabotage" einzelner MitarbeiterInnen: Die Anordnungen werden zwar äußerlich befolgt, innerlich triumphieren aber die Einzelnen, wenn es nicht funktioniert (wie sie es schon prophezeit haben).

Drittens das „Konsultationsmodell": Bei diesem Modell ist jede/r MitarbeiterIn weitgehend eigenverantwortlich, kann sich aber bei Vorgesetzten oder KollegInnen Rat holen. Über Entscheidungen oder Maßnahmen für einzelne Klienten wird aber nicht diskutiert, bis ein Konsens erzielt ist.

Schweitzer u. a. schlagen für too richly cross-joined-systems das Konsultationsmodell vor, das zu mehr Eigenverantwortlichkeit und gegenseitiger Abgrenzung, aber auch zu mehr gegenseitiger Wertschätzung führen kann. Über dieses Modell sollte aber nicht wiederum so lange diskutiert werden, bis es eingeführt ist, sondern man kann einfach so tun, als sei es schon etabliert. Dies könnte so geschehen, daß man Kritik in Anregungen umdeutet, anderen ihre Meinung beläßt und dabei die eigene Selbständigkeit pflegt, indem man unerwünschte Vorschläge nicht abqualifiziert, sondern als „interessante Ideen, die zu meinem Stil leider nicht passen", betrachtet (Schweitzer u. a. 1992, 253).

7.3. Starr und hierarchisch, unklar und schwammig: harte und weiche Realitätskonstruktionen in Organisationen

In der systemischen Therapie werden Familien mit harter und Familien mit weicher Realitätskonstruktion unterschieden, d. h. Familien mit mehr oder weniger festen, starren Vorstellungen dessen, was wahr, richtig und falsch, gut und böse ist (Stierlin 1988; Simon u. a. 1989; Simon 1991a):

> „Mit ‚hart' und ‚weich' beschreiben wir ... die Verbindlichkeit oder Unveränderbarkeit von familiären Realitätskonstruktionen. Im einzelnen bezieht sich dies auf die Voraussagbarkeit und Berechenbarkeit der Welt im allgemeinen, Zuschreibungen von persönlichen Eigenschaften, die Definition von Beziehungen, Normen und Werten im Speziellen." (Simon u. a. 1989, 193)

Als Institutionen mit harter Realitätskonstruktion könnte man in Anlehnung an diese Definition solche bezeichnen, bei denen hierarchische, autoritäre Strukturen, feste Regeln und Verwaltungsvorschriften gelten. Es ist klar, wer was zu sagen hat, wer „oben" und wer „unten" ist, und diese Festlegungen gelten ein für alle Mal. Sie ändern sich nicht, wenn sich die Zeiten oder Probleme ändern und eine neue Realitätskonstruktion erforderlich oder sinnvoll machen würden. Veränderungen werden als bedrohlich, als Angriff auf die Ordnung angesehen, die nicht in Frage gestellt werden darf. Es finden keine Auseinandersetzungen um die Definitionsmacht statt. Normen sind meist schriftlich kodifiziert und liegen starr fest. Bevor gehandelt wird, werden die Vorschriften befragt. In sozialen Organisationen mit entsprechender Realitätskonstruktion sind auch häufig KlientInnen gegenüber Entweder-Oder-Muster zu beobachten: Die Klienten sind entweder gut, was meist gleichbedeutend ist mit „Angepaßt" und „brav", oder „schlecht", „bösartig", „betrügerisch", „selber schuld" oder „gefährlich".

In Familien mit einem suchtabhängigen Mitglied, im sogenannten „Suchtfamilien", finden sich oft starre Entweder-Oder-Muster, klare Rollenverteilungen zwischen Opfern und Rettern, Schwarz-Weiß-Aufteilungen zwischen „gut" und „böse". Die dort vertretenen Auffassungen über soziale Probleme sind ähnlich polar konstruiert. Zwischentöne sind selten, sie stören den klaren Schwarz-Weiß-Kontrast. Ebenso gibt es für sie gute Angehörige und „Störenfriede", d.h. solche, die die familialen Regeln mißachten oder kritisieren. Solche „schwarzen Schafe" werden schnell eliminiert.

Ähnliche Symptome finden sich in sozialen Organisationen im Suchtbereich. In einem spannenden Beitrag untersuchen die SuchtberaterInnen Franz Erbach und Kordula Richelshagen (1989) die Realitätskonstruktionen in Institutionen der Suchtkrankenhilfe und stellen erstaunliche Parallelen zu den Klienten-Systemen fest. Für solche „isomorphe Strukturen" ist es typisch, daß die Dynamik des Klientensystems sich in der Dynamik des Helfer- und Hilfesystems wiederspiegelt. Erstaunlich oft finden sich auch in der Suchtkrankenhilfe Schwarz-Weiß- und Entweder-Oder-Muster oder eindeutige Zuschreibungen von Retter und Opfer. Ähnliche isomorphe Strukturen lassen sich auch in anderen Arbeitsbereichen entdecken, wenn man z.B.

in Teams oder bei Fallvorstellungen in Supervisionen aufmerksam beobachtet.

Weiche Realitätskonstruktionen in Organisationen bieten das Gegen-Bild: Es gibt – offiziell – keine Hierarchie und keine klare Aufgabenverteilung; keiner weiß, wer wofür zuständig und wer der Ansprechpartner ist. es gibt keine klaren Regeln über Betriebsabläufe und keine Arbeitsplatzbeschreibungen. Alles wird mehr oder weniger ad hoc ausgehandelt, weshalb das Ergebnis z. B. davon abhängig ist, wer gerade in der Teambesprechung anwesend ist; Unterschiede z. B. in der Ausbildung, Bezahlung oder Zuständigkeit der Mitarbeiter werden verleugnet oder verwischt; da es keine Leiterin geben darf, werden informelle Führungsstrukturen und Hierarchien, die es – gruppendynamisch betrachtet – immer gibt, verleugnet, und es wird so getan, als gebe es sie nicht.

Harte Realitätskonstruktionen sind eher typisch für große Wohlfahrtsverbände und für Behörden, wie Sozial- oder Jugendämter. Weiche Wirklichkeitskonstruktionen finden sich dagegen eher in alternativen Projekten, selbstverwalteten Initiativen und in Einrichtungen während der Gründungsphase. Im Zuge der Institutionalisierung ist in solchen Initiativen häufig ein Wechsel vom weichen zum harten Muster zu beobachten. Ein untrügliches Zeichen für einen solchen Wandel ist die Zunahme der Zahl von Formularen, Plänen und Regeln.

Leicht vorstellbar ist sicher die Dynamik, die sich entwickeln kann, wenn beide Muster innerhalb einer (größeren) Organisation, z. B. in verschiedenen Abteilungen, gleichzeitig und nebeneinander vorkommen. Nicht ganz untypisch scheint mir die Konstellation, wo die Verwaltungsabteilung mit harter Realitätskonstruktion im Grabenkrieg liegt mit Abteilungen, die für das Soziale zuständig sind und wo es eher weich zugeht. Es sind auch Institutionen beobachtbar, wo beide Muster wechseln, etwa wenn ein „laisser faire"-Führungsstil, wo jeder alles darf und keiner kontrolliert, von Phasen strenger Kontrolle und Lenkung abgelöst wird, wenn dem unstrukturierten, bunten und kreativen Chaos Phasen und Anläufe folgen, in denen Ordnung geschaffen, „aufgeräumt", Pläne gemacht, An- und Abwesenheitslisten geführt und Regeln aufgestellt werden. Dies erinnert an Abläufe in manisch-depressiven Familien, in denen ebenfalls Phasen von ausuferndem, blühendem Leben und Chaos sich abwechseln mit Zeiten strenger Kontrolle, eher zwanghafter Eingeschränktheit und klaren Konturen, die aber das Leben zu ersticken drohen.

7.4. „DEINE WAHRNEHMUNGEN SIND NICHT WIRKLICH" – STRATEGIEN ZUR ERZEUGUNG VON VERRÜCKTHEIT IN ORGANISATIONEN

Wahnhaft verzerrte Wahrnehmungen, wie z. B. übersteigerte Ängste, Halluzinationen (Wahrnehmung von Erscheinungen, die es gar nicht „wirklich" gibt), sich verfolgt fühlen, Worte, Gestik und Mimik anderer Menschen sofort auf sich beziehen: dies sind Elemente „psychotischen" Erlebens, wie es für „Familien mit schizophrener Transaktion" (Selvini Palazzoli) typisch ist. Lassen sich auch Organisationen mit „schizophrener Transaktion" beobachten? Dazu sei zunächst ein kurzer Blick auf die Muster von Beziehungen geworfen, wie sie in Familien mit schizophrenen Mitgliedern typisch sind. Einer der ersten und einflußreichsten Forscher, die „Schizophrenie" mit bestimmten familialen Beziehungsmustern – und nicht nur mit biochemischen Fehlfunktionen im Gehirn – verknüpfte, war der Psychiater Ronald D. Laing. Dieser stellte bereits in den fünfziger Jahren die These auf (Laing 1956), daß in Familien mit einem schizophrenen Mitglied häufig Vorgänge zu beobachten sind, die man mit „Mystifizierung" bezeichnen kann.

> „Mystifizieren im aktiven Sinne bedeutet, einen Vorgang vertuschen, verschleiern, verdunkeln oder maskieren ... Dadurch entsteht Verwirrung. Es wird unmöglich, zu erkennen, was wirklich erlebt oder getan wird oder was vor sich geht, und es wird unmöglich, die tatsächlichen Streitpunkte festzustellen und zu unterscheiden." (ebd., 265)

In seiner klassischen Definition der Mystifizierung greift Laing zurück auf Karl Marx, der unter Mystifizierung eine nicht zu durchschauende Verdrehung dessen verstand, was vor sich geht oder was getan wird. In Familien wirkt sich die Mystifizierung – so Laing – dahingehend aus, daß Streitfragen nicht mehr klar erkennbar sind und „vernebelt" werden.

Laing hat diese Beziehungsform zwar im Zusammenhang mit der Familienwirklichkeit Schizophrener untersucht, aber schon damals darauf hingewiesen, daß uns Mystifizierungen auch im täglichen Leben begegnen als Versuche, um Widersprüche, Gegensätze oder Unstimmigkeiten zu unterlaufen, indem man etwa die Sichtweisen des anderen als Einbildung abqualifiziert, Befehle oder Erwartungen dem anderen als eigene Wünsche unterschiebt usw. In Organisationen des Sozialbereichs sind Mystifizierungen auf mehreren Ebenen zu beobachten:

(a) Organisations- oder verbandsideologische Mystifizierungen: Die Praxis der Sozialen Arbeit weist vielfach Widersprüche, Interessengegensätze und Streitpunkte auf. Diese werden durch eine alles vernebelnde Verbandsideologie oder durch Etiketten oft verschleiert, die gerade in Mode sind und die Geld, innerverbandliche Anerkennung oder neue Stellen versprechen. Tatsächlich bestehende Interessensgegensätze werden dabei oft geleugnet und hinter den weitschweifigen und kaum widerlegbaren Begriffsfassaden versteckt, die den Blick auf Status- und Machtunterschiede vernebeln. Wer trotz dieser „Harmonie-Ideologie" dennoch Unterschiede sieht und diese kommuniziert, wird „exkommuniziert", oder seine Wahrnehmung wird schlichtweg bestritten.

Ein typisches Beispiel dafür ist die hartnäckige Behauptung innerhalb mancher kirchlicher Einrichtungen, daß es zwischen Arbeitgebern und Arbeitnehmern keine Gegensätze gebe, und zwar einfach deshalb, weil es keine geben darf (da z. B. der Gegensatz von Kapital und Arbeit fehle). Wer trotzdem welche sieht, dessen Wahrnehmung wird vielfach als „falsch" oder als „verbandsschädigend" denunziert, bzw. unterschiedliche Interessen verschwinden hinter der konkret kaum faßbaren, brüderlich klingenden Vokabel „Dienstgemeinschaft", – eine Mystifikation, die einen Gleichklang der Interessen und Sichtweisen unter den MitarbeiterInnen suggeriert.

(b) Mystifizierung von Organisationsstrukturen und Entscheidungen: Tatsächliche Organisationsstrukturen werden geleugnet und verschwinden hinter behaupteten, fiktiven Strukturen. Wie schon bei der weichen Realitätskonstruktion werden auch hier Unterschiede maskiert; stand dort jedoch der Aspekt unklarer, nicht greifbarer Unterschiede im Vordergrund, geht es bei der Mystifizierung um eine aktive Verleugnung. Alle Wahrnehmungen, die dem offiziellen Bild widersprechen, werden ausgeblendet oder als Einbildung, Übertreibung oder Böswilligkeit abgetan.

So spielt z. B. bei der Einrichtung neuer Stellen, beim Aufbau neuer Projekte oder beim Ausbau von Arbeitsfeldern inzwischen das Geld eine vorrangig Rolle; wichtig sind Marktanteile und Machtgesichtspunkte. Tatsächlich wird dies aber fast immer verleugnet und hinter einer sozialen Fassade versteckt nach dem Motto „Wir tun das alles ja der notleidenden Menschen wegen".

(c) Inter-institutionelle Mystifizierungen: Auch Vorgänge zwischen Institutionen lassen sich mit dem Begriff „Mystifizierung" beschreiben. So dienen häufig die angeblichen Intrigen anderer „böser" Institutionen zur Verschleierung eigener intra-institutioneller Probleme oder Gegensätze. Mythen über angebliche Koalitionen, Benachteiligung der eigenen Institution und Nichtbeteiligung an Entscheidungsabläufen werden gehätschelt und gepflegt und sind – einmal entstanden – kaum mehr zu widerlegen. Sie werden vielfach schnell zu „Institutionswahrheiten", an die alle MitarbeiterInnen glauben müssen, um ihre Solidarität mit der Einrichtung zu beweisen.

In der Auseinandersetzung um den Zuschlag für geld- und prestigeträchtige Projekte (Trägerschaft, Stellen, Zuschüsse) beispielsweise oder im Kampf gegen Zuschußkürzungen, die sich häufig als Konkurrenzkämpfe verschiedener Träger abspielen, kann die Mystifizierung von Entscheidungsabläufen tatsächlich so hartnäckig sein, daß sie an paranoide Wahrnehmungsstrukturen in schizophrenen Familien erinnern.

7.5. Einer oben, einer unten – Abwertungskämpfe und Konkurrenz: komplementäre und symmetrische Beziehungsmuster

In symmetrischen Beziehungen zeigen Individuen wie auch Mitarbeitergruppen in Abteilungen oder bestimmten hierarchischen Ebenen dieselben (komplementären) Wünsche, Verhaltensweisen und Ausdrucksformen (Bateson 1985, 107). Auf ein bestimmtes Verhalten der einen Seite folgt eine „Standard-Erwiderung" der anderen Seite. Dies führt zum gegenseitigen Aufschaukeln im Verhaltensrepertoire, was Bateson als „Schismogenese" bezeichnet; so wird beispielsweise Prahlerei mit noch mehr Prahlerei beantwortet oder Kontrolle mit Widerstand gegen die Kontrolle, was jeweils wiederum eine neue Stufe im Verhaltensrepertoire provoziert usw. Eine solche symmetrische Eskalation ergibt sich wiederum häufig zwischen der Verwaltung und dem Sozialbereich innerhalb einer Organisation. An dieser oft besonders kritischen Schnittstelle, die oben unter dem Blickwinkel „harter und weicher Realitätskonstruktion" betrachtet wurde, bieten sich viele Anlässe, eifersüchtig das eigene Territorium und die eigenen Problemdefinitionen zu verteidigen. Dies kann sich in Zuständigkeitsgerangel ausdrücken oder in ständigen Auseinandersetzungen darüber, wer denn recht hat, wer „besser" oder „wichtiger" ist, wessen Maximen gelten sollen. „Vorschriften oder Menschlichkeit" ließe sich als Überschrift für viele symmetrische Eskalationen zwischen diesen beiden Bereichen wie auch zwischen dem Innen- und dem Außendienst formulieren. Jede Seite hat gute Argumente für ihren Standpunkt: Vorschriften, finanzielle oder zeitliche Sachzwänge und Zweckrationalität stehen methodisch-sozialarbeiterischen Überlegungen gegenüber. Meist sind mit solchen Auseinandersetzungen auch Eskalationen gegenseitiger Abwertung verbunden. Ein anderes beliebtes symmetrisches Spiel ist das Tauziehen zwischen Vorgesetzten und Untergebenen: „Wer weiß es besser?". Je kompetenter der Mitarbeiter ist, desto mehr muß der Vorgesetzte seinerseits demonstrieren, daß er es noch besser weiß. Dieses Konkurrenz-Muster läßt sich in der Rivalität von Berufsgruppen, wie der zwischen SozialarbeiterInnen und Pfarrern, Psychologen und SozialarbeiterInnen wiederfinden: „Wer hat die richtige Weltsicht?", „Wer macht die bessere Arbeit?", „Wer ist wichtiger?". Mit dem Muster der symmetrischen Eskalation sind auch interinstitutionelle Auseinandersetzungen z. B. um „Marktanteile" am sozialen Kuchen, um Expansion und Einfluß beschreibbar, was deutlich macht, daß die gleichen Phänomene mit unterschiedlichen Begriffen beschrieben werden können.

Als komplementär werden dagegen solche Beziehungsmuster bezeichnet, bei denen das Verhalten und die Wünsche zweier Individuen oder Gruppen grundlegend verschieden sind, wobei die jeweiligen Unterschiede in den Verhaltensweisen sich wiederum progressiv entwickeln können (Bateson 1985, 107). Komplementäre Eskalationen sind ebenfalls häufig in sozialen Organisation zu beobachten, z. B. im Verhältnis zwischen den sozialen Diensten und ihren Klieninnen: Je mehr Hilfe angeboten wird, desto hilfloser werden die Hilfebedürftigen, und um so mehr muß wiederum geholfen werden; Hilfe und Hilfebedürftigkeit ergänzen einander, ja sie scheinen sich sogar gegenseitig zu erzeugen. Auch im Verhältnis zwischen Vorgesetzten und MitarbeiterInnen können komplementäre Muster im Spiel sein: Je kompetenter und aktiver der Chef ist, desto inaktiver und inkompetenter werden die MitarbeiterInnen. Ähnliches läßt sich auch innerhalb von Teams beobachten: Je kreativer und aktiver ein „leader" oder eine Teilgruppe werden, desto zurückhaltender, ideenloser und lethargischer werden die anderen (was die „Aktiven" zu noch mehr Aktivitäten antreibt und von der passiven Seite mit noch größerer Zurückhaltung und Verweigerung beantwortet wird).

7.6. Verleugnete Koalitionen – pervertierte Dreiecke

Ein weiteres Beziehungsmuster in (sozialen) Organisationen ist das „pervertierte Dreieck". Eine triadische Struktur verursacht nach Ansicht des Familientherapeuten Jay Haley in einem sozialen System immer Kummer. Das „pervertierte Dreieck" – oder wie es auch bezeichnet wird: die „Generationen-Koalition" hat die folgenden charakteristischen Merkmale:

(a) Es müssen zwei Personen auf derselben Ebene in einer Statushierarchie (Geschwister, MitarbeiterInnen) und mindestens eine Person einer anderen Ebene daran beteiligt sein (ein Elternteil, Vorgesetzter);
(b) es muß eine Koalition von zwei Parteien vorhanden sein, die auf verschiedenen hierarchischen Ebenen angesiedelt sind, im Gegensatz zur „Allianz", die auf gemeinsamen Interessen beruhen kann und nicht unbedingt gegen eine dritte Partei gerichtet ist, wird bei der Koalition ein Gegner vorausgesetzt;
(c) die Koalition muß geheim bleiben bzw. geleugnet werden (Hoffman 1984, 112).

Diese Verwischung von Generationsgrenzen erzeugt in Familien Unsicherheit und Verwirrung über die Definition des Status der Familienmitglieder. Haley weist darauf hin, daß ähnliche Störungen auch in Organisationen entstehen, wenn z.B. ein Vorgesetzter heimlich mit einem Untergebenen sich gegen einen Gleichgestellten verbündet (Haley, zit. bei Hoffman, ebd.).
Mara Selvini Palazzoli u.a. (1985) haben versucht, Vorgehensweisen und Konzepte der systemischen Therapie auf Organisationen anzuwenden, z.B. auf Großfirmen in der Industrie, auf einen kommu-

nalen Beratungsdienst der Abteilung „Schul- und Bildungswesen" einer größeren Stadtverwaltung, auf die Kinderstation eines Krankenhauses und auf einen pädagogisch-psychologischen Beratungsdienst für mehrere Grundschulen. „Hinter den Kulissen der Organisation" ist der bezeichnende Titel ihrer Untersuchung, in der sie sich auch ausführlich mit verleugneten Koalitionen in Organisationen und ihrer Auflösung bzw. Aufdeckung beschäftigt. Sie kommt zu dem Schluß, daß „das Angebot einer verleugneten Koalition ... immer ein Indiz dafür (ist), daß die Situation kritisch ist" (ebd., 257), vor allem, wenn nonverbale Botschaften auf das Vorhandensein eines Geheimnisses deuten, das gewahrt bleiben muß. Mit der verleugneten Koalition geht die Regel einher, daß die Kontexte, innerhalb deren man operiert, instabil und stets gefährlich sind (ebd., 262). Wie in Familien können auch in Organisationen Fronten und Koalitionen immer wieder wechseln; es bleibt die Unklarheit, wer eigentlich der Chef und wer der Untergebene ist usw. Die Formen, in denen Koalitionen z. B. von „schwachen Chefs" ihren Mitarbeitern gegen ihnen formal gleichgestellte „Gegner" angeboten werden, sind vielfältig: Sie reichen von kollegialen Umgangsformen über das Angebot des vertraulichen „Du" an unterstellte Mitarbeiterinnen bis hin zu einer regelrechten Intrige. Wird einem Mitarbeiter das Angebot einer verleugneten Koalition unterbreitet, ist es am sinnvollsten, dieser nicht nur möglichst aus dem Wege zu gehen, „sondern darüber hinaus eine Aktion in Gang zu setzen, die es ... gestattet, sich die Instrumente zu ihrer Vereitelung zunutze zu machen. Wir können hier auch von einer Präventivmaßnahme sprechen" (Selvini Palazzoli u. a. 1985, 263). Diese kann darin bestehen, daß man die hierarchische Ebene bei der Definition der Beziehung beachtet, die Mitglieder der Institution hinreichend informiert und sich aktiv um Allianzen, also um offene und sachorientierte Bündnisse bemüht. Dabei ist es wichtig, darauf zu achten, daß etwaige Koalitionsangebote zwar abgelehnt werden ohne aber dabei den „Anbieter" negativ zu konnotieren (ebd., 263 f.).

7.7. Spiele hinter den Kulissen – explizite, implizite und geheime Botschaften

Als besonders bedeutsam zur Identifizierung von Organisationsspielen erscheint mir Selvini Palazzolis Unterscheidung zwischen expliziten, impliziten und geheimen Botschaften (Selvini Palazzoli u. a. 1985). Explizite Botschaften sind ausdrücklich genannte Wünsche und Anliegen. Offizielle Organigramme, schriftliche Arbeitsplatzbeschreibungen, Dienstanweisungen, Konzeptionen, Protokolle von Dienstbesprechungen usw. sind Beispiele für „kodifizierte" explizite Kommunikation. Bedeutsam ist hier das „Was", der Inhaltsaspekt der Botschaften. An der Oberfläche suggerieren diese Eindeutigkeit, Übereinstimmung und Klarheit. Implizite Botschaften dagegen werden weniger durch Worte, sondern durch Gesten, Stimmlage oder Körpersprache vermittelt. Diese können den expliziten Botschaften widersprechen. In Organisationen lassen sich Hinweise auf implizite Botschaften beispielsweise gewinnen durch die Sitzordnung bei Dienstbesprechungen, durch die Größe und Ausstattung der Büros, durch die (Nicht-)Teilnahme von MitarbeiterInnen an der täglichen Kaffeerunde usw. Geheime Botschaften können sowohl dem Sender als auch dem Empfänger unbewußt bleiben. Für sie ist typisch, daß sie nicht ausgesprochen, sondern verleugnet werden.

Auch bei diesen Muster gilt wie bei den anderen, sie als heuristische Hilfe zu verstehen, beim Entwerfen der Institutionslandkarte zu benutzen; die Landkarte darf nicht mit der Landschaft verwechselt werden bzw. man sollte nicht versuchen, die Speisekarte zu essen (Simon 1991a). Bei dem Versuch, sich über geheime Anliegen von Vorgesetzten oder Mitarbeiterinnen klarzuwerden, sollten Sozialarbeiter deshalb weniger vom Leitbild des Detektivs ausgehen, der andere „überführt"; denn dies verleitet schnell dazu, andere abzuwerten, und man führt sich als Detektiv leicht selber aufs Glatteis, wenn man sich allzu sicher ist, allein die Wahrheit zu erkennen. Als Leitbilder für die Organisationsanalyse eignen sich eher der Märchenerzähler, der Geschichten erzählt, oder der neugierige Forscher, der Hypothesen aufstellt, die nicht mehr oder weniger wahr, sondern mehr oder weniger nützlich sind. Deshalb ist es angebracht, sich nicht allzusehr in die eigenen Geschichten oder Hypothesen zu verlieben, sondern auch ihnen gegenüber eine gewisse spielerische Distanz beizubehalten. Die Unterscheidung von expliziten, impliziten und geheimen Botschaften kann nach meiner Erfahrung vor allem dazu verhelfen, aus dem „Spielbetrieb" in der eigenen Institution kurzzeitig auszusteigen und einen Meta-Standpunkt einzunehmen, um z. B. Koalitionsangebote nicht unreflektiert anzunehmen, weil man sich geschmeichelt fühlt, oder um geheime Botschaften lesen und Koalitionsangebote als solche erkennen zu lernen.

7.8. Die „Rehabilitation des Bauchs": psychosomatische Familien – psychosomatische Institutionen?

Im „Zeitalter der Ganzheitlichkeit", der „Einheit von Körper, Seele und Geist", der Einbeziehung von Gefühlen und der „Rehabilitation des Bauches" stellt sich die Frage, ob auch Entwicklungen wie „esoterische Gemeinschaftspraxen", der ökologische Bauernhof als Klein-Heim für verhaltensgestörte Kinder oder das alternative Beschäftigungsprojekt für psychisch Kranke Gemeinsamkeiten im Sinne von Mustern erkennen lassen.

> „Wir gehören alle zusammen, es gibt keine Unterschiede zwischen uns und natürlich auch keine Konflikte, wir gehören mit der ganzen Person dazu und trennen deshalb Arbeit und Freizeit nicht. Bei uns da drin ist es warm und menschlich, draußen feindlich und kalt, kurz: wir sind eben eine große Familie. Wir halten dementsprechend fest zusammen und, wer uns verläßt, ist ein Verräter."

Solche Muster erinnern an die „psychosomatische Familie", wie sie Fritz B. Simon (1991a) oder Helm Stierlin (1988) beschreiben. Der Herstellung und Bewahrung von Harmonie wird in diesen Familien ein sehr hoher Wert zugemessen,

> „die Einheit und Gleichheit, das Aufgehen in der größeren Gemeinschaft ist das oberste Prinzip, dem jeder gerecht zu werden versucht. Einer für alle, alle für einen. Ein Herz und eine Seele. Jeder liebt den anderen über alles und gleich, keinen mehr und keinen weniger" (Simon 1991a, 229).

In Familien führen solche Interaktionsmuster häufig zu körperlichen Beschwerden ohne organischen Befund, also zu sogenannten „psychosomatischen" Leiden. Konflikte dürfen nicht sein, wohl aber körperliche Schmerzen. Statt Ärger zu spüren und zu zeigen, neigt man eher zu Kopfschmerz oder Magendrücken.

> „Nicht nur in Familien lassen sich solche Muster finden ... sondern überall dort, wo Menschen miteinander zu tun haben. Arbeitskonferenzen von caritativen oder reformerischen Institutionen, die einen hohen moralischen Anspruch an sich stellen und deren Mitglieder ein hohes Maß an Selbst-

wert und Identitätsgefühl aus ihrer Arbeit ziehen, folgen häufig genau diesen Spielregeln." (ebd., 226)

Wie Simon feststellt, besteht der Hauptunterschied zwischen Familien und Institutionen meist darin, daß man aus Familien nicht so leicht austreten, nicht einfach kündigen kann. Doch auch Organisationen mit diesem Beziehungsmuster bereiten MitarbeiterInnen häufig erhebliche Schwierigkeiten, innere Kämpfe und Schuldgefühle, wenn sie kündigen wollen. Gerade die identitätsstiftende Funktion solcher „harmonischer Inseln" macht es auch schwer, sie (wieder) zu verlassen. Leicht stellt sich der Eindruck ein, die anderen im Stich zu lassen und eigentlich nicht weg zu dürfen. Oft führt diese „Geborgenheit" auch dazu, daß Trennungen dramatischen Charakter annehmen:

> Wohnprojekte, einst angetreten mit dem Anspruch, möglichst alles zu teilen, führen dann „Scheidungsverhandlungen" mit der Unterstützung von Rechtsanwälten oder die Mitarbeiter des alternativen Tagungshauses sind so zerstritten, daß sie es hinterher bereuen, nicht von Anfang an einen klaren „Ehevertrag mit Gütertrennung" geschlossen zu haben.

7.9. INSTITUTIONEN SIND TROTZDEM NICHT WIE FAMILIEN

Die in den vorstehenden Abschnitten beispielhaft beschriebenen Interaktionsmuster sollen die Klärung des eigenen Institutionskontextes fördern und nicht Etiketten für Organisations-Pathologien bereitstellen. Sie sollen das Erstellen einer Institutionslandkarte der eigenen Organisation anregen und das Zurechtfinden im eigenen System unterstützen. Die Landkarte kann hilfreich sein zur Bestimmung des eigenen Standortes und zur Entdeckung neuer Wege. Landkarten werden nicht um ihrer selbst willen hergestellt, sondern dienen der Orientierung. Die Beschreibung von Organisationswirklichkeiten kann von mehreren Blickwinkeln aus erfolgen, deshalb können – anders als bei Diagnosen, wo nach der einen und richtigen Beschreibung gesucht wird – auch mehrere Beschreibungen passend sein. „Ich fühle mich ertappt", ist eine Reaktion, die ich bei der Vorstellung dieser und anderer Interaktions-Muster in Organisationen im Rahmen von Fortbildungsveranstaltungen erlebt habe. Es gab aber auch – und darauf kommt es mir vor allem an – Reaktionen wie die folgende: „Ich habe Anregungen bekommen, in dieser festgefahrenen Auseinandersetzung mal was ganz Neues auszuprobieren." Institutionen sind nicht wie Familien, aber die Kenntnis und Übertragung von Familienmustern kann das Arbeiten im institutionellen Kontext für SozialarbeiterInnen sehr erleichtern.

8. „Wenn Du nicht weißt, wo Du hinwillst, brauchst Du nicht zu befürchten, daß Du ankommst" – Anleitung zum beruflichen Scheitern für SozialarbeiterInnen

Außer diesem häufig beklagten „Mülleimereffekt" – wir sind für die Menschen und deren Probleme zuständig, die sonst keiner haben will – bilden schlechte Bezahlung, geringer sozialer Status und schlechte Arbeitsbedingungen einen günstigen Nährboden für das Burnout-Syndrom. Ausgebrannt, frustriert und unzufrieden zu sein gehört aber manchmal auch schon zum guten Ton, bisweilen wird das Burnout-Syndrom sogar oft gehätschelt und gepflegt. Zur Berufsidentität von Sozialarbeitern scheint es auch zu gehören, unter der Last der Arbeit fast zusammenzubrechen. Wer tatsächlich mit seiner Arbeit zufrieden und glücklich ist, macht sich verdächtig. Aussteigen, aufsteigen, umsteigen, eine therapeutische Zusatzausbildung machen, das Arbeitsfeld verlassen und mit angenehmeren Fällen arbeiten: Wer kennt als SozialarbeiterIn solche Sehnsüchte nicht? An diesem Punkt sehe ich – fast noch mehr als bei der direkten Arbeit mit Klientinnen – die besondere Chance systemischer Konzepte.

Im Abschnitt 8.1. möchte ich einige Ideen vorstellen, wie zirkuläre und hypothetische Fragen genutzt werden können, um dem Burnout-Syndrom entgegen zu wirken. Sodann beschreibe ich Strategien, wie man am besten ein erfolgloser und unzufriedener Sozialarbeiter werden kann (Abschnitt 8.2.). Abschließen will ich dieses Kapitel mit einigen Anmerkungen zur Anwendung und Ergänzungsnotwendigkeit des systemisch-konstruktivistischen Konzeptes (Abschnitt 8.3.).

8.1. Systemischer Umgang mit sich selber – Anti-Burnout-Strategien

Indem man sich selber immer wieder Fragen dazu stellt (oder sie sich in der Supervision und Fortbildung stellen läßt), was man tun könnte, um im Arbeitsalltag alles noch schlimmer zu machen, können sich unbewußte und zwanghafte Muster auflösen, und die Beziehung zur Arbeit kann sich im Laufe der Zeit wandeln. Hilfreich sind Fragen der folgenden Art:

„Was kann ich tun, um möglichst schnell auszubrennen und noch gestreßter zu werden?", „Wie könnte ich dafür sorgen, daß ich noch mehr Arbeit bekomme und dadurch noch überlasteter werde?", „Wie könnte ich noch mehr Klienten und noch mehr Aufgaben an mich ziehen und damit noch unentbehrlicher werden?", „Was müßte ich tun, um noch mehr das Gefühl zu haben, ‚Mülleimer' zu sein?", „Angenommen, ich würde mich entscheiden, nicht mehr ‚Mülleimer' zu spielen, wer würde das am ehesten merken?", „Was würde der Chef, die Kolleginnen oder die Praktikantin sagen?", „Angenommen, ich würde klarere Grenzen setzen, wer wäre am ehesten sauer?", „Wie könnte ich Grenzen so setzen, daß am ehesten jemand auf mich sauer wird?".

Solche hypothetische Fragen können auch hier andere Handlungsmöglichkeiten eröffnen und damit aus dem Klagen, wie schlimm alles ist, herausführen. Sie bieten eine Möglichkeit, verschiedene „Lösungen" mit den jeweiligen Konsequenzen und Reaktionen (von Vorgesetzten, KollegInnen, Vertreter anderer Institutionen) gedanklich durchzuspielen. Auf Distanz gehen und den eigenen Arbeitskontext sowie die eigene Arbeitsweise und -strategie beleuchten kann man entweder allein tun – dann am besten schriftlich – oder man kann Gepräche mit Kolleginnen und Praktikantinnen dazu nutzen.

Einige Strategien, die besonders gerne angewandt werden, um noch gestreßter zu werden, seien als „Anregung" im Folgenden genannt:

„Nehme jeden Klienten an, ohne zu prüfen, ob du etwas sinnvolles für ihn tun kannst. Mache es jedem recht, nehme insbesondere alle Aufträge von anderen Institutionen und Kolleginnen genau so an, wie sie gegeben werden. Setze besonders bei Klientinnen mit langer Problemgeschichte viel Zeit und Energie ein, um dir und anderen zu beweisen, daß du ein besserer Helfer, Therapeut oder Berater bist als alle anderen vorher, die gescheitert sind. Suche, weil besonders zeitaufwendig und mit relativ hoher Wahrscheinlichkeit aussichtslos, nach der besseren Einrichtung, dem besseren Heim, der besseren Wohngemeinschaft, der besseren Klinik ...

„Was kann ich tun, um am besten ein gestreßter, erfolgloser und unzufriedener Sozialarbeiter zu werden?" Diese Frage, ist also kein bloßer

Zynismus, sie ist vielmehr höchst bedeutungsvoll und aktuell in Zeiten, wo jeder zufriedene Sozialarbeiter bei KollegInnen eher stirnrunzelndes Kopfschütteln auslöst als neugieriges Nachfragen, wie er es denn schaffe, zufrieden zu sein, und wo in Kaffeerunden Geschichten von Mühsal, widerspenstigen KlientInnen und Frust eher Anklang finden als – sowieso unglaubwürdige – Berichte über Erfolgserlebnisse. Im folgenden Abschnitt möchte ich deshalb die Möglichkeiten beruflichen Scheiterns und Ausbrennens noch etwas differenzierter darstellen.

8.2. Strategien des Scheiterns

Jay Haley (1990), einer der Pioniere der Familientherapie, Schüler und Weggefährte von Gregory Bateson, beschreibt eine Anzahl von Strategien, wie man am besten ein erfolgloser Therapeut wird. Die von ihm beschriebene „Kunst, eine therapeutische Null zu werden" ist in meinen Augen auch für SozialarbeiterInnen mit dem Ziel beruflichen Scheiterns relevant. Sie soll deshalb zunächst kurz vorgestellt werden. Haley geht von der Überlegung aus, daß in (Kontrol-)Gruppen ohne Therapie, die auf eine Therapie warten, 50 bis 60 % „Spontanheilungen" zu verzeichnen sind. TherapeutInnen müssen also schon geschickte Strategien anwenden, um *keinen* Erfolg zu haben. Um wirklich erfolglos zu sein, empfiehlt Haley besonders folgende Herangehensweisen (Haley 1990, 119–126):

(a) Der Therapeut sollte das präsentierte Problem möglichst als bloßes Symptom zurückweisen und sich weigern, es direkt zu behandeln. Er sollte die Idee ausführlich diskutieren, daß Probleme „Wurzeln" haben und „nach Möglichkeit Befürchtungen... wecken, daß eine Verbesserung des Problems katastrophale Folgen haben könnte" (ebd., 121).
(b) Diagnose und Therapie sollten möglichst vermengt werden. Es empfiehlt sich, eine diagnostische Sprache zu benutzen, die eine Therapie verunmöglicht und Mißerfolge „herbeiredet"; z. B. kann vom „schwachen Ego" des Patienten gesprochen werden oder davon, daß er „passiv-aggressiv" sei.
(c) Es sollte nur eine einzige therapeutische Methode anwendet werden, bei der man konsequent bleibt, vor allem, wenn sie sich als ineffektiv erweist. Das Scheitern kann dann nur an der „Therapieresistenz" der KlientInnen liegen.

(d) Theorien über Veränderungsmöglichkeiten sind unnötig, vielmehr sollte man sich auf Theorien über die Ursachen von Problemen konzentrieren, aus denen sich möglichst keine handhabbare Technik oder Vorgehensweise ableiten läßt.
(e) Die Idee ist hartnäckig zu verbreiten, daß Therapien lange dauern *müssen*.
(f) Vor Spontanheilungen sollte – genauso wie vor bloßen Symptomheilungen – gewarnt und Schlimmes prophezeit werden.
(g) Es bewährt sich eine konsequente Orientierung an der Vergangenheit.
(h) Der Therapeut sollte bei Klienten grundsätzlich das Widerlichste hervorheben, deren reale Welt (Familie, Freunde, Arbeit usw.) am besten ignorieren, keine klaren Ziele definieren und eine Überprüfung der Therapieergebnisse tunlichst vermeiden.

Für SozialarbeiterInnen möchte ich im folgenden 13 weitere Strategien vorschlagen, die die Wahrscheinlichkeit des beruflichen Scheiterns erhöhen und zur Streßerzeugung zum Ausbrennen beitragen können. (Diese Strategien lassen sich gleichzeitig als umgekehrte Zusammenfassung des Praxisteils dieses Buches lesen.)

(a) Zur Erzeugung von Streß hat es sich als nützlich erwiesen, in Beratungsbeziehungen möglichst selten Bilanz zu ziehen und die unerschütterliche Überzeugung zu vertreten: „Je mehr, desto besser", mehr Hausbesuche, Telefonate, Gespräche, um so besser und erfolgversprechender ist das Ergebnis. Selbstevaluation, eine systematische Bewertung der eigenen Arbeitsweisen und -ergebnisse, sollte deshalb möglichst unterbleiben. Statt dessen sollte man sich auf die eigene Rechtfertigung konzentrieren. Träger, Geldgeber, Vorgesetzte usw. sollten vor allem über die Quantität und weniger über die Qualität der Arbeit informiert werden.
(b) Supervision und Fortbildungen sind zu meiden. Sie könnten das Vertrauen in einmal eingeschlagene Wege erschüttern und unbequeme Selbstreflexionsprozesse auslösen, wenn nicht gar zum Wechsel der Arbeitsstelle bzw. des Arbeitsfeldes anregen.
(c) Man sollte überhaupt möglichst lange auf dem Arbeitsplatz bleiben, wo man ist, und einen Stellenwechsel auf jeden Fall vermeiden, auch wenn die Arbeit einen zunehmend anödet.
(d) Die Arbeit als EinzelkämpferIn ist der Teamarbeit bei weitem vorzuziehen. Ist kein Team vorhanden, sollte man sich auch außerhalb

der eigenen Institution keine UnterstützerInnen suchen und sich keinesfalls so etwas wie eine „supportgroup" aufbauen, die als soziales Unterstützungssystem wirkt, weil dies das Risiko des Ausbrennens deutlich mindert (Pines u. a. 1991; Bosselmann 1993). Am besten ist es, ein „lonesome rider" zu bleiben oder zu werden, dann ist der Burnout nicht mehr weit.

(e) Auf Pausen in Beratungsgesprächen ist grundsätzlich zu verzichten. Vor allem wenn während eines Gespräches ungute Gefühle aufkommen und man sich unter Druck fühlt, sollte konsequent weitergesprochen werden. Einem Handlungs- und Entscheidungsdruck sollte man sich keinesfalls entziehen und nicht etwa KollegInnen zu Rate ziehen.

(f) Ungünstig ist es, häufiger über Themen nachzudenken wie „Was macht mir Spaß bei der Arbeit?", „Was kann ich am besten?" oder „Wo bin ich am wirksamsten?". Das eigene Zeitbudget sollte nie überprüft und schon gar nicht revidiert werden. Am besten ist es, wenn es völlig im Dunklen bleibt, womit man seine Arbeitszeit im einzelnen verbringt.

(g) Wirkungsvoll ist es immer, den riesigen Berg von Arbeit niemals zu „zerkleinern". Das unstrukturierte Chaos und das ständige Gefühl, irgend etwas Wichtiges vergessen zu haben, wirken dann Wunder. Deshalb ist von der Benutzung eines Zeitplan-Buches dringend abzuraten. Methoden des Selbstmanagements sollte man meiden und den Betriebswirten und anderen besser bezahlten Fachkräften in der „freien" Wirtschaft überlassen.[17] Besonders sollte man darauf achten, Wichtiges und Unwichtiges nicht zu trennen, was einem noch zusätzlich das beruhigende Gefühl vermittelt, daß viel Unerledigtes auf einen wartet, und vor allem die Zielkontrolle sind unnötig. In Abwandlung eines Grundsatzes aus dem Selbstmanagement sollte man nach dem Motto handeln: „Wenn du nicht weißt, wo Du hinwillst, brauchst Du nicht befürchten, daß du ankommst".

(h) Unvermeidlich sind in der Sozialarbeit Zeiten der Unterbeschäftigung, die sich mir Überlastungen abwechseln. Dieser Zustand sollte

---

[17] Deshalb warne ich vor Büchern wie dem „1 × 1 des Zeitmanagements" von Lothar J. Seiwert oder der „Marktübersicht über Methoden des Selbstmanagements" vom gleichen Autor. Sie sind teuer, haben wenig Seiten und sind in manchen Denkanstößen sehr ärgerlich.

gepflegt werden – vor allem, indem man „Leerlaufzeiten" nicht nutzt. Keinesfalls sollte man z. B. in solchen Zeiten intensive Selbstevaluation betreiben.

(i) Auf das Lesen von Fachbüchern oder Artikeln aus Zeitschriften verzichtet man am besten ganz. Sorgfältig sollte es vermieden werden, sich im Terminkalender „Bibliothekstermine" einzutragen und sich Zeit zum Lesen zu nehmen. Man kann dann die gleichen Fehler immer wieder machen, auch wenn sie bereits häufig beschrieben wurden.

(k) Eine Reflexion des eigenen Handlungskontextes ist überflüssig. Insbesondere sollte auf die Analyse der Interaktionsmuster innerhalb der eigenen Institution verzichtet werden; sie würde die eingespielten Abläufe nur stören. Man sollte keine Rücksicht darauf nehmen, was Vorgesetzte, KollegInnen, andere Abteilungen oder Institutionen erwarten. Besser ist ein ausschließlich spontanes „aus dem Bauch" heraus erfolgendes Handeln.

(l) Geradezu gefährlich ist eine Reflexion der Auftragslage sowohl des Auftrags der eigenen Institution wie auch der des Einzelfalls. Man sollte einfach das tun, was man irgendwann einmal gelernt oder gelesen hat, egal, ob es paßt oder nicht. Dann kann man recht sicher sein, Schwierigkeiten zu bekommen; z. B. kann Therapie gemacht werden, wo soziale Kontrolle gefordert ist, oder es können emotionale Erlebnisinhalte verbalisiert werden, wo eigentlich Sachinformationen gefragt wären.

(m) Grundsätzlich sollte davon ausgegangen werden, daß man als Sozialarbeiter das Opfer widriger Umstände ist, an denen man nichts ändern kann. Auf Ratschläge wie „Selbst die schwierigste Arbeit läßt sich ändern, indem man sich eine andere sucht, bzw. man schafft sich ein Sprungbrett, indem man sich weiterqualifiziert!"[18] höre man nicht und halte eisern an der Überzeugung fest, daß das nicht geht, weil man zu alt ist oder weil alles nur noch viel schlimmer werden könnte.

(n) Gesellschaftliche Probleme sollten individualisiert und unermüdliche Versuche zu ihrer individuellen Lösung gemacht werden. Für ein Scheitern, das nicht ausbleiben wird, kann man dann abwechselnd die Klienten und sich selber verantwortlich machen. Ein besonders

---

[18] So Detlev Horn-Wagner in seinem Vortrag auf den Supervisionstagen am 30. Mai 1992 in Freiburg.

gutes theoretisches Rüstzeug dafür ist es, die Lösung aller Probleme in die Zuständigkeit der Sozialen Arbeit zu übertragen. Wird die Lösung sozialer Probleme wie Arbeitslosigkeit, Obdachlosigkeit und Armut zur Domäne Sozialer Arbeit erklärt und dann danach gefragt, ob die Soziale Arbeit über effektive Strategien verfügt, um diese Probleme zu lösen, können nur Zweifel am eigenen Berufsstand oder Frustration über die eigene Unfähigkeit dabei herauskommen.

8.3. ANGENOMMEN, SYSTEMISCHE BERATERINNEN HÄTTEN NICHT NUR EINEN KOPF, SONDERN AUCH EINEN KÖRPER ...

Abschließend gebe ich noch einige Empfehlungen zur puristischen Anwendung systemisch-konstruktivistischer Konzepte und zum gebotenen Verhalten gegen die Verwässerung der reinen Lehre. Die Systemtheorie, im Sinne Niklas Luhmanns (siehe vor allem S. 72 ff.), sieht das soziale System als ein System, für das das psychische und das körperliche System jeweils Umwelten bilden. Im Sinne von Perturbationen, Verstörungen und strukturellen Koppelungen beeinflussen sich diese Systeme gegenseitig. Sprache ist das Medium der Wirklichkeitskonstruktion; verfestigte, erstarrte Denk-, Handlungs- und Gefühlsmuster werden mittels Sprache transportiert, so wie auch ihre Veränderung, Verstörung und Aufweichung mittels sprachlicher Interventionen erfolgt. Zirkuläre Fragen sind das Mittel par excellence für SystemtherapeutInnen. Das körperliche System dagegen kommt in diesem Ansatz so gut wie nicht vor. Liest man systemische und familientherapeutische Veröffentlichungen, dann könnte man den Eindruck bekommen, als ob SystemtherapeutInnen in ihrer Arbeit ohne Körper auskommen und nur den Kopf, das Denken und das Sprechen benutzen und sich deshalb auf zirkuläre Fragen beschränken, um „im Gespräch zu bleiben"[19].

Eine SupervisorIn könnte mit einer gewissen Berechtigung an systemisch arbeitende Sozialarbeiter folgende Fragen stellen: „Angenommen, Sie würden Ihr systemisches Arbeiten mit einigen körperorientierten Vorgehensweisen anreichern oder solche einstreuen, was würden Ihre KollegInnen aus dem „systemischen Feld" denken?",

---

[19] Klaus Deissler (1993) übersetzt so das „continuing the coversation" von Harold A. Goolishian.

„Wie würden die Kollegen hinter dem Spiegel reagieren, wenn Sie mit der Familie eine Entspannungsübung machen würden?", „Wer aus Ihrem Team würde es am ehesten als ‚Rückfall' beschreiben, wenn Sie plötzlich anfangen würden, nicht nur Maturana, Varela und Selvini Palazzoli zu lesen und zu zitieren[20], sondern auch mal wieder Virginia Satir (wachstumsorientierte Familientherapie) oder gar Alexander Lowen (Bioenergetik)?", „Wer würde Sie am ehesten für verrückt erklären oder verständnislos die Achseln zucken, wenn Sie behaupten würden, daß gemeinsames Singen, Wandern, Spielen oder Schwimmen in der Sozialarbeit mit Randgruppen genauso wichtig sein kann, wie gekonnte zirkuläre Fragen zu stellen?".

Eine Integration systemischer und körper- oder erlebnisorientierter Vorgehensweisen wurde bislang kaum versucht (eine Ausnahme sind z. B. die Überlegungen von Sabine Mehne zur „systemischen Krankengymnastik"). Hier liegen viele unausgeschöpfte Möglichkeiten, die ich hier nur mit einem Beispiel andeuten möchte, einem „Gespräch mit meinem Kopfweh:

> Seit zwei Tagen begleitet mich ein dumpfer Kopfschmerz. Er stört mich, ich will ihn loswerden, weil er mich lähmt bei dem, was ich vorhabe. „Personifiziere" ich nun das Kopfweh und übernehme seine Rolle, d. h. ich spreche als Kopfweh zu dem etwas zerknitterten, ärgerlich die Stirn zusammenkneifenden Uli, dann wechselt plötzlich mein Gesichtsausdruck, so behaupten zumindest die Beobachterinnen aus der Gruppe hinterher. Ich hätte plötzlich verschmitzt gelächelt und viel wacher und aufmerksamer gewirkt; wie „ausgewechselt" sei ich gewesen. Außerdem ist das Kopfweh wie weggeblasen, wenn ich seine Rolle spiele. Es ist sofort wieder da, wenn ich die Rolle tausche und wieder ich selber bin. Auf die Frage: „Angenommen, du wärst dein Kopfweh, was würdest du dir sagen?", sagt das Kopfweh: „Ich freue mich, daß ich den Uli aus dem Gleis bringen kann. Er soll mich nicht rauswerfen, sondern mich freundlich begrüßen und schauen, was ich ihm bringe." Ich wechsle die Rollen und antworte verbissen: „Welche Botschaft hat der Kopfschmerz?". Ich schlüpfe in die Rolle der Kopfschmerzen: „Höre mehr auf deinen Körper, behandle mich nicht als lästigen Störenfried, sondern begrüße mich als willkommenen Gast, der dir etwas Wichtiges zeigen und schenken will".

---

[20] Was nach einer Umfrage die beliebtesten AutorInnen für Familientherapeuten sind (Steiner u. a. 1991).

Ein solches Gespräch könnte man ein „systemisch-konstruktivistisches Psychodrama" nennen. Ist es – so lautet die Frage aus der Sicht des systemisch-konstruktivistischen Ansatzes – zulässig, gleichsam „aus dem Ärmel" und ohne theoretische Fundierung verschiedene Beratungsmethoden zu integrieren, und dies nicht nur in Selbst-Gesprächen sondern auch in Gesprächen mit KlientInnen? Sollte nicht die „systemische Fahne" hochgehalten und theoretisch wie praktisch-konzeptionell eine ausschließlich systemische Position vertreten werden?

Ich persönlich neige nicht zu einem systemischen Purismus, sondern halte – sowohl auf der Ebene des Erklärungs- als auch auf der Ebene des Handlungswissens – die Ergänzung systemischer Perspektiven durch andere Konzepte, nicht nur für sinnvoll, sondern für notwendig und angesichts der Komplexität der Aufgaben und Problemstellungen in der Sozialen Arbeit sogar für dringend geboten.

Als sinnvolle Ergänzung und Grundlage zur systemischen Perspektive hat sich für mich in der Praxis das personenzentrierte Konzept nach Carl R. Rogers, Eugene Gendlin und Annemarie und Reinhard Tausch erwiesen, das ich im Sinne eines beraterisch-therapeutischen Grundlagenkonzepts verstehe (und nicht als „Papageientechnik" oder „Spiegel", wie es oft mißverstanden wird). Ohne Wärme und Wertschätzung und vor allem ohne Echtheit des Beraters wirkt die Familien-/Sytemtherapie bzw. die Sozialarbeit technisch und an strategischem Handeln (Jürgen Habermas) orientiert. Klientenrückmeldungen bei Nachbefragungen ergaben, daß – für mich erstaunlich häufig – nicht nur Kniffe, Tricks und Interventionen aus der „systemischen Trickkiste" während der Beratung als besonders hilfreich empfunden worden waren, wie ich selber vermutet hatte und auf die ich besonders stolz war. Es war vielmehr auch und gerade das einfühlsame, nicht-wertende Annehmen im Sinne der personenzentrierten Grundhaltung das für KlientInnen wichtig war. Dieser Befund deckt sich mit der Beobachtung, daß inzwischen auch innerhalb der Systemtherapie eine Abwendung von technisch-strategischen Orientierungen hin zu einer eher „humanistisch-personenzentrierten" Haltung zu verzeichnen ist.[21] Wie wichtig und aktuell eine solche Haltung des Respekts, der Zuwendung und der Wertschätzung ist,

---

[21] So referierte z. B. Karl Tomm auf dem internationalen Systemtherapeutischen Kon-

möchte ich abschließend mit einem Verweis auf den Ansatz von Jay Haley, einem der Pioniere der Familientherapie, illustrieren, der mir mit seinem Witz, seiner beißenden Ironie und seiner „Strategie, eine therapeutische Null zu werden" imponiert. Daß er aber in seinem Ansatz eine Abwertung anderer Therapierichtungen, vor allem der Psychoanalyse, vornimmt und damit in der Gefahr steht, kontraproduktiv zu werden, zeigt der folgende Satz aus dem Schlußkapitel seines neuesten Buches „Die Jesus-Strategie" (Haley 1990):

> „Die heutige Therapeutengeneration bemüht sich ernsthaft, Menschen zu verändern. Sie sind keine Berater, Spezialisten, objektive Beobachter oder Diagnostiker, sondern Menschen, die als Experten andere Menschen zu beeinflussen suchen. ... Angenommen, die gegenwärtige Tendenz hält an, dann wird es in absehbarer Zeit eine Gruppe von Leuten mit großen Fertigkeiten in der Beeinflussung von Menschen geben. Sie werden wissen, wie man Anweisungen gibt, die befolgt werden, und wie man Menschen beeinflußt, ohne daß sie es merken. Sie werden Macht über andere Menschen ausüben. Wie sieht es aber aus um die Grenzen der Macht?" (Haley 1990, 184)

Sein Lösungsvorschlag lautet: Ethik und Selbstdisziplin zu festen Bestandteilen der Therapieausbildung zu machen und eine Verbindung zwischen der Kunst der Kriegsführung (!) und der östlichen Religion zu schaffen, wodurch Menschen in die Lage versetzt werden, Macht im Rahmen von Harmonie und Zurückhaltung auszuüben. Wenngleich Haley das Ziel und die Träume einer bestimmten Richtung der Familien- und Systemtherapie auf den Punkt bringt, teile ich seine Grundannahmen, Befürchtungen und Lösungsvorschläge nicht. Dem möchte ich entgegensetzen:

(a) Ich bin skeptisch gegenüber allen Allmachtsphantasien, die ganz generell wie auch in der Sozialen Arbeit ein technokratisches Verän-

---

greß vom 3. bis 7. April 1991 in Heidelberg über „Liebe und Forschung in der Familientherapie". Mara Selvini Palazzoli übt inzwischen, wie mehrfach erwähnt, Selbstkritik an ihren eigenen, kurzfristig scheinbar so erfolgreichen Positionen aus der „paradoxen Zeit". Sie bekennt, daß die Grundhaltung aus der Entstehungszeit von „Paradoxon und Gegenparadoxon" die des Kampfes mit Familien war und auch ein Stück spitzbübische Rache für die vielen erlittenen Demütigungen durch Familien, die sich den Therapeuten als überlegen gezeigt hatten.

derungskonzept für lebende Systeme als möglich und erstrebenswert ansehen.

(b) Solche Machbarkeitsträume, denen beispielsweise auch Haley anhängt, halte ich nicht nur für gefährlich, sie sind zugleich auch Ausfluß eines entscheidenden Theoriedefizits: die für systemische Konzepte zentralen Aspekte „Strukturdeterminiertheit", „Autopoiesis" und „Unmöglichkeit instruktiver Interaktion" werden von ihm überhaupt nicht zur Kenntnis genommen.

(c) Bei Haley und anderen kommt eine Haltung zum Ausdruck, die ich als „sytemische Eindimensionalität" bezeichnen möchte. Sie lassen nur systemische Konzepte gelten und verwerfen andere Ansätze; dabei haben umfangreiche empirische Forschungen beispielsweise zu Therapievergleichen gezeigt, daß auch anderen Ansäzten nachweisbar Wirkungen zugeschrieben werden können (ganz abgesehen davon, daß in der Beratung und Therapie ein nicht geringer Anteil der erzielten Wirkungen sogenannten „unspezifischen Faktoren" zugeschrieben werden muß (Krause Jakob 1992). Die Verabsolutionierung der systemischen Perspektive verengt den Blick auf Beziehungen und blendet psychische und körperliche Dimensionen, wie sie z. B. die Forschungen zur Entstehung von Schizophrenie nachgewiesen haben, aus. Übrig bleibt ein „Uni-versum", eine einzige und richtige Sichtweise. Was fehlt ist das „Multi-versum", wie es eine konstruktivistische Perpektive eigentlich nahelegt. Mit der unerschütterlichen Überzeugung, daß die eigene Methode und Weltsicht überlegen ist, ist ein Verlust der Achtung und des Respekts vor anderen Weltsichten verbunden.

(d) Von der Abwertung oder gar sarkastischen Kritik anderer Ansätze halte ich nichts, insbesondere nicht von der Ausgrenzung der Psychoanalyse bzw. Tiefenpsychologie, wie sie auch Haley zwar witzig formuliert, was m. E. aber gerade auch in der Sache in die Irre geht, da viele der PionierInnen der Familien- und Systemtherapie zunächst PsychoanalytikerInnen waren und ihre Zurückhaltung gegenüber „objektiven" Diagnosen, psychopathologischen Begriffen usw. sich auf dieser psychoanalytischen Grundlage entwickelt hat (so z. B. bei Mara Selvini Palazzoli, Helm Stierlin, Fritz B. Simon u. a.).

(e) Mit der „Monopolisierung" des eigenen Ansatzes ist die Gefahr verbunden, „auf der anderen Seite vom Pferd zu fallen". Während Haley und viele KollegInnen seiner Provenienz vom Grundsatz auszugehen scheinen: „Gebt mir ein Problem – ich löse es!", gehen andere SystemikerInnen, z. B. Lynn Hofmann, vom gegenteiligen Prinzip aus: „Es gibt keine Probleme, und wir sind keine Veränderer". Beide Standpunkte scheinen mir fatal, jedenfalls werden sie den Anforderungen der Sozialen Arbeit nicht gerecht: Für viele Menschen gibt es reale Probleme. Als SozialarbeiterInnen sind wir aufgefordert – schließlich werden wir dafür bezahlt –, diese Probleme zu lösen. Doch wir wissen auch, daß viele dieser Probleme trotzdem nicht beseitigt werden können. Um es mit einem Bild zu sagen: Haleys Position scheint mir der eines Agrotechnikers zu gleichen, der nach dem Motto arbeitet: „Gebt mir genügend Dünger, Pestizide, Herbizide und Maschinen, und ich produziere euch alles". Hoffmans Sichtweise scheint mir eher den Standpunkt eines Jägers und Sammlers einzunehmen: „Machen kann man gar nichts, man muß eben das nehmen, was man findet." Ich persönlich tendiere für die Soziale Arbeit zur Haltung des Gärtners: „Was kann man tun, Voraussetzungen für Wachstum zu schaffen, da es unmöglich ist, die Ergebnisse selbst herzustellen?"

Mit diesem Bild plädiere ich für eine Reduzierung von Ansprüchen und überzogenen Erwartungen an die Erfolge, die mit einem systemischen Ansatz und einem entsprechenden Vorgehen in der Sozialen Arbeit zu erzielen sind. Auch SystemikerInnen „kochen nur mit Wasser", wenngleich ihre Selbsteinschätzung bisweilen eher den Geist einer Allmachtsphantasie atmet. Sympathisch ist mir dagegen eine Haltung, wie sie z. B. der Psychiater Teddy Hubschmid (1988) vertritt, der in einem Aufsatz seinen beruflichen Werdegang beschreibt: von der begeisterten Rezeption familientherapeutischer Ideen mit der Illusion, Schizophreniebehandlungen in maximal zehn Sitzungen erfolgreich durchzuführen, dem Erproben paradoxer Verschreibungen sowie dem Glauben an schnelle Erfolge hin zu einer Position der „Schizophreniebehandlung ohne Heilungsanspruch", die er „rehabilitative Familientherapie" nennt. Dabei werden „Angehörigengespräche" geführt (siehe auch Rave-Schwank 1990), es handelt sich nicht um eine „Familientherapie". Denn schon die Bezeichnung „Familientherapie" verführt zur „Verurteilung" der Familie, die angeblich schuld an den Problemen des kranken Mitglieds ist und die deshalb konsequenterweise auch wieder „freigesprochen" werden muß

(Dörner 1982). Familien spüren diesen impliziten Schuldvorwurf, selbst wenn er von den Therapeuten nicht so gesehen oder gar formuliert wird. Hubschmid hat von Seiten der „systemischen Puristen" für seine Preisgabe von Heilungsansprüchen sarkastische Kritik einstekken müssen. Diese verspotteten seinen Ansatz als „Invalidenmodell" (Simon/Weber 1988). Mir erscheint sein Modell dagegen recht realitäts- und alltagsnah zu sein (wenngleich der Konstruktivist in mir einwendet: „Realität gibt es ja gar nicht"). Gewiß: Die Kleider der „systemischen Puristen" wirken pfiffig und sind sicher anziehend. Für den Alltag bevorzuge ich trotzdem die einfacheren Kleider, zumal es nicht so schlimm ist, wenn sie mal dreckig werden. Ermutigt auf diesem Weg zu mehr Bescheidenheit hat mich auch Mara Selvini Palazzoli mit ihrer schon mehrfach erwähnten offenen Selbstkritik an den eigenen begeisterten Erfolgen aus der Zeit des „Paradoxon". Auf diese zurückblickend sagt sie sinngemäß: Die Erfolge waren nicht von Dauer. Und sie verwendet heute in ihrer viel längerfristig angelegten Arbeit außer therapeutischen Gesprächen auch Methoden und Hilfemaßnahmen, die sich als typisch sozialarbeiterisch beschreiben lassen: Arbeit mit Pflegefamilien, Unterbringung in Wohnheimen, Kooperation mit den allgemeinen sozialen Diensten usw. (Selvini Palazzoli u. a. 1992).

Schlußbemerkungen
Welchen Erkenntnisgewinn und welche neuen Handlungsmöglichkeiten bringen systemische Konzepte für die Soziale Arbeit?

„Systemisches Arbeiten – Aber das ist doch alles nichts Neues. Das mache ich doch auch. Das gehört doch zur Sozialarbeit selbstverständlich dazu!". Wird systemische Sozialarbeit verstanden als Perspektive, die außer am Klienten selbst sich an dem jeweiligen Umfeld und am sozialen Kontext orientiert und die eigene Interventionen nicht nur am Klienten selber ausrichten will, sondern ebenso an seinem Umfeld, an Familie, Nachbarschaft, Arbeitsstelle usw., und wird darin das Neue gesehen, was eine systemische Perspektive bringt, dann ist tatsächlich zu fragen, ob das wirklich etwas Neues ist für eine Sozialarbeit, die sich auf ihre Wurzeln besonnen und an ihre besten Traditionen angeknüpft, sich also nicht auf eine individualtherapeutisch verengte psychologische Sichtweise festgelegt hat. Ist es sinnvoll, alle paar Jahre einen neuen „Paradigmenwechsel" anzukündigen und alte Inhalte mit neuen Etiketten zu versehen, um sie dann als brandneu auf den Theorie- und Methoden-Markt zu werfen? Wir haben in den letzten Jahrzehnten schon zu viele Paradigmenwechsel erlebt, um noch die Unschuld zu besitzen, ihren jeweiligen Versprechungen ganz zu trauen: Da waren die „Wenden" in der Erziehungswissenschaft – von der geisteswissenschaftlichen Ausrichtung über die empirische Wende zur kritisch-emanzipatorischen Pädagogik –, die auch die Soziale Arbeit als Wissenschaft beeinflußt haben. Neuerdings muß die zwischenzeitlich erfolgreiche Wende zur „Orientierung am Alltag" immer mehr systemischen Ansätzen weichen.
Ich verstehe die systemisch-konstruktivistische Perspektive in der Sozialen Arbeit einerseits als selbstbewußte Anknüpfung an alte Traditionen der Sozialarbeit und andererseits als eine Möglichkeit, die – bei

aller Bescheidenheit – beanspruchen kann, für eine Weiterentwicklung der Sozialen Arbeit nützlich zu sein. Ich habe in diesem Buch versucht darzustellen, warum meiner Meinung nach die systemische Sichtweise für die Soziale Arbeit tatsächlich einen Erkenntnisgewinn und neue Handlungsperspektiven bringt: Der systemisch-konstruktivistische Ansatz kann sozialarbeiterisches Vorgehen systematischer und gezielter gestalten. Er liefert ein theoretisches Fundament zu seiner Konzeptualisierung und praktische Methoden, das, was „wir schon immer tun", etwas besser und wirksamer zu tun.

Die wesentlichen Elemente dieses behaupteten Erkenntnisgewinns möchte ich hier abschließend und als Zusammenfassung nochmals kurz umreißen:

(1) Bei der gegenwärtigen Inflation der Begriffe „systemisch" und „System" ist es wichtig, zu differenzieren, was der Autor unter diesen Begriffen jeweils versteht und an welche Theorietraditionen er damit anknüpft. Für mich sind die Begriffe verbunden

(a) mit der soziologischen Systemtheorie von Niklas Luhmann, die uns weit über die platte Einsicht hinausführt, daß „alles mit allem irgendwie zusammenhängt";
(b) mit der Kybernetik zweiter Ordnung von Heinz von Foerster, in der der Veränderer als Teil der Veränderung – und der Problemerzeugung – begriffen wird und nicht „dem System" (Familie, Einzelperson usw.), das er verändern will, als Objekt gegenüber steht, das er von außen betrachten kann;
(c) mit dem Konstruktivismus Ernst von Glasersfelds, der davon ausgeht, daß die Welt nicht durch unsere Erkenntnis, beispielsweise durch unsere sozialen Diagnosen über „abweichendes Verhalten", mehr oder weniger adäquat widergespiegelt wird, sondern daß wir unsere Welt konstruieren, d. h. ko-kreativ hervorbringen;
(d) mit der Kognitionstheorie von Humberto Maturana und Francisco Varela, deren Zentralbegriffe „Autopoiesis" und „strukturelle Koppelung" von Niklas Luhmann aufgegriffen und weiterentwickelt bzw. auf soziale Systeme angewendet worden sind.

(2) Mit dem systemisch-konstruktivistischen Ansatz kann an Konzepte angeknüpft werden, die bereits am Ende des 19. Jahrhunderts von den Gründerinnen der Sozialen Arbeit, von Jane Adams oder

Mary Richmond, diskutiert wurden. Die Problemdefinitionen und Konzepte von damals können jetzt präziser gefaßt und exakter auf den Begriff gebracht werden.

(3) Die Systemtheorie hat ein differenziertes Netz von Begriffen geknüpft, die es erlauben, Sachverhalte von großer Komplexität exakter und genauer zu beschreiben, als es bisher möglich war. Diese Begriffe erlauben eine einheitliche und verbindende Beschreibung von Phänomenen auf verschiedenen Wirklichkeits- und Interventionsebenen, mit denen es die Sozialarbeit zu tun hat. Das Körpersystem und das psychische System eines Individuums, die verschiedenen sozialen Systeme, in denen dieser Mensch eingebunden ist, ja, auch das Makrosystem (Ökonomie, Kultur usw.), das nicht weniger bedeutungsvoll für die Entstehung und (Nicht-)Lösung sozialer Probleme ist, können mit den gleichen Begriffen beschrieben und dadurch besser zueinander in Bezug gesetzt werden, ohne daß dadurch die Unterschiede zwischen den verschiedenen Betrachtungs- und Wirklichkeitsebenen verwischt werden.

(4) Gleichzeitig erlaubt dieses komplexe Begriffssystem mehr Interdisziplinarität der verschiedenen Wissensbestände. Das für die Soziale Arbeit typische unverbundene Nebeneinander von Theoriefragmenten aus unterschiedlichen Fachdisziplinen kann so überwunden und die vielbeschworene „ganzheitliche" Sichtweise eher realisiert werden. So lange in der Forschung und und Theoriebildung die sogenannten „Grundlagenwissenschaften" Soziologie, Pädagogik, Psychologie, Rechtswissenschaft, Politikwissenschaft, Medizin usw. in der Sozialarbeitswissenschaft völlig unterschiedliche Sprachen sprechen, bleiben die Beschreibung ihres Gegenstandes (soziale Probleme) ebenso unbefriedigend wie ihre Theorien und Forschungsdesigns. Die Systemtheorie erlaubt nicht nur eine solide Fundierung der der Sozialarbeitswissenschaft, sondern zudem ihren Anschluß an die wissenschaftlichen Diskussionen in „Psychologie", „Soziologie", „Medizin", „Politikwissenschaft", „Recht" usw.

(5) Die systemische Sichtweise in der Sozialen Arbeit nimmt Abschied vom linearen Konzept der Ursachen-Wirkungs-Zusammenhänge. Diese sind (wenn auch manchmal unvermeidliche oder hilfreiche) vereinfachte gedankliche Konstruktionen, die komplexe Rückkoppelungsschleifen außer acht lassen. Je komplexer die betrachteten

Phänomene werden und je angemessener das Erkennen der Komplexität werden soll, desto unangemessener wird die vereinfachte lineare Betrachtungsweise und je weniger ist sie für eine „Veränderungspraxis" hilfreich. Menschen sind nun mal keine „trivialen Maschinen". Behandelt man sie aber dennoch als solche, dann ist das Ergebnis auch entsprechend.

(6) Die Begriffe „Autopoiese" und „strukturelle Koppelung", die zentralen Begriffselemente der systemischen Theorie, haben für sich genommen zwar kaum einen Erklärungswert[1], doch das konsequente Weiterdenken von diesen einfachen Begriffen führt in der Begriffs- bzw. Theorie-Architektur zu sehr bedenkenswerten Ergebnissen, die durchaus einen Erklärungswert haben und als Ausgangspunkt für empirische Untersuchungen ebenso wertvoll sind wie für die Fundierung von Handlungswissen. Das auf diesen Begriffen aufgebaute Konzept Sozialer Arbeit ergibt eine völlig andere und – wie ich finde – dem „Gegenstand" wesentlich angemessenere Sichtweise der zentralen Probleme und Fragen der Sozialarbeit. Hilfeplanung kann nicht mehr wie die Reparatur einer Maschine betrachtet werden, sonder muß als ko-kreativer Prozeß konzipiert sein, oder: die Selbstevaluation der Sozialer Arbeit kann nicht mehr als Output-Kontrolle durchgeführt, sondern muß als zirkluärer Prozeß organisiert werden.

(7) Auch der aus dem Konzept „Autopoiese" bzw. „strukturelle Koppelung" abgeleitete bzw. mit ihm verknüpfte Konstruktivismus stellt in der Geistes- und Wissenschaftsgeschichte nichts Neues dar. Schon die Skeptiker im alten Griechenland vertraten ähnliche Postitionen, und bei den Philosophen George Berkeley, David Hume und Immanuel Kant finden wir dieses Denken. Sie haben die philosophischen Grundlagen dafür geschaffen, was heute durch wissenschaftliche Forschung z. B. in der Neurophysiologie bestätigt wird. Aber der Konstruktivismus verknüpft Forschungsergebnisse aus den verschiedensten Bereichen, etwa aus der genetischen Epistemologie, der Chaos-Forschung, der Selbstorganisationstheorie usw., zu einem sinnvollen Gesamtbild und ermöglicht damit grundlegend neue wissenschaftliche Perspektiven.

---

[1] Wie auch Niklas Luhmann selber in seiner Vorlesung zur Einführung in die Systemtheorie bemerkt (Luhmann, Einf. Cass. 4).

(8) Was sich aus diesen theoretischen Grundlagen an neuen Ideen und Impulsen für die Praxis der Sozialen Arbeit ergibt, ist auch in diesem Buch lediglich angedacht. Ganz wesentlich scheint mir die Möglichkeit zur differenzierten Beschreibung von Verhaltens- und Interaktionsmustern. Ich habe verschiedenen Ansätze dargestellt, wie solche Beschreibungen von Mustern auf unterschiedlichen Ebenen (Klientensystem, Problemsystem, Helfersystem) genutzt werden können, um neue Spiel- und Handlungsräume für HelferInnen und KlientInnen zu eröffnen. Außerdem habe ich einige Techniken beschrieben, wie erstarrte Muster „aufgeweicht" und „verflüssigt" werden können. Ich vermute, daß uns die nächsten Jahre noch einige Überraschungen bescheren und damit noch mehr Hilfen für die alltägliche Arbeit geben werden.

Schließen möchte ich mit einem kühnen Satz von Ernst von Glasersfeld:

> „Wenn wir Psychologen und Erzieher dazu bringen können einzusehen, daß das, was wir ‚Wissen' nennen, nie das Bild der wirklichen Welt ist, sondern eine spezifisch menschliche Konstruktion, die unter den einschränkenden Bedingungen einer unerkennbaren Welt überleben kann, dann können wir eines Tages doch noch ein menschenwürdiges Erziehungssystem erreichen." (von Glasersfeld 1987, 136)

Wir können auch als SozialarbeiterInnen zwar die Welt nicht erkennen, wie sie „wirklich" oder „objektiv" unabhängig von uns als erkennenden Subjekten ist, aber wir können uns selber verändern, zumindest unsere Sichtweisen von der Welt, von unseren KlientInnen, von den Teams und Diensten, in denen wir arbeiten, und vor allem die Sichtweise von uns selber ändern. Ob uns diese Einsicht und Haltung – umgesetzt in entsprechende professionelle Konzepte – auch eine menschlichere Soziale Arbeit bingt, bleibt eine Hoffnung. Was Ernst von Glasersfeld in dieser Hoffnung für Psychologen und Erzieher ausspricht sollte besonders auch für Sozialarbeiterinnen gelten; denn gerade sie mit ihrem Auftrag, zu verändern, zu helfen zu disziplinieren und zu kontrollieren, stehen noch mehr in der Versuchung, zu wissen, was „richtig" oder „besser" ist.

Literatur

Andersen, Tom (Hrsg.) (1990): Das reflektierende Team. Dialoge und Dialoge über Dialoge. Dortmund
Andolfi, Maurizio (1982): Familientherapie. Das systemische Modell und seine Anwendung. Freiburg i.Br., 4. Aufl.
Apel, Karl-Otto (1980): Die Konflikte unserer Zeit und das Erfordernis einer ethisch-politischen Grundorientierung. In: Apel u. a. (1980), Bd. 1, S. 267–292
Apel, Karl-Otto (1992a): Diskurs und Verantwortung. Das Problem des Übergans zur postkonventionellen Moral. Frankfurt a.M., 2. Aufl.
Apel, Karl-Otto (1992b): Diskursethik vor der Problematik von Recht und Politik. In: Apel/Kettner (1992), S. 29–61
Apel, Karl-Otto/Böhler, Dietrich u. a. (Hrsg) (1980): Praktische Philosophie/Ethik. Aktuelle Materialien. Reader zum Funk-Kolleg, Bd. 1, Frankfurt a.M.
Apel, Karl-Otto/Kettner, Matthias (Hrsg.) (1992): Zur Anwendung der Diskursethik in Politik, Recht und Wissenschaft. Frankfurt a.M.
Aschenbrenner-Wellmann, Beate (1993): PAS – der prozeßanalytisch-systemische Hilfeplan. Eine Orientierungshilfe für die Umsetzung des § 36 SGB VIII. In: Soziale Arbeit 42, S. 16–21
Baecker, Dirk (1994): Soziale Hilfe als Funktionssystem der Gesellschaft. In: Zeitschrift für Soziologie 23, S. 93–110
Baecker, Jochen/Borg-Laufs, Michael u. a. (1992): Sozialer Konstruktivismus – eine neue Perspektive in der Psychologie. In: Schmidt (1992), S. 116–145
Bateson, Gregory (1985): Ökologie des Geistes. Anthropologische, psychologische, biologische und epistemologische Perspektiven. Frankfurt a.M.
Bateson, Gregory/Jackson, Don D. u. a. (1956): Auf dem Wege zu einer Schizophrenie-Theorie. In: dies. (1984), S. 11–43
Bateson, Gregory/Jackson, Don D. u. a. (1984) : Schizophrenie und Familie. Frankfurt a.M.
Beck, Charlotte Yoko (1990): Zen im Alltag. München
Beins, Wolfgang (1988): Gegen das „Wursteln aus dem hohlen Bauch" – für die Entwicklung einer „Sozialen Therapie". In: Sozialpsychiatrische Informationen 18 (1), S. 12–18
Berg, Insoo Kim/de Shazer, Steve (1993): Wie man Zahlen zum Sprechen bringt: Die Sprache in der Therapie. In: Familiendynamik 18, S. 146–162

Berg, Insoo Kim/Miller, Scott D. (1993): Kurzzeittherapie bei Alkoholproblemen. Ein lösungsorientierter Ansatz. Heidelberg

Berger, Heinrich (1993): Vom Versorgungsdiskurs zur systemisch-konstruktivistischen Perspektive. In: Berger/Schirmer (1993), S. 349–368

Berger, Heinrich/Schirmer, Ulla (Hrsg.) (1993): Sozialpsychiatrische Dienste. Entwicklung, Konzeption, Praxis. Freiburg i.Br

Bettelheim, Bruno (1983): Die Geburt des Selbst. Frankfurt a.M.

Blinkert, Baldo/Huppertz, Norbert u. a. (1976): Berufskrisen in der Sozialarbeit. Eine empirische Untersuchung über Verunsicherung, Anpassung und Professionalisierung von Sozialarbeit. Weinheim und Basel

Bloch, Ernst (1977): Das Prinzip Hoffnung. 3 Bde. Frankfurt a.M., 4. Aufl.

Boeckhorst, Frans (1996): Die Logik des Umwegs. Über die Kunst der Entfesselung in der Therapie. In: Zeitschrift für systemische Therapie 14, S. 172–177

Böhler, Dietrich (1980): Entwicklungsprobleme und Entwicklungsschwellen der praktischen Vernunft. In: Apel/Böhler u. a.(1980), Bd. 1, S. 123–154

Böse, Reimund/Schiepek, Günter (1989): Systemische Theorie und Therapie: ein Handwörterbuch. Heidelberg

Boscolo, Luigi/Cecchin, Gianfranco u. a. (1988): Familientherapie – Systemtherapie. Das Mailänder Modell. Dortmund

Bosselmann, Rainer (1993): Lob der kollegialen Unterstützungsgruppe – wegen ihres Nutzens für die familientherapeutische und andere Arbeit. In: Familiendynamik 18, S. 82–85

Boulet, Jaques/Krauß, Jürgen/Oelschlägel, Dieter (1980): Gemeinwesenarbeit. Eine Grundlegung. Bielefeld

Brack, Ruth (1989): Klienten als Informationsquelle zum/über den Beratungserfolg? In: Sozialarbeit 7/8, S. 9–15

Brack, Ruth (1991): Das Arbeitspensum in der Sozialarbeit. Bern und Stuttgart

Brandau, Hannes (1992): Unterschiedliche Ideen systemischer Supervision. Referat beim Kongreß „systemische Supervision" an der Evang. Fachhochschule für Sozialwesen in Freiburg i.Br. am 29. Mai 1992 (unveröffentlichtes Manuskript)

Brandl-Nebehay, Andrea/Russinger, Ulrike (1995): Systemische Ansätze im Jugendamt – Pfade zwischen Beratung, Hilfe und Kontrolle. In: Zeitschrift für systemische Therapie 13, S. 90–104

Brandon, David (1983): Zen in der Kunst des Helfens. München

Briggs, John/Peat, F. David (1990): Die Entdeckung des Chaos. Eine Reise durch die Chaostheorie. Müchen und Wien

Brown-Standridge, Marcia (1992): Ein Paradigma für die Konstruktion und Gestaltung von familientherapeutischen Aufgaben. In: Familiendynamik 17, S. 39–67

Bruder, Klaus-Jürgen (1993): Subjektivität und Postmoderne: der Diskurs der Psychologie. Frankfurt a.M.

Brunkhorst, Hauke/Otto, Hans-Uwe (1989): Soziale Arbeit als gerechte Praxis. In: Neue Praxis 19, S. 372–374

Bühl, Walter L. (1991): Politische Grenzen der Autopoiese sozialer Systeme. In: Fischer (1991), S. 201–225

Burnham, John B. (1995): Systemische Familienberatung. Eine Lern- und Praxisanleitung für soziale Berufe. Weinheim, Basel

Canova, Ricardo/Scazza, Claudio u. a. (1990): Der systemische Ansatz in Krisenfällen. In: Zeitschrift für systemische Therapie 8, S. 257–263

Capra, Fritjof (1987): Das neue Denken. Die Entstehung eines ganzheitlichen Weltbildes im Spannungsfeld zwischen Naturwissenschaft und Mystik. Bern, München, Wien

Cecchin, Gianfranco/Boscolo, Luigi (1988): Zum gegenwärtigen Stand von Hypothetisieren, Zirkularität und Neutralität. In: Familiendynamik 13, S. 190–203

Cecchin, Gianfranco/Lane, Gerry u. a. (1992): Vom strategischen Vorgehen zur Nicht-Intervention. Für mehr Eigenständigkeit in der systemischen Praxis. In: Familiendynamik 17, S. 3–18

Christ, Hans/Wedekind, Erhard (1988): Zur Praxis systemischer Institutionsberatung. In: Zeitschrift für systemische Therapie 6, S. 279–287

Cirillo, Stefano/Di Blasio, Paola (1992): Familiengewalt. Ein systemischer Ansatz. Stuttgart

Cohn, Ruth (1988): Von der Psychoanalyse zur themenzentrierten Interaktion. Stuttgart, 8. Aufl.

Danckwerts, Dankwart (1981): Zur Theorie der Sozialarbeit und Sozialpädagogik. In: Kerkhoff (1981), S. 33–60

Daniel, Claus (1984): Kant verstehen: Einführung in seine theoretische Philosophie. Frankfurt a.M. und New York

Das gepfefferte Ferkel. Lesebuch für Sozialarbeiter und andere Konstruktivisten. Zusammengewürfelt von Theodor M. Bardmann. Aachen 1991

Deissler, Klaus G. (1988): Erfinderisches Intervenieren. In: Familiendynamik 13, S. 345–363

Deissler, Klaus G. (1990): Zur Konstruktion eines systemtherapeutischen Kontextes an einer psychiatrischen Landesklinik. In: Zeitschrift für systemische Therapie 8, S. 238–247

Deissler, Klaus G. (1993): „Meyner Geschichten" – „im Gespräch bleiben" mit Jürgen Hargens. In: Zeitschrift für systemische Therapie 11, S. 4–13

Deissler, Klaus G./Schug, Roswitha u. a. (1992): Systemische Therapie im psychiatrischen Kontext. In: Zeitschrift für systemische Therapie 10, S. 30–45

Dell, Paul F. (1981): Untersuchung der Familientheorien zur Schizophrenie: Eine Übung in epistemologischer Konfusion. In: Familiendynamik 6, S. 310–331

de Shazer, Steve (1989): Der Dreh. Überraschende Wendungen und Lösungen in der Kurzzeittherapie. Heidelberg

de Shazer, Steve/Berg, Insoo Kim u. a. (1986): Kurztherapie – Zielgerichtete Entwicklung von Lösungen. In: Familiendynamik 11, S. 182–205

Deutscher Verein für öffentliche und private Fürsorge (Hrsg) (1993): Fachlexikon der sozialen Arbeit. Frankfurt a.M., 3. ern. u. erw. Aufl.

de Vries, Sjief (1996): Psychotherapie und die Unteren Sozioökonomischen Schichten: ein kultureller Unterschied. In: Zeitschrift für systemische Therapie 14, S. 236–249

Dewe, Bernd/Otto, Hans-Uwe (1987): Professionalisierung. In: Eyferth/Otto/Thiersch (1987), S. 788–811

Dewe, Bernd/Scherr, Albert (1990): Gesellschafts- und kulturtheoretische Bezugspunkte einer Theorie sozialer Arbeit. In: Neue Praxis 20, S. 124–143

Dewe, Bernd/Scherr, Albert (1991): Beratung oder Therapie. In: Blätter der Wohlfahrtspflege 1, S. 6–7

Dieffenbach, Rainer (1988): Gutachten und Arztbriefe als systemische Intervention? In: Familiendynamik 13, S. 335–344

Dietrich, Georg (1983): Allgemeine Beratungspsychologie. Göttingen

Diez, Hannelore/Krabbe, Heinz (1991): Was ist Mediation? – Praktische Gebrauchsanleitung für ein außergerichtliches Vermittlungsverfahren. In: Krabbe (1991), S. 107–132

Dörner, Klaus (1988): Ökologischer Ansatz als Brücke zwischen Sozialpsychiatrie und systemischem Denken. In: Keller (1988), S. 20–29

Dörner, Klaus/Plog, Ursula (1989): Irren ist menschlich. Lehrbuch der Psychiatrie. Wunstorf, 5. Aufl.

Drewes, Michael/Krott, Eberhard (1996): Der Schlüssel zum Glück. Zwang als konstruktiver Beitrag zur Gestaltung von Beziehungen. In: Zeitschrift für systemische Therapie 14, S. 197–202

Dschuang Dsi (1986): Das wahre Buch vom südlichen Blütenland. Übers. und erläutert von Richard Wilhelm. Köln

Dürr, Hans-Peter/Zimmerli, Walter Chr. (Hrsg.) (1991): Geist und Natur. Über den Widerspruch zwischen naturwissenschaftlicher Erkenntnis und philosophischer Welterfahrung. Bern, München, Wien

Dürr, Hans-Peter (1991): Wissenschaft und Wirklichkeit. Über die Beziehung zwischen dem Weltbild der Physik und der eigentlichen Wirklichkeit. In: Dürr/Zimmerli (1991), S. 28–46

Ebbecke-Nohlen, Andrea (1997): Supervision zwischen Auftragsklärung und Prozeßgestaltung. Spielräume systemischer Supervision. In: Zeitschrift für systemische Therapie 15, S. 22–34

Ellebracht, Heiner/Vieten, B. (1993): Systemische Ansätze im psychiatrischen Alltag. Dortmund

Erbach, Franz/Richelshagen, Kordula (1989): Isomorphe Strukturen im Kontext der Suchthilfe. Ein Versuch über den Rand des Spiegels zu blicken. In: Familiendynamik 14, S. 27–46

Essen, Siegfried (1993): Systemische Therapie als Praxis der Nichtanhaftens. Über die spirituelle Dimension der systemischen Familientherapie unter Berücksichtigung buddhistischer Terminologie. In: Zeitschrift für systemische Therapie 11, S. 32–38

Exner, Hella/Reithmayr, Franz (1991): Anmerkungen zu Maturanas Versuch einer Ethik. In: Fischer (1991), S. 137–152

Eyferth, Hanns/Otto, Hans-Uwe/Thiersch, Hans (Hrsg.) (1987): Handbuch zur Sozialarbeit/Sozialpädagogik. Eine systematische Darstellung für Wissenschaft, Studium und Praxis. Neuwied und Darmstadt

Failing, Wolf-Eckhardt (1991): Hinter der Kapelle links. Kritische Randbemerkungen zu Kernpunkten eines nicht endenden Dilemmas oder: Soziale Arbeit im Gesundheits-, Krankheits- und Pflegewesen. In: Sozialmagazin 15 (10), S. 34–41

Fatzer, Gerhard (Hrsg.) (1993): Organisationsentwicklung für die Zukunft. Köln

Feldenkrais, Moshe (1987): Die Entdeckung des Selbstverständlichen. Frankfurt a.M

Feyerabend, Paul (1991): Wider den Methodenzwang. Frankfurt a.M., 3. Aufl.

Fisch, Richard/Weakland, John H./Segal, Lynn (1987): Strategien der Veränderung. Systemische Kurzzeittherapie. Stuttgart

Fischer, Hans-Rudi (1991): Autopoiesis. Heidelberg

Fischer, Hans-Rudi (1991): Murphys Geist oder die glücklich abhandengekommene Welt. Zur Einführung in die Theorie autopoietischer Systeme. In: Fischer (1991), S. 9–37

Franck, Johannes (1990): Plädoyer für ganzheitliche Beratung anstelle zersplitterten Spezialistentums. In: Nachrichtendienst des Deutschen Vereins 8, S. 248–251

Fuchs, Werner/Klima, Rolf u. a. (1988): Lexikon zur Soziologie. Opladen. Ungekürzte Sonderausgabe der 2. Auflage. 1978

Fuchs, Walter/Schmid-Isringhausen, Clemens (1992): „Wie ein Topf voller Lob ...". Systemische Beratung in Form von Gruppenberatung für Pflegeeletern. In: Nachrichtendienst des Deutschen Vereins 12, S. 412–413

Geiser, Kaspar (1990): Die prozessual-systemische Denkfigur als Arbeitsinstrument von Sozialarbeiterinnen und Sozialarbeitern. In: Sozialarbeit 22 (4), S. 15–37

Georgi, Hans/Wedekind, Erhard/Levold, Tom (1990): Im Bauch des Walfischs. Zur Verdaulichkeit psychoanalytisch-systemischer Ansätze im stationären Psychiatriealltag. In: Zeitschrift für Systemische Therapie 8, S. 225–237

Gerlicher, Karl/Jungmann, Joachim/Schweitzer, Jochen (Hrsg.) (1986): Dissozialität und Familie. Zur Kooperation von Jugendhilfe und Jugendpsychiatrie unter familientherapeutischer Sichtweise. Dortmund

Gester, Peter W. (1990): Checkliste zur Reflexion von Einflußvariablen auf Supervisionsprozesse. In: Sozialpsychiatrische Informationen 20 (2), S. 14–18

Girgensohn-Marchand, Bettina (1992): Der Mythos Watzlawick und die Folgen. Eine Streitschrift gegen systemisches und konstruktivistisches Denken in pädagogischen Zusammenhängen. Weinheim

Goolishian, Harold A./Anderson, Harlene (1988): Menschliche Systeme. Vor welche Probleme sie uns stellen und wie wir mit ihnen arbeiten. In: Reiter u. a. (1988), S. 189–216

Goldbrunner, Hans (1990): Arbeit mit Problemfamilien. Systemische Perspektiven für Familientherapie und Sozialarbeit. Mainz, 2. Aufl.

Goldner, Virginia (1993): Sowohl als auch. In: Familiendynamik 18, 207–222

Gotthard-Lorenz, Angela (1989): Organisationsberatung. Hilfe und Last für die Sozialarbeit. Freiburg i.Br.

Graf, Pedro (1994): Gegen den radikalen Konstruktivismus – für eine kritisch-realistische Systemtheorie. In: Zeitschrift für systemische Therapie 12, S. 44–57

Grau, Uwe/Hargens, Jürgen (1992): Metapher-Fragen. Ein Beispiel konstruktivistischer Praxis. In: Zeitschrift für systemische Therapie 10, S. 101–110

Grözinger, Heinz (1991): Sozialarbeit und therapeutische Zusatzqualifikation. Klientenauslese durch therapeutische Qualifizierung der Beraterinnen und Berater. In: Blätter der Wohlfahrtspflege 1, S. 8–9

Habermas, Jürgen (1985): Die neue Unübersichtlichkeit. Frankfurt a.M.

Habermas, Jürgen (1987): Theorie des kommunikativen Handelns. 2 Bde., Frankfurt a.M., 4. Aufl.

Habermas, Jürgen (1991a): Moralbewußtsein und kommunikatives Handeln. Frankfurt a.M., 4. Aufl.

Habermas, Jürgen (1991b): Erläuterungen zur Diskursethik. Frankfurt a.M.

Häasing-Levend, Helga (1992): Jeder will Opfer, keiner Täter sein. Kritische Anmerkungen zur Mediation und zum gemeinsamen Sorgerecht. In: Sozialmagazin 17, S. 14–18

Haferkamp, Hans/Schmid, Michael (1987): Sinn, Kommunikation und soziale Differenzierung. Beiträge zu Luhmanns Theorie sozialer Systeme. Frankfurt a.M.

Haley, Jay (1985): Direktive Familientherapie. Strategien für die Lösung von Problemen. München, 3. Aufl.

Haley, Jay (1990): Die Jesus-Strategie. Die Macht der Ohnmächtigen. Weinheim und Basel

Haupert, Bernhard (1989): Evaluation in der Sozialarbeit. Konzepte und Begriffe – ein Überblick. In: Sozialarbeit 21, S. 3–8

Haupert, Bernhard (1992): Qualitativee und quantitative Methoden der Sozialarbeitsforschung – Ihre Bedeutung für die Professionsentwicklung in der Sozialen Arbeit. In: Sozialarbeit 24 (3), S. 2–13

Heijl, Peter M. (1992): Die zwei Seiten der Eigengesetzlichkeit. Zur Kontruktion natürlicher Sozialsysteme und zum Problem ihrer Regelung. In: Schmidt (1992), S. 167–213

Heil, Friedrich E./Scheller, Reinhold (1984): Psychologische Beratung. In: Schmidt, L.R. (Hrsg.) (1984): Lehrbuch der klinischen Psychologie. Stuttgart, 2. Aufl.

Heiner, Maja (1988): Selbstevaluation in der sozialen Arbeit. Fallbeispiele zur Dokumentation und Reflexion beruflichen Handelns. Freiburg i.Br.

Heiner, Maja (Hrsg.) (1988a): Praxisforschung in der sozialen Arbeit. Freiburg i.Br.

Heiner, Maja (1992): Evaluation und berufliche Handlungskompetenz. Systematische Sammlung, Intereperetation und Reflexion von Informationen über den Interventionsprozeß als methodisches Handeln in der sozialen Arbeit. In: Blätter der Wohlfahrtspflege 5, S. 123–126

Heiner, Maja (Hrsg.) (1994): Selbstevaluation als Qualifizierung in der sozialen Arbeit. Freiburg i.Br.

Heiner, Maja (1996): Systemtheoretische Modelle für eine Theorie professionellen Handelns. In: Neue Praxis 25, 427–441

Heiner, Maja/Meinhold, Marianne/Staub-Bernasconi, Silvia (1994): Methodisches Handeln in der Sozialen Arbeit. Freiburg i.Br.

Heinl, Peter (1987): Die Technik der visuellen Analyse von Genogrammen (Familienstammbäumen). In: Familiendynamik 12, S. 118–138

Hellinger, Bert (1994): Ordnungen der Liebe. Heidelberg

Herriger, Norbert (1991): Empowerment – Annäherungen an ein neues Fortschrittsprogramm der sozialen Arbeit. In: Neue Praxis 21, S. 221–229

Herriger, Norbert (1996): Empowerment und Engagement. In: Soziale Arbeit 9/10-1996, S. 290–301

Herwig-Lemp, Johannes (1987a): Das Phänomen der sogenannten Neuen Süchte. In: Neue Praxis 17, S. 54–64

Herwig-Lemp, Johannes (1987b): Soziale Systeme existieren. Stimmt's? Stimmt nicht! In: Delfin 5, S. 5–10

Herwig-Lemp, Johannes (1990): Sozialpsychiatrische Dienste. Ambulante Beratung und Begleitung chronisch psychisch Kranker. In: Sozialmagazin 15, S. 34–42

Herwig-Lemp, Johannes (1991a): Akzeptanz und systemisches Denken im Umgang mit Drogenkonsumenten. In: Sozialpädagogik 33, 210–221

Herwig-Lemp, Johannes (1991b): Ganz normal die Freizeit verbringen. Freizeitgruppen und Urlaubsangebote in der ambulanten Arbeit mit psychisch kranken Menschen. In: Kerbe – Zeitschrift für Sozialpsychiatrie 9 (2), S. 24–27

Herwig-Lemp, Johannes (1994): Von der Sucht zur Selbstbestimmung. Drogenkonsumenten als Subjekte. Dortmund

Hörmann, Georg (Hrsg.) (1994): Im System gefangen. Zur Kritik systemischer Konzepte in den Sozialwissenschaften. Münster

Hörster, Reinhard (1988): Alltagsorientierte Wende in der Pädagogik. In: Neue Praxis 18, S. 376–385

Hoffman, Lynn (1984): Grundlagen der Familientherapie. Hamburg, 2. Aufl.

Hoffman, Lynn (1992): Relationale Arbeit mit Systemen: Familientherapie mit anderer Stimme. In: Zeitschrift für systemische Therapie 10, S. 97–100

Hollstein-Brinkmann, Heino (1989): Sozialarbeit und Systemtheorie. In: Zeitschrift für systemische Therapie 7, S. 255–259

Hollstein-Brinkmann, Heino (1993): Soziale Arbeit und Systemtheorien. Freiburg i.Br.

Hompesch-Cornetz, Ingeborg/Hompesch, Raimund (1987): Sozialpädagogik und Therapie. In: Eyferth/Otto/Thiersch (1987), S. 1028–1044

Horster, Detlev (1991): Richard Rorty zur Einführung. Hamburg

Hubschmid, Teddy (1988): Schizophreniebehandlung ohne Heilungsanspruch – die rehabilitative Familientherapie. In: Keller (1988), S. 43–50

Imber-Black, Evan (1990): Familien und größere Systeme. Im Gestrüpp der Institutionen. Heidelberg

Imber-Black, Evan/Roberts, Janine/Whiting, Richard A. (1993): Rituale in Familien und Familientherapie. Heidelberg

Jacobs, Stefan (1984): Beziehungsmuster in der klientenzentrierten Psychotherapie mit Delinquenten. In: Zeitschrift für personenzentrierte Psychologie und Psychotherapie 5, S. 173–185

Jänicke, Ulrike (1990): Was ich mir als konventionell ausgebildete Psychiaterin von der Beschäftiigung mit systemischer Therapie verspreche. In: Zeitschrift für systemische Therapie 8, S. 213–217

James, William (1981): Der Wahrheitsbegriff des Pragmatismus. In: Geschichte der Philosophie in Text und Darstellung. Bd. 8: 20. Jahrhundert, hrsg. von Reiner Wiehl. Stuttgart 1981, S. 428–454

Jungblut, Hans-Joachim/Schreiber, Werner (1987): Interaktionismus. In: Eyferth/Otto/Thiersch (1987), S. 495–505

Kant, Immanuel (1787): Kritik der reinen Vernunft. 2. Aufl. (B). In: Werke in 10 Bänden, hrsg. von Wilhelm Weischedel. Bde 3 und 4, Darmstadt

Katschnig, Hildegard/Wanschura, Esther (1987): Familientherapie am Berg – Ein Therapiemodell. In: Familiendynamik 12, S. 162–175

Keeney, Bradford P. (1987): Konstruktion therapeutischer Wirklichkeiten. Praxis und Theorie systemischer Therapie. Dortmund

Keeney, Bradford P. (1992): KlientInnen – Konversation supervidieren. Anmerkungen zu einer kontextuellen Struktur, die therapeutische Kreativität evozieren hilft. In: Zeitschrift für systemische Therapie 10, S. 63–66,

Keller, Thomas (Hrsg.) (1988): Sozialpsychiatrie und systemisches Denken. Bonn

Kerkhoff, Engelbert (Hrsg.) (1981): Handbuch Praxis der Sozialarbeit und Sozialpädagogik. 2 Bde. Düsseldorf

Kersting, Heinz J. (1992): Kommunikationssystem Supervision. Unterwegs zu einer konstruktivistischen Beratung. Aachen

Keupp, Heiner (1991): Beratung und Therapie. Neue gesellschaftliche Anforderungen an die soziale Arbeit – Die Rede vom „Psychoboom" greift zu kurz. In: Blätter der Wohlfahrtspflege 138, S. 3–5

Keupp, Heiner/Röhrle, Bernd (Hrsg.) (1987): Soziale Netzwerke. Frankfurt/M., New York

Kleve, Heiko (1996): Soziale Arbeit als wissenschaftliche Praxis und als praktische Wissenschaft. Systemtheoretische Ansätze einer Praxistheorie Sozialer Arbeit. In: Neue Praxis 25, S. 245–252

Knäpple, Annerose (1992): Den Wandel planen. Die Einführung von Controlling als Werkzeug zur Ermittlung und Interpretation von Unternehmenszielen sowie zur Überwachung deren Erreichung ist Aufgabe der Führung sozialer Organisationen. In: Blätter der Wohlfahrtspflege 139, S. 234–235

Kösel, Edmund (1993): Die Modellierung von Lernwelten. Ein Handbuch zur subjektiven Didaktik. Elztal-Dallau

Koring, Bernhard (1990): Einführung in die moderne Erziehungswissenschaft und Bildungstheorie. Weinheim

Koschorke, Martin (1991): Abschied von der Familie. Das schwierige Gleichgewicht zwischen Nähe und Distanz. In: Evangelische Kommentare 24, S. 594–597

Krabbe, Heiner (Hrsg.) (1991): Scheidung ohne Richter. Neue Lösungen für Trennungsfamilien. Reinbek

Kraimer, Klaus (1991): Sozialarbeit und Forschung. Zur qualitativen Erhebung von Klientenperspektiven. In: Archiv für Wissenschaft und Praxis der sozialen Arbeit 22, S. 125–134

Krause Jakob, Mariane (1992): Erfahrungen mit Beratung und Therapie. Veränderungsprozesse aus der Sicht von KlientInnen. Freiburg i.Br.

Kreft, Dieter/Mielenz, Ingrid (Hrsg.) (1996): Wörterbuch Soziale Arbeit. Aufgaben, Praxisfelder, Begriffe und Methoden der Sozialarbeit und Sozialpädagogik. Weinheim und Basel, 4. überar. u. erw. Aufl.

Kriesten, Alfred (1989): Skizzen zum Verhältnis von Sozialarbeit und Forschung. In: Sozialarbeit 21, S. 22–30

Kroeger, Matthias (1989): Modell der Selbstsupervision in TZI. In: Themenzentrierte Interaktion 3, S. 61–68

Krohn, Wolfgang/Küpers, Günter (1990): Selbstorganisation. Aspekte einer wissenschaftlichen Revolution. Braunschweig und Wiesbaden

Kuhlmann, Wolfgang (1980): Ethik der Kommunikation. In: Apel/Böhler (1980), Bd. 1, S. 292–308

Laing, Ronald D., (1956): Mystifizierung, Konfusion und Konflikt. In: Bateson u. a. (1984), S. 274–304

Laing, Ronald D. (1982): Knoten. Reinbek

Langewand, Alfred (1989): Theorie – Praxis. In: Lenzen (1989), S. 1520–1527

Lenzen, Dieter (1989): Pädagogische Grundbegriffe. 2 Bde, Reinbek

Lewkowicz, Marina (Hrsg.) (1991): Neues Denken in der Sozialen Arbeit. Mehr Ökologie – mehr Markt – mehr Management. Freiburg i.Br.

Liechti, Jürg/Liechti-Darbellay, Monique/Zbinden, Martin (1989): Verminderung der Zahl eingeleiteter Maßnahmen als Resultat systemischer Problemdefinitionen: z. B. das Jugendamt einer hessischen Großstadt. In: Zeitschrift für systemische Therapie 7, S. 220–241

Linke, Jürgen (1997): Der systemische Ansatz in der Supervision. In: Zeitschrift für systemische Therapie 15, S. 4–19

Loth, Wolfgang (1996): Klinische Kontrakte entwickeln: ein Weg zum Abstimmen von Angebot und Nachfrage in der Praxis professioneller psychosozialer Hilfen. In: Zeitschrift für systemische Therapie 14, S. 137–147

Lucius-Hoene, Gabriele/Koch, Uwe (1988): Bedürfnis nach Hilfe und Psychosoziale Versorgung. Empirische Untersuchungen zur Nachsorge Psychisch Kranker in einer südbadischen Region. Weinsberg

Ludewig, Kurt/Pflieger, Karin/Wilken u. a. (1983): Entwicklung eines Verfahrens zur Darstellung von Familienbeziehungen: Das Familienbrett. In: Familiendynamik 8, S. 235–251

Ludewig, Kurt (1987): 10 + 1 – Leitsätze bzw. Leitfragen. Grundzüge einer systemisch begründeten klinischen Theorie im psychosozialen Bereich. In: Zeitschrift für systemische Therapie 5, S. 178–191

Lüssi, Peter (1991): Systemische Sozialarbeit. Praktisches Lehrbuch der Sozialberatung. Bern und Stuttgart

Luhmann, Niklas (1987a): Archimedes und wir. Berlin

Luhmann, Niklas (1987b): Autopoiesis als soziologischer Begriff. In: Haferkamp/Schmid (1987), S. 307–324

Luhmann, Niklas (1991a): Soziale Systeme: Grundriss einer allgemeinen Theorie. Frankfurt a.M. 4. Aufl.

Luhmann, Niklas (1991b): Wie lassen sich latente Strukturen beobachten? In: Watzlawick/Krieg (1991), S. 61–74

Luhmann, Niklas (1992): Die Wissenschaft der Gesellschaft. Frankfurt a.M.

Luhmann, Niklas (o. J.): Einführung in die Systemtheorie. Vorlesung an der Universität Bielefeld, Wintersemester 1991/92. 14 Toncassetten, Heidelberg (zit. Einführung und entsprechende Cassettennummer)

McCarthy, Imelda (1995): Der Mißbrauch von Normen: Sozialhilfeempfangende Familien und profesionelle Intervention. In: Zeitschrift für systemische Therapie 13, S. 84–89

Marburger, Helga (1981): Entwicklung und Konzepte der Sozialpädagogik. München, 2. Aufl.

Martens, Wil (1991): Die Autopoiesie sozialer Systeme. In: Kölner Zeitschrift für Soziologie und Sozialpsychologie 43, S. 625–646

Matthey, Helmut (1990): Systemische Familienberatung im Rahmen der Familiengerichtshilfe in einem Jugendamt. In: Sozialmagazin 15 (2), S. 20–23

Maturana, Humberto R. (1991): Wissenschaft und Alltag: Die Ontologie wissenschaftlicher Erklärungen. In: Watzlawick/Krieg (1991), S. 167–208

Maturana, Humberto/Varela, Francisco J. (1991): Der Baum der Erkenntnis. Bern und München 2. Aufl.

Mehne, Sabine (1993): Systemische Krankengymnastik oder Die Geschichte vom Adler, der auch eine Schildkröte sein kann. In: Familiendynamik 18, S. 22–36

Menzler-Fröhlich, Karlheinz/Armbruster, Jürger u. a. (1994): Systemische Konzepte in der Sozialpsychiatrie – Der Wohngruppenverbund im Sozialpsychiatrischen Dienst Stuttgart Freiberg. In: Sozialpsychiatrische Informationen 24 (2), S. 30–36

Merchel, Joachim (1992): Erfolg durch Erfolgskontrolle? In: Blätter der Wohlfahrtspflege 139, S. 236–238

Merchant, Carolyn (1991): Entwurf einer ökologischen Ethik. In: Dürr/Zimmerli (1991), S. 135–144

Merten, Roland (1996): Zum systematischen Gehalt der aktuellen Debatte um eine autonome „Sozialarbeitswissenschaft". In: Puhl (1996), S. 83–100

Meyers kleines Lexikon Philosophie (1987). Mannheim, Wien, Zürich

Minuchin, Salvador/Fishman, Charles H. (1983): Praxis der strukturellen Familientherapie. Freiburg i.Br.

Möller, Jens/Grau, Uwe/Rohweder, Norbert (1988): Beratung von Individuen in komplexen Systemen. In: Zeitschrift für systemische Therapie 6, S. 288–296

Moeller, Michael Lukas (1978): Selbsthilfegruppen. Hamburg

Mörsberger, Thomas (1986): Aktenführung. In: Deutscher Verein (1986), S. 11–12

Moser, Heinz (1977): Praxis der Aktionsforschung. Ein Arbeitsbuch. München

Moser, Heinz (1978): Aktionsforschung als kritische Theorie der Sozialwissenschaften. München, 2. Aufl.

Mühlum, Albert (1994): Zur Notwendigkeit und Programmatik einer Sozialarbeitswissenschaft. In: Wendt (1994), S. 41–74

Mühlum, Albert (1996): Sozialarbeitswissenschaft. Notwendig, möglich und in Umrissen schon vorhanden. In: Puhl (1996), S. 25–40

Müllensiefen, Dietmar (1988): Allgemeine Erziehungs- und Familienberatung. In: Nachrichtendienst des Deutschen Vereins 68, S. 4–12

Müllensiefen, Dietmar (1995): „Neue Fachlichkeit" in der sozialen Arbeit: Nur ein neues Ettikett oder ein verheißungsvoller Paradigmenwechsel? In: Nachrichtendienst des Deutschen Vereins für öffentliche und private Fürsorge 75, S. 156–162

Müller, Burkhard (1987): Sozialpädagogisches Handeln. In: Eyferth/Otto/Thiersch (1987), S. 1045–1059

Müller, B./Thiersch, H. (Hrsg.) (1990): Gerechtigkeit und Selbstverwirklichung. Moralprobleme im sozialpädagogischen Handeln. Freiburg i.Br.

Müller-Schöll, Albrecht/Priepke, Manfred (1989): Sozialmanagement. Zur Förderung systematischen Entscheidens, Planens, Organisierens. Frankfurt a.M., 2. Aufl.

Münchmeier, Richard (1990): Offene Sozialarbeit – Allgemeine Lebensberatung: Was ist das? In: Specht, (Hrsg.): Offene Sozialarbeit in der Diakonie. Stuttgart 1990, S. 13–29

Nestmann, Frank (1989): Förderung sozialer Netzwerke – eine Perspektive pädagogischer Handlungskompetenz. In: Neue Praxis 19, S. 107–123

Neumann-Wirsig, Heidi/Kersting, Heinz (Hrsg.) (1993): Systemische Supervision – Oder: Till Eulenspiegels Narreteien. Aachen

Ortmann, Friedrich (1996): Neue Steuerungsformen der Sozialverwaltung und soziale Arbeit. In: Nachrichtendienst des Deutschen Vereins 75, S. 62–67

Oswald, Gerhard/Müllensiefen, Dietmar (1985): Psychosoziale Familienberatung. Freiburg i.Br.

Paslack, Rainer (1990): Selbstorganisation und Neue Soziale Bewegungen. In: Krohn/Küpers (1990), S. 279–301

Pavel, Falk Giselher (1984): Integrative klientenzentrierte Therapie individueller und sozialer Systeme. In: Zeitschrift für personenzentrierte Psychologie und Psychotherapie 3, S. 277–300

Penn, Peggy (1983): Zirkuläres Fragen. In: Familiendynamik 8, S. 198–220

Penn, Peggy (1986): „Feed-Forward" – Vorwärts-Koppelung: Zukunftsfragen, Zukunftspläne. In: Familiendynamik 11, S. 206–222

Petzold, Hilarion (1996): Diskurs und Ko-respondenz. Der „Andere" – der Fremde und das Selbst. In: Integrative Therapie 2/3, S. 319–349

Pfeifer, Hans-Ulrich (1988): Sauerkraut oder Büchseneintopf. Was ist daran therapeutisch? Offene soziotherapeutische Gruppenarbeit mit psychisch Kranken. In: Sozialmagazin 10, S. 24–32

Pfeifer-Schaupp, Hans-Ulrich (1990): Lernen im Alltag. Zwanzig Thesen zur personenzentrierten Gruppenarbeit mit psychisch Kranken. In: Kerbe – Zeitschrift für Sozialpsychiatrie 4, S. 27–29

Pfeifer-Schaupp, Hans-Ulrich (1991): Angenommen, Sozialarbeit würde Spaß machen. Über die Nützlichkeit systemischer Konzepte in der Sozialarbeit. In: Sozialmagazin 7/8, S. 34–45

Pfeifer-Schaupp, Hans-Ulrich (1992a): Muster von Institutionen. Ein Beitrag zur Re-Kontextualisierung von Institutionen im Sozialbereich. In: Sozialmagazin 11, S. 37–45

Pfeifer-Schaupp, Hans-Ulrich (1992b): Zirkuläre Fragen in der Sozialarbeit. In: Soziale Arbeit 41, S. 418–424

Pfeifer-Schaupp, Hans-Ulrich (1993): Zirkuläre Selbstervaluation. Der Mythos von Sisyphos und die Sozialarbeit. In: Sozialmagazin 2, S. 46–49

Pfeifer-Schaupp, Hans-Ulrich (1994a): Wenn alle Tage Sonntag wäre – Überlegungen zur Gestaltung des Lebensraums Freizeit mit psychisch Kranken. Beitrag zu einem Konzept lebensweltbezogener und alltagsorientierter sozialpsychiatrischer Arbeit. In: Sozialmagazin 2, S. 33–37

Pfeifer-Schaupp, Hans-Ulrich (1994b): Selbstbeobachtung von Beobachtern – Zirkuläre Fragen als Instrument der Selbstevaluation in der Beratung. In: Heiner (1994), S. 192–210

Pfeifer-Schaupp, Hans-Ulrich (1996): Diskurs und Verantwortung in Beratung und Therapie. Ein Plädoyer zur Rehabilitierung der Vernunft in der systemisch-konstruktivistischen Praxis. In: Zeitschrift für systemische Therapie 14, S. 33–46

Pfeifer-Schaupp, Hans-Ulrich/Schwendemann, Wilhelm (1991): Diakonie – Ort der Befreiung. Ein Club für psychisch Kranke als Beispiel gelungener Gemeindediakonie. In: Diakonie-Jahrbuch 91, hrsg. von Karl-Heinz Neukamm. Stuttgart, S. 131–134

Pfeifer-Schaupp, Hans-Ulrich/Schwendemann, Wilhelm (1994): Sozialarbeit und Diskursethik. Kommunikation als Quelle ethischer Normen. In: Archiv für Wissenschaft und Praxis der Sozialen Arbeit 25, S. 124–149

Pines, Ayala M./Aronson, Elliot/Kaffry, Ditsa (1991): Ausgebrannt. Vom Überdruß zur Selbstentfaltung. Stuttgart

Pleyer, Karl-Heinz (1996): Schöne Dialoge in häßlichen Spielen? Überlegungen zum Zwang als Rahmen für Therapie. In: Zeitschrift für systemische Therapie 14, S. 186–196

Pörtner, Marlies (1996): Ernstnehmen – Zutrauen – Verstehen. Personenzentrierte Haltung im Umgang mit geistig behinderten und pfelgebedürftigen Menschen. Stuttgart

Prata, Giuliana (1989): Ein systemischer Beratungsstil. In: Familiendynamik 14, S. 94–113

Prigogine, Ilya (1991): Die Wiederentdeckung der Zeit. Naturwissenschaft in einer Welt begrenzter Vorhersagbarkeit. In: Dürr/Zimmerli (1991), S. 47–60

Prigogine, Ilya/Stenger, Isabelle (1986): Dialog mit der Natur. Neue Wege naturwissenschaftlichen Denkens. München

Prognos AG (1991): Freie Wohlfahrtspflege im zukünftigen Europa. Herausforderungen und Chancen im europäischen Binnenmarkt. Köln

Puhl, Ria (Hrsg.) (1996): Sozialarbeitswissenschaft. Neue Chancen für theoriegeleitete Soziale Arbeit. Weinheim, München

Rave-Schwank; Maria (1990): Angehörigenarbeit in einem Landeskrankenhaus aus sozialpsychiatrischer Perspektive. In: Zeitschrift für systemische Therapie 8, S. 208–212

Reese-Schäfer, Walter (1992): Luhmann zur Einführung. Hamburg

Reiter, Ludwig (Hrsg.) (1988): Von der Familientherapie zur systemischen Perspektive. Berlin, Heidelberg, New York

Reps, Paul (1985): Ohne Worte – ohne Schweigen. 101 Zen-Geschichten und andere Zen-Texte aus vier Jahrtausenden. Bern, München, Wien, 5. Aufl.

Retzer, Arnold (1994): Die Gewalt der Eindeutigkeit – Die Mehrdeutigkeit der Gewalt. In: Familiendynamik 18, S. 223–254

Rhodes, Margaret L. (1992): Social Work Challenges: The boundaries of Ethics. In: Families in Society: The Journal of Contemorary Human Sciences 73, S. 40–47

Riedl, Rupert (1981): Die Folgen des Ursachendenkens. In: Watzlawick 1991, S. 67–90

Roedel, Bernd (1990): Praxis der Genogrammarbeit. Die Kunst des banalen Fragens. Dortmund

Rössner, Lutz (1973): Theorie der Sozialarbeit. München

Rorty, Richard (1992): Der Spiegel der Natur. Eine Kritik der Philosophie. Frankfurt a.M. 1987, 2. Aufl.

Roth, Gerhard (1990): Gehirn und Selbstorganisation. In: Krohn/Küpers 1990, S. 167–180

Rotthaus, Wilhelm (1986): Der systemische Berater oder Therapeut im Spannungsfeld zwischen Familie und anderen beratenden Institutionen. In: Gerlicher u. a. (1986), S. 11–21

Rotthaus, Wilhelm (1995): Das Rollenverständnis der MitarbeiterInnen in der stationären Kinder- und Jugendpsychiatrie. In: Zeitschrift für systemische Therapie 13, S. 105–110

Rotthaus, Wilhelm (1996): Willkür verringern – Versuch einer Ethik des Helfens. In: Zeitschrtift für systemische Therapie 14(4), S. 263–270

Sander, Klaus (1984): Personenzentrierte Konzepte in Sozialarbeit und Sozialpädagogik. In: Zeitschrift für personenzentrierte Psychologie und Psychotherapie 3, S. 127–128

Satir, Virginia (1985): Selbstwert und Kommunikation. Familientherapie für Berater und zur Selbsthilfe. München

Schellhorn, W./Jirasek, H./Seipp, P. (1988): Kommentar zum BSHG. Neuwied, 13. Aufl.

Schild, Walter (1990): Sozialarbeit als Mittlerfunktion zwischen der Lebenswelt und der Umwelt psychisch kranker Menschen. In: Caritas 91, hrsg. vom Deutschen Caritasverband. Freiburg i.Br., S. 203–210,

Schlippe-Weinberger, Sabine/Fleischer, Ursula (1984): Klientenzentrierte Vorgehensweisen in Ämtern und Institutionen der öffentlichen Gesundheits- und Sozialverwaltung. In: Zeitschrift für personenzentrierte Psychologie und Psychotherapie 3, S. 139–148

Schmidt, Gunter (1991): „Wer einigermaßen der Gleiche bleiben will, muß sich ständig verändern ... " oder: Die Metamorphose der Heidelberger Familientherapiegruppe als Beispiel für die Entwicklung eines kooperativen Nicht-Nullsummenspiels. In: Familiendynamik 16, S. 145–163

Schmidt, Siegfried J. (Hrsg.) (1992a): Kognition und Gesellschaft. Der Diskurs der Radikalen Konstruktivismus 2. Frankfurt a.M.

Schmidt, Siegfried J. (1992b): Padikaler Konstruktivismus. Forschungsperspektiven für die 90er Jahre. In: Schmidt (1992a), S. 7–23

Schmidt-Denter, Ulrich (1992): Chaosforschung: Eine neue pysikalische Herausforderung an die Psychologie. In: Psychologie in Erziehung und Unterricht 39, S. 1–16

Schmidt-Grunert, Marianne (1996): Die „BWL-isierung" als Hoffnungsträger der Sozialen Arbeit. In: Sozialmagazin 4, S. 30–43

Schnack, Dieter/Neutzling, Rainer (1990): Kleine Helden in Not. Jungen auf der Suche nach Männlichkeit. Reinbek

Schöll, Ilona (1992): Es wechseln die Zeiten ... Zum Stand der systemischen Familientherapie. Gedanken aus weiblicher Sicht. In: Zeitschrift für systemische Therapie 10, S. 46–56

Schwartz, Hans-Joachim (1984): Wider das „klientenzentrierte" Verhalten in der Sozialarbeit. In: Zeitschrift für personenzentrierte Psychologie und Psychotherapie 3, S. 129–137

Schweitzer, Jochen (1984): Systemische Jugendpsychiatrie. In: Familiendynamik 9, S. 96–107

Schweitzer, Jochen (1987): Therapie dissozialer Jugendlicher. Ein systemisches Behandlungskonzept für Jugendpsychiatrie und Jugendhilfe. Weinheim

Schweitzer, Jochen (1989): Professionelle (Nicht-)Kooperation: Ihr Beitrag zur Eskalation dissozialer Karrieren Jugendlicher. In: Zeitschrift für systemische Therapie 7, S. 247–254

Schweitzer, Jochen/Herzog, Wolfgang (1993): Wie fördert man Progrome gegen „Fremde"? Eine Rezeptsammlung. In: Familiendynamik 18, S. 336–342

Schweitzer, Jochen/Schlippe, Arist v. (1996): Lehrbuch der systemischen Therapie und Beratung. Göttingen, Zürich

Schweitzer, Jochen/Schuhmacher, B. u. a. (1991): Systemisches Arbeiten in sozialpsychiatrischen Diensten. In: Sozialpsychiatrische Informationen 21 (4), S. 12–19

Schweitzer, Jochen/Schuhmacher, Bernd u. a. (1992): Systemisches Arbeiten in Psychiatrischen Rehabilitationseinrichtungen. Bericht über ein Forschungsseminar. In: Familiendynamik 17, S. 246–272

Schweitzer, Jochen/Weber, Gunthard (1982): Beziehung als Metapher. Die Familienskulptur als diagnostische, therapeutische und Ausbidlungstechnik. In: Familiendynamik 7, S. 113–128

Seibert, Horst (1992): Evangelische Grundlegung der Diakonie – Schuld und Rechtfertigung als Herausforderung für eine soziodiakonische Praxis der Kirche. Referat im Institut für Cariataswissenschaft an der Albert-Ludwigs-Universität Freiburg am 8. Juli 1992 (unveröffentlichtes Manuskript)

Seippel, Alf (1976): Handbuch aktivierende Gemeinwesenarbeit. Bd. 1: Bedingungen, Konzepte, Strategien, Methoden. Gelnhausen und Berlin

Seitz, Rudolf (o. J.): Was ist der Weg – er liegt vor deinen Augen. Zen-Meditation in japanischen Gärten. München

Seiwert, Lothar J. (o. J.): Selbstmanagement. Bedeutung und Funktion des Selbstmanagements. Speyer

Seiwert, Lothar J. (o. J.): Das 1×1 des Zeitmanagement. Speyer

Seiwert, Lothar J./Wagner, Hardy (1990): Management mit Zeitplanbuch. Speyer

Selvini Palazzoli, Mara (1983): Über die Familientherapie hinaus. Wie ein globales systemisches Konzept entsteht. In: Familiendynamik 8, S. 167–181

Selvini Palazzoli, Mara/Anoli, L./Di Blasio P. u. a. (1985): Hinter den Kulissen der Organisation. Stuttgart, 5. Aufl.

Selvini Palazzoli, Mara/Boscolo, Luigi u. a. (1985): Paradoxon und Gegenparadoxon. Stuttgart, 4. Aufl.

Selvini Palazzoli, Mara/Boscolo, Luigi u. a. (1981): Hypothetisieren – Zirkularität – Neutralität: 3 Richtlinien für den Leiter der Sitzung. In: Familiendynamik 6, S. 123–139

Simon, Fritz B. (1990): Gespräch über systemische Supervision. In: Sozialpsychiatrische Informationen 20 (2), S. 7–11

Simon, Fritz B. (1991a): Meine Psychose, mein Fahrrad und ich. Heidelberg, 2. Aufl.

Simon, Fritz B. (1991b): Innen- und Außenperspektive. Wie man systemisches Denken im Alltag nützen kann. In: Watzlawick/Krieg (1991), S. 139–150

Simon, Fritz B. (1992): Über die Nützlichkeit der sozialpsychiatrischen Theoriearmut. In: Sozialpsychiatrische Informationen 22 (4), S. 2–8

Simon, Fritz B./Stierlin, Helm (1992): Die Sprache der Familientherapie. Ein Vokabular. Suttgart, 2. Aufl.

Simon, Fritz B./Weber, Gunthard (1987): Vom Navigieren beim Driften – Die Bedeutung des Kontextes der Therapie. In: Familiendynamik 12, 355–362

Simon, Fritz B./Weber, Gunthard (1988): Das Ding an sich. In: Familiendynamik 13, S. 57–61

Simon, Fritz B./Weber, Gunthard (1988): Das Invalidenmodell in der Sozialpsychiatrie. Oder: Wie man jemanden dazu bringt, kleine Schritte zu machen, statt aufrecht zu gehen. In: Keller (1988), S. 58–64

Simon, Fritz B./Weber, Gunthard (1989a): Horch, was kommt von drinnen raus ...?! Über das Umgehen von und mit Gefühlen. In: Familiendynamik 14, S. 57–64

Simon, Fritz B./Weber, Gunthard (1989b): Alles klar, keiner weiß Bescheid. Über die Unmöglichkeit, eindeutig zu kommunizieren. In: Familiendynamik 14, S. 259–262

Simon, Fritz B./Weber, Gunthard (1990): Keins von beidem. Über die Nützlichkeit der Neutralität. In: Familiendynamik 15, S. 257–265

Simon, Fritz B./Weber, Gunthard (1992): Vorfall oder Rückfall. Über systemischen Umgang mit wiederkehrenden Verhaltensweisen. In: Familiendynamik 17, S. 93–99

Simon, Fritz B./Weber, Gunthard (1993): Spieltherapie I. Zur Theorie systemischen Intervenierens. In: Familiendynamik 18, S. 73–85

Simon, Fritz B./Weber, Gunthard/Stierlin, Helm u. a. (1989): „Schizo-affektive" Muster: Eine systemische Beschreibung. In: Familiendynamik 14, S. 191–235

Sluzki, Carlos E. (1992): Die therapeutische Transformation von Erzählungen. In: Familiendynamik 17, S. 19–37

Soeffner, Hans-Georg (1992): Rekonstruktion statt Konstruktivismus. 25 Jahre „Social Construction of Reality". In: Soziale Welt 43, S. 476–481

Stark, Wolfgang (1992): Die Menschen stärken. Empowerment als eine neue Sicht auf klassische Themen von Sozialpolitik und soziale Arbeit. In: Blätter der Wohlfahrtspflege 139, S. 41–44

Stark, Wolfgang (1996): Empowerment. Neue Handlungskompetenzen in der psychosozialen Praxis. Freiburg i.Br.

Staub-Bernasconi, Silvia (1983): Ein ganzheitliches Methodenkonzept. In: Staub-Bernasconi, S./von Passavant, Chr./Wagner, A.: Theorie und Praxis der sozialen Arbeit. Entwicklung und Zukunftsperspektiven. Stuttgart

Staub-Bernasconi, Silvia (1985): Außen-Ansichten zur „Familientherapie" und „Familienbehandlung" aus dem Blickwinkel der Sozialarbeit. In: Familiendynamik 10, S. 65–70

Staub-Bernasconi, Silvia (1986): Soziale Arbeit als eine besondere Art des Umgangs mit Menschen, Dingen und Ideen. In: Sozialarbeit 18 (10), S. 1–71

Staub-Bernasconi, Silvia (1989a): Zur Zukunft sozialer Arbeit. In: Nachrichtendienst des Deutschen Vereins 69, S. 127–137

Staub-Bernasconi, Silvia (1989b): Soziale Arbeit und Ökologie. 100 Jahre vor der ökologischen Wende. Ein Vergleich der theoretischen Beiträge von Jane Addams (1860–1935) und Wolf Rainer Wendt (1983). In: Neue Praxis 19, S. 283–309

Staub-Bernasconi, Silvia (1991): Stellen Sie sich vor: Markt, Ökologie und Management wären Konzepte einer Theorie und Wissenschaft sozialer Arbeit. In: Lewkowicz (1991), S. 12–46

Staub-Bernasconi, Silvia (1995): Systemtheorie, soziale Probleme und Soziale Arbeit: lokal, national, international – oder: vom Ende der Bescheidenheit. Bern, Stuttgart, Wien

Steiner, Egbert/Rössler, E./Wolf F. (1991): Zum Gebrauch der Theorie autopoietischer Systeme in der Familientherapie. In: Fischer (1991), S. 309–335

Stierlin, Helm (1988): Über die Familie als Ort psychosomatischer Erkrankungen. In: Familiendynamik 13, S. 288–299

Stierlin, Helm (1991): Zwischen Sprachwagnis und Sprachwirrnis. In: Watzlawick/Krieg (1991), S. 151–165

Stüdemann, Michael/Harbrecht-Bense, Anke u. a. (1992): Reflecting Teams im stationären Kontext. In: Zeitschrift für systemische Therapie 10, S. 5–29

Theine, G. (1981): Die Rolle des Sozialarbeiters und Sozialpädagogen. In Kayser, Hans u. a. (Hrsg.): Gruppenarbeit in der Psychiatrie. Stuttgart und New York

Theunissen, Georg (1992): Heilpädagogik und soziale Arbeit mit verhaltensauffälligen Kindern und Jugendlichen. Freiburg i.Br.

Thiersch, Hans (1978): Alltagshandeln und Sozialpädagogik. In: Neue Praxis 8, S. 6–25

Thiersch, Hans (1986): Die Erfahrung der Wirklichkeit. Perspektiven einer alltagsorientierten Sozialpädagogik. Weinsberg und München

Thiersch, Hans (1992): Lebensweltorientierte soziale Arbeit: Aufgaben der Praxis im sozialen Wandel. Weinheim und München

Thiersch, Hans/Rauschenbach, Thomas (1987): Sozialpädagogik/Sozialarbeit: Theorie und Entwicklung. In: Eyferth/Otto/Thiersch (1987), S. 984–1016

Tomm, Karl (1984): Der familientherapeutische Ansatz des Mailänder Teams. In: Partnerberatung 2/3, S. 49–63, und 4, S. 145–165

Trepper, Terry S./Barett, Mary Jo (1991): Inzest und Therapie. Ein (system-)therapeutisches Handbuch. Dortmund

Tugendhat, Ernst (1994): Vorlesungen über Ethik. Frankfurt a.M., 2. Aufl.

Varela, Francisco (1981): Der kreative Zirkel. Skizzen zur Naturgeschichte der Rückbezüglichkeit. In: Watzlawick (1991), S. 294–309

Vogel, Hans-Christoph (1992): Controlling in sozialen Organisationen. Mehr als die alte Kontrolle im neuen Gewand? – Wer andere beobachtet, muß immer auch sich selber im Auge haben. In: Blätter der Wohlfahrtspflege 139, S. 231–234

Vollhardt, Carlotta/Keller, Thomas (1990): Einige Hinweise zur Entfaltung systemischer Arbeit in psychiatrischen Einrichtungen. Oder: Alles Gute kommt vom Unterlassen des Schlechten. In: Zeitschrift für systemische Therapie 8, S. 248–253

von Foerster, Heinz (1981): Die Konstruktion einer Wirklichkeit. In: Watzlawick (1991), S. 39–60
von Foerster, Heinz (1991): Mit den Augen des Anderen. In: von Foerster 1993, S. 350–363
von Foerster, Heinz (1993): Wissen und Gewissen. Versuch einer Brücke. hrsg. von Siegfried J. Schmidt. Frankfurt a.M.
von Glasersfeld, Ernst (1981): Einführung in den radikalen Konstruktivismus. In: Watzlawick (1991), S. 16–38
von Glasersfeld, Ernst (1987): Wissen, Sprache und Wirklichkeit, Arbeiten zum radikalen Konstruktivismus. Braunschweig, Wiesbaden
von Salden, Matthias (1991): Erziehungswissenschaft und Neue Systemtheorie. Berlin
von Schlippe, Arist (1991): Systemische Sichtweise und psychotherapeutische Ethik – vier Imperative. In: Praxis der Kinderpsychologie und Kinderpsychiatrie 40, S. 368–378
von Schlippe, Arist/Molter, Haja/Böhmer, Norbert (1995): Zugänge zu familiären Wirklichkeiten. Eine Einführung in die Welt der systemischen Familientherapie. In: Systhema 9, Sonderheft 1
Vorländer Karl (1965): Geschichte der Philosophie in 6 Bänden. insbes. Bd. I: Philosophie des Altertums und Bd. V: Philosophie der Neuzeit. Reinbek
Wagner, Gerhard (1994): Am Ende der systemtheoretischen Soziologie. Niklas Luhmann und die Dialektik. In: Zeitschrift für Soziologie 23, S. 275–291
Walker, Gillian (1994): Systemische Therapie bei Aids. Dortmund
Wannagat, Georg (Hrsg.) (1983): Sozialgesetzbuch. Kommentar zum gesamten Recht des Sozialgesetzbuchs. Köln
Watzlawick, Paul (1981): Selbsterfüllende Prophezeiungen. In: Watzlawick 1991, S. 91–110
Watzlawick, Paul (1983): Anleitung zum Unglücklichsein. München
Watzlawick, Paul (1984): Wie wirklich ist die Wirklichkeit? Wahn – Täuschung – Verstehen. München und Zürich
Watzlawick, Paul (1989): Ist Psychotherapie, was wir ‚Psychotherapie' nennen? In: Zeitschrift für Psychotherapie, Psychosomatik und Medizinische Psychologie 9/10, S. 323–327
Watzlawick, Paul (Hrsg.) (1991): Die erfundene Wirklichkeit. Wie wissen wir, was wir zu wissen glauben? Beiträge zum Konstruktivismus. München und Zürich, 7. Aufl.
Watzlawick, Paul/Beavin, Janet H. u. a. (1982): Menschliche Kommunikation. Formen, Störungen, Paradoxien. Bern, Stuttgart, Wien, 6. Aufl.
Watzlawick, Paul/Krieg, Peter (Hrsg.) (1991): Das Auge des Beobachters. Beiträge zum Konstruktivismus. München

Watzlawick, Paul/Weakland, John H./Fisch, Richard (1984): Lösungen. Zur Theorie und Praxis menschlichen Wandels. Bern, Stuttgart, Wien, 3. Aufl.

Weber, Gunthard (Hrsg.) (1993): Zweierlei Glück. Die systemische Psychotherapie Bert Hellingers. Heidelberg

Weber, Gunthard/Stierlin, Helm (1989): In Liebe entzweit. Die Heidelberger Familientherapie der Magersucht. Reinbek

Weber, Roland/Beck, Lothar (1991): Elterliche Verantwortung und Sozialarbeit. In: Krabbe (1991), S. 207–225

Wegener, Bernhard (1992): Ethik der sozialen Arbeit. In: Soziale Arbeit 41, S. 258–267

Weiss, Thomas/Hartel-Weiss, Gabriele (1993): Familientherapie ohne Familie. München, Zürich. 3. Aufl.

Welter-Enderlin, Rosemarie/Hildenbrand, Bruno (1996): Systemische Therapie als Begegnung. Stuttgart

Wendt, Wolf Rainer (1982): Ökologie und soziale Arbeit. Frankfurt a.M.

Wendt, Wolf Rainer (1992): Case-Management: Notwendiges einschätzen, gemeinsam planen, Verantwortung teilen. In: Forum Sozialstation 59, S. 12–14

Wendt, Wolf-Rainer (1994): Sozial und wissenschaftlich arbeiten. Status und Position der Sozialarbeitswissenschaft, Freiburg i.Br.

Werner-Schneider, Cornelia (1992): Mediation im Spannungsfeld zwischen Kindeswohl und Emanzipation der Frauen. In: Sozialmagazin 17 (11), S. 18–21

White, Michael/Epston, David (1990): Die Zähmung der Monster. Literarische Mittel zu therapeutischen Zwecken. Heidelberg

Wiesner, Manfred/Willutzki, Ulrike (1992): Sozial-konstruktivistische Wege in der Psychotherapie. In: Schmidt (1992), S. 337–379

Wilke, Helmut (1988): Systemtheoretische Grundlagen des therapeutischen Eingriffs in autonome Systeme. In: Reiter u. a. (1988), S. 41–50

Wing, R. L. (1987): Der Weg und die Kraft. Laotses Tao-te-king als Orakel und Weisheitsbuch. München

Wynne, Lyman C. u. a. (1959): Pseudogemeinschaft in den Familienbeziehungen von Schizophrenen. In: Bateson u. a. (1984), S. 44–80

Zygowski, Hans (1993): Postsystemische Perpektiven: Kritik systemischer Konzepte in den Sozialwissenschaften. In: Zeitschrift für systemische Therapie 11, S. 45–46

Autor

Jg. 1955, Diplompädagoge. Studium der Verwaltungswirtschaft, Sozialarbeit und Erziehungswissenschaft. Familien- und Systemtherapeut/Psychotherapeut (HPG), systemischer Supervisor (Dachverband für Familientherapie und systemisches Arbeiten/DFS). Zehnjährige Erfahrungen in verschiedenen sozialarbeiterischen Kontexten, unter anderen Bezirkssozialarbeit, Schuldnerberatung, Arbeit mit ausländischen Flüchtlingen, Einsatzleitung „Familien- und Altenpflege", Leitungsaufgaben und Sozialmanagement. Z. Zt. als Sozialarbeiter (halbtags) beim „Sozialpsychiatrischen Dienst Freiburg i.Br./Dienste für Seelische Gesundheit" beschäftigt, Lehrbeauftragter an der Ev. Fachhochschule für Sozialwesen und Vater zweier Kinder, Hausmann, Waschmaschinenbenutzer, Abspüler ...

Wolf Rainer Wendt (Hrsg.)
Sozial und wissenschaftlich arbeiten
Status und Positionen
der Sozialarbeitswissenschaft
Schriftenreihe der Deutschen
Gesellschaft für Sozialarbeit
Band 1
1994, 192 Seiten, kart.lam.
DM 32,– / öS 237,– / sFr 32,–
ISBN 3-7841-0740-0

Über die wissenschaftlichen Grundlagen der Sozialen Arbeit wird zur Zeit eine lebhafte Debatte geführt. Im Blickpunkt stehen dabei die Gegenstandsbestimmung einer Sozialen Arbeit als Wissenschaft wie auch Fragen nach genuiner Forschung(-smethodik) und Theoriebildung. Die Bemühungen um eine selbstbestimmte Konstituierung der wissenschaftlichen Grundlagen Sozialer Arbeit haben insbesondere die Überschneidung ihrer Domäne mit anderen Disziplinen zu klären und zu bestimmen.

Mit diesem Buch wird versucht, eine Zwischenbilanz in der Diskussion um die Soziale Arbeit als Wissenschaft zu ziehen. Es lassen sich erste Übereinstimmungen in den Positionen der Wissenschaft der Sozialen Arbeit feststellen. Zu Fragen der Forschungsmethoden konnten Gemeinsamkeiten erreicht und Weiterentwicklungen in Gang gesetzt werden, und für die Ausbildung sind erste Früchte einer eigenständigen und disziplinintegrierten wissenschaftlichen Grundlegung der Sozialen Arbeit sichtbar geworden.

 Lambertus-Verlag GmbH, Postfach 1026, D-79010 Freiburg